超常儿童的心理发展与教育

程 黎◎编 著

CHAOCHANG ERTONG DE
XINLI FAZHAN YU JIAOYU

北京师范大学出版集团
BEIJING NORMAL UNIVERSITY PUBLISHING GROUP
北京师范大学出版社

图书在版编目(CIP)数据

超常儿童的心理发展与教育 / 程黎编著 . —北京：北京师范大
学出版社，2024.8

全国高等院校特殊教育专业精品教材

ISBN 978-7-303-29398-8

Ⅰ．①超… Ⅱ．①程… Ⅲ．①超常儿童－儿童教育－
高等学校－教材 Ⅳ．①G763

中国国家版本馆 CIP 数据核字(2023)第 175117 号

教 材 意 见 反 馈　gaozhifk@bnupg.com　010-58806364
营 销 中 心 电 话　010-58802755　010-58800035
北师大出版社教师教育分社微信公众号　京师教师教育

出版发行：北京师范大学出版社　www.bnupg.com
　　　　　北京市西城区新街口外大街 12-3 号
　　　　　邮政编码：100088
印　　刷：北京盛通印刷股份有限公司
经　　销：全国新华书店
开　　本：787 mm×1092 mm　1/16
印　　张：19
字　　数：405 千字
版　　次：2024 年 8 月第 1 版
印　　次：2024 年 8 月第 1 次印刷
定　　价：50.00 元

策划编辑：王建虹　　　责任编辑：岳　蕾　刘小宁
美术编辑：李向昕　　　装帧设计：焦　丽
责任校对：张亚丽　　　责任印制：马　洁

前　言

《超常儿童的心理发展与教育》是服务于高校学生的超常儿童教育教材，是"全国高等院校特殊教育专业精品教材"之一。

当今社会，世界百年未有之大变局加速演进，科技变革愈发成为生产力发展中最活跃的因素和最主要的推动力量，新一轮科技革命和产业变革正在孕育新质生产力，科技创新已成为国际战略博弈的主要战场，全球经济和创新版图正在重构。发展新质生产力，归根结底要靠创新人才，特别是拔尖创新人才。超常儿童作为拔尖创新人才早期发现和培养的主要对象，需要得到应有的关注。要按照发展新质生产力要求，推进科技、教育、人才一体化建设。积极建设人才培养新平台，形成中国特色超常儿童教育的话语体系、理论体系与实践体系，不断推动我国超常儿童教育事业实现高质量纵深发展。

我国现代超常儿童研究与教育的探索始于 20 世纪 70 年代末。1978 年，我国学者刘范先生提出把那些资赋优异的儿童称为"超常儿童"，得到了心理学和教育学界研究者的广泛认同。同年，中国科学院心理研究所成立了"超常儿童研究协作组"，查子秀研究员担任组长，在全国范围内开展超常儿童研究。这标志着新中国超常儿童研究与教育实践正式开启。四十多年来，我国超常儿童研究与教育历经了辉煌发展、低落反思和新发展时期三个阶段，探索出了切实可行的超常儿童鉴别体系与培养模式，为满足多样化的教育需求作出了重要贡献，促进了教育改革的发展。

我国现行的超常儿童教育安置方式主要包括在普通班中分散安置，以及为超常儿童专设的各类校内实验班、校外培养项目等。在这些班级和项目中的教师都承担着发现和培养超常儿童、为国家拔尖创新人才资源库输送后备力量的伟大使命，需要具备专业的超常儿童教育素养。但一直以来，我国在超常儿童培养方面缺乏针对性的职前教育体系、职后培训途径以及相应的教师资格认证内容。很多教师在入职前没有接触或者不了解超常儿童。工作在一线的教师也缺乏相应的职后培训途径。这导致教师对超常儿童的身心发展特点知之甚少，评估和鉴别超常儿童的能力较为欠缺，对于如何为超常儿童提供适合的教育更是束手无策。同样，绝大多数超常儿童的家长对这类儿童的早期发展特点、识别方法和教育方式等不了解。这不仅不利于家校间的有效沟通，也不利于超常儿童的成长和发展，最终可能埋没了大量潜在的拔尖创新人才。

鉴于此，本书在整理和分析我国超常儿童研究与教育成果的基础上，借鉴国外超常儿童研究的相关理论、教育实践经验和研究新进展，致力于较为全面地呈现超常儿童身心发展与教育相关的专业知识和理论，并进一步拓展超常儿童研究和教育的新视角。本书不仅适用于高等院校超常儿童教育课程教学，也为一线教师提升超常儿童教育专业素养提供参考，并能为超常儿童的早期发现和家庭培养提供支持。

本书分为以下四个部分。

总论篇：超常儿童与超常儿童教育。该部分包括两个章节，系统梳理和介绍国内外超常儿童概念的演变和教育发展的历史与现状，介绍和分析与超常儿童天赋相关的理论模型和教育研究的核心议题。

上篇：超常儿童的身心发展特点。该部分对超常儿童生理发育和心理发展的特点进行描述和分析。生理发育部分主要围绕大脑发育和身体发育；心理发展部分主要针对认知能力、社会性和创造力的发展。并在此基础上从社会、家庭和学校三方面探讨如何促进超常儿童的身心发展。

中篇：超常儿童的教育教学。该部分详细介绍了超常儿童的鉴别，中外超常儿童的安置方式和教育形式，超常儿童教育的课程理论、模型、教学策略以及超常儿童教育教师的特征和准备标准。并对特殊需要超常儿童的研究与教育作了简要描述和分析。

下篇：超常儿童的案例与教育实践。该部分针对上篇和中篇的内容选取了古今中外超常儿童的典型案例和成功的教育实践项目，供教师、学生和家长参考。一方面，案例和教育实践有利于增强对超常儿童特点和教育的认识；另一方面，案例分析可以进一步加强对本书知识内容的理解和应用。

本书在撰写的过程中，参考了中外专家、学者的论著和科研成果，并融入了笔者从事超常儿童发展与教育研究工作二十多年来的学术成果和主要观点。本书凝结了北京师范大学特殊教育学院研究生们的心血。从书稿的结构框架搭建，到初稿的形成，到数不清是多少版的修改稿，在撰写过程中，我们一次次推翻，一次次重写，几经挫折，不断思考和创新。从 2018 年一直写到 2022 年，终于成稿。很怀念在英东楼的教室里，和大家一起埋头于一堆堆的参考资料，激烈讨论，享受其中的日子。在此要真挚地感谢我优秀的学生们：马晓晨(现任职于深圳市南山区龙苑学校)、段达娜(现任职于贵州老年大学)、陈啸宇(现就职于北京市东城区教育委员会)、程曦(现就读于中国科学院心理研究所)、秦可心、马力、罗姝欣(现就读于美国哥伦比亚大学)、王美玲(现任职于石家庄市第一中学)、张嘉桐(现就读于香港中文大学)。没有你们的共同努力和陪伴，就没有本书的诞生。另外，本书的撰写也很荣幸地得到了来自英国格拉斯哥大学超常儿童研究专业的张凯博士和张婷塱博士(现就职于华南师范大学)的大力支持。衷心感谢你们参与本书总论篇和下篇中部分章节的初稿编写工作。

怀着依依不舍的心情，提交终稿。由于笔者的能力、经验和资料有限，在撰写的过程中留有诸多遗憾和不足，恳请广大读者批评指正！

　　八月，窗外秋意微凉，该到桂花飘香、果实累累的季节了。正值本书付梓，满怀志忑和期待，感激之情溢于言表。最后，感谢北京师范大学出版社以及本书编辑团队的老师们为本书的出版付出的努力。

程　黎

2023 年 8 月于北京师范大学英东楼

目　录

总论篇：超常儿童与超常儿童教育

　　超常儿童(supernormal children)是广义上特殊教育对象中的一类，指的是智力发展或某种才能显著超过同龄儿童平均水平的儿童。超常儿童是国家拔尖创新人才的重要后备力量，开展超常儿童教育是保障教育公平、提高教育质量的必然之举。在深入学习超常儿童身心发展特点以及教育教学方法之前，需首先理解超常儿童概念的内涵与外延，并了解从古至今超常儿童教育与研究发展历程。因此，在本篇中你将学习到：

第一章　超常儿童的概述

思维导图

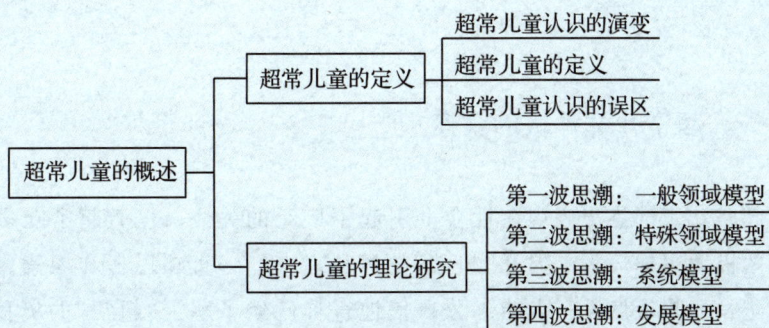

本章导读

　　了解超常儿童的定义及相关理论是深入学习超常儿童心理发展特点与教育的前提和基础。在心理学研究中，随着对智力及智力结构的认识逐渐深入，人们对超常及超常儿童的认识几经转变，依然处于发展之中。在本章，大家将学习中国和西方国家对超常儿童认识的演变历程及定义的发展，破除一些常见的认识误区，同时也将学习有关超常儿童的理论模型。

第一节
超常儿童的定义

　　每个时代及其不同的文化中，都有一些与具有超出常人的能力和智慧的个体有关的概念。这些概念包括"神童""天才儿童""英才儿童""超常儿童""资赋优异儿童"和"专才"等。这些词语拥有相似的内涵，但又有所不同，反映了人们对这一群体认识的差异。

一、超常儿童认识的演变

　　超常儿童的杰出表现在社会上引起了广泛的关注，也激起了众多心理学家和教育学家的极大兴趣。为了揭开"超常"的奥秘，人们一直在思考和探索。迄今已过了一个多世纪，但是依然没有人能十分自信地宣称已经了解了"超常"的奥秘。古今中外，一直都存在着智慧和能力超过同龄儿童发展水平的儿童，人们对他们的称呼却因时代、国界和认识的不同而不同，而对"超常"本身的理解，也仍然存在不同的看法。

(一)中国对超常儿童认识的演变

　　中国对超常儿童的认识和思考有着非常悠久的历史，经历了从"神童"到"天才儿童"，再到"超常儿童"的发展历程。

　　1. 中国古代对超常儿童的认识

　　中国古代将那些才智出众的儿童称为"神童"。古人不能理解儿童智慧和才能出众的现象，认为这类旷世奇才是由"天神"所赐，将其能力归因为"神"的力量，便称为"神童"。我国早在两千多年前，就有"夫项橐(tuó)生七岁而为孔子师"(《战国策·秦策五》）的记载。战国有甘罗 12 岁为上卿的故事①，流传后世。

我国古代神童辈出，其中许多人成长为享誉后世的各类杰出人才。②

在诗词、文学方面，唐代以诗立国，出现了许多著名诗人。许多大诗人、大文豪都是在童年时就显露出过人的才华。例如，白居易 1 岁开始识字，5 岁开始作诗，9 岁已精通声韵（《新唐书·白居易传》）。李白 5 岁诵六甲，10 岁观百家。杜甫 7 岁开始作诗。王勃 6 岁能文，13 岁著《滕王阁序》。

在数学、科学方面，我国古代早慧的数学家和科学家也不乏其人。张衡是东汉科学家、文学家、画家，10 来岁时已经阅读了很多书，文章写得也很出色，他还创造了世界上第一个测定地震方位的候风地动仪，制造出了世界上最早利用水力转动的浑天仪。祖冲之是数学家、天文学家，他从小就爱好天文历法，经常观测太阳、月亮、星星的运行，并做详细记录，他算出了精确度极高的圆周率近似值，这是一项具有世界意义的伟大成就。数学家王恂，3 岁开始识字，过目成诵，13 岁能学《九数》。郭守敬是天文学家、水利学家、数学家，他创制出举世闻名的《授时历》，比罗马教皇颁行的《格里高利历》早 301 年。

在哲学、史学方面，东汉杰出的思想家王充，自幼酷爱读书，尤其喜欢读《荀子》《韩非子》等书，后来他的非凡才学被郡守发现，被推荐到京师太学学习，年仅 15 岁的王充成为太学少年大学生。在史学方面，司马迁从小就好学勤奋，兴趣广泛，10 岁时，他开始对史书产生很大的兴趣，不仅博览史书文献，而且重视实地考察。十几岁时，他便周游各地，寻访历史事件发生的地点和当事人，广泛收集历史典籍中的第一手资料，这为他后来创作《史记》奠定了基础。

此外，政治、军事方面的杰出人物也大有人在，如孔融、于谦、岳飞等。

2. 中国近代对超常儿童的认识

近代以来，西方的教育思想和理念被大量引入中国。在其影响下，中国人意识到对超常儿童的认识偏差，并采用当时国外常用的 giftedness 和 gifted，将他们称为"天才儿童"。

近代以来的天才儿童有很多。清末的丘逢甲是东宁才子③，自幼天资聪慧，过目不忘，六七岁即可吟诗作对，14 岁参加童子试获第一，24 岁中举人，25 岁中进士。梁启超是我国著名思想家、政治家，他自幼禀赋聪敏，记忆力惊人，读书过目不忘，他 4 岁入学，6 岁就读完了五经，随后开始读《左传》《战国策》等历史书籍，"八岁学为文，九岁能缀千言"④，拥有极佳的历史视野与情怀，所作对联展示的抱负令人惊叹。蔡锷

① 查子秀：《超常儿童心理学（第二版）》，1 页，北京，人民教育出版社，2005。
② 查子秀：《超常儿童心理学（第二版）》，2~3 页，北京，人民教育出版社，2005。
③ 张素芹：《中国历代神童：元明清卷》，李玲九改编，370 页，北京，中国书籍出版社，1999。
④ 赖学香：《"神童"梁启超的几件奇事》，载《档案记忆》，2017(7)。

是中国近代民主革命家、军事家，他自小上私塾，喜欢读老子和韩非的兵家权谋政治书、哲学书，他 13 岁通经史，14 岁考中秀才，时人称其为"神童"。

3. 中国现代对超常儿童的认识

在现代的科学研究中，我国的刘范、查子秀等心理学家首先于 1978 年提出了"超常"(supernormal)或"超常儿童"(supernormal children)的术语。中国研究者[①]经过对常态儿童和超常儿童的智力、创造力、非智力因素的对比研究后提出，超常儿童的心理结构不只限于较高发展水平的智力，而是智力或才能、创造力及良好的非智力个性特征相互作用构成的统一体。因此，将这一类儿童称为"超常儿童"[②]，不仅更切实际，而且使人见词明义。用"超常"替代"天才"称呼这类儿童[③]，有下列优越之处。

(1)超常儿童是相对常态儿童而言的。超常儿童是儿童中智慧才能优异发展的一部分人，他们与大多数智力中等的常态儿童之间虽有明显的差异性，但又存在共性，他们之间没有不可逾越的鸿沟。

(2)超常智力是指在教育和环境影响下发展起来的人的聪明才智，它不单纯是先天赋予的。先天素质虽然为超常智力提供了某种可能性，但需要适合的教育和环境条件才能成为现实，因此，"超常"是可能性与现实性的统一。

(3)超常智力是稳定的，也是发展变化的，它不是固定不变的预测终身的指标。随着年龄的增长，超常儿童的智力可能加速发展，也可能停滞甚至后退，这取决于儿童所处的社会环境为其提供的学习机会、教育条件、本人的个性特点以及主观的努力等多种因素。"小时了了，大未必佳"的例子古代有，现代也有。超常儿童与常态儿童都是处于成长和发展过程之中的儿童，因此，超常比天才更切合实际。

(4)超常儿童心理结构不仅限于智力、才能方面，还包括创造力和非智力个性特征方面。"天才"一词只是从高度发展的智力、才能的意义上来解释，而"超常"更能全面表达我们对于这类儿童的定义。

由此可见，当时提出"超常"这一术语时，有两方面的考虑：一方面，这些儿童的非凡表现不完全是天生的，而是先天因素和后天教育两者共同作用的结果，使用"超常"而不使用"天才"一词也可以与"天命论"或"宿命论"划清界限；另一方面，超常儿童只是整个儿童群体中的一部分，不是儿童群体的独立群体。此外，"超常"一词也具有明显的统计学意义。在整个儿童群体中处于非常落后的一小部分儿童被称为"低常"，处于非常优秀的一小部分儿童就是"超常"，而介于这两者之间的绝大部分儿童就是"常态"。于是，"低常""常态"和"超常"就构成了一个连续的整体。而且，那些在某一领域

---

① 查子秀：《超常儿童心理发展追踪研究五年》，载《心理学报》，1986(2)。
② 查子秀：《超常儿童心理十年研究》，载《心理学报》，1990(2)。
③ 查子秀：《超常儿童心理学(第二版)》，13～14 页，北京，人民教育出版社，2005。

具有特殊才能的人也可以被纳入"超常"的范畴。因此，"超常"一词同时包括了英文中常用的 gifted（天才）和 talented（专才）。[①] 由此，超常儿童的概念，在当时的中国大陆地区被学者和教育家广泛接受。但是台湾地区仍采用资优的概念，即"资赋优异"的简称。

近年来，在我国培养"拔尖创新人才"的社会背景下，"超常儿童"的概念易与"拔尖创新人才"发生混淆。但事实上两者内涵并不相同。"拔尖创新人才"最早出现在党的十六大报告中，但多年来尚未形成统一的概念。通过梳理不同学者[②]和政府工作报告中的定义，本书认为"拔尖创新人才"的内涵普遍包括以下几个方面：(1)具有广博的知识、创新的能力和高尚的品德；(2)有强烈的事业心和社会责任感，能为国家发展和社会进步作出重大贡献；(3)出现在学术、科学、技术、管理、企业等各个领域。对比超常儿童的概念可见，两者都强调在多领域内的高能力发展和创新，具有能力多元化的特征。但究其本质，拔尖创新人才是在某个领域有所成就的、作出卓越贡献的人，是个体成功发展的结果；而超常儿童则是在某些领域内具备超出常人能力的儿童，是处在动态发展中的个体。因此，并非所有的超常儿童都能成为拔尖创新人才，而拔尖创新人才也未必都由超常儿童培养而来。只有为超常儿童提供适合他们能力发展的环境和条件，超常儿童才有成为拔尖创新人才的可能性。

总的来说，中国对超常儿童的认识经历了几千年的历史，随着研究的深入，发生了许多变化。从"神童"到"超常儿童"，概念的内涵得到了扩展。

(二)西方超常儿童认识的演变

两千多年前，古希腊的哲学家柏拉图（公元前 427—前 347 年）就很重视神童，他把智能特别优异的人称为金人，其余分别称为银人、铜人或铁人。[③] 他主张应该把金人培养成领袖。

大约在 16 世纪中叶，西方一些国家开始使用"天才"一词。最初，天才的含义并不明确，genio 在当时被用来指伟大的艺术家，但并没有明确指出艺术家具体在哪些方面的能力杰出。约 17 世纪末，创造力成为"天才"的一个特征或必要条件，天才（genius）出现了某些现代的意义。但是，在当时的欧洲，流行的观念认为非凡的智力和才能是上天赐予的赠品（gift）。直到 19 世纪中叶，英国心理学家高尔顿（F. Galton）通过对 900 多位天才人物进行家族谱系研究，于 1869 年发表了《遗传的天才》一书，论证了天才是由遗传决定的观点。[④]

---

① 施建农、徐凡：《超常儿童发展心理学》，4～5 页，合肥，安徽教育出版社，2004。
② 杨叔子：《文化的全面教育 人才的拔尖创新》，载《学位与研究生教育》，2005(10)。
③ 查子秀：《超常儿童心理学（第二版）》，第 3 页，北京，人民教育出版社，2005。
④ 查子秀：《超常儿童心理学（第二版）》，第 8～9 页，北京，人民教育出版社，2005。

历史上，对于"天才"的定义较早集中在智力领域。20 世纪初，美国心理学家推孟(L. M. Terman)首先使用智力测验来鉴别超常儿童，他把智商达到或超过 140 定为超常儿童的标准，开创了智商决定天才的纪元，为现行超常儿童的定义奠定了基础。推孟在早期用 genius 一词来称呼高智商儿童，但在 1959 年发表的关于超常儿童追踪研究35 年的报告中已改用 gifted 一词。西方近现代的心理学研究文献对"超常儿童"的称呼一般是 gift、giftedness、gifted，genius 主要指对人类社会具有突出贡献者[①]。但是，推孟的研究带来了两个错误的观念，到现在还产生着一定的影响。第一，他开发了智力测验，用智商来鉴别超常儿童，造成了超常儿童等于高智商的误解，将其他领域的超常儿童排除在外；第二，他把超常和遗传联系在一起，使人们认为超常是遗传的结果，而且是不可改变的。但事实上，智力或才能有一部分受遗传的影响，另一部分受环境和教育的影响。在后天的成长过程中，智力或才能也会发生改变。

"天才"的英文为 the gift 或 giftedness and talent。根据《韦氏新大学词典》(*Webster's New Collegiate Dictionary*，以下简称《韦氏词典》)的释义，gift 有三层含义：一是指引人注目的能力、才能或天赋；二是指赠予的行动、权利或力量等；三是指他人给予的礼物。与超常或超常儿童相关的是第一种，即引人注目的能力、才能或天赋，其中"能力"或"才能"的释义既指先天的，也指后天习得的，而"天赋"则强调先天的能力。作为 gift 的形容词形式，《韦氏词典》对 gifted 的释义是具有卓越自然能力的人。其名词形式 giftedness，既可以指卓越的天赋或能力，也可指具有卓越天赋或能力的人。由此可见，gift 或 giftedness 主要强调人的自然能力或天赋。talent 也有多种释义：一是指人的自然天赋；二是指人的能力，等同于 ability；三是从人的角度出发，指在某一领域或活动中具有才能的人。较之 gift，talent 的含义更加广泛，既指自然天赋，也指后天的能力与才能，并且更强调后者。[②]

西方常用 gifted and talented 一词来称呼超常儿童。1972 年，美国教育专员西德尼·马兰(Sidney Marland)提出了一项关于超常儿童教育的报告(《马兰报告》)，得到美国教育总署(现为美国教育部)的认可。在该报告中，马兰首次明确了 gifted and talented 的内涵，对超常儿童进行了界定。这一定义成为美国使用最为广泛的定义，对世界其他国家中超常儿童的定义也产生了深远影响。

最初 talented 和 gifted 被并列使用在超常儿童教育中。教育者认为有才能的艺术家、音乐家、领导者、体操运动员与学业优秀的人有着很大的区别。也有些人用 talented 一词来描述社会经济地位较低及少数民族群体中的超常儿童。这些儿童或许不是学业优异的高智商儿童，但是他们可能在创造力测验、领导力测验、非学术或非语言

① 查子秀：《超常儿童心理学(第二版)》，9 页，北京，人民教育出版社，2005。
② 付艳萍：《美国高中资优教育发展研究》，博士学位论文，华东师范大学，2016。

测验中表现较好。但 gifted① 通常只包括学业优异的学生，这就没有顾及处于社会经济不利地位及弱势群体中的超常儿童以及具有其他才能的超常儿童。事实上，学界关于 gifted、talented、giftedness 几个词尚没有形成统一的界定，甚至专家们对这些词的使用也是比较含糊、混乱的。有的学者② 仅使用 gifted 或 giftedness，有的则两词并用，即 giftedness and talented。由此可见，西方对超常儿童的称呼一直在变化中，其争论也一直在持续。

二、超常儿童的定义

在对超常儿童认识的演变基础上，心理学家和教育家对超常群体进行了系统的研究，提出了更为科学和客观的界定。

(一)中国对超常儿童的定义

在我国，超常儿童的定义因地区不同而存在一些差别。内地(大陆)地区、香港地区和台湾地区对超常儿童的定义均有所不同。

1. 中国内地(大陆)地区对超常儿童的定义

1978 年，刘范教授提出用"超常儿童"一词替代"天才儿童"，将智力或才能优异的儿童称为"超常儿童"。1981 年，全国超常儿童研究协作组把超常儿童定义为智力发展明显超出同年龄一般发展水平的儿童。"超常"是在自然素质基础上，通过环境和教育影响发展的结果。超常智力不是指潜在的，而是现实表现的；不是固定不变的，而是不断发展的聪明才智。超常儿童将来是否发展成杰出人物，这不仅取决于智力的发展，而且取决于良好的个性品质，个人的主观努力，以及适合的社会和继续教育条件。研究表明③在进行"超常儿童"鉴别时，不仅要考虑智力，还要考虑各个领域的特殊才能。此后，为了在实践中便于操作，施建农等人采用测量学的方法，用五大标准界定超常儿童：(1)学业成绩大于平均水平两个标准差；(2)表现优于比自己大两岁的群体的平均水平；(3)智商在 130 以上；(4)表现超越 95% 的同龄人；(5)有非常特殊的才能。这五个标准之间是相互独立的。在这样的研究界定中，符合标准的超常儿童约占人群的 2.25%。1984 年，全国超常儿童研究协作组修改超常儿童定义为"智力发展显著高于同

① Barbara Clark, *Growing up Gifted*： *Developing the Potential of Children at School and at Home* (*eighth edition*)，Boston，Pearson，2012，p. 31.

② Gary A. Davis，Sylvia B. Rimm，& Del Siegle，*Education of the Gifted and Talented* (*sixth edition*)，Boston，Pearson，2011，p. 17.

③ 全国超常儿童研究协作组、查子秀：《超常儿童追踪研究三年》，载《中国心理学会第三次会员代表大会及建会 60 周年学术会议(全国第四届心理学学术会议)文摘选集(上)》，1981。

年龄常态儿童发展水平或具有某方面特殊才能的儿童"①。

词(辞)典是学术界对某一词语进行正式定义的记载体。1989 年,《心理学大词典》②记载,超常儿童是指智力发展或某种才能显著超过同龄儿童平均水平的儿童。智力超常儿童智商一般在 130 以上;才能超常儿童无一定标准,但在某一方面有惊人的能力。智商 140 以上者又称天才儿童。1991 年,中国第一部《教育大辞典》③④以 1984 年全国超常儿童研究协作组对超常儿童的定义(见上文)为基础,对"超常儿童"词条做了详细的阐述。该词条指出:"超常与常态儿童在智力上有差异,但无不可逾越的界限。有多种类型的超常儿童,如文学型、数学型、艺术型及综合型等。心理特点主要表现为:(1)兴趣广泛,求知欲旺盛;(2)注意集中,记忆力强;(3)观察敏锐,想象丰富;(4)思维敏捷、宽阔,能独创性地解决问题;(5)自信心、进取心强,有坚持性。"2003 年,《心理学大辞典》⑤⑥记载:"超常儿童即天才儿童,是指资赋优异、智慧或技艺超常并有高度发展潜能的儿童。在认知方面,具有敏锐的感知能力和良好的观察力,注意集中,记忆力强,思维敏捷,富有独创性;在人格品质方面,具有浓厚的认知兴趣、旺盛的求知欲、强烈的进取心和自信,以及排除困难、坚持不懈的意志品质。具有不同的鉴别标准。"2006 年和 2014 年,中国第 2 版和第 3 版的《特殊教育辞典》⑦⑧上记载:"超常儿童是指智慧和能力超过同龄儿童发展水平的儿童,其主要心理特征是注意力集中,有坚持性;有自信心,积极进取;兴趣广泛,好学强记;有洞察力,善于想象;思维敏捷,有独创性。与常态儿童相对而言,两者在一定条件下可以转化。"值得注意的是,虽然第 2 版和第 3 版《特殊教育辞典》上对"超常儿童"的汉语注释一致,但英文称呼却发生了变化。第 2 版沿用《教育大辞典》的翻译,将其翻译为 supernormal child,而第 3 版将其翻译为 talented child。

综上可见,从 1981 年至今,虽然中国心理学界和教育学界对超常儿童的定义及英文翻译都在发生变化,但是其基本内涵均包含了"超出常人""遗传与环境交互作用""各个领域"和"动态发展"等关键性要素。与同期西方国家的研究相比,我国超常儿童的研究理念已经达到国际前沿水平。

2. 中国港台地区对超常儿童的定义

针对台湾的"资优"一词,郭为藩在《特殊教育名词汇编》中对"资赋优异"作了详细

① 查子秀:《超常儿童心理发展追踪研究五年》,载《心理学报》,1986(2)。
② 朱智贤:《心理学大词典》,58 页,北京,北京师范大学出版社,1989。
③ 顾明远:《教育大辞典(第 2 卷)》,344 页,上海,上海教育出版社,1990。
④ 顾明远:《教育大辞典增订合编本(上)》,149 页,上海,上海教育出版社,1998。
⑤ 林崇德、杨治良、黄希庭:《心理学大辞典(上)》,120 页,上海,上海教育出版社,2003。
⑥ 林崇德、杨治良、黄希庭:《心理学大辞典(下)》,1234 页,上海,上海教育出版社,2003。
⑦ 朴永馨:《特殊教育辞典(第 2 版)》,446 页,北京,华夏出版社,2006。
⑧ 朴永馨:《特殊教育辞典(第 3 版)》,485 页,北京,华夏出版社,2014。

的解释："资赋优异儿童泛指那些在思考、推理、判断、发明和创造能力上明显超过一般同龄儿童的儿童。"台湾学者简茂发分析"资优"一词词源的时候认为，常用的资优一词，若从英文来看，即是 giftedness 和 talent。据《韦氏词典》记载，gift 在古挪威语中代表的意义是"获得某些东西"或"天赋"；时至近代，这个字通常仍暗示着受之于神或自然的眷顾而得的禀赋，常与 talent 互用。而吴武典教授[①]在论资优的定义中认为，广义资优已是举世的共识，但其内涵仍有相当的差异性，反映出不同的资优理念，比较保守的还是美国1987年国会通过的《资优儿童教育法》中的定义：资优儿童或青少年指的是在学龄前或中小学阶段，经鉴别后在下列领域有卓越表现或高度潜力者。(1)一般智力；(2)特殊学业性向；(3)创造能力；(4)视觉与表演艺术。他认为用"资赋优异"一词称呼有禀赋和潜能的儿童，比用"天才"更为贴切。

此外，我国台湾和香港地区曾出台了明确的关于超常儿童教育的规定，有其官方的定义。我国台湾地区所称的资赋优异是指有卓越潜能或杰出表现，经专业评估及鉴别，有特殊学习需求，需要特殊教育及相关服务措施的协助者。其分类如下：(1)一般智力资赋优异；(2)学术性向资赋优异；(3)艺术才能资赋优异；(4)创造能力资赋优异；(5)领导能力资赋优异；(6)其他特殊才能资赋优异。我国香港地区于1990年发布了《第四号报告书》(*Education Commission Report No.4*，ECR4)，提出了"天才"的官方定义，并为香港地区的超常儿童教育发展设定了基调和方向。ECR4 报告提供了一个广义的、多标准的天才概念。它完全吸收了美国1972年的《马兰报告》中对超常的定义，认为超常儿童在以下一个或多个领域具有杰出表现或潜能：(1)一般智力；(2)特殊学习能力倾向；(3)创造性思维；(4)视觉和演奏艺术；(5)领导能力；(6)心理运动能力。[②]

(二)西方对超常儿童的定义

在西方国家，学者们对超常儿童的研究出现过四波有代表性的思潮，本书将在超常理论研究部分进行详细介绍。在此主要介绍美国、英国和澳大利亚这三个超常儿童研究与教育发展较为成熟的国家对超常儿童的官方定义。值得注意的是，西方国家常用 gifted and talented、the gifted、the talented 等词来描述超常儿童。在我国历史上，这些词被翻译为"天才"或"天才儿童"。其含义与前文中的"超常儿童"是一致的。

1. 美国政府对超常儿童的定义

1972年，美国教育总署(现为美国教育部)通过《马兰报告》，首次对超常儿童进行

---

① 查子秀：《超常儿童心理学(第二版)》，12页，北京，人民教育出版社，2005。

② David Yun Dai，&Ching Chih Kuo，*Gifted Education in Asia：Problems and Prospects*，Charlotte, NC，Information Age Publishing，2015，p.7.

权威的界定。这个定义是这样描述超常儿童的：超常儿童是通过专家鉴别、有杰出能力并取得重大成就的人。为了实现他们对于自身和对社会的贡献，需要给这些儿童提供差异化教学计划，让他们接受特殊的学校教育。一般来说，这些儿童具备下述任何一个或几个领域中的已有成就或潜能：(1)一般智力(general intellectual ability)；(2)特殊学习能力性向(specific academic aptitude)；(3)创造性思维(creative or productive thinking)；(4)领导能力(leadership ability)；(5)视觉和演奏艺术(visual and performing arts)；(6)心理运动能力(psychomotor ability)。这一定义不仅承认卓越的一般智力，而且承认具体学术领域和艺术领域中的天才，同时还关注到创造力、领导力、心理运动能力方面的天才。它承认超常儿童需要"差异化教学和特殊的学校教育"。它承认了天才教育计划的两个最基本目的：一是帮助超常儿童开发潜力，二是为社会输送训练有素的、开创性的领导者和问题解决者。该定义包括了"已有成就的或有潜能的学生"，它也考虑了那些在学校中可能未显露才华的低成就学生。[①]

1978年，美国颁布了《超常儿童教育法》(*Gifted and Talented Children's Education Act*)，对超常儿童的定义进行了修改：超常儿童是那些在学龄前、小学和中学任一个阶段被鉴别的，具有已表现出来的能力或潜在能力的儿童或青少年。他们在智力、创造性、具体学术和领导能力等方面，或者在表演和视觉艺术领域被证实具有很高的能力，他们需要接受超常的教育和实践。修改后的定义排除了心理运动能力。因为艺术领域的心理运动能力可以包括在表演艺术内，而表演艺术不包括在天才教育计划中。同时，具有运动天赋的儿童已经得到了充足的资金支持。因此，将定义中的心理运动能力删除，没有太大的影响。[②]

20世纪70年代末，美国心理学家任祖利(Renzulli)对《马兰报告》中的定义提出了三条质疑：(1)它忽略了强烈的创造性动机；(2)六种素质不是独立的，存在包含和交叉的关系，即特殊的学术素质和视觉表演技巧这两个能力是一般智力、创造力、领导能力和心理运动能力的应用范畴；(3)许多教育工作者曲解和滥用了美国教育总署的定义，他们虽然承认这些素质(甚至把它们写在正式的教育计划中)，但是在实际鉴别过程中，采用的仍然是高智商分数和高成绩分数。之后，他提出了天才三环模型(the three ring conception of giftedness)，认为超常儿童应由三方面的心理成分构成：平均水平以上的能力、创造力、任务执行力。本章第二节将具体介绍该模型。

上述两种定义自提出以来，得到了广泛的认同。特别是《马兰报告》，由于其官方地位，一直被大多数州直接沿用或稍加修改后加以采用。到了2000年，一项调查结果

---

① Gary A. Davis, Sylvia B. Rimm, & Del Siegle, *Education of the Gifted and Talented (sixth edition)*, Boston, Pearson, 2011, pp. 18-19.

② Gary A. Davis, Sylvia B. Rimm, & Del Siegle, *Education of the Gifted and Talented (sixth edition)*, Boston, Pearson, 2011, pp. 18-19.

显示，美国 29 个州对超常儿童的定义进行了调整，有 5 个州已经不设官方定义。

2. 英国对超常儿童的定义

英国的政策文件和相关研究文献在定义"天才"这个概念时存在一种倾向，即把有天赋的（gifted）学生和有才能的（talented）学生分开来界定。[①] 2007 年，英格兰布拉姆利教会小学（Bramley Church of England Primary School）的《超常儿童政策》中，认为有天赋的学生是指在英语、数学、历史、科学等学习科目上表现超常的学生；而有才能的学生是指在诸如体育、戏剧、音乐或艺术等需要视觉空间能力或实践能力的课程方面超常的学生。2008 年，英格兰《乌兰兹小学天才学生政策》（*Woodlands Primary School Policy for Gifted and Talented Pupils*）中同样采取了把有天赋的和有才能的儿童区分开来定义的方法，但是给出了一个具体的百分比数据。它认为有天赋的学生是智力或学术能力在学校排名前 5% 的学生；而有才能的学生是实践、创造力或其他自然能力或倾向在学校排名前 5% 的学生。到了 2008 年 5 月，英国儿童、学校与家庭部公布《识别天才学生（入门级）》（*Identifying Gifted and Talented Learners-Getting Started*）[②]的文件。该文件明确指出，天才就是一个或多个方面的能力或潜能超过同龄人的儿童和青少年。

3. 澳大利亚对超常儿童的定义

至今为止，在澳大利亚联邦及各州的超常儿童教育政策中，分别出现 gifted and talented students、gifted students、gifted children 等词，但并没有统一的称呼。一些州的政策文件中甚至没有对"天才"这个概念进行具体定义。[③] 新南威尔士州教育与培训部公布的《天才学生的教育政策及实施策略》中对天才的定义采取了加涅在《天赋和才能的差异化模型》中一分为二的看法，把天赋（giftedness）和才能（talent）分开来说：有天赋的学生（giftedness students）就是那些在智力、创造力、社会性和体能等一个或多个方面的潜力明显高于平均水平的人；而有才能的学生（talented students）是那些在一个或多个方面的技能明显高于平均水平的人。天赋是个体未加训练的、自发的自然能力；而才能是这些天赋经过良好的训练，朝着系统性特征方向发展后呈现出来的能力。

三、超常儿童认识的误区

人们对超常儿童的认识存在各种各样的误区。随着对超常儿童研究的逐步深入，我们对其特质有了更多的了解，也深刻地认识到了培养和教育他们的意义。我们必须

---

① 谢宜宸：《澳大利亚天才教育政策研究》，硕士学位论文，福建师范大学，2012。

② Department for Children, Schools and Families, *Identifying Gifted and Talented Learners-Getting Started*, Annesley, DESF Publications, 2008, p.1.

③ 谢宜宸：《澳大利亚天才教育政策研究》，硕士学位论文，福建师范大学，2012。

消除对超常儿童的种种错误认识。①

1. 误区一：超常儿童都有高智商

人们普遍认为，超常儿童的智商都很高。但事实上，超常儿童有不同的分类，较少的研究表明音乐和艺术方面的超常儿童对智力有特殊的要求。此外，智力测验所测的能力范围也非常狭窄（见中篇第一章）。

2. 误区二：超常儿童是天生的

超常儿童是先天遗传与后天环境影响共同造就的（见总论篇第二章）。

3. 误区三：超常儿童是全才

超常儿童有可能只在某一个领域中表现特别出色，甚至某一领域的超常儿童在其他领域可能表现出学习障碍（见中篇第四章）。

4. 误区四：超常儿童长大后一定会成为杰出人才

许多超常儿童到了成年以后并不优秀，而许多杰出的人小时候并不是典型的超常儿童。

5. 误区五：天才永远是天才

超常的智力和才能既有稳定性，也有发展变化性，随着儿童年龄的增长，会出现不同的变化趋势。天才长大后，也许会变得平庸。保护天才需要有良好的教育和环境（见表 1.1.1 超常儿童发展过程的类型）。

6. 误区六：超常儿童早期阅读和书写能力应同步发展

虽然人们普遍认为超常儿童早期阅读和书写能力应同步发展，但是在年龄较小的超常儿童发展过程中，其阅读能力和书写能力并没有关系。

表 1.1.1　超常儿童发展过程的类型

类型	表现
跃进式	幼年早慧，提前入学或插班，此后稳步超常发展；或从小学、中学至大学有过一次或多次跳跃式前进
渐进式	幼年或童年已有超常出众表现，按常规年龄入学，没有跳级，而是在课外/校外接受充实的超常儿童教育，优势和才能逐步发展，超常表现比较稳定
波浪式	幼年表现早慧，提前进入小学或插班，在小学或中学阶段一度发展下降与常态儿童无异。经采取措施后，逐渐回升再次超常出众
后起式	幼年或童年未发现超常表现，小学或初中阶段，由于某次竞赛或机遇，成绩突出，一鸣惊人，此后受到学校的重视，予以特殊培养，稳步上升，发展优异

---

① ［美］苏泽：《天才脑与学习》，"认知神经科学与学习"国家重点实验室、脑与教育应用研究中心译，3～4页，北京，中国轻工业出版社，2005。

续表

类型	表现
滑落式	幼年早慧，中小学或至大学成绩优异，名列前茅。大学或毕业后，由于某种原因，学习(工作)成绩下降，情绪波动，不能自拔，经常帮助也无效，失去了优势

［资料来源］查子秀：《超常儿童健康成长的主客观条件》，载《中国特殊教育》，2000(2)。

第二节
超常儿童的理论研究

在超常儿童定义的发展过程中，研究者不断对其内涵进行探索，从不同视角提出超常儿童的理论。这些超常儿童的理论是关于超常能力的先天本质和后天培养的讨论和分析，在一定程度上也揭示了超常儿童的成因。超常儿童的理论在整个超常儿童教育中起着基础且重要的作用。它是本学科的基石，影响着人们对于超常儿童的鉴别和超常儿童教育的认识。

超常儿童的研究最早起源于对智力的研究。因此，本节在梳理超常儿童理论的历史发展时将结合智力理论来进行介绍，让大家了解超常儿童研究从聚焦于智力因素逐渐扩展到更广范畴的发展历程。本节将以西方超常儿童的理论研究出现的四波思潮为线索，介绍相关的智力理论和超常儿童理论模型。这四波思潮对超常儿童的定义侧重点各有不同，但也存在着重叠和相互影响的部分。在第一波思潮中，研究者围绕"什么是天才"这一问题，强调采用以一般智力因素（G因素）为基础的智力测验来鉴别天才。在第二波思潮中，研究者在智力一般领域观点的基础上，提出了多元化的、多成分的天才鉴别观点。在第三波思潮中，研究者以更系统的视角来界定天才，在关注认知能力的基础上，强调非认知因素的重要性。在第四波思潮中，研究者整合前人的观点，进一步扩大了研究的视野，把天赋的发展放在一个动态的环境中探讨。

一、第一波思潮：一般领域模型

西方关于智力和天才研究的第一波思潮，在高尔顿有关"遗传的天才"观点上发展起来。斯皮尔曼（Spearman）提出了二因素论，在智力的测量和天才的鉴别方面展开了一系列的研究，并形成了从智力的一般领域来鉴别天才的观点。

(一)天才遗传观点

19 世纪下半叶，英国心理学家高尔顿的《遗传的天才》(1869 年)一书是首部公开发表的有关天才理论的著作。高尔顿对 900 多位历史名人的家族谱系进行研究，提出天才天生拥有极高的能力，天才是遗传的观点。这是西方最早的从智力角度对超常个体进行的研究。

(二)智力二因素说

斯皮尔曼是在 20 世纪初最早对智力结构问题进行探讨的英国心理学家。为了分析智力的构成，1914 年，斯皮尔曼[1]提出了一种多元统计分析方法——因子分析法，该方法旨在研究变量群中共性因子的存在和影响。

斯皮尔曼在实验中发现学生的各科成绩具有一定的相关性，即某一科成绩好的学生，往往其他科的成绩也较好。斯皮尔曼推想是否存在某种潜在的共性因子，或是某个共同的智力因素影响学生的学习成绩。由此，斯皮尔曼提出人类可能存在一种所共有的普通因素，即 G 因素(general factor)。他认为 G 因素是个体天生的、内在的一般智力。个体的所有智力活动，如知识掌握的程度、对计划的制订和实施等都受到 G 因素的影响。G 因素越高个体就越聪明，反之亦然。因此，个体智力的高低也就可以通过因子分析法以及对 G 因素的测定来评估。

除了 G 因素外，斯皮尔曼[2]还认为智力活动中存在特殊因素(S 因素，special factor)。相对于 G 因素，S 因素代表了个体的特殊能力，是个体在某方面表现异于他人的能力，如逻辑、语言、数字、空间等认知能力，如图 1.1.1 所示。

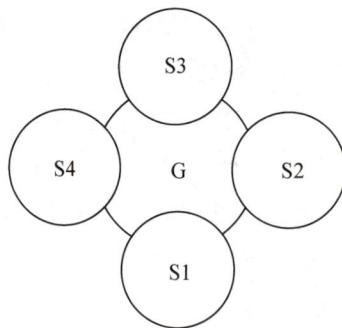

图 1.1.1 斯皮尔曼的智力二因素模型

---

[1] Spearman, C., "The Theory of Two Factors," Psychological Review, 1914(2), p. 101.

[2] Thomson, G., "Charles Spearman, 1863-1945," Obituary Notices of Fellows of the Royal Society, 1947 (15), pp. 373-385.

总体而言，斯皮尔曼认为 G 和 S 两种因素构成了智力。也就是说，任何的智力活动过程都是由 G 和 S 两种因素共同决定的。G 因素是智力活动的基础和关键，每个人的智力结构都含有 G 因素，只是大小不同；而 S 因素体现在某些特殊领域，个人的 S 因素既有"大小"的区别，也有"有无"的区别。例如，完成算术作业就需要 G+S（数字）来实现，画图则需要运用 G+S（空间）。所以无论何种智力活动，G 因素都是必需的，而斯皮尔曼就是通过测量 G 因素来评估智力的。

智力二因素说是最早的智力理论之一，是智力结构研究的先驱。该模型[①]也是早期超常儿童教育研究的基础模型之一。与当时流行的遗传决定论相比，智力二因素模型为研究者提供了可具体测量和分析的 G 和 S 因素。

(三)比奈、西蒙和推孟的研究

1905 年，比奈（Binet）和西蒙（Simon）编制了一个儿童智力测验量表，这是最早对高水平认知技能评估的测验之一。1916 年，推孟在比奈-西蒙智力量表的基础上，编制了斯坦福-比奈智力量表（Stanford-Binet Intelligence Scale），这是最早用来鉴别超常儿童的智力测验之一。此外，推孟基于高尔顿的天才本质理论，将天赋视为一个单一的实体，超常儿童等同于高智商（high IQ）。

一般领域模型主要从智力因素构成的视角对超常进行界定，并将智力分数作为鉴别超常儿童的重要指标。直到今天，虽然很多国家和地区已经在使用多元化的测量工具来鉴别超常儿童了，但不可否认的是，智力因素仍然占据重要地位。

二、第二波思潮：特殊领域模型

随着对智力因素和结构成分的深入研究，"超常儿童等同于高智商"的观点受到了不同研究者的质疑。有研究者开始提出超常的特殊领域模型。特殊领域模型强调特定领域的天赋能力，关注在特定领域内获得知识基础、发展智力。这种模型通常不把心理过程包括在内。持这一观点的研究者认为其他的心理变量，如创造力，是天赋的输出，不是输入，而且只能在掌握大量内容后才会出现。

(一)群因素论

瑟斯顿（Thurstone）是最早强调个体可以通过多种方式成为超常儿童的研究者之一。他认为智力二因素理论过于简单，未能全面地表现出智力成分。1938 年，瑟斯顿

---

① 王亚南、刘昌：《斯皮尔曼：从智力二因素论的创立到方法论上的突破》，载《南京师范大学报（社会科学版）》，2011(6)。

用因素分析方法对斯皮尔曼的二因素理论进行了修改，提出了群因素理论。他认为智力是一种基本的心理能力。他提取和定义了七种构成个体心理能力的基本要素，它们在统计学上相互独立。分别是：(1)口语能力(verbal comprehension)，(2)流畅运用词汇的能力(word fluency)，(3)数字能力(number)，(4)空间能力(space)，(5)记忆力(memory)，(6)知觉速度(perceptual speed)，(7)推理能力(reasoning)。时至今日，许多西方学校在学生能力测验中仍会纳入这 7 种能力。

(二)卡特尔-霍恩-卡罗尔理论模型

1997 年，麦格考林(McGrew)首次尝试将卡特尔(Cattell)和霍恩(Horn)提出的流体智力-晶体智力理论以及卡罗尔(Carroll)提出的认知能力三层模型理论结合起来。之后麦格考林和他的同事们逐步完善此理论，形成了 CHC(Cattell-Horn-Carroll)理论[①]。CHC 理论融合了卡特尔、霍恩以及卡罗尔的理论，是涵盖认知能力范围最广、结构更趋于合理的智力理论。

麦格考林将智力结构描绘成一个三层模型，顶层即第三层是一般智力(general intelligence)或 G 因素，代表最广泛的或最一般的能力水平，涉及高层次的复杂认知加工。第二层由十种相对特殊的能力组成，这些能力被称为"广泛(broad)能力"，影响个体在广泛领域上的表现，包括流体智力、晶体智力、数量知识、阅读和写作能力、短时记忆、视觉加工、听觉加工、长时储存和提取、加工速度、决策反应的时间与速度。第一层则包括了约 70 个可以直接测量的"狭窄(narrow)能力"，它们按照一定的组织方式列于第二层相应的"广泛能力"之中。

智力三层模型对一般能力和特殊能力及其相互关系给出了全面描述。这种描述可以通过一级和二级能力的差异来解释天才个体之间的异质性(Gottfredson，2003)。[②]当然，智力三层模型也存在不足，例如，没有从生物学或心理学视角对 G 因素的理解作出充分的解释。卡罗尔把 G 因素看作是智力能力的一个统一维度，它是智力的基础，在复杂性或抽象推理的测验中尤为明显。而霍恩[③]认为 G 因素仅仅是一个统计假象，它可能是由一个或多个自变量(如生物、环境、元认知、气质、动机等)引起的因变量，也可能本身就是一组相互关联的自变量。因此，进一步的研究目标是明确地知道 G 因素代表什么，从而可以更好地理解智力的本质及其与天赋的关系。

① 陈蓓、赵微：《从 CHC 理论角度探析认知评估系统——基于探索性因素分析的方法》，载《上海教育评估研究》，2016(2)。

② Gottfredson，L. S.，"Dissecting Practical Intelligence Theory: Its Claims and Evidence," Intelligence，2003(4)，pp. 343-397.

③ Horn，W.，"MESICAR-A Medical Expert System Integrating Causal and Associative Reasoning," Applied Artificial Intelligence，1989(2-3)，pp. 305-336.

(三)多元智力理论

加德纳(Howard Gardner)是著名教育心理学家，被誉为"多元智力理论"之父。1983年，他通过对脑部受创伤的病人、有特殊技能而心智不全者、正常儿童、正常成人、不同领域专家以及各种不同文化中个体的研究，发现了他们在学习能力上的差异。同时，他[①]认为，传统智力理论只关注语言能力和数理逻辑能力，认为它们是智力的核心，却忽视了个体在艺术或体育等领域的表现。这样对智力定义过于狭隘，未揭示智力的全貌和本质。鉴于这些考虑，他在1983年出版的《智力的结构：多元智力理论》(*Frames of Mind：The Theory of Multiple Intelligences*)一书中，提出了多元智力理论。该理论将智力定义为人在特定情景中解决问题并有所创造的能力，并定义了个体身上相对独立存在、与特定的认知领域或知识范畴相联系的十种智力，具体如下。

(1)语言智力 (verbal/linguistic)：人们在交流中通过听、说、读、写来接受和表达思想的能力。

(2)数理逻辑智力 (logical/mathematical intelligence)：数字计算、逻辑思考的能力。

(3)空间智力 (visual/spatial intelligence)：对空间的感受，物体的记忆能力。

(4)身体-运动智力 (bodily-kinesthetic intelligence)：对身体躯干、四肢的控制能力，也指对事物能作出身体反应的能力。

(5)音乐智力 (musical/rhythmic intelligence)：接受和表达音乐的能力，包括对节奏、旋律、音准、音色的敏感。

(6)人际智力 (inter-personal/social intelligence)：与他人相处的能力，同理心的体现，理解他人的情绪并作出适当的反应。

(7)内省智力 (intra-personal/introspective intelligence)：对自己的认知能力，包括性格、动机等的认识，并在此基础上形成自律、自尊的能力。

(8)自然探索智力 (naturalist intelligence，加德纳在1995年补充)：对周边环境，如对动植物、山脉河流的认识能力。这种能力常体现在狩猎者、种植者等的身上。

(9)存在智力 (existentialist intelligence，加德纳在1999年补充)：对生命、死亡和终极现实提出问题，并思考这些问题的倾向性。

(10)其他智力 (additional intelligences)：2016年，加德纳补充了教学法智力(teaching-pedagogical intelligence)，教学法智力指教授他人的能力。加德纳在访问中还提出了如幽默(humor)、烹饪(cooking)，以及两性关系上的智力(sexual intelligence)。

[①] Gardner，H.，*Frames of Mind：the Theory of Multiple Intelligences*，New York，Basic Books，1983，pp. 3-11.

尽管多元智力理论的初衷是分析智力的构成成分，但很快被应用到了教育领域，成为当今西方国家教育改革的重要指导思想。该理论的推广转变了人们对超常儿童教育研究的看法，重塑了人们对于超常儿童的认知。人们进一步认识到超常儿童因为自身能力的差异而需要额外的教育支持。加德纳在教育实践中非常强调因材施教，认为每个人都是不同的个体，教师应该以发展的眼光看待学生，从认识学生本身开始，开发学生的潜能。教师应该以学生的实际学习需求为出发点，运用多样化的教学模式，包括扩展教材内容、增加课程选择性、以学生为中心的教学方法等，以真正满足每个学生的不同需求。

三、第三波思潮：系统模型

系统模型的研究者将天赋视为一个系统，它的整体运作依赖于共同作用的不同心理过程的融合。这种相互作用的心理变量形成紧密联系的网络，在创造性行为中扮演着重要角色，但这些理论并不排除特定领域能力的重要性。

(一)天才三环模型

美国心理学家任祖利(Renzulli)在超常儿童教育领域作为研究者和实践者耕耘了超过半个世纪。20世纪70年代末，任祖利[1]提出超常才能并不直接由智力决定，也包括一些非智力因素，因此并不能简单地用认知能力评估来鉴别超常儿童。任祖利认为超常才能并不是完全由先天基因赋予的特质，而是个体可以通过后天发展获得的行为特质。任祖利通过对超常儿童定义相关的文献分析，提出了天才三环模型，如图1.1.2所示。在此模型中，以下三种心理品质交互作用构成超常才能，任何一种品质不能单独构成超常才能：(1)平均水平以上的能力，(2)创造力，(3)任务执行力。

在任祖利[2]的理论构建中，平均水平以上的能力指中等水平以上的竞争力(同龄人或同领域中前15%～20%)，不必到达特别优异的程度。这些能力包括一般性能力和特殊能力。一般性能力指可用传统智商测验或者能力倾向测验评估的能力(如数字、记忆力、语言流畅)；特殊能力指学习专业知识并把此融会贯通到真实的生活中的能力。创造力指通过发散性思维创造出有趣的、实践性强、有价值的产品或者想法的能力。任祖利认为，创造力很难通过具体的心理测验来评估，更应该在真实的生活环境中去检验。天才三环模型中的第三个概念任务执行力不是专注在认知能力的范畴，而是和动

---

① Renzulli, J. S., "What Makes Giftedness? Reexamining a Definition," Phi Delta Kappan Magazine, 2011, pp. 81-88.

② Renzulli, J. S., Conceptions of Giftedness, Cambridge, Cambridge University Press, 1986, pp. 53-92.

机、兴趣、毅力、热情、自信心和责任感有关的非认知能力。

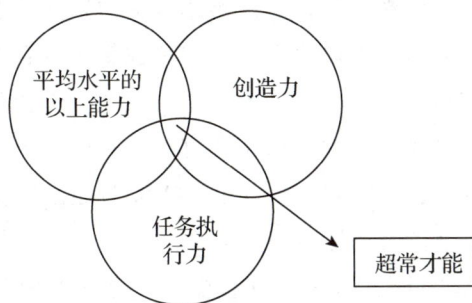

图 1.1.2　任祖利的天才三环模型

任祖利的理论和实践并不侧重于遗传能力，而是关注怎样让个体通过参与和体验获得成就。他认为丰富性教学是一个很重要的概念。他主张学校教育应提供课程大纲以外的机会和知识来丰富学生的体验和推动学生能力的发展；教育者应该用一种发展的眼光来看待个体的能力。

但是，任祖利的天才三环模型对超常儿童的鉴别标准比加涅（Gagné）[①]等人的低。对于模型中"任务执行力"的要求，格罗斯（Gross）[②]认为有些超常儿童因为缺乏动机等，任务执行力不高。另外，彭达维斯（Pendarvis）等研究者[③]认为天才三环模型对于超常才能的构建不能体现其发展性和变化性，并且对三种品质的分类会误导教育实践者，使其分别鉴别儿童的三种品质而忽略全面发展。总的来说，许多超常儿童教育实践项目对于超常儿童的鉴别和培养是基于天才三环模型，其有效性也被大量研究证明。

（二）WICS 模型

斯滕伯格（Sternberg）认为传统对于智力的认知太过注重记忆力以及对已有知识的基础分析技能，因而提出了 WICS 模型（the WICS model of giftedness）[④][⑤]。WICS 模型由智慧（wisdom）、智力（intelligence）、创造力（creativity）和综合性（synthesized）四个成分构成。在斯滕伯格的模型构建中，个体需要创造力来形成视野和格局，适应不断变化的环境。创造力也是超常儿童领导力中很重要的一部分。有创造力的领导者会

① Gagné, F., "Transforming Gifts into Talents: the DMGT as a Developmental Theory," High Ability Studies, 2004(2), pp. 119-147.

② Gross, M. U. M., *Exceptionally gifted children (second edition)*, London, Routledge, 2003, pp. 158-175.

③ Pendarvis, E., Howley, C., & Howley, A., "Renzulli's Triad: School to Work for Gifted Students," Journal for the Education of the Gifted, 1999(1), pp. 75-84.

④ Sternberg, R. J., "WICS: A Model of Leadership in Organizations," Academy of Management Learning & Education, 2017(2), pp. 386-401.

⑤ Sternberg, R. J., *Conceptions of Giftedness*, New York, Cambridge University Press, 2005, pp. 327-342.

带领人们使用创新而非一成不变的思维去看待问题。当个体有了创造力后，还需要分析性智力来评判创新性想法是否有益，通过实践性智力来实施想法并向人们表达此想法的价值。更重要的是，个体需要智慧来确保创新性想法符合人类道德伦理和对全人类有益，而非只满足个人私利。与中国的儒家学说一样，平衡是斯滕伯格的模型构建中的一个重要概念。个体需要利用智慧来平衡好个体内部、人与人之间、组织与组织之间的利益关系，以及适应、改变和选择环境。WICS 模型中综合性的概念表明智慧、智力和创造力缺一不可，个体需要综合运用这些方面。斯滕伯格认为真实生活中很少有是非题和简答题，因此真实世界中的职业技能并不能完全由学校教育所得。WICS 模型可以为鉴别、录取、评估、指导超常儿童提供更有效的理论基础。

当然，也有研究者质疑 WICS 模型，认为 WICS 模型可以被部分学校或者超常项目采纳，但是不应该被普遍采纳。因为这个世界的价值观是多样的，而具有特定价值观的 WICS 模型不一定适合所有的社会文化环境。在一个多变和无法预测的环境中，教育不能只挑选和培养一种人才，而应该允许多样性的存在。另外，除了智慧、智力和创造力这三个因素以外，必要的教育资源和执行力也不能被忽略。

综上，斯滕伯格的 WICS 模型也认为超常才能不能完全由基因解释。该模型还表明了超常才能不是只以能力为中心，而是与个体的情感、价值观、道德观、性格都有紧密的关系。而我国 20 世纪末开始的教育改革提出了全面推进素质教育，培养具有创新性和实践能力、德智体美全面发展的人的要求。WICS 模型对个体情感道德的要求以及对创新、实践能力的重视与我国的教育改革要求相契合。

四、第四波思潮：发展模型

发展模型的提出是为了回应过度强调天才的遗传因素这一现象。天才的发展模型强调所谓"天赋"一词的本质是不断变化的，并通过可能与个体内部相互作用的外部因素来拓宽这一模型。它比系统模型的视角更为宽广。

(一)天才社会心理模型

坦南鲍姆(Tannenbaum)是美国布鲁克林公立学校从教 20 多年的一名教师，常年进行着关于超常儿童教育的研究。1983 年，坦南鲍姆在他的著作《超常儿童：心理和教育》(*Gifted Children：Psychological and Educational Perspectives*)中提出了天才社会心理模型，如图 1.1.3，该模型的重大突破在于引入了环境因素对智力的影响。他认为，除了一般能力(general ability)、特殊能力(special aptitude)这两个在之前研究关注的因素外，非智力必要因素(non-intellective requisites)、环境因素(environmental supports)和机遇因素(chance)对超常才能展现的影响也同样重要。这五大因素对个体超常才能展现的影响既是静态的(static)，即产生即时影响，也可能是动态的(dynamic)，即产生潜在影响力。①

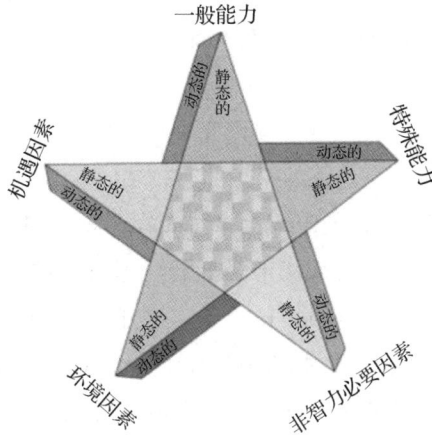

图 1.1.3　坦南鲍姆的天才社会心理模型

一般能力：和斯皮尔曼一样，坦南鲍姆同意 G 因素会影响人的所有智力活动，但不同的是坦南鲍姆认为其他四个因素和 G 因素同样重要，而非斯皮尔曼所说的 G 因素是所有智力活动的基础和关键。

特殊能力：与"智力二因素说"中的 S 因素类似，坦南鲍姆认为，被定义为超常的人必须在某个特殊领域(如语言、数学、绘画等)有高于常人的能力，所以特殊能力是构成超常智力的因素之一。

非智力必要因素：坦南鲍姆认为只有智力因素是无法展现出超常才能的。非智力必要因素，如动力、意志力、专注力、奉献精神(愿意展现出自己超常才能的)等精神和情绪因素也是决定超常才能的重要因素。

环境因素：在坦南鲍姆看来，环境对超常才能展现的影响主要体现在社会环境对培养超常儿童的包容度上。宏观角度主要表现为一个国家的法律、政策、教育制度，微观角度主要表现在社区、学校、家庭对超常儿童教育的支持程度上。这些因素都会直接影响超常儿童能力的培养和展现。

机遇因素：坦南鲍姆首次提出了机遇因素对超常才能展现具有影响的观点。他强调了机遇的重要性，认为机遇是超常儿童的能力培养和外化的途径。这里的机遇类似我国传统文化中千里马遇到伯乐的机会。例如，教师对学生的启迪，某本书籍对人的影响，又或是教育政策的改革对超常儿童教育项目的支持等。

① Abraham J. Tannenbaum, *Gifted Children： Psychological and Educational Perspectives*, New York, Macmillan, 1983, pp.47-48.

这五大因素相辅相成，坦南鲍姆认为儿童在不同领域的超常才能展现对这五大因素的依赖程度是不同的，只有同时具备五大因素才能被定义为超常儿童。天才社会心理模型的贡献不仅在于其丰富了对智力的定义，同时还考虑了之前研究没有涉及的情绪和环境因素。[①] 此外，该模型对之后探讨超常儿童的能力如何外化的理论也具有开创和指导意义。[②]

(二)天赋-才能差异化模型

西方的研究语境通常把天赋(gift)与才能(talent)看作同义概念，或者与潜能、成就、能力等概念混淆。1985年，加拿大心理教育学家加涅构建了天赋-才能差异化模型(differentiated model of giftedness and talent)，并于2004年和2010年进行了两次更新。该模型明确区分了天赋(gift)和才能(talent)的概念(如图1.1.4)。加涅认为"天赋"是至少在某一领域中，与生俱来的、自发的、未经训练的优异的基本能力(包括脑力和体力)。[③] 这种能力在同龄人中排名前百分之十。而"才能"是通过系统性的学习后，由"天赋"转化成的至少在人类某一职业领域中的非凡才能(在学术、技术技能、科学技术、艺术、社会服务等)。这种才能在同一领域的同龄人中也是排名前百分之十的。天赋-才能差异化模型还提出了在才能发展过程中的四组因素：才能发展过程、内在催化剂、环境催化剂和机遇。

才能发展过程被定义为个体在一个领域中通过长时间、不断的努力，达到一个特定或卓越目标的过程。这个过程涵盖了一系列活动、投入和进展。一系列活动包括了个体获得接受超常儿童教育的机会、有效的课程和有益的学习环境。投入包括在才能发展过程中时间、精力和金钱的付出。进展指发展的不同阶段(如新手、进阶、熟练和专家阶段)、发展速度和人生转折点(如获得一位伯乐的青睐，获得一个重要的奖学金，死亡)。

对天赋转化的内在催化剂有两个维度，包括个人的稳定特质(如外观、个性、健康和韧性等)和目标管理(如意识、动机和意志力等)。

————————————

①　David G. Myers, *Psychology: Ninth Edition in Modules*, New York, Worth Publishers, 2009, p.405

②　Colangelo, Nicholas, & Gary A. Davis, *Handbook of Gifted Education*, Michigan, Allyn & Bacon, 1996, pp.27-44.

③　Gagné, F., "Transforming Gifts into Talents: the DMGT as a Developmental Theory," High Ability Studies, 2004(2), pp.119-147.

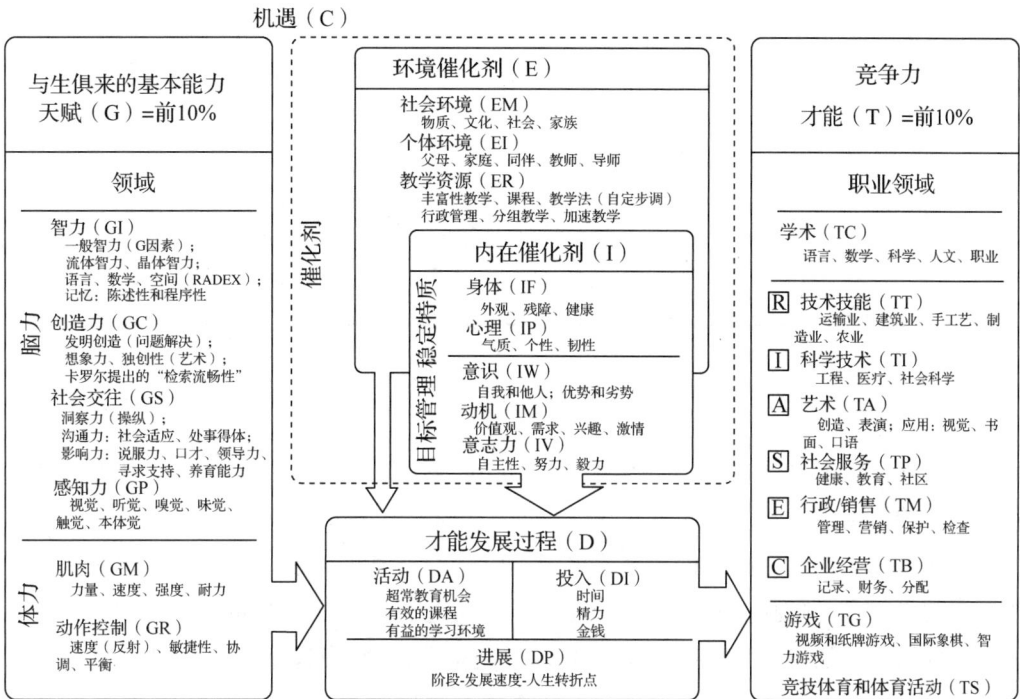

图 1.1.4 加涅的天赋-才能差异化模型

环境催化剂来源于三个层次：社会环境（由物质、文化、社会、家族等组成）、个体环境（由父母、家庭、同伴、教师等组成）和教学资源（包括丰富性教学、课程、教学法、加速教学、分组教学、行政管理等）。

机遇可以指出生在一个特殊家族，或者具有了优异的基因，也可以指一个儿童在学校中幸运地被超常儿童教育项目选中。

加涅认为正是这些因素交互影响，从而推动了儿童的天赋向才能转化。这些影响可以是积极的，也可以是消极的，并且对于不同个体及其发展不同阶段的影响都不相同。

加涅的模型对于超常领域的重要贡献在于，通过量化智商（IQ）的方式将天赋和才能的程度划分了等级（如表 1.1.2）。这样划分的好处是给予教育者一个切实可行、操作性强的鉴别超常儿童的方案。当然这一划分也受到了许多批判，有研究者认为初始天赋永远不可能被鉴别出来，因为能通过智力测验表现出来的智商都是经过训练或学习的。另外，此模型过于强调原始的、未经培养的能力，无法提供对于学习后期或者才能发展后期的超常儿童鉴别的理论基础。当然，总体来说，加涅的天赋-才能差异化模型为我们理解天赋-才能的转化、基础能力和职业领域的划分以及影响因素的构建作出了创新性的贡献。

表 1.1.2　加涅对天赋和才能的计量方式

层次	标签	在人群中比例	智商
5	卓越	1∶100000	165
4	优秀	1∶10000	155
3	高等	1∶1000	145
2	中等	1∶100	135
1	普通	1∶10	120

(三) 天才行为系统模型

齐格勒(Ziegler)教授在德国埃朗根-纽伦堡大学从事超常儿童教育的研究。2004年，齐格勒提出了天才行为系统模型理论(the actiotope model of giftedness)[1]。该理论认同坦南鲍姆的观点，认为超常才能展现不仅受到自身先天能力的影响，同时受到外界环境的促进或者限制。但在此基础上，齐格勒进一步强调，对超常才能的定义应该着眼于"行为"。他提出："对才能和天赋的鉴别来自科学家们，而非天才本人。"科学家可以通过观察他人的"行为"来分析和鉴别个体是否属于展现出超常才能。所以被科学家观察到的"行为"应当被考虑是定义天才的最关键因素。同时，齐格勒[2]也强调了环境的重要性，只有当某个"行为"在特定的环境中被认为是具有超越常态的表现，才能被认为是超常才能。

齐格勒在他的研究中用一个例子具体说明了"行为"和"环境"之间的联系：某人在计算机领域内展现出了超乎常人的操作技术，如果一夜之间计算机革命的突然到来，颠覆了以往的计算机操作方式，他之前所展现出的超常操作技术无法应用到现在的环境中，那么科学家们也就无法认定他是否拥有超常才能。齐格勒试图借这个例子说明，超常才能的展现是必须建立在特定"环境"下的某一"行为"。基于这样的理解和分析，齐格勒提出了天才行为系统模型，如图 1.1.5。

齐格勒把行为分成三种类型：顺序结构性行为(phase structure)指每一个单个行为连接而成的一连串的行为，平行性或多重性行为(parallel or multiple actions)指同时进行两种或两种以上的行为，多级调整行为(regulations on several levels)指需集中精力进行的协调、监控、预测等行为。齐格勒认为这三种行为是确认超常才能的重要参考因素。

---

① Ziegler，A.，& Stöger，H.，"Identification Based on ENTER within the Conceptual Frame of the Actiotope Model of Giftedness，"Psychology Science，2004(3)，pp. 324-341.

② Sternberg，R. J.，*Conceptions of Giftedness*，New York，Cambridge University Press，2005，pp. 411-436.

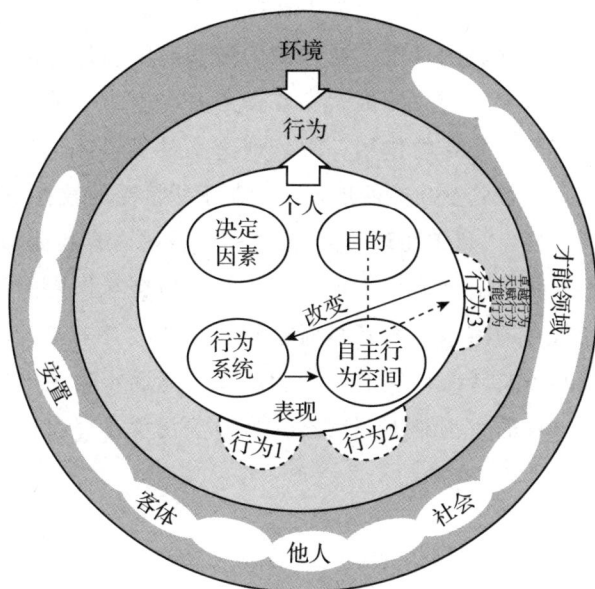

图 1.1.5　齐格勒的天才行为系统模型

齐格勒认为行为受到个人(内在)和环境(外在)两个因素的影响。个人(内在)影响包括：行为系统(action repertoire)，指个人行为连续发展的系统，例如，学习了基础的数学计算后，开始认识和学习数学代数，这是个人的行为自然而连续性的发展表现；自主行为空间(subjective action space)，指个人对自己行为的认识程度；决定因素(determinants)，指做出某种行为必须具备的能力或者技能，如感知力、批判性思维等；目的(goals)，指个人明确自己的行为想要达到的目的，也可以说是该行为的驱动力。齐格勒认为这四个因素是超常才能展现产生的必要条件，即个人在认识到自己可以做出的行为，并产生了认为可以达成某种目的的行为系统的同时，还必须具备完成这种行为系统的决定因素。当然，齐格勒强调环境(外在)影响在其中也扮演了非常重要的角色。假设一个人已经具备了上述个人(内在)的所有因素，没有环境(外在)的支持作用，个人(内在)的能力是无法转化为超常才能展现的，例如，没有教材或者教师的指导，学生是无法在学术上有所建树的。齐格勒①归纳了五个环境(外在)的影响因素：安置(setting)，指对天才学生的培养教育安排等；客体(objects)，指行为所作用的对象；他人(persons)，指教师、父母、同辈等；社会(social)，指社会为天才教育提供的资源；才能领域(talent domain)，指展现出才能的领域。

综上所述，在齐格勒看来，智力的概念应当通过"行为"展现，是"在一个特定领域

---

① Ziegler, A., & Stöger, H., "Identification based on ENTER within the Conceptual Frame of the Actiotope Model of Giftedness," Psychology Science, 2004(3), pp. 324-341.

内，个体能找到适当时机，从一系列行为中选择一个有效的行为去达到目标"的能力。他把超常智力看成是一个动态的概念，超常智力随着时间和环境的改变而改变，并且是个人（内在）的因素和环境（外在）的因素相互作用所产生的一种"行为"。环境对于超常儿童才能的发展起着至关重要的作用。教育理论家对于超常儿童的认识和鉴别都依赖于周边环境的影响。超常儿童才能的展现也受制于所接受的教育和所处的社会环境。

随着理论研究的发展，"超常儿童"这一概念所涵盖的内容和范围有相当大的发展，呈现出由单一走向多元化、由个体为主走向个体与环境交互作用的趋势。这种研究方向的转变符合社会对教育的需求，尤其是对于超常儿童教育来说，社会进一步认识到超常个体的智力潜能是需要后天环境的支持和激发才能逐步表现出来。研究者通过提出环境中对个体智力发展的有利和不利因素，为超常儿童教育项目的设计和开展提出理论依据。

本章小结

本章主要介绍了超常儿童的概念和相关理论。超常儿童的概念部分阐述了国内外对超常儿童认识的演变历程，介绍了中西方研究中超常儿童的不同定义。在了解基本概念的基础上，本章还厘清了常见的超常儿童认识误区，以帮助大家建立对超常儿童全面的、正确的认识。超常儿童的理论研究部分主要介绍了西方关于超常儿童研究的四波思潮。人们对超常儿童的认识一直在变化和发展中，由注重个人因素到注重环境因素，这代表着个体间固有的差异并不能成为个体发展的决定因素，为每个儿童提供优质的、适合其发展的教育环境更为重要。

复习思考题

一、单项选择题

1. 任祖利的天才三环模型不包括（　　　）。

A. 平均水平以上的能力　　　　　　　B. 强烈的动机

C. 高水平的创造力　　　　　　　　　D. 较高的任务执行力

2. 下列说法正确的是（　　　）。

A. 天才永远是天才　　　　　　　　　B. 超常儿童是全才

C. 超常儿童都有超高的智商　　　　　D. 天才是多类型的

3. 超常儿童的心理结构包括（　　　）。

A. 智力　　　B. 创造力　　　C. 个性特征　　　D. 以上都是

4.《马兰报告》发布于(   )年。

A. 1972   B. 1974   C. 1973   D. 1975

二、简答题

1. 简述中国现代对超常儿童的认识。

2. 简述美国《马兰报告》中关于超常儿童的定义。

三、论述题

1. 论述西方学术界在超常儿童研究方面的四波思潮。

2. 论述斯滕伯格的 WICS 模型及其对超常儿童培养的启示。

本章阅读书目

1. 查子秀：《超常儿童心理学(第二版)》，北京，人民教育出版社，2005。

2. 程黎、王美玲：《国内外超常儿童概念的发展及启示》，载《中国特殊教育》，2021(10)。

3. 雷江华、邓猛：《天才儿童教育》，武汉，华中师范大学出版社，2011。

4. 施建农、徐凡：《超常儿童发展心理学》，合肥，安徽教育出版社，2004。

第二章　超常儿童教育的发展与核心议题

思维导图

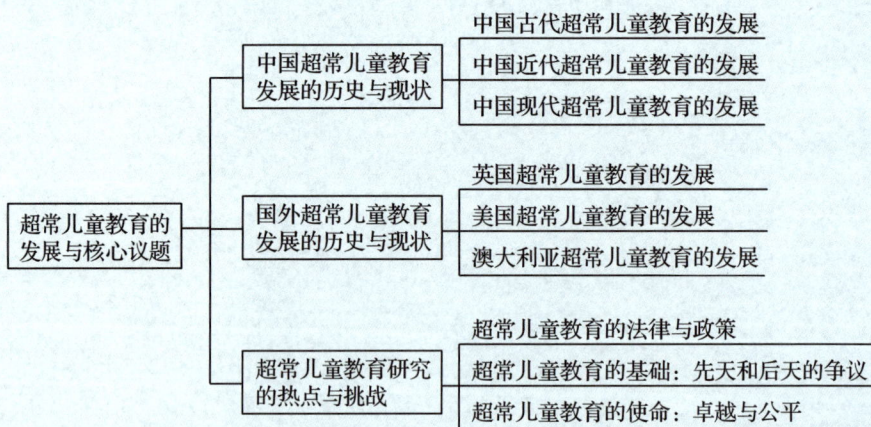

超常儿童教育的发展与核心议题
- 中国超常儿童教育发展的历史与现状
  - 中国古代超常儿童教育的发展
  - 中国近代超常儿童教育的发展
  - 中国现代超常儿童教育的发展
- 国外超常儿童教育发展的历史与现状
  - 英国超常儿童教育的发展
  - 美国超常儿童教育的发展
  - 澳大利亚超常儿童教育的发展
- 超常儿童教育研究的热点与挑战
  - 超常儿童教育的法律与政策
  - 超常儿童教育的基础：先天和后天的争议
  - 超常儿童教育的使命：卓越与公平

在人类历史中，超常儿童教育经历了漫长的发展时期。中国的超常儿童教育源远流长，早在春秋时期就有了相关的记载，并且绵延至今。两千多年来，超常儿童教育在中国几经兴衰，成为中国特殊教育史上不可或缺的一部分。此外，本章介绍了英国、美国、澳大利亚这几个国家的超常儿童教育发展历史及现状，这有助于我们了解超常儿童教育在世界范围内的开展情况。在当今的世界背景下，超常儿童教育也面临着诸多问题与挑战，本章也对此作了相应探讨。

第一节
中国超常儿童教育发展的历史与现状

在人类社会中，教育是一个有着深远历史的话题。任何历史的记载都是有限的，而超常个体在群体中所占的比例很小，因此，虽然超常儿童教育有漫长的历史，但被记载下来的历史内容不多。正因为这样，在描述超常儿童教育发展的历史与现状时，我们需要做到尽量客观、具体。本节将对我国超常儿童教育发展的历史与现状进行客观梳理，以时间轴为主线，结合重要事件和政策展开介绍。

我国对超常儿童的教育有着悠久的历史。从古代的童子科，到近代的资优教育实验，再到现代的少年班、拔尖创新人才培养计划，我国的超常儿童教育思想、制度和实践从未终止，而且在历史和实践的检验中，发展得更为系统、科学。

一、中国古代超常儿童教育的发展

春秋时期的项橐和战国时期的甘罗是目前能查到的自有文字记载以来我国古代最早的超常儿童(在古代叫神童)[1]。对超于常儿童的选拔可以追溯到 2000 多年前的西汉时期。据《汉书·艺文志》记载："汉兴，萧何草律，亦著其法，曰：'太史试学书九千字以上，乃得为史。又以六体试之，课最者以为尚书御史史书令史。吏民上书，字或不正，辄举劾。'"由此可见，西汉初期已有通过考试来选拔优秀学童的规定，那些在考试中表现最优秀的学生可以做官。秦以后，许多朝代都有关于神童的记载。在汉代时，

---

[1] 施建农、徐凡：《超常儿童发展心理学》，25~28 页，合肥，安徽教育出版社，2004。

有类似于科举的童子科。汉代实行童子科以后，太学里出现了大批少年太学生，成为太学中的神童、奇童，甚至圣童。马端临《文献通考·选举考》记载："任延年十二，为诸生，显名太学中，号为'任圣童'。……杜安年十三，入太学，号'奇童'。黄香年十二，博学经典，京师号曰：'天下无双，江夏黄童。'"真正意义上、进行系统选拔的科举制度始于隋代而形成于唐代。到唐代时，科举制度已经比较完善，"童子科"的考试也有了较为明确的规定。但是当时只停留在发现超常儿童，然后进行封官，或给予其他形式的奖励。《新唐书·选举志》记载："凡童子科，十岁以下能通一经及孝经、论语，卷诵文十，通者予官；通七，予出身。"

查子秀曾对我国历代超常儿童的选拔与培养情况做了概括，如表 1.2.1 所示。

表 1.2.1　我国古代对神童的选拔与培养情况

朝代	选拔与培养	特点或意义
西汉（公元前 202—公元 8 年）	在选官取士制度（察举制）中设童子科，"太史试学书九千字以上，乃得为史。又以六体试之，课最者以为尚书御史史书令史"	中国历史上有记载以来最早形成的选拔和培养神童的制度
东汉（公元 25—220 年）	神童被推荐入太学，并由名儒博士培养，一般太学生年龄在 18 岁以上，神童在 18 岁以下，不受年龄限制，称神童子郎；建立鸿都门学（艺术专科学校），学生由州、郡、三公选送，多数为平民子弟中具有艺术才能者，开设辞赋、小说、尺牍、字画等课程，兴盛时学生达千余人	鸿都门学是中国和世界上最早创建的文艺专科学校，它的建立为后来唐代设立各种专科学校开辟了道路
唐代（公元 618—907 年）	在科举制度中设立童子科，规定："凡童子科，十岁以下能通一经及孝经、论语，卷诵文十，通者予官；通七，予出身。"唐代重视推荐童子的质量，不断改进。后又规定："荐送童子，并须实年十一、十二已下，仍须精熟一经，问皆全通，兼自能书写者。"若发现超龄者，则令退回，并惩罚推荐者	唐代以诗立国，"作诗"便成了考核神童的一般手段。《孝经》是家庭早教的主要内容。培养和推荐神童成为社会风尚
宋代（公元 960—1279 年）	童子科规定："十岁以下能背诵，挑试一经；或两小经，即可应补州县小学生；若能通五经以上，则可以州官荐入于朝廷，则必送中书省复试，中则可能免解。"宋淳熙八年，将童子科分为三等："凡能全诵六经、《孝经》《论语》《孟子》，及能文六经义三道，《论语》《孟子》义各一道，或赋一首，诗一首者，为上等，与推恩；除诵书外，能通一经者，为中等，免文解两次；只能诵六经、《论语》《孟子》者，为下等，免文解一次。"按等级委任不同官职。南宋时加试武功	皇帝重视对神童的选拔，经常把推荐的童子召至宫中亲试。北宋兴"对课"（即对联），因而"对课"成了社会上考核神童的常用手段，也是家庭早教的重要内容

续表

朝代	选拔与培养	特点或意义
金代（公元 1115—1234 年）	设经童科，"凡士庶子年十三以下，能诵二大经、三小经，又诵论语诸子及五千字以上，府试十五题通十三以上，会试每场十五题，三场共通四十一以上，为中选"	
元代（公元 1206—1368 年）	沿袭唐宋设童子科，接受各地举荐	
明代（公元 1368—1644 年）	明代教育发达，科举制中虽未设童子科，但凡各地举荐的神童，皇帝一般要召至宫中殿试，然后给予各种优待和培养。如送国子监或翰林院读书受教育，或命内阁选择教师给予指导，再通过考试，合格者录用，或遣归就举	比唐宋更重视对神童的教育
清代（公元 1616—1911 年）	沿袭唐宋设童子科，但在选拔和培养神童方面不如前几代兴盛	

唐宋时期是童子科的成熟阶段，对后几代产生了深远的影响。唐宋时期超常儿童的培养具有以下几个特点。①

从培养目标看，唐宋时期的教育、科技和文化发展兴盛，国家需要大量博学的人才为国家建设作出贡献。童子科设立的主要目的在于选拔年幼聪慧的儿童，授予其官职，成为国家的管理型人才。

从招生选拔看，不重视学生的综合素质，过分强调对经书的诵记，使神童教育变成了过早背诵经书、写诗作文的教育，加重了聪慧儿童的负担。另外，统治者对童子科选拔人才的重视情况不一，但人才选拔的方法具有一定的灵活性。

从考试内容看，唐代要求通一经及《孝经》《论语》；宋代要求背诵的范围逐步扩大，考试难度不断增加。这些要求决定了选拔出的神童只是在文学语言方面突出，忽视了有其他才能的儿童。

从教育情况看，超常儿童的教育主要是在家庭、小学或蒙学中完成。聪颖学生的培养和发展受到家庭的社会地位和经济情况的影响。儿童如果出生于富贵人家或书香门第，一般能得到家庭教师或家中长辈的良好教育和熏陶。而普通家庭中的儿童在受教育方面则没有那么多的机会和资源。

童子科从西汉始设，到唐宋时期逐渐定型、成熟，到清代废除科举制度，共历经两千余年，为国家输送了一批智力超常的学生，是值得肯定的伟大实践。中国古代对超常儿童教育的探索涉及教育理念、教育制度、教育实践各个方面，历史悠久，在世

---

① 孟伟：《我国资优生培养模式变迁研究》，硕士学位论文，中国科学技术大学，2015。

界范围内实属罕见。但在这一阶段，古人对超常儿童的身心特点和教育需要并未进行深入和科学的研究，而且仅重视其智力的天赋，因此不少超常儿童因功名利诱、严苛的选拔标准以及不适当的教育成为社会牺牲品。此外，各朝代的选拔对象类型单一，教学质量没有保障，师资力量薄弱，针对超常儿童的教育模式仅处于最初探索阶段。

二、中国近代超常儿童教育的发展

近代超常儿童教育思想与实践的萌生与发展大致经历了三个阶段。[①] 第一个阶段(1912—1926 年)经历了"外源式"的创生期，即在国外各种教育思想与实践的影响下，尤其是有关超常儿童教育思想与实践的研究结果，以及国内仁人志士的努力下催生了对超常儿童教育的关注和研究。第二个阶段(1927—1937 年)，国民政府成立初期，社会环境相对稳定，加之前一阶段的思想孕育和诸如儿童学的系统引入、新教育运动等因素的影响，国内学者纷纷将视野拓展到超常儿童身心发展及教育的诸多方面，形成了对超常儿童较为系统的认识。超常儿童教育由理论的研究过渡到建立超常儿童中心学校的实践中，包括上海特别市立第一实验小学、无锡中学实验小学等。第三个阶段(1938—1949 年)，因为战争，社会各行各业皆蒙受损失，但并未阻止探索的步伐，超常儿童教育更着重突出了"教育救国""天才兴国"的力量，渲染了强烈的爱国主义色彩。

1939 年，为了"用生活教育之原理与方法，培养难童之优秀儿童，使之成为抗战建国之人才"，陶行知在重庆创办了育才学校。学校主要选拔有特殊才能的难童(即九一八事变后，因战乱而无家可归的儿童)，对其进行适当的培养。育才学校打破传统的基础知识和专业知识相分离的教育方式，分设普修课(必修基础课)和特修课两部分。普修课主要依据学生的文化程度进行编班，并不是固定的，而是可以有所变化。根据学生在学习过程中的成绩，经过教师的考核和学校指导部的允许，学生可以分别按科目升级或退级。也就是说，普修课采取学科弹性编班制的方法，具有很大的灵活性。普修课种类多样，包括国语、自然、英语、社会常识、图画、体育等。特修课则主要根据学生的特殊才能和兴趣爱好进行编班，包括音乐、戏剧、文学、社会科学、自然和绘画等不同小组，特修课允许学生中途换组。

为了更好地开展教学，培养学生的综合素质，学校鼓励、支持学生参加社会实践活动，从生活实践中学习，如组织自然组的学生参观玻璃厂、造纸厂以及肥皂厂等。学校还在暑假期间进行军事训练，学生不仅能得到身体锻炼，还能学到一定的军事知识。学校还邀请郭沫若、周而复等名人为学生发表演说。

这个时期，对人才的研究也有突破性的进展。20 世纪 30 年代末(1939 年)，林传鼎在

---

① 马利红：《民国时期天才儿童教育思想与实践研究》，硕士学位论文，华东师范大学，2016。

《唐宋以来三十四个历史人物心理特质的估计》中对中国的天才（超常）人物做了一个比较系统的研究。他采用历史测量学的方法，对唐宋以后的 34 位历史名人的智商做了定量研究，研究结果见表 1.2.2。这 34 位历史名人的智商都在 125 以上，有的高达 180 以上。如王勃的智商在 181.2～198.8，白居易的智商在 174.0～194.0，李白的智商在 165.8～170.2，苏轼的智商在 151.6～188.4，杜甫的智商在 147.4～172.6。

表 1.2.2　三十四位历史名人的智商估计[①]

序号	人名	平均等级	标准差	估计的智商范围
1	王勃	9.5	0.44	181.2～198.8
2	张九龄	7.4	0.48	138.4～157.6
3	李白	8.4	0.11	165.8～170.2
4	杜甫	8.0	0.63	147.4～172.6
5	李泌	9.0	0.54	169.2～190.8
6	权德舆	8.0	0.54	149.2～170.8
7	韩愈	7.7	0.40	146.0～162.0
8	白居易	9.2	0.50	174.0～194.0
9	元稹	7.7	0.77	138.6～169.4
10	李贺	8.8	0.74	161.2～190.8
11	贾黄中	8.9	0.80	162.0～194.0
12	司马光	8.8	0.81	159.8～192.2
13	刘恕	8.5	0.70	156.0～184.0
14	苏轼	8.5	0.92	151.6～188.4
15	黄庭坚	8.9	0.58	166.4～189.6
16	王庭筠	8.1	0.86	144.8～179.2
17	王恂	8.3	0.40	158.0～174.0
18	刘因	8.3	0.67	152.6～179.4
19	吴澄	7.5	0.89	132.2～167.8
20	陈栎	8.2	0.83	147.4～180.6
21	齐履谦	8.3	0.74	151.2～180.8
22	吴莱	8.0	0.70	146.0～174.0
23	方孝孺	9.1	0.56	170.8～193.2

[①]　施建农、徐凡：《超常儿童发展心理学》，29～31 页，合肥，安徽教育出版社，2004。

续表

序号	人名	平均等级	标准差	估计的智商范围
24	解缙	9.1	0.37	174.6～189.4
25	祝允明	7.0	0.83	123.4～156.6
26	杨慎	8.7	0.78	158.4～189.6
27	杨继盛	7.5	1.00	130.0～170.0
28	顾炎武	8.1	1.18	138.4～185.6
29	吴敬梓	7.0	0.98	120.4～159.6
30	段玉裁	7.6	0.91	133.8～170.2
31	张謇	7.5	1.14	127.2～172.8
32	梁启超	8.3	0.74	151.2～180.8
33	林旭	7.5	0.89	132.2～167.8
34	王国维	7.3	1.02	125.6～166.4

总的来说，这一阶段的天才教育探索受到动荡时局的影响，只是昙花一现，维持了很短的时间。新中国成立后，1966—1976年的"文化大革命"运动使超常儿童教育又一度沉寂。中国古代及近代的超常儿童教育经历过漫长的发展历程，虽然受统治机构、政策、时局的影响，呈曲线发展状态，但依然在中国的教育史上留下了浓墨重彩的一笔。

三、中国现代超常儿童教育的发展

我国现代对超常儿童科学、系统的研究始于20世纪的70年代。1978年起，我国心理学和教育学界开始把这些资赋优异的儿童称为"超常儿童"。研究者经过对常态儿童和超常儿童的智力、创造力、非智力因素的对比研究后提出，超常儿童的心理结构不只限于较高发展的智力，而是智力（才能）、创造力及良好的非智力个性特征相互作用构成的统一体。将他们称为"超常儿童"，不仅更切实际，而且使人见词明义。在系统及科学的研究基础上，我国正式开启了对超常儿童的教育实践之路。近几十年来，在国内政策、国际环境和社会支持等多方面因素的影响下，我国的超常儿童教育发展呈现出一波三折的态势。

（一）辉煌发展期（1978年—20世纪末）

新中国成立以来，面对经济落后、百废待兴、人才严重短缺的基本国情，邓小平同志提出要优先发展教育，早出人才、快出人才的教育思想。

1977 年，邓小平同志在全国科学和教育工作座谈会上提出：办教育要两条腿走路，既注意普及，又注意提高，要办重点小学、重点中学、重点大学。要经过严格考试，把最优秀的人集中在重点中学和大学。[①] 1978 年，中国制定打开门户、改革开放的政策。为了适应中国社会主义改革开放及四个现代化建设中早出人才、快出人才的需要，中国成立了超常儿童研究协作组，并开始了超常儿童的心理与教育研究。同年 3 月，中国科学技术大学首个少年班成立，21 名智力超常少年被录取，代表着中国超常儿童教育正式拉开序幕。此后，邓小平同志在全国科学大会的开幕式上继续指出：在人才的问题上，要特别强调一下，必须打破常规去发现、选拔和培养杰出的人才。[②] 教育行政部门相继发布一系列文件，如《关于办好一批重点中小学的试行方案》(1978 年)、《关于分期分批办好重点中学的决定》(1980 年)、《教育部关于进一步提高普通中学教育质量的几点意见》(1983 年)、《中共中央关于教育体制改革的决定》(1985 年)、《关于重点建设一批高等学校和重点学科点的若干意见》(1993 年)。[③] 在国际上，我国于 1990 年签署了联合国《儿童权利公约》，于 1994 年参加了世界特殊需要教育大会并同意通过《萨拉曼卡宣言》，同时还参加了 1990 年的世界全民教育大会以及 2000 年的联合国千年发展目标。在国内、国际环境的双重推动下，我国超常儿童教育呈现出良好的发展态势。到 1998 年，全国范围内的几十所学校建立了各种类型的超常儿童实验班、大学少年班等，初步形成了从小学、中学到大学的超常儿童教育体系。

截至 1998 年，在过去的二十多年间，我国的超常儿童教育取得了较大的成就，如表 1.2.3 所示。我国现代超常儿童教育的先驱查子秀曾主编《儿童超常发展之探秘——中国超常儿童心理发展和教育研究 20 周年论文集》一书，在当时引起了巨大反响。在国家迫切的需要和政策的有力支持下，超常儿童的研究和教育进入了辉煌发展期。[④]

表 1.2.3　中国现代超常儿童教育发展历程

时间	事件
1978 年	中国科学技术大学首个少年班成立
1984 年	中国第一个小学超常儿童教育实验班在天津实验小学成立
1985 年	中国第一个中学超常儿童教育实验班(北京市第八中学)成立
1985 年	清华大学、北京大学等多所高校开办少年班

① 邓小平：《邓小平文选(第二卷)》，40 页，北京，人民出版社，1994。
② 邓小平：《邓小平文选(第二卷)》，95 页，北京，人民出版社，1994。
③ 褚宏启：《追求卓越：英才教育与国家发展——突破我国英才教育的认识误区与政策障碍》，载《教育研究》，2012(11)。
④ 程黎、马晓晨、张凯等：《我国超常教育发展 40 年：基于政策及实践的分析与展望》，载《中国特殊教育》，2018(8)。

续表

时间	事件
1995 年	中国人才研究会超常人才专业委员会成立
1998 年	中国初步形成了从小学、中学到大学的超常儿童教育体系

我国超常学生的培养形式十分丰富，许多学校建立了包括从小学到大学的各种超常儿童教育实验班和少年班。它们的创办为及时地发现和选拔超常学生提供了更多的机会，也为超常学生的培养和教育提供了更广阔的空间，丰富了优秀人才培养的途径，这对于系统地进行人才培养发挥着重要的作用。我国现代超常儿童教育呈现以下特点。①

从培养目标看，大、中、小学的超常儿童教育实验班都结合自己的特点对学生提出了明确的培养要求，注重创新能力的培养和个性的发展，注重智力与非智力因素的共同发展。

从招生对象看，小学超常儿童教育实验班的招生对象为 5～6 岁。中学超常儿童教育实验班的招收对象为小学在读生或初中在读生。各实验的班级规模也不相同，人数为 20～50 人。

从选拔方式看，初步形成了初试—复试—面试—试读—录取的招生体系。初试侧重学生既有的学业成就。复试测试类型丰富，包括智商测试、学科测试、特长测试、心理测试以及文化常识测试等。面试则旨在观察学生的创造力、逻辑思维以及语言表达方面的能力等。

从培养内容看，课程更加细化，包括基础性课程、拓展性课程、研究性课程以及活动课程。但基础性课程大多直接取材于小学、中学或大学教材，针对超常儿童的特点进行教材内容创新和改革的比较少。

从师资情况看，超常儿童教育实验班的教师普遍教学经验丰富，但其科研实践经历偏少。一些教师的教学任务比较繁重，没有足够的时间和精力在专业方面进行探索、提升，只能靠提高课程难度来授课，不利于学生的真正发展。

这二十几年来，超常儿童研究走过的历程与有关组织、机构的形成和发展也密切相关。当时，国内开展和从事超常儿童教育和研究的组织、机构②主要如下。

1. 中国超常儿童研究协作组

中国超常儿童研究协作组最早为"全国超常儿童追踪研究协作组"，后改为"全国超常儿童协作研究组"，最后定名为"中国超常儿童研究协作组"（以下简称"超常协作组"），超常协作组于 1978 年正式成立，并于 1983 年正式拟定超常协作组条例。最早创

---

① 孟伟：《我国资优生培养模式变迁研究》，硕士学位论文，中国科学技术大学，2015。
② 施建农、徐凡：《超常儿童发展心理学》，34～44 页，合肥，安徽教育出版社，2004。

立超常协作组的有中国科学院心理研究所研究员查子秀、四川师范大学教育系教授贺宗鼎、上海师范大学教育系教授洪厚德、华东师范大学心理学教授李丹、华中师范大学教育系教授刘荣才。随后，超常协作组与中国科学技术大学少年班取得联系，迅速扩大，在全国范围内很快有学校和科研单位响应参加。超常协作组总部设在中国科学院心理研究所，由查子秀研究员负责。超常协作组走过了艰难曲折的道路，克服了重重困难，取得了令人瞩目的科研成果。

2. 中国科学院心理研究所超常儿童研究中心

中国科学院心理研究所超常儿童研究中心（以下简称"超常研究中心"）正式成立于1994年，其前身为中国科学院心理研究所超常儿童研究课题组。课题组成立于1978年，后因科研需要，扩大后成立了研究中心，由查子秀研究员担任中心主任。超常研究中心隶属于中国科学院心理研究所，其宗旨是："以进一步开展对超常儿童的心理发展和教育的研究，兼顾研究成果推广和超常儿童教育师资培训为主要目的。为祖国建设培养更多更好的优秀人才，为提高中华民族的人口素质作贡献。"其主要任务有：①研究超常儿童心理发展特点和成长过程，加强国际、国内合作；②研制和修订有关心理测验和问卷，协助一些学校对超常儿童进行鉴别；③开展教育实验，深化研究理论，总结推广科研成果；④为协作单位（或学校）的研究者（或教师）提供学习、进修提高的机会（如接纳访问学者、进修生等），同时积极为广大父母和社会服务；⑤积极开展有关超常儿童研究与教育的其他工作。

3. 中国科学技术大学少年班

中国科学技术大学少年班（以下简称"中科大少年班"）成立于1978年3月，是我国超常儿童教育领域最早成立的实验班。中科大少年班每年招收少年大学生35人左右，组成一个班。被招入中科大少年班的学生必须是高中没有毕业而直接参加高考或被特招的，他们的平均年龄不足15岁，最小的只有11岁。中科大少年班招生办法基本是从参加全国统考的优秀学生中预选出一批候选者，然后由少年班组织专家对这些预选出来的候选者进行复试。复试包括各种专业课考试（如口试、笔试和面试）和有关心理测验（如智力测验、个性测验等）。中科大少年班自成体系，具有独立的教育、教学体系，学制五年。

4. 西安交通大学少年班

西安交通大学少年班（以下简称"西交大少年班"）成立于1985年，每年招收二十几人到三十几人不等，具有一定的灵活性。西交大少年班实行的招生办法是：①减少考试科目，突出与工程教育关系较大的基础课（主要是语文、数学、物理、外语）；②实行推荐与考试、笔试与面试相结合的办法；③学校自行命题组织考试，试题以高一年级教学大纲要求为范围，不强调超前学习，但试题的灵活性和综合性较强；④初试以笔试进行，复试则逐个进行分科面试；⑤进行心理测试，综合考察智力与非智力因素。

西交大少年班的学制为五年，第一年为大学预科，后四年为本科。

5. 北京八中少儿班

北京八中少儿班(以下简称"八中少儿班")全称是"北京市第八中学超常儿童教育实验班"，创办于1985年，每两年招生一次，面向北京市招生。报考北京八中少儿班的学生年龄必须在10周岁以下，文化程度在小学四年级以上。八中少儿班的招生工作，通常由八中负责，并与中国科学院心理研究所、北京市教育科学研究所等科研单位或高校联合对报考学生进行学科知识和心理测试。招生时，除考查学生的学科成绩、智力水平和个性心理品质外，还特别注重身体发育状况、家庭教育情况和个人成长情况。学制四年，要求学生在四年的时间里完成通常八年的学习任务并达到高中毕业的优秀水平，其毕业生年龄都在14岁以下。八中少儿班的办学特色主要有：①教育与科研相结合，在教育中动态研究超常儿童的心理发展规律，在研究的指导下进行科学的教育教学活动；②注重学科教学的同时，努力提高超常学生的身体素质；③注重学生的思想品质培养。

6. 北京市华罗庚学校

北京市华罗庚学校(以下简称"华罗庚学校")是中国人民大学附属中学(以下简称"人大附中")超常儿童教育的具体实施模式。它成立于1994年，是"人大附中华罗庚数学学校、外语学校、计算机学校和创造发明学校"的总称。校址设在人大附中，教育和行政管理由人大附中统一负责。华罗庚学校包括小学部和中学部两个阶段。在招生时一般需要进行"口试、笔试、面试、问卷和各种量表测查，并结合对他们平常各种行为表现的观察。华罗庚学校的特色主要表现为：①从小学到中学的一贯制，从小学三年级开始，被列入实验班的50名学生，在毕业时被全部送入人大附中初中部继续学习；②发现与培养相结合；③以数学为带头学科；④实施适合于超常儿童的"高速度"和"高难度"教学。

7. 天津市耀华中学超常儿童教育实验班

天津市耀华中学超常儿童教育实验班创办于1988年，每年招生一次。其重要特色是，在力保各基础学科高质量地完成教学任务外，特别注重学生创造性思维的激发和培养。学校为研究、激发和培养实验班学生的创造性思维，专门成立了创造性教学研究小组，还制订了开展研究的具体实施计划。计划分为三个阶段：第一阶段为前期准备阶段，即理论学习阶段；第二阶段为实施操作阶段；第三阶段为总结提高阶段。每个学科的任课教师都有关于本学科开展创造性教学的实验研究任务，因此就有了诸如数学教学的"思维火花课"和语文教学的"注视—参与—发挥"等进行创造性思维教学的具体模式。

8. 江苏省天一中学

江苏省天一中学的超常儿童教育可以从1980年算起，但当时并没有形成完整的超常儿童教育体系。学校的超常儿童教育主要体现在针对个别智力超常的学生而设立的专门培养计划上。从 1980 年到 1992 年，基本上属于个别培养超常儿童的阶段。从 1992 年起，学校开设了超常儿童教育实验班。在无锡市（后改为面向江苏省）招收年龄在 11 周岁以下、文化程度达到小学毕业水平的 30 名儿童，这些儿童组成实验班。学制 4～5 年，每两年招生一次，其超常儿童教育特点可概括为"集中办班，分流培养"。

9. 天津实验小学超常儿童实验班

天津实验小学超常儿童实验班（以下简称"实验小学超常班"）创办于 1984 年 1 月，是我国于 1978 年后创办的第一个超常儿童集体教育实验班。实验班学生的入学年龄为 5～6 岁，经四年学习后毕业，进入中学继续培养。实验小学超常班在招收新生时，根据中国超常儿童研究协作组提出的"多指标、多途径、多种方法、在动态中鉴别"的精神，除了考查学生的智力发展水平，还特别注重学生的个性心理品质和家庭环境、父母素质、政治思想修养、道德品质和日常行为表现等多种因素。

10. 北京育民小学超常儿童实验班

北京育民小学超常儿童实验班创建于 1995 年，实验班面向北京市招生，每两年招生一次，每次招一个班，二三月报名，五六月进行招生考试和测查。暑假期间对被录用的学生进行预读教学试验，以考察每个学生能否胜任超常班的集体教学。

上述列出的一些中小学只是我国超常儿童心理和教育研究的很小一部分，开展超常儿童教育实验的学校和单位还有很多，涵盖了大、中、小学。此外，成立于 1995 年的超常人才专业委员会，对我国超常儿童教育的开展也起到了积极的推动作用。

（二）低落反思期（20 世纪末—2010 年）

20 世纪 90 年代初，为了改变基础教育中出现的"片面追求升学率"及"应试教育"等局面，"素质教育"这一概念逐渐得到学者、政府、大众等各方面的广泛认可。1993 年，中国政府发布《中国教育改革和发展纲要》，其中明确提出："中小学要由'应试教育'转向全面提高国民素质的轨道。"在接下来的十几年，在国家和政府的不断推动下，素质教育改革成为中小学基础教育发展及考试制度改革的重要目标，强调教育要面向全体学生、全面提高学生的基本素质。

受国家早出人才、快出人才政策的影响，该时期超常儿童教育更多地从国家的实际需要来设立人才培养目标，这在一定程度上使得教育对超常儿童自身的全面及个性化发展重视不足，导致了超常儿童教育内容的单一化和偏态化。在实践上，受社会大众期望的影响，以升学率的高低、考入名牌大学的学生数量作为衡量教育质量的标杆，使得中小学超常实验班开始偏重以升学为主要教育目标，超常儿童教育逐渐被带入了误区。因此，在素质教育改革的浪潮中，大家逐渐倾向于将素质教育与超常儿童教育对立起来。此外，教师自身素养的高低也直接影响着所培养人才的质量。当时我国对超常儿童教育教师进行专门的培训和教育不足，超常儿童教育教师专业化程度并不高，其教育教学的方法和成果必然难以经受住时间的检验。

1999年春，全国政协委员蔡自兴教授在全国两会上作了关于《及早废止少年班》的发言，蔡教授从超常儿童教育目标单一不利于超常学生的全面发展、优质资源过于集中会造成教育资源分配不均等方面对超常儿童教育实践提出了意见，提出及早废止少年班，将少年班及超常儿童教育问题置于舆论和媒体的风口浪尖，在短时间内引发了公众对少年班前所未有的公开质疑与挑战。从20世纪末到2010年，超常儿童教育发展陷入窘境。2001年，10余所大学纷纷停办少年班，大学少年班从高峰时的13所下降到中国科学技术大学和西安交通大学两所。中学少儿班坚持下来的也仅剩10所左右。提高全民素质的教育政策为偏态发展的超常儿童教育敲响了警钟，我国超常儿童教育发展进入低落反思期。

(三)新发展时期(2010年至今)

21世纪初期，中国加入世界贸易组织后，与国际社会的交流进一步加强，增强国际竞争力成了新世纪国家发展的重要议题。2005年，我国科学家钱学森发出著名的钱学森之问："为什么我们的学校总是培养不出杰出的科技创新人才?"再次引起教育界以及社会对杰出科技创新人才培养的思考和热切探讨。于是，国家发展和时代进步的切实需要开始促使政府重新关注超常儿童教育问题。

2010年，我国政府和教育部发布《国家中长期人才发展规划纲要(2010—2020年)》和《国家中长期教育改革和发展规划纲要(2010—2020年)》，在明确提出"坚持以人为本、全面实施素质教育是教育改革发展的战略主题"的同时，也明确提出要"培养创新人才"。

在这两个纲要的基础上，2016年，"十三五"教育规划继续强调，着力推进教育教学改革，体现学生发展核心素养要求;深化本科教育教学改革，继续推进基础学科拔尖学生培养试验计划。2021年，"十四五"规划和2035年远景目标纲要提出建设高质量教育体系，建立学科专业动态调整机制和特色发展引导机制，增强高校学科设置针对性，推进基础学科高层次人才培养模式改革，加快培养理工农医类专业紧缺人才。这标示着在人才全面发展的素质教育背景下，在对以往发展进行了深刻反思和修正的情况下，我国超常儿童教育发展有了新的方向和希望。

小学、中学和大学都开始以不同的形式开展超常儿童教育实践。2010年，教育部推出"卓越工程师教育培养计划"，60余所高校参与此计划。与此同时，部分大学也建立起多种优秀人才培养模式，纷纷推出新设的实验班或学院，不仅局限于招收少年大学生，也为大学生中的精英提供能使他们充分发展的教育和教学，旨在培养创新拔尖人才。如北京大学的元培学院(2007年)，清华大学的"清华学堂人才培养计划(2011

年）"，北京交通大学、北京理工大学、复旦大学、浙江大学等高校的专业实验班等。中小学则开始建立拔尖创新人才培养项目，设置特色课程，寻求与高校和科研院所的合作，如北京青少年科技创新"翱翔计划"和"雏鹰计划"项目。在国际上，2015 年，联合国大会通过了《2030 年可持续发展议程》，该议题致力于为每个学生提供公平、优质的教育。值得注意的是，随着时代的变迁，研究者们也关注到了流动超常儿童①和双重特殊儿童②的身心发展特点及教育需求，在教育实践中相应地建立了流动超常儿童实验班，并尝试探讨了双重特殊超常儿童的鉴别、安置和干预问题。

由此可见，在吸取上一阶段经验和教训的基础上，从国家政策到学校实践层面，我国的超常儿童教育都努力克服应试教育及唯"智"教育的倾向，正确地把握超常儿童教育的目标，在满足国家和社会发展的需求、承担时代赋予超常儿童的重任的同时，也开始逐渐尊重和重视他们的个性化发展的需要，以实现社会发展和个人发展的统一。同时，在拔尖创新人才培养的时代背景下，教育实践并不局限于智力超常学生，还同样接受学业成绩或才能突出的学生，扩大了超常儿童教育培养对象的范围，更好地体现了教育公平。在新时代，拔尖创新人才培养和教育发展新政策带领我国超常儿童教育进入了新的发展时期，我国的超常儿童教育逐步走向更为成熟、更加健全的发展阶段。

第二节
国外超常儿童教育发展的历史与现状

自工业革命以来，随着科技的进步与社会的发展，西方国家陆续有研究者开始关注超常儿童的教育，而较大规模的研究始于 20 世纪初期。主要有三方面原因：第一，超常儿童教育是体现个体差异化教学的必然要求，整齐划一的班级教学忽视了个性差异；第二，平等的精神并非体现在人人接受同样的教育上，而是为生来不同的人尽力创设同等的机会，让他去享有他应享的权利，即因材施教；第三，基于对历史上伟大人物的研究兴趣，世界各国开始对超常儿童投入更多的关注。概括而言，国外超常儿童教育的发展大致经历了以下三个时期。

第一，19 世纪 70 年代：萌芽时期。

---

① 程黎、王菲：《家庭教养方式对 10 岁城市与流动超常儿童自我概念的影响》，载《中国特殊教育》，2010（12）。

② 程黎、褚华丽：《国外双重特殊儿童的鉴别模式、遮蔽效应及对我国的启示》，载《中国特殊教育》，2016（2）。

19 世纪 70 年代，欧美一些国家对超常儿童的早期教育产生了浓厚的兴趣。一方面，一些观点认为人力可胜天，某些特殊的成绩并非因为天赋高，而是教育的结果，由此引发了人们对于超常儿童的研究；另一方面，因为智力落后儿童与超常儿童都属于特殊儿童，测量工具的进一步完善也引起了研究者兴趣的转移——从关注低常儿童转移到关注超常儿童上。随后超常儿童教育的基础理论逐渐涌现，越来越多的学者开始关注超常儿童，超常儿童教育逐步成为新兴的研究领域。

第二，19 世纪中后期至 20 世纪初：超常理论和评估体系的发展。

19 世纪中后期，国外超常儿童研究进入快速发展阶段，研究者基于理论的发展开发了丰富的测量工具，并通过一系列的追踪研究，在实践中探索和推动超常儿童教育领域的发展。

1864 年，英国人类学家高尔顿采用家族谱系调查的方法首次研究近千名历史人物的亲属之间的遗传性特征，并发表《遗传的天才》一书，提出遗传决定论。19 世纪末 20 世纪初，心理学家比奈和西蒙开始着手探索用于测定儿童智力的量表。1905 年，两人合力编制了世界上第一个儿童智力评估量表——比奈-西蒙智力量表。该量表不仅适用于低常儿童的评估，也在常态儿童及超常儿童的辨别中发挥了极大的作用。现代意义上的智力测验由此发端。1916 年，美国心理学家推孟于斯坦福大学修订了比奈-西蒙智力量表，首次运用智力测验(修订后的斯坦福-比奈智力测验)来鉴别超常儿童，并将智商 140 作为超常儿童的鉴别标准。这种以科学方法鉴别超常儿童的方式对后续研究影响深远。这一时期智力测验得到较快发展，截至 1933 年，有关儿童智力、教育成绩、个性倾向的测验已达 3000 多项。

20 世纪 20 年代，推孟对 1500 余名超常儿童开展了"天才的遗传"追踪研究，该研究持续了几十年。结果表明：(1)超常儿童身体健康，强健，并不像西方所迷信的那样体弱多病，容易夭折；(2)他们的智力优势具有较高的稳定性和持续性，能保持到成人期甚至老年期；(3)在智力水平相近的情况下，超常儿童的某些人格特征差异会影响他们的职业成就水平。这些研究结果陆续被写入《天才的遗传研究》一书中。这项研究不仅方法创新，而且研究样本的数量在相当长的时间里无法被超越。此后，美国学者霍林沃思(Hollingworth)也对来自不同社会阶层的超常儿童进行了追踪研究，结果表明，被试在个人和家庭、教育、职业发展等方面都表现出了较高的成就和满意度。此外，在 1926 年，美国心理学家考克思(Cox)对历史上 300 名杰出人才展开了回溯性研究，即以名人自传和历史资料为参照，在合理范围内估算其智力和归纳超常儿童的一般心理特征。该研究结果发现那些杰出人物在童年期已表现出强烈的动机、持久的韧性以及伟大的人格特征等。至此，超常儿童研究体系也逐渐完善和成熟，分类也更细致，各国对于超常儿童教育的法律和政策也陆续出台，对超常儿童的教育支持也慢慢丰富起来。

第三，20 世纪中后期：超常儿童教育研究蓬勃发展。

20 世纪 40 年代后，超常儿童研究的重点从鉴别超常儿童转移到如何为超常儿童提供更好的教育安置和合适的教育形式，研究方法上也越来越多地采用追踪研究。20 世纪 70 年代，美国斯坦福大学的本博（Benbow）和范德堡大学的斯坦利（Stanley）合作开展了关于数学天才的追踪研究[①]。他们对一批数学超常儿童进行了近 20 年的观察、分析和对比研究，记录这些超常儿童发展过程中各阶段的变化数据，来分析教育环境、教育方法、超常儿童个体内部特点等因素对他们自身发展的影响，这为超常儿童教育的安置和实施提供实证依据。此外，还有如前文中介绍的加拿大学者加涅和德国学者齐格勒等，通过研究提出新的超常理论模型，探讨教育安置对超常儿童发展的影响。

综上可见，不同国家超常儿童教育发展各有特色。为了更详细和直观地介绍国外超常儿童研究的历史发展和现状，本节主要介绍英国、美国和澳大利亚这三个超常儿童研究和教育发展水平较高的国家，及其发展过程中与我国现处的发展阶段相似的超常儿童教育发展历程，为我国超常儿童教育研究领域中的研究者和教育者提供参考经验。

一、英国超常儿童教育的发展

英国作为老牌精英教育国家，其超常儿童教育的发展历史源远流长，最早可追溯至 1944 年。当时正值第二次世界大战结束，英国为了尽快恢复国力，加强人才培养，各政治党派不断提出教育改革的设想，包括设立文法学校。同年 8 月英国出台了《1944 年教育法》（Education Act，1944），该法将英国的学校系统[②]分成三类，分别是（1）文法学校（grammar school）指注重学术研究的学校，该学校提供大学预备课程，成绩极其优异的超常学生可以在文法学校中学习；（2）现代中学（secondary modern school）指即普通中学，多数学生将进入这类中学学习；（3）技术中学（secondary technical school）指培养学生工业技术的学校。其中，文法学校不同于现代中学，有自主管理的教学课程和教学方法，由于学费高昂，往往只有家庭条件优越的儿童才有机会进入文法学校接受超常儿童教育。这种只为家庭条件优越学生提供超常儿童教育的形式在当时被认为是教育不公平的体现，随着超常儿童教育逐渐被边缘化，多数文法学校被关闭和合并。在之后相当长的一段时间内，超常儿童教育的价值指向被认为是违反教育公平原则的，并遭受抨击，没有很大的发展。

---

① Robertson，K. F.，et al.，"Beyond the Threshold Hypothesis: Even Among the Gifted and Top Math/Science Graduate Students，Cognitive Abilities，Vocational Interests，and Lifestyle Preferences Matter for Career Choice，Performance，and Persistence," Current Directions in Psychological Science，2010(6)，pp. 346-351.

② George，D.，"Gifted Education in England," Roeper Review，1992(4)，pp. 201-204.

直至 1997 年，全球化新局面的到来打破了停滞不前的超常儿童教育，人才资源的需求量日益增大。英国重新开始重视超常儿童教育，同时也对教育公平有了新的认识。当年出台的《1997 年教育白皮书》(*The 1997 Education White Paper*)①，明确强调了要尊重学生的差异化，根据学生的基础进行分类教育才是最大的教育公平。教育公平的价值指向最终得到了"拨乱反正"。1999 年，英国政府进一步加大了教育改革的力度，启动了"追求卓越的城市教育计划"(Excellence in Cities)②，该计划要求在学校里任命一名超常儿童教育协调员，选拔 5%～10% 的超常学生，并为他们设置不同的课程内容和学习计划。此外，对于城市外围贫困地区的超常学生来说，该计划还提供了保障他们学习的平台。

随后英国超常儿童教育进入了突飞猛进的发展时期，英国政府组建了超常儿童教育机构，专门负责超常学生的课程研究。2002 年，英国华威克大学成立了国家青年英才学院(National Academy for Gifted and Talented Youth)，英国政府每年出资 500 万英镑用来支持该学院研究超常儿童教育，为 11～19 岁的超常学生提供个性化的课程，同时也为专家学者、教育工作者和超常儿童父母提供专业支持和辅导。随着社会对超常儿童教育需求的增长，2007 年，英国设立了青年英才学院(Young Gifted and Talented)和 9 个地方性卓越中心，进一步与地方政府、社区和学校合作，为超常儿童提供学习和生活等多方面的支持。2008 年，英国启动了"全面卓越计划"(Excellence for All)③，该计划包括在全英的所有中学试点超常儿童教育的教学模式，在中学里进一步普及超常儿童教育。这一举措为超常儿童提供了更多的学习支持。

2010 年，英国出台了《公平法案》(*The Equality Act*)，强调了教育公平和全纳教育的概念，超常儿童教育再一次得到了英国国内专家学者的关注，超常儿童教育的研究也逐渐与建设全纳教育环境紧密联系。越来越多的学者提出可以建设全纳教育环境，在普通学校为超常儿童提供适合他们发展的教育。④ 之后，英国教育部发布了《支持与愿望：解决特殊教育需要与残疾儿童的新方法》(*Support and Aspiration：A New Approach to Special Educational Needs and Disability*)⑤的指导文件，再一次倡导学校要满足每一个学生(包括有特殊教育需要的儿童)的学习需求，体现了建立全纳教育以安

---

① Miraca U. M. Gross, *Exceptionally Gifted Children (second edition)*, London, Routledge, 2003, pp. 16-28.

② Bradley, S., & Migali, G., "The Joint Evaluation of Multiple Educational Policies: The Case of Specialist Schools and Excellence in Cities Policies in Britain," Education Economics, 2012(3), pp. 322-342.

③ 姚红玉：《英国的英才教育》，载《比较教育研究》，2013(5)。

④ Mittler, P., *Working towards Inclusive Education：Social Contexts*, London, David Fulton Publishers, 2000, p. 212.

⑤ 缪学超、易红郡：《主流学校还是特殊学校：近 20 年英国全纳教育进程中的政策导向与家长选择》，载《河北师范大学学报(教育科学版)》，2019(2)。

置超常儿童的意愿。

2016 年 3 月，英国政府颁布了《卓越教育无处不在》(*Educational Excellence Everywhere*)白皮书，这不仅延续了往届政府坚持卓越教育的一贯传统，而且将卓越教育的重点放在"无处不在"(everywhere)这个关键点上，推行一种全员共享的卓越教育。卓越教育所要最终达致的目标是：为英国不同地区、不同背景的每一个儿童和青年提供能够充分激发其潜能的教育和关怀。

近年来，英国教育学者的研究更多地集中在如何建立满足超常儿童需求的环境上，强调在全纳环境中进行超常儿童鉴别，并为其提供教学支持与服务。这也带来了不小的挑战，例如，以往由专家负责的工作(如鉴别超常儿童)现在都由教师来完成，这意味着教师需要接受专门的培训，以获得更全面和专业的超常儿童教育的理论知识。[1] 除了教师培训的挑战，全纳教育[2]还要求合理利用各种社会资源，这就需要各方力量(父母、学校和社区)之间的融洽合作，以满足超常儿童教育的需求。然而家庭、学校和社区等各机构，因为自身所代表的利益不同，以及对超常儿童教育认识的不同，在合作时会产生不同的意见和计划，是否要设立一个权威机构或者以某一方为决定方来协调，都有待研究。

总体来说，英国的超常儿童教育经过了曲折的发展历程，从对超常儿童教育价值观的转变，到现在建设全纳教育环境下对超常儿童教育的研究，取得了今天良好的发展成果。

二、美国超常儿童教育的发展

美国的超常儿童教育兴起于第二次世界大战之后，当时苏联人造卫星发射成功，美国逐渐认识到：要尽快恢复国力，并要提高自身的国际竞争力。培养下一代的精英人才便成了一项重大的国家战略。1958 年，美国国会通过了《国防教育法》(*The National Defense Education Act*)[3]，首次以法律的形式把教育发展提升至国家安全的高度，并规定联邦政府必须提供资金支持，在全国培养数学、科学等专业领域的超常学生。1964 年出台的《经济机会法》(*Economic Opportunity Act*)，专门设立了"向上跳跃"项目，为社会不利人群中超常儿童的特殊学习权利提供专门的社会保障。[4] 1965 年通

---

[1] Armstrong, F., Armstrong, D., & Barton, L., *Inclusive Education: Policy, Contexts and Comparative Perspectives*, London, Routledge, 2000, pp. 78-98.

[2] Hardy, I., & Woodcock, S., "Inclusive Education Policies: Discourses of Difference, Diversity and Deficit," International Journal of Inclusive Education, 2015(2), pp. 141-164.

[3] Fraser, James W., *The School in the United States: A Documentary History (third edition)*, New York, Routledge, 2014, pp. 247-249.

[4] 秦丹：《美国天才教育法律服务支持保障研究》，硕士学位论文，沈阳师范大学，2014。

过的《中小学教育法》(*Elementary Secondary Education Act*)中，明确了"发展超常儿童教育方案"，提出在全国的小学和中学中有目的地选拔和培养超常学生。由于对超常儿童的定义没有统一，各州的做法也未达成一致。为弥补这一问题，1972 年，美国国会通过了《马兰报告》，首次对超常儿童做出了详细的定义。随后，美国特地设立了超常儿童教育处，负责处理各种关于超常儿童教育的资金支持和管理项目等。1988 年，《雅各布·贾维茨超常学生教育法案》(*The Jacob Javits Gifted and Talented Students Education Act*)强调在全美的中小学范围内，必须为超常学生提供特殊或者专门的活动和服务，以发展其特殊潜能。

1990 年，美国国家超常儿童教育研究中心(The National Research Center on the Gifted and Talented)成立。该中心专门从事超常儿童教育教学计划、教师培训和学生鉴别等的研究。1998 年，美国国家超常儿童协会(National Association for Gifted Children，简称 NAGC)出台了从学前到高三的超常儿童教育项目标准(Pre-K-Grade 12 Gifted Program Standards)，该标准不仅能指导教育工作者更好地认识超常儿童教育，而且有助于他们将理解的内容落实到教学实践中。

2002 年，《不让一个孩子掉队法案》(*No Child Left Behind Act*)正式在美国中小学实行。该法案明确指出，学校都应该为超常儿童提供适当的教育支持，以充分发展他们的潜能。2006 年，布什总统颁布《美国竞争力计划》(*American Competitiveness Initiative*)。此后，美国不断加大在 STEM① 教育领域的投入，以培养 STEM 人才，提高国家竞争力，提出了著名的"美国引领世界创新"的口号。同年，美国国家超常儿童研究学会发布了《国家超常儿童教育标准》(*National Gifted Education Standards*)，并于 2013 年进行了修订，该标准专为教师撰写，主要内容为超常儿童教育的课程内容安排和设计。2015 年，奥巴马总统签署发布《让每个学生成功法案》(*Every Student Succeeds Act*)，强调加速培养超常儿童，并重新授权《雅各布·贾维茨超常学生教育法案》(*Jacob Javits Gifted and Talented Students Education Act*)。其同年颁布的《2015 年 STEM 教育法案》(*STEM Education Act of* 2015)扩大了 STEM 教育的定义，将计算机科学纳入 STEM 教育领域，反映了国家在计算机相关领域对拔尖创新人才的高需求。2017 年颁布的《美国创新与竞争力法案》(*American Innovation and Competitiveness Act*)则支持 STEM 教育的改进和扩展，旨在培养更多的 STEM 领域创新人才，增强美国的科学研究和技术创新能力，通过拔尖人才培养与 STEM 教育的结合，促进国家的进步与发展。2019 年，特朗普签署发布的《STEM 教育基石法案》(*Build STEM Act*)注重早期 STEM 教育的强化，强调了提前培养未来科技创新人才的重要性。

---

① STEM 是科学(Science)、技术(Technology)、工程(Engineering)、数学(Mathematics)四门学科的英文首字母。

目前来说，美国超常儿童教育的立法和政策已成为常规性的法律措施，每几年都会对其进行修订或颁布新的法律，包括对超常儿童教育的资金调配等。各州也都持续开展超常儿童教育计划，并呈现出多样化的教学安置模式，如特教班、夏令营、周末班等教学模式。总的来说，美国的超常儿童教育发展水平属于世界前列，其丰富的理论研究和多样化的教学模式，为世界各国超常儿童教育的发展提供了借鉴。

三、澳大利亚超常儿童教育的发展

澳大利亚曾是英国的殖民地之一，受到殖民文化的影响，澳大利亚的教育体制大体和英国相同，但其超常儿童教育有自身的特点。仅有两千万多人口的澳大利亚，至今已有十几位诺贝尔奖获得者，其超常儿童教育的发展功不可没。

受到美国1972年《马兰报告》的影响，澳大利亚逐渐开始重视超常儿童教育。20世纪70年代后，澳大利亚各州陆续颁布超常儿童教育政策。由于仍处在发展初期，各项关于超常儿童教育的政策不尽相同，学校也没有大规模地落实超常儿童教育的相关项目。1988年，澳大利亚参议院出台了《超常儿童教育》(The Education of Gifted and Talented Children)的政策性报告，该报告阐述了超常儿童的定义、选拔、安置和教师培训等政策，为各州在开展超常儿童教育中出现的诸多问题，提供了统一的参考标准。

1989年，澳大利亚超常儿童教育进入快速发展期。同年，澳大利亚悉尼承办了第八届世界超常儿童研究大会(The 8th World Conference on Gifted and Talented)[1][2]，来自世界各国的超常儿童研究和教育专家都聚集到澳大利亚，分享和研讨各国关于超常儿童教育的研究成果和面临的问题、发展趋势等话题，促使澳大利亚政府越来越重视本土超常儿童教育的发展。然而，当时受到"均衡性发展"（均衡性发展是指不允许个体先于同龄人发展）的影响，直至1998年，澳大利亚才出台了第一个超常儿童教育的政策《澳大利亚首都地区1988年关于超常学生的政策》(Act 1998 Policy on Gifted and Talented Students)。

2000年后，澳大利亚超常儿童教育的发展出现了转折点。由于国家发展对人才培养提出迫切的需求，澳大利亚参议院分别于2000年和2002年提出了《超常儿童教育》(The Education of Gifted Children)和《了解大脑》(Understanding the Brain)等报告。报告中具体阐述了超常儿童的客观存在和满足其教育需求的重要性，并强调成立国家超常儿童教育研究中心，以及为超常儿童提供个性化课程教育的必要性。随后，为了帮助地方修订超常儿童教育政策，2006年，澳大利亚又出台了《北部地区超常学生教育

---

① 高莉、褚宏启、王佳：《卓越与公平：澳大利亚英才教育发展》，载《比较教育研究》，2012(12)。

② Jarvis, J. M., & Jeanifer, L. J., *Exploring Gifted Education*, London, Routledge, 2018, pp. 15-21.

政策》(*Policy for the Education of Gifted Students in the Northern Territory*)。此外，政府还拨款 100 万澳元，在没有相关课程设置的大学里设立天才教育课程[1]，为下一步的政策制定提供参考。

澳大利亚的超常儿童教育模式类似于英国的全纳制，而非设立专门的超常儿童学校。在这种模式下，澳大利亚选择把超常儿童安置在普通学校，提供不同的教育形式以满足超常儿童的需求，如加速制、丰富制，或设置独立学习研究项目、提供资源教室等。与此同时，澳大利亚面临了与英国同样的问题——对教师的要求提高了。为了解决这个问题，澳大利亚在 2005 年出台了《超常儿童教育：教师专业发展包》(*Gifted and Talented Education：Professional Development Package for Teachers*)[2][3]，通过专业培训帮助教师了解超常学生的鉴别、情感发展特点以及如何进行课程设计等。

2010 年后，澳大利亚超常儿童教育的发展趋于稳定，理论研究主要集中在全纳制教育模式下超常儿童教育的课程设置、对超常儿童的多元化认识以及教师培训等方面。2017 年，澳大利亚政府发布的《澳大利亚学校实现卓越教育评论》(*Report to Achieve Educational Excellence in Australian Schools*)提出了 23 条建议，称其重点是"建立一个让每个学生都有机会脱颖而出的教育体系"。其中第一、六、十条为超常儿童教育提供政策指导。第一条建议是"在所有学校和系统的政策和实践中，通过持续学习进步，关注学生的个人成就，期望每个学生在整个学年中都能得到持续性成长"。第六条建议是"在学校早期的课程实施中，优先实施识字和算术的学习，以确保所有儿童在八岁之前都建立起学习的核心基础"。第十条建议是"通过利用协作、指导观察和反馈，包括同事和学生的反馈，将这些实践纳入教师的核心角色，并创造条件使教师能够参与其中，从而加快当代教育学的发展"。

综上可见，国外的超常儿童教育经历了萌芽、在探索中发展、蓬勃发展这几个阶段，在超常儿童相关理论、超常儿童评估、超常儿童的身心发展特点、超常儿童的教育和安置等方面开展了丰富而系统的研究与实践，积累了宝贵的智慧与经验。英国和澳大利亚的超常儿童教育在全纳教育理念的推广下得到发展，取得了良好的成果。美国的超常儿童教育存在多种开展形式，在世界范围内广受借鉴和学习，亦产生了巨大的影响。

---

[1] 张亚星、江雪梅：《澳大利亚英才教育政策及其实施现状》，载《教育科学研究》，2015(7)。

[2] 王蓉、肖甦：《澳大利亚新南威尔士州英才教育政策与实践》，载《比较教育研究》，2018(1)。

[3] Walsh, R. L., & Jolly, J. L., "Gifted Education in the Australian Context," Gifted Child Today, 2018 (2), pp. 81-88.

第三节
超常儿童教育研究的热点与挑战

众所周知，超常儿童教育相比其他教育形式发展较晚，不少国家的法律和政策尚未健全，具体的安置和教育形式也不完善。但不可否认的是，教育法律和政策起着指导和奠基的重要作用，如果没有完善的教育法律保障和教育政策支持，任何形式的教育都无法开展和落实。本节将以此为出发点，分析国内外有关超常儿童教育的法律和政策，以及这些政策法规对超常儿童教育发展起到的推动作用，并探讨当前超常儿童教育发展中存在的热点问题和挑战。

一、超常儿童教育的法律与政策

(一)国际有关超常儿童教育的条约与计划

国际上关于超常儿童教育的条约一般是通过全纳教育(inclusive education)的条约来体现的。全纳教育一直是联合国教育发展中的重要议题。包容、公平的优质教育是落实全纳教育的前提。从 1989 年联合国《儿童权利公约》(*Convention on the Rights of the Child*)，1990 年世界全民教育大会(World Conference Education for All)，1994 年《萨拉曼卡宣言》(*The Salamanca Statement*)，到 2000 年联合国千年发展目标(Millennium Development Goals)和 2015 年联合国可持续发展目标(Sustainable Development Goals)，全纳教育的概念在这些条约和计划的提出中经历了从酝酿到逐渐形成，从不断丰富到发展完善的过程，逐渐被世界各国接受、推广和应用。在发展的过程中，各国也逐步意识到人才资源的可贵，超常儿童教育作为全纳教育的重要部分，越来越受到重视。

1. 联合国《儿童权利公约》(1989 年)

1989 年在第 44 届联合国大会上，联合国《儿童权利公约》在经过多年的修改后最终获得了参与国的一致通过。中国于第二年 8 月成为第 105 个签署国。截至 2015 年全球共有 196 个国家接受该公约。

该公约以确保儿童的幸福和权利为目的，以条约法的形式保障儿童的权益。早在 1946 年，联合国就设有儿童基金会，并于 1959 年制定了《儿童权利宣言》。该宣言承认儿童必须受到特殊的照顾和协助，以保障他们自身的权利。但是宣言并不具有条约法的效力，因此有必要设立《儿童权利公约》。[①]

在儿童的受教育权上，联合国《儿童权利公约》第 28 条和第 29 条规定，"每一个儿童都有受教育的权利……(Every child has the right to an education)""教育是要最充分地发展儿童或其父母的个性、才智和身心能力……(Education must develop every child's personality，talents and abilities to the full)"。结合该公约的第 2 条"该条约不因儿童或其父母的种族、性别、语言、能力，或其他状况而有任何差别……(The convention applies to every child without discrimination，whatever their ethnicity，gender，religion，language，abilities or any other status)"。可见，即便公约并没有直接提出全纳或超常儿童教育相关的规定，儿童受教育的权利和无歧视的原则在当时的条约中已有所体现。

2. 世界全民教育大会(1990 年)

1990 年的世界全民教育大会(Education for All，以下简称"全教")使得全纳教育的概念逐步形成。全教是由联合国教科文组织发起的一项促进全球教育发展的运动，其主要目的不仅在于落实《儿童权利公约》中的公平教育和无歧视原则，更进一步强调了优质教育的概念，即满足每个人的教育需求。

联合国发布的 2016 年全教报告表明，尽管每个签署国都在为发展优质教学(如学校设立、教师培训、教学项目)做出努力，但全纳教育的目标仍未达成。报告指出其中主要原因是公平教育的观念在许多国家仍未建立，或者出现对公平教育概念的曲解。例如，我国学者提出我国对教育公平认识可能存在的误区。人们普遍认为超常儿童教育是违背教育公平原则，不敢在政策上予以突破，更谈不上对于超常儿童教育进行立法。

全教报告中也直接强调教育公平的价值应当体现在政策上的教育资源分配，其分配应当根据具体的需要，而不是为所有学生提供相同的教育资源，简单来说就是"公平"并不等于"相同"。

3.《萨拉曼卡宣言》(1994 年)

在 1994 年《萨拉曼卡宣言》(*Salamanca Statement*)中，全纳教育的概念首次得到了详细具体的描述：

> 每个儿童都有受教育的基本权利，必须获得可达到的并保持可接受的学习水平之机会；每个儿童都有其独特的特性、兴趣、能力和学习需要；教育制度的设计和教育计划的实施，应该考虑到这些特性和需要的广泛差异。

---

① Cohen，C. P.，"United Nations：Convention on the Rights of the Child，"International Legal Materials，1989(6)，pp. 1448-1476.

该宣言明确了全纳教育的实践意义：全纳教育在于保障学生接受与其"相适应"（accommodate，accommodate 在英语中强调根据当事人自身的状况提供相应的帮助）的教育。也就是说，因为每个学生自身的状况不可能完全一样，那么应当被分配的教育资源也就因学生状况的不同而不同，这里再次强调了个体的差异性。

4. 联合国千年发展目标（2000 年）和联合国可持续发展目标（2015 年）

全纳教育的观念被越来越多的国家接受和应用。在 2000 年的联合国千年发展目标和 2015 年的联合国可持续发展目标中，为每个学生提供公平、优质的教育成了各国共同的教育目标，而超常儿童教育也得到了史无前例的关注。在许多国家超常儿童教育被当作是一个独立的研究领域，并成立专门的研究组织。如美国的国家超常儿童协会、澳大利亚超常儿童协会（Australian Association for the Education of the Gifted and Talented）、苏格兰高能力儿童协会（Scottish Network for Able Pupils）等。

(二)中国有关超常儿童教育的法律与政策

与西方系统的超常儿童教育法律与政策相比，我国的超常儿童教育法律与政策相对较薄弱。关于超常儿童教育的明确的法律与政策尚有不足。与发展超常儿童教育相关的法律、法规主要有以下几条。

1. 我国的《宪法》《教育法》《义务教育法》中对儿童受教育权的规定

我国《宪法》第二章第四十六条规定，中华人民共和国公民有受教育的权利和义务。国家培养青年、少年、儿童在品德、智力、体质等方面全面发展。我国《教育法》第九条规定，中华人民共和国公民有受教育的权利和义务。公民不分民族、种族、性别、职业、财产状况、宗教信仰等，依法享有平等的受教育机会。我国《义务教育法》第一章第四条规定，凡具有中华人民共和国国籍的适龄儿童、少年，不分性别、民族、种族、家庭财产状况、宗教信仰等，依法享有平等接受义务教育的权利，并履行接受义务教育的义务。我国的《宪法》《教育法》《义务教育法》都对保护和尊重学生的受教育权进行了明确规定。

这些法律虽然没有明确提到超常儿童教育，但是强调了所有儿童的受教育权利是平等的，应当根据儿童的特殊需要，为其提供适合的教育。

2.20 世纪末，我国出台了一系列教育发展的文件

在国家和社会建设需求的大力推动下，20 世纪七八十年代我国推出了一系列教育发展方案。主要有：《关于办好一批重点中小学的试行方案的通知》（1978 年）、《关于分期分批办好重点中学的决定》（1980 年）、《教育部关于进一步提高普通中学教育质量的几点意见》（1983 年）、《中共中央关于教育体制改革的决定》（1985 年）、《关于重点建设一批高等学校和重点学科点的若干意见》（1993 年）。这些方案和意见为我国超常儿童教

育的早期发展提供了政策支持，直接推动了超常儿童教育的快速发展。

3.21 世纪初，我国出台了创新人才培养的规划

2010 年，我国政府颁布《国家中长期人才发展规划纲要（2010—2020 年）》《国家中长期教育改革和发展规划纲要（2010—2020 年）》和《国家教育事业发展"十三五"规划》，提出要重视拔尖创新人才的培养和创新人才培养模式。我国超常儿童教育发展进入了新阶段。

2017 年，党的十九大以来，我国越来越重视拔尖创新人才的培养，相继出台了许多政策文件。党的十九大报告提出新时代要"培养造就一大批具有国际水平的战略科技人才、科技领军人才、青年科技人才和高水平创新团队"。2019 年，中共中央、国务院印发的《中国教育现代化 2035》指出要"培养造就数千万专门人才，一大批具有国际水平的战略科技人才、科技领军人才、青年科技人才和高水平创新团队"。2020 年教育部发布《关于在部分高校开展基础学科招生改革试点工作的意见》，推出"强基计划"，通过高等院校招生改革，要求对有理想抱负、综合素质优秀或基础学科拔尖的学生进行选拔。2020 年 9 月，教育部、国家发展改革委、财政部联合印发《关于加快新时代研究生教育改革发展的意见》，在政策发布会上教育部负责人提出要聚焦关键领域核心技术，以超常规方式加快培养一批紧缺人才，为国家解决"卡脖子"问题和推进科技创新作出贡献。2021 年 3 月，《中华人民共和国国民经济和社会发展第十四个五年规划和 2035 年远景目标纲要》提出，要提高高等教育质量，推进基础学科高层次人才培养模式改革；深化新时代教育改革，建立健全教育评价制度和机制，发展素质教育，更加注重学生爱国情怀、创新精神和健康人格培养。2022 年 10 月 16 日，习近平总书记在党的二十大报告中强调，必须坚持科技是第一生产力、人才是第一资源、创新是第一动力，深入实施科教兴国战略、人才强国战略、创新驱动发展战略；坚持教育优先发展、科技自立自强、人才引领驱动，加快建设教育强国、科技强国、人才强国，坚持为党育人、为国育才，全面提高人才自主培养质量，着力造就拔尖创新人才，聚天下英才而用之。

另外，我国港台地区也出台了有关超常儿童教育的文件。1984 年台湾的《特殊教育法》列有资优教育专章。香港教育统筹委员会在 1990 年发布的《第四号报告书》为香港的资优教育打下了基础。

从中西方超常儿童教育发展的现实及困境来看，自上而下地推行超常儿童教育是十分现实有效的手段。《第二期特殊教育提升计划（2017—2020 年）》也明确提出，要坚持政府主导，各方参与。落实各级政府及相关部门发展特殊教育的责任。在已有理论和实践的基础上，若能进一步细化、完善相关的法律，并切实落实、执行，将有力推动我国超常儿童教育继续深入前进。

二、超常儿童教育的基础：先天和后天的争议

遗传和环境被认为是影响人类智力发展的两大因素。遗传因素即人的内在先天条件；环境因素即外在后天条件，如社会制度、学校和家庭对个人的影响。学术界关于遗传和环境对智力发展的作用这一问题一直存在着激烈的讨论。从超常儿童教育的视角看，就是关于超常儿童是先天遗传的，还是后天环境培养的问题。

学者们最初认为智力是由单一因素所决定的，如人的智力发展完全由遗传或环境决定，后来逐渐意识到遗传和环境可能共同作用于个体发展，研究的重点放在了哪个因素起多大的作用上。因此目前的研究着重于这两个因素是如何作用于个体的智力发展的。

(一)遗传决定论

遗传决定论(theory of hereditary determination)认为人的智力发展完全依赖于先天遗传，该学说最早的代表人物是高尔顿和霍尔(Hall)。高尔顿是遗传决定论的创始人，他在1863—1868年调查了英国的首相、将军、科学家等900多人的家族谱系，发现多数人的共性是出生于名望世家，因而他提出了遗传决定论。1869年，他在《遗传的天才》一书中写道："一个人的能力，乃由遗传得来的，其受遗传决定的程度，如同一切有机体的形态及躯体组织受遗传的决定一样。"他甚至把遗传学的论点扩张到种族的差异上，认为白人和黑人天生就有智力的差异，并主张人工选择改良人种。这一学说片面强调人的智力是先天遗传的自我发展和自我暴露的过程，而环境因素至多只能促进或延缓自我发展和自我暴露，不能改变它的本质。随着研究的深入，遗传决定论饱受质疑，高尔顿的研究中忽略了这些首相、将军、科学家世家的良好教育环境等后天影响，一味强调名人后代与普通人后代出身和遗传的差异，带有一定"宿命论"的意味。

霍尔也是典型的遗传决定论代表，他是美国发展心理学的创始人，他的理论——复演说深受生物学上的进化论以及复演论的影响。霍尔认为，人类从幼年到成熟的成长过程，是人类自原始到现代整个进化阶段的复演，所以人的智力都是先天决定的。带着这种观点，霍尔提出了"一两的遗传胜过一吨的教育"的论点。复演说同样过度强调遗传的重要性，否认环境对人的影响。霍尔的复演说也受到了研究者的质疑，因为他把个体发展史和种系发展史完全等同起来，无视了个体发展的差异，当然也否定了后天因素对人类发展的影响。[1]

---

① Hall, G. Stanley, *Adolescence*: *Its Psychology and Its Relations to Physiology*, *Anthropology*, *Sociology*, *Sex*, *Crime*, *Religion and Education*, New York, Appleton and Company, 1904, p. 44.

(二)环境决定论

环境决定论(theory of environmental determinism)强调环境在人的能力发展中起决定作用,不论儿童自身的背景是怎样的,只要受到可控环境的影响,他们就能发展成为所期望的人。华生(John Watson)[1]是该学说的典型代表,也是行为主义心理学的创始人。行为主义心理学主张恪守客观性原则,消除了传统心理学的主观性。换句话说,行为主义排除了本能的概念,认为儿童的能力体现只受到环境的作用。在1925年出版的《行为主义》一书中,华生提出了这样的言论:"请给我一打健康而没有缺陷的婴儿,让我在我的特殊世界中教养,无论他的能力、嗜好、趋向、才能、职业及种族是怎样的,我都能够训练他成为医生,或律师,或艺术家,或商界首领,甚至也可以训练他们成为乞丐或窃贼。"环境决定论与遗传决定论完全对立,它否认了人先天的影响因素,认为智力的发展依赖于环境的培养,因为过分重视外部行为及其强化和反馈,忽视了人的主观能动性和差异性,环境决定论同样受到质疑。

(三)二元论(共同决定说)

随着对智力认识的发展,学者们逐渐意识到遗传和环境因素对人的智力的影响都是不可或缺的,即遗传和环境因素都是影响智力发展的必要条件。建立在这种论点上,1910年,德国心理学家斯特恩(Stern)[2]提出了二元论,主张人的发展并非天赋本能的逐渐显现,也不单纯受外界的影响,而是内在因素和外在因素共同作用的结果,两者同时决定着智力的发展。美国心理学家格塞尔(Gesell)的双生子爬梯实验也支持这种论点。1929年,格塞尔做了一个著名的实验:让一对同卵双胞胎练习爬楼梯,一个婴儿在出生后第48周开始练习,每天练习10分钟,持续7周;另外一个出生后第53周开始进行同样强度的练习,但只持续2周。出乎人意料的是,实验结果是练习时间短的婴儿爬梯爬得更快更高,两个婴儿的最终水平并没有差别。因此,格塞尔认为双生子爬梯的实验证明人的发展是一个顺序模式的过程,只有在内在因素发展到达一定成熟的状态下,环境因素的影响才能发挥出更好的作用,这也就说明了人的发展同时依赖于内在和外在两个因素。相较之前过于片面的遗传决定论和环境决定论,二元论有了突破性的进展,将两个因素同时纳入影响因素的范畴,承认两者同时存在。然而,这种理论并没有意识到这两种因素相互影响的动态性,仅仅认为人的发展是一种有序发

---

① Watson, J. B., "Psychology as the Behaviorist Views It," Psychological Review, 1913(2), pp. 158-177.

② Stern, W., *The Psychological Methods of Testing Intelligence*, Baltimore, Warwick and York, 1914, pp. 1-5.

展，即认为遗传因素在先，环境因素在后。[1]

(四)遗传与环境的相互作用论

瑞士认知心理学家皮亚杰(Piaget)在 1968 年出版的《结构主义》和 1970 年出版的《发生认识论原理》等著作中，提出了内外因素并非各占若干比例或简单相加的关系，而是一种相互交织、渗透和影响的关系的主张。具体来说，该主张认为，人的发展是通过遗传因素和环境因素持续不断作用的结果，也是一种内部认知和环境作用不断调整的过程。遗传和环境的作用可能在人的各个发展阶段以不同的相互作用的方式对个体的发展产生影响。皮亚杰认为遗传因素是发展的前提，为发展提供了可能性，环境因素则把这种可能性转化为了现实性，所以二者是一种相互作用的关系。[2] 简言之，人的发展是一种以发展主体的自我调节为机制的自我演变过程，遗传因素决定着自我认识和自我调节，环境因素则作用于演变过程。

直到现在，虽然遗传和环境对智力影响的争论仍然没有停止，但相互作用论得到了学者的广泛认同，即既承认遗传和环境因素对智力的影响，同时也认可两者之间的相互作用。现在更多的学术争论[3]在于两个因素之间的比重和相互之间的作用是如何产生的。例如，一项研究发现，遗传因素可能占智力差异的 75%～80%。研究者(Gallardo Pujol D.，et al.)等人[4]认为遗传对 IQ 影响是明确的，大约占 40%，共享环境的作用占 50%，而非共享环境的影响占 10%。

另外，也有学者指出，遗传与环境作为两种互补的力量，谁在个体发展中占的比重更大并不重要。对于每一个个体来说，二者都是必不可少的，只有把两者的力量最大化，才能实现个体发展的最优化。

从超常儿童教育的实践层面来看，遗传和环境的交互作用为超常儿童的培养提供了坚实的理论基础。遗传为超常儿童提供了先天的物质条件，但这只是一种潜在的可能性；后天合适的教育环境能为他们优于常人的潜能和天赋发展提供支持。简单来说，即使一个人通过遗传获得了极高的天赋，如果缺乏有效的教育和指导，这种天赋可能就无法发展，甚至会逐渐趋于常态。

---

① Gesell, A., Thompson, H., & Amatruda, C. S., *The Psychology of Early Growth*, *Including Norms of Infant Behavior and a Method of Genetic Analysis*, New York, Macmillan, 1938, pp. 69-76, 221-225.

② P. H. Mussen, & W. Kessen, *Handbook of Child Psychology*: *Volume 1. History*, *Theory and Methods*, New York, John Wiley, 1938, pp. 41-102.

③ Singh, I., "Human Development, Nature and Nurture: Working Beyond the Divide," BioSocieties, 2012 (3), pp. 308-321.

④ Gallardo Pujol D., et al., "IQ Heritability Estimation: Analyzing Genetically-Informative Data with Structural Equation Models," Psicothema, 2007(1), pp. 156-162.

三、超常儿童教育的使命：卓越与公平

在世界范围内，超常儿童教育常常被误解为有碍社会公平和教育资源的分布不均。在中国，自改革开放以来，超常儿童教育经过了四十多年的发展，其实践规模却呈现从 1978 年多所大学开办少年班，多所中小学设立超常班，到 2000 年只剩下零星学校的逐渐萎缩的状况，并且在政策和法规中仍然没有得到正式的认可。这很大一部分原因是社会意识层面对于卓越与公平的误解。有人认为超常儿童教育是精英教育，只为少数精英服务，因此与公平有悖；也有人认为公立学校只需保障儿童最基本的教育权，而超常儿童教育需要由课外机构提供。然而，超常儿童教育是"实现人的充分发展、促进教育公平的重要手段"[1]，不是违反教育均等机会等原则的精英主义。许多国家（如美国、英国等）的教育法和课程大纲都从理论上赋予了每位儿童（包括超常儿童）通过教育获得充分发展的权利。如果在意识层面上没有给予超常儿童教育合法的地位，那么超常儿童教育就无法得到系统、普遍的发展。[2]

第一，讨论超常儿童教育怎样公正地开展，就必须理解社会公正、差异性、多样性等概念。无论是在基因构造上，还是在性格、潜能、动机上，人都是有差异的，因而人会产生不同需求，也会有不同的发展轨迹和成就，由不同人组成的社会也因此充满了多样性，这是不能否认的事实。教育公正这个概念并不意味着给每位不同的儿童提供一模一样的教育，而是意味着尊重个体的多样性和包容性。有学者指出，教育的差异性公平作为教育公平的一种重要形式，需要通过超常儿童教育中的因材施教实现。这种因材施教的方式是尊重教育规律和人的发展规律的。

第二，受教育权分为基本受教育权和非基本受教育权。前者是个体通过教育"成人"的权利；后者是个体通过教育"成才"的权利。在教育资源有限的情况下，到底是先确保所有儿童接受最基本的教育（成人），还是提供更多资源以保障弱势儿童拥有进入社会生存的基本技能，或是致力于提供高质量教育给超常儿童，使他们获得卓越成就以推动社会进步，这的确是个难题，处在不同社会发展阶段和不同文化环境的国家可能会有不同的考虑。国内有研究者认为我国现在的社会发展阶段适合发展超常儿童教育。在义务教育已经普及的情况下，超常儿童教育的开展不仅不会影响儿童的基本受教育权，而且会使教育完成更高级的目标，即保障儿童"成才"的非基本受教育权。超常儿童教育能为一个国家提供更多有竞争力和创造力的人力资源，带动国家进步，能

---

① 褚宏启：《追求卓越：英才教育与国家发展——突破我国英才教育的认识误区与政策障碍》，载《教育研究》，2012(11)。

② Fu, T., "Wandering in the Shadow of Egalitarianism and Equity: A Social and Cultural Explanation to the Underdeveloped Gifted Education in China," Global Education Review, 2017(1), pp. 34-44.

使弱势群体或者普通群体得到更多优质的教育资源，从而保障其基本受教育权。从这一点上看，超常儿童教育是有助于长远的社会公正的。

第三，鉴别超常儿童是保证超常儿童教育公正的一个最具争议的、需要谨慎考虑的环节。具体鉴别方式的选择和鉴别方式背后的超常儿童教育理论都可能影响公平性，因为某种鉴别方式会挑选出具有某些超常能力的儿童，而忽略具备其他能力优异的儿童。许多鉴别方式包括考试和行为测验，这意味着儿童必须表现出优异的学习成绩，才能被鉴别出来，因此这种鉴别会忽略潜能尚未发展的低成就生。未能被鉴别出来的低成就生常常与早期家庭未能提供良好的教育环境有关。研究者指出，超常能力是动态发展的，而现在的超常儿童教育是基于当前的超常能力。[①]

第四，卓越到底是什么，由谁定义，学校教育能否鉴别评估出真实职业环境下的卓越，被鉴别出来的超常能力是否和社会阶层挂钩，这些问题还未达成共识，但是很多研究者从提升教育公正性和使超常儿童教育合法化的角度提供了一些思考的方向。例如，超常儿童教育里没有超常儿童。[②] 超常儿童教育应该考虑所有学生，而非被某种评估方法鉴别出来的学生；超常儿童教育应该重视学生的需求，而非鉴别已有的天赋、才能；超常儿童的评估机制应该多样化、动态化，不能只依赖于智力测验或一考定终身；超常儿童教育也应该融入普通教育，而非和普通教育分离等。事实上，公平这个社会价值标准要在超常儿童教育里得到最大化的实现，还有很长的路要走，还需要政策制定者、研究者和教育实践者的共同努力。

本章小结

本章主要介绍了中国及西方国家超常儿童教育发展的历史与现状，以及目前超常儿童教育发展过程中的热点及面临的挑战。我国的超常儿童教育发展经历了古代、近代和现代三个阶段，现代阶段的发展尤为曲折和重要。西方的超常儿童教育经历了萌芽、在探索中发展和蓬勃发展三个阶段。我们详细介绍了几个具有代表性的国家超常儿童教育发展的历史和现状。时至今日，超常儿童教育依然面临着相关法律和政策较为缺乏、受到卓越与公平的争议等诸多挑战，这都是未来可以继续探索和努力的方向。

① Dai，D. Y.，"Hopeless Anarchy or Saving Pluralism? Reflections on Our Field in Response to Ambrose，VanTassel-Baska，Coleman，and Cross," Journal for the Education of the Gifted，2011(5)，pp. 705-730.

② Borland，J. H.，*Rethinking Gifted Education*，New York，Teachers College Press，2003，pp. 105-126.

复习思考题

一、单项选择题

1. 环境决定论的代表人物是( )。

A. 高尔顿　　B. 霍尔　　　C. 华生　　　D. 斯滕伯格

2. 我国首个少年班成立于( )。

A. 1978 年　　B. 1979 年　　　C. 1980 年　　　D. 1977 年

二、简答题

1. 简述我国现代超常儿童教育发展的历史。

2. 简述国外超常儿童教育的发展阶段。

三、论述题

1. 如何看待超常儿童教育的先天和后天之争？

2. 超常儿童教育是否有违教育公平？为什么？

本章阅读书目

1. 程黎、马晓晨、张凯等：《我国超常教育发展 40 年：基于政策及实践的分析与展望》，载《中国特殊教育》，2018(8)。

2. 褚宏启：《追求卓越：英才教育与国家发展——突破我国英才教育的认识误区与政策障碍》，载《教育研究》，2012(11)。

3. 景晓娟、程黎：《超常儿童也需要教育公平》，载《中国特殊教育》，2021(9)。

4. 施建农：《超常儿童成长之路：中国超常儿童教育 30 年历程》，北京，科学出版社，2008。

上篇：超常儿童的身心发展特点

在总论篇中，我们梳理了超常儿童的概念以及超常儿童教育与研究的发展历史，对超常儿童与超常儿童教育有了大致的了解。在此基础之上，本篇系统介绍了超常儿童的生理与心理发展特点，为开展超常儿童教育教学实践提供基础。明确超常儿童的身心发展特点及影响因素是科学有效地开展超常儿童差异化、个性化教学，促进超常儿童潜能发展的基础。超常儿童在生理发育、认知能力、社会性以及创造力等方面较常态儿童存在一定差异，需要超常儿童教育与研究者进行重点把握。因此，在本篇中你将学习到：

第一章　超常儿童的生理发育
　　第一节　超常儿童的大脑及神经发育
　　第二节　超常儿童的身体发育与运动技能发展
第二章　超常儿童的认知能力发展
　　第一节　超常儿童的认知能力发展特点
　　第二节　如何促进超常儿童的认知能力发展
第三章　超常儿童的社会性发展
　　第一节　超常儿童的社会性发展特点
　　第二节　如何促进超常儿童的社会性发展
第四章　超常儿童的创造力发展
　　第一节　超常儿童的创造力发展特点
　　第二节　如何促进超常儿童的创造力发展

思维导图

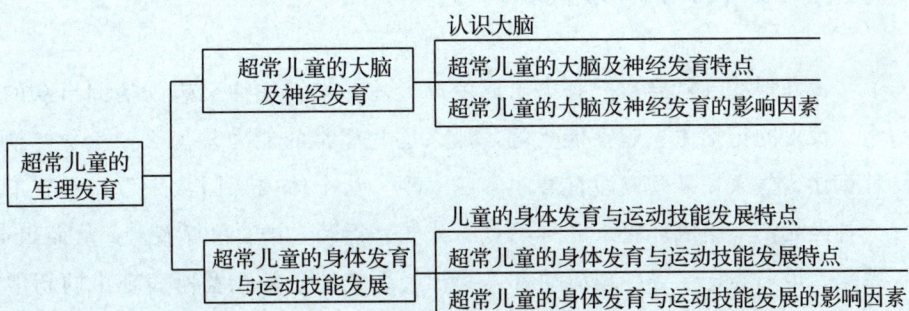

本章导读

　　生理是心理的基础，为了更全面地认识超常儿童的心理发展特点、寻求适宜的教育方法，我们首先需要了解超常儿童的生理结构及功能。本章将从大脑及神经发育和身体发育两个角度来解析超常儿童的生理特点。神经系统，尤其是大脑，是人类行为的指挥官，其精妙的结构掌管着极其复杂的功能；人的身体则是神经系统指令的执行者，是个体行为表现的媒介，同时也对神经系统有反馈作用。本章的第一节将先介绍大脑结构与功能的普遍特征，再介绍超常儿童的大脑及神经结构的发展特点，最后探讨日常生活中影响超常儿童大脑及神经发育的因素；第二节将先介绍儿童身体发育的一般过程，再以我国超常儿童为例，探讨超常儿童的身体发育特点，旨在为超常儿童的父母、教师及社会提供教育和引导的新思路。

第一节
超常儿童的大脑及神经发育

　　谈到那些天赋异禀、有杰出成就的天才，人们往往会想到他们出众的智力、创造力，惊人的记忆力、观察能力等，那么这些超常的能力是怎么产生的？换句话说，是什么让这些人在某些方面有着超常的表现？从个体内部因素来看，具有不同功能的单个神经元汇集组成环路来介导感觉、认知、运动、语言和情感[1]，从而组成与视、听、感觉、运动和记忆等生理活动有关的神经系统。超常儿童所表现出的超常能力有一定的神经生理基础，同时也受到环境因素的影响。不同环境中成长的超常儿童会有不同的发展结果。本节将介绍超常儿童神经系统的发育特点及其影响因素。但是在此之前，我们需要先了解神经系统的一般特点，再了解超常儿童神经系统发育的特点。

一、认识大脑

　　成人的大脑重量约有 1500 克，但它能够储存近 8000 万藏书，它拥有上百亿个脑细胞，每一个脑细胞都比今天地球上大多数电脑强大和复杂许多倍。人的大脑，是宇

---

　　① ［美］贝尔、［美］柯勒斯、［美］帕罗蒂斯：《神经科学：探索脑（第 2 版·中文版）》，王建军译，23 页，北京，高等教育出版社，2004。

宙中最复杂的器官。那么大脑是如何扮演其管理者和反应者的角色的？大脑又如何让人类能够感觉、知觉、记忆、说话和思考的？如何科学地探究大脑的奥秘？在这一部分，本书将先介绍认知神经科学中大脑研究的技术，再介绍研究者目前发现的大脑的结构及其功能，以揭示认知过程的脑机制。

(一)大脑研究的技术

自 20 世纪 70 年代以来，各种脑成像技术和脑电技术迅速发展并趋向成熟，成为认知心理学研究的重要手段。大脑研究技术一般分为脑电记录技术、静态成像技术和代谢成像技术三种，为研究认知活动与大脑的相关关系、因果关系提供了大量有力的证据。所以从认知神经科学的角度认识大脑之前，我们需要先了解这些大脑研究的技术是如何发生作用以及如何被应用的。

1. 脑电记录技术

大脑神经元细胞内外存在电位，神经元之间信息的传导就是通过电位变化来实现的，因此电位变化也反映着神经元活动状态的改变。根据电活动记录部位的不同，可以将脑电记录分为单细胞内记录、单细胞外记录、多细胞记录、脑电图(electroenceph-alogram，以下简称 EEG)及事件相关电位(event-related potential，以下简称 ERP)等。其中 EEG 和 ERP 在操作上对活体的伤害较低，可以用于人脑研究。ERP 是目前应用最广泛的脑电记录技术之一，被用来分析在完成任务时脑内部分活动的时间进程。

2. 静态成像技术

该技术利用了 X 射线，使得观察脑中较大范围的异常成为可能，被用于揭示大脑的结构。主要包括血管造影、计算机断层扫描(computed tomography，以下简称 CT)、磁共振成像(magnetic resonance imaging，以下简称 MRI)[1]和功能性磁共振成像(func-tional magnetic resonance imaging，以下简称 fMRI)。MRI 是认知心理学中广泛应用的一种脑成像技术，fMRI 是 MRI 的一种，被用来观察在认知活动进行的同时，大脑不同区域的活跃情况。

3. 代谢成像技术

在执行任务期间，大脑的活跃区域比不活跃区域要消耗更多的葡萄糖和氧，这是代谢成像技术的基础。运用这一原理的成像技术有正电子发射断层扫描成像(positron emission computerized tomography，以下简称 PET)、弥散张量成像(diffusion tensor imaging，以下简称 DTI)、脑磁图(magnetoencephalography，以下简称 MEG)和经颅磁刺激(transcranial magnetic stimulation，以下简称 TMS)。其中 TMS 可以考察受干扰的特定区域的认知功能，是一项可以确定大脑活动与任务表现之间因果关系的技术，

---

[1]　邵志芳：《认知心理学：理论、实验和应用(第 2 版)》，24 页，上海，上海教育出版社，2013。

而上述其他技术都只能确定相关关系。

不同的大脑研究技术都有自己的优势和劣势，目前还没有在各方面都极为突出的技术。研究者大都根据自己的研究目的、现实条件等选择较为合适的一种或两种技术，并运用到相关研究中。

(二)大脑的结构与功能

从进化的角度来讲，发达的大脑使人类成为最有智慧的生物，是人类智慧的生理基础。在长期的生存竞争中，大脑形成的复杂结构决定了它精妙的功能，了解大脑有助于我们更好地理解人类各种复杂的认知活动的产生，认知活动如何影响人的行为，也有助于我们理解个体认知水平的差异，即超常能力产生的生理基础。

如图 2.1.1 所示，大脑是神经系统中最复杂和最重要的结构，按部位可分为前脑、中脑和后脑。前脑又分为端脑和间脑，主要包括大脑皮层、丘脑、下丘脑和脑垂体。后脑包括延脑、脑桥和小脑。中脑处于脑桥之上，其中心是网状结构，负责控制觉醒、注意、睡眠等意识状态。大脑的各个组成部分具有不同的功能。

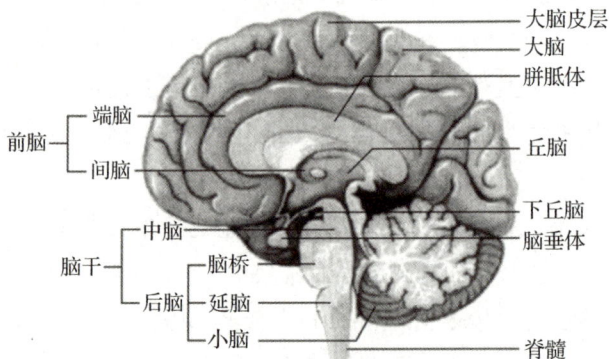

图 2.1.1　大脑的结构

[资料来源]：张向葵、桑标：《发展心理学》，101 页，北京，教育科学出版社，2012。

脑桥参与意识的控制，为脑区间神经传输提供桥梁；小脑是为维持平衡、协调和调节肌肉运动所必需的。丘脑是感觉信息进入大脑的主要中继站，丘脑中的感觉中继核是人视觉、听觉、躯体感觉系统等的重要中继站；下丘脑控制内分泌系统和自主神经系统，并且在调节许多动机行为中起重要作用(如进食、睡眠、性行为等)。在大脑的复杂结构中，前脑中部的端脑是人脑中最大的分区，能发起随意运动，解析感觉输入以及调控复杂的认知过程。端脑调控着人体最复杂的功能，下面将对端脑的具体组成部分进行较为详细的介绍。

大脑皮层是整个神经系统中最重要的部分，是思维和语言活动的物质基础。人类大脑皮层是由各种神经元及神经胶质细胞构成的，占整个神经系统的70%左右，构造非常复杂，覆盖了大脑的两个半球。[①] 大脑皮层的表面是灰质，色泽灰暗。灰质被上、下行和横行的纤维束分割为许多分散的、形态各异的团块，即神经核。大脑皮层的深面为白质，色泽苍白，由大量神经纤维组成，主要的结构包括胼胝体和内囊。[②] 为了方便记忆和研究，大脑半球及其皮层被分为四个部分——四个脑叶，按照紧贴着它们的颅骨命名，分别称为额叶、顶叶、颞叶和枕叶。各部分之间没有明显的界线，只是根据沟裂大致划分解剖区域，如图2.1.2所示。每个脑叶都具有一些特定的功能，各叶之间也有相互作用。有关大脑皮层各个分区功能的详细内容请参照《普通心理学》及《生理心理学》相关书目，在此不再详细叙述。

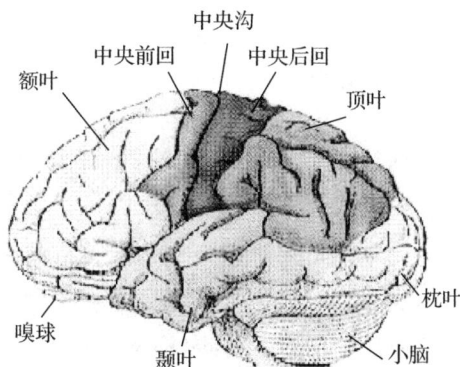

图2.1.2　脑半球的脑叶

除了大脑皮层，边缘系统也是端脑的重要组成部分之一。神经解剖学家帕佩兹（Papez）1937年提出设想，一些相互连接的脑结构组成了一个回路，主要功能是动机和情绪。该系统包括边缘皮层的几个脑区和一系列前脑周围的相连结构。生理学家麦克林（Maclean）1949年进一步扩展了该系统，纳入了其他结构，并将其正式命名为边缘系统。除边缘皮层外，边缘系统中最重要的结构是位于颞叶侧脑室附近的海马和杏仁核。麦克林指出，边缘系统的进化似乎与情绪反应的发展一致。海马及其周围的边缘皮层参与学习和记忆。杏仁核和边缘皮层的其他结构参与了情绪加工（情绪的感觉和表达、情绪记忆以及对其他人情绪表情的识别）。

基底神经节[③]是端脑中的另一组成部分。基底神经节是前脑内的一组皮层下核团（一群相似类型的神经元），主要包括尾状核、壳和苍白球，位于侧脑室前部的下方。基底神经节参与运动的控制，若尾状核和苍白球中的神经元退化，则可能导致帕金森。

---

① 艾洪滨：《人体解剖生理学（第2版）》，95页，北京，科学出版社，2015。
② 艾洪滨：《人体解剖生理学（第2版）》，96页，北京，科学出版社，2015。
③ ［美］卡尔森：《生理心理学：走进行为神经科学的世界（第九版）》，苏彦捷等译，68页，北京，中国轻工业出版社，2016。

综上所述，大脑的各个部分分别控制着不同的生命活动，其中由大脑皮层、边缘系统和基底神经节组成的端脑所负责的功能最为复杂，涉及各种感知觉信息、运动的控制、高级思维过程、动机、情绪以及记忆。这是大脑的结构及其功能所具有的普遍特征，下面将介绍超常儿童的大脑及神经发育特点。

二、超常儿童的大脑及神经发育特点

一般认为特殊的大脑及神经发育特点是超常儿童区别于常态儿童的生理基础。而生理结构特点的不同，自然也使得超常儿童与常态儿童的大脑及神经功能呈现出差异，即前者有着更高的神经效能。

(一)超常儿童的大脑及神经结构

塑造一个强壮、协调、灵活、复杂的超常大脑是需要一定条件的：在儿童早期经验中，协调、选择、模式和顺序四个概念就开始发展了，丰富的环境所提供的经验能促进个体智力更好地发展。生命开始的早期是我们大脑神经元的形状和顺序形成的关键时期，如果能提供大量的优质经验，例如，在儿童获得知识和技能的过程中提供及时反馈，将促进大脑更有效地加工信息，使得神经元间的联系变得更协调、更快、更复杂。研究发现，超常大脑的神经元有更多树突，从而创造出更多通路，使神经元本身更丰富，如图 2.1.3 所示。

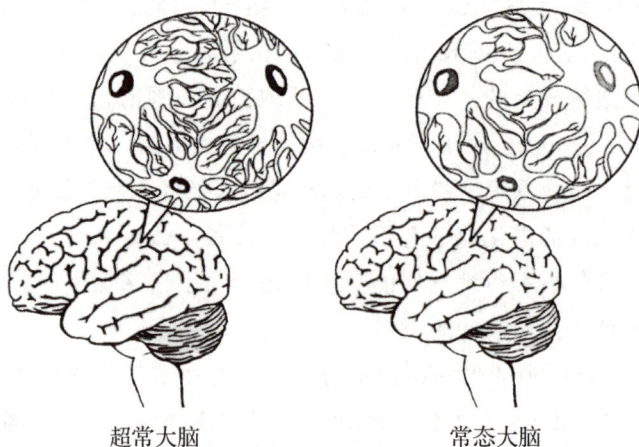

超常大脑   常态大脑

图 2.1.3　超常大脑与常态大脑神经元的不同①

---

① Clark，B. ，*Growing up Gifted：Developing the Potential of Children at School and at Home*（*eighth edition*），New York，Pearson，2012，pp. 26-28.

而随着神经胶质细胞的增加，轴突上有了更强大的髓鞘，这促进了神经元之间信息传递的速度和能力，加快了思考的速度。神经数据库中的想法和记忆保留的能力更强，这样就形成了一个超常大脑，如图 2.1.4 所示。

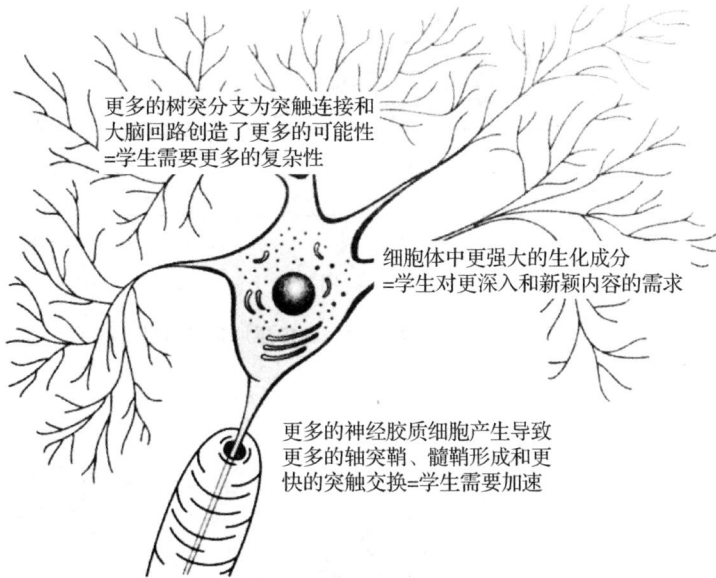

更多的树突分支为突触连接和大脑回路创造了更多的可能性
=学生需要更多的复杂性

细胞体中更强大的生化成分
=学生对更深入和新颖内容的需求

更多的神经胶质细胞产生导致更多的轴突鞘、髓鞘形成和更快的突触交换=学生需要加速

图 2.1.4　超常大脑的神经元

神经发育过程中的突触重建对认知能力的提高有重大意义，因为突触完成修剪之后，大脑皮层的有效突触或灰质增加了。美国精神健康研究所的研究者开展了一项对儿童大脑发育发展的长期研究计划。从 1990 年开始纵向跟踪 307 名 5 岁儿童，记录大脑的磁共振扫描数据和智商等行为分数。经过 15 年的追踪发现，在皮层厚度变化率上，超常儿童的皮层厚度变化率要显著大于常态儿童。如图 2.1.5 所示，7 岁至 13 岁超常儿童皮层厚度的变化率越高则智力水平越高，而 13 岁之后超常儿童的皮层厚度变化率则比常态儿童更低。在皮层厚度和智力水平的关系上，研究[1]发现 7 岁左右大脑皮层越厚智力水平越低，7 岁至 13 岁超常儿童的大脑皮层厚度逐年增加，而常态儿童的大脑皮层厚度则逐年减少，12 岁时二者差异最大，如图 2.1.6 所示。不论是皮层厚度还是其变化率，超常儿童和常态儿童大脑皮层差异最大的部分都是前额叶，由此可以看出前额叶发育对儿童智力的重要影响。

---

[1]　Shaw，P.，et al.，"Intellectual Ability and Cortical Development in Children and Adolescents," Nature，2006(7084)，pp. 676-679.

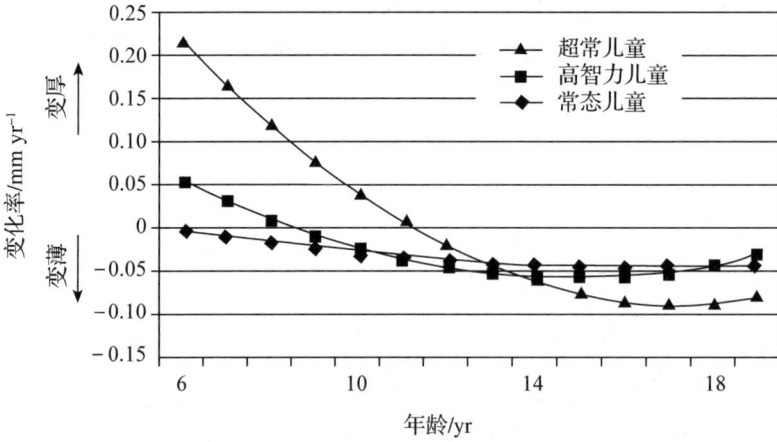

图 2.1.5　超常儿童与常态儿童大脑皮层厚度的变化率差异

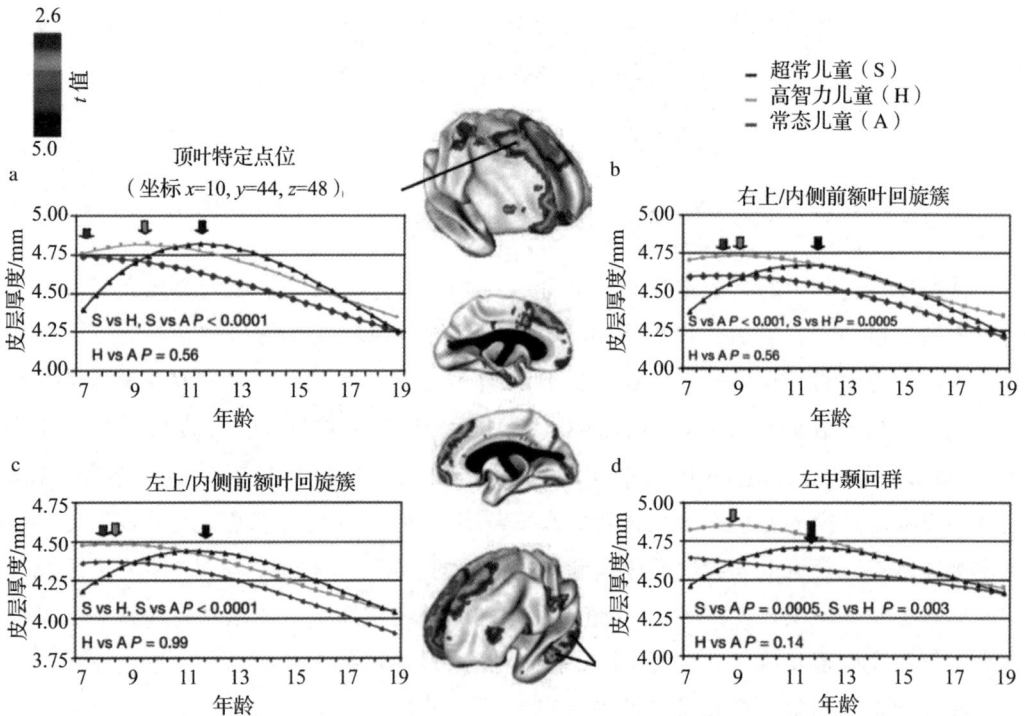

图 2.1.6　超常儿童与常态儿童大脑皮层厚度的差异

　　超常儿童普遍接受更多的认知刺激。在生命的第一年里，超常儿童从环境中接收了更多的刺激，促使他们在发展速度上和成长过程中表现出与常态儿童不同的行为水平。由此可见，超常儿童与常态儿童的大脑确实存在生理上的差异，造成这种差异的不是"出身"，而是他们对生来就有的、复杂的大脑的使用和发展的结果。

(二)超常儿童的神经效能

人类智力的神经效能假说指出，高智力者能够快速精确地完成任务，是因为其大脑中神经网络运作的效率更高，即使用的神经网络或者神经细胞更少，消耗的葡萄糖也相对较少。超常儿童的大脑之所以能够更快捷而精确地完成任务，是因为超常儿童的大脑所包含的神经网络可以联合大量通路并进行高效率的运作。与常态儿童缺乏组织性的神经网络相比，超常儿童的大脑神经网络在完成同样的任务时所需要的能量更少。

测量大脑的激活水平的一种方法是监控大脑所产生的电活动的波幅模式。使用EEG 技术探测脑功能时，α波一般是关注的重点——α活动是神经元同步放电或同步静息引起的，它显示了神经通道的效率，α波的波幅越高，神经元放电的效率也就越高，因而所需要的心理努力(mental effort)也就越少。心理努力指的是个体在处理信息时专注于某一项任务而抑制对无关信息的关注。研究者(Norbert Jausovec)2000 年以 50 名年轻人为被试，使用 EEG 技术研究他们问题解决过程中脑活动的差异。他根据被试的智力和创造力水平将其分为四组——普通型、高智力型、创造型和天才型，如表 2.1.1所示，然后在被试解决封闭式问题(要求进行聚合思维和逻辑思维)和创造性问题(对适应性决策的要求较高)时，测量被试 α波的活动情况。

表 2.1.1　基于智力和创造力水平对进行 EEG 实验的被试的分类

创造力	高	创造型	天才型
	普通	普通型	高智力型
		普通	高
		智力	

结果发现：第一，α波活动显示，在解决封闭式问题时，相对于智商处于平均水平的被试(创造型和普通型)而言，高智商的被试(高智力型和天才型)使用了较少的心理努力；第二，α波活动显示，在解决创造性问题时，相对于创造性处于平均水平的被试(高智力型和普通型)而言，高创造性的被试(创造型和天才型)使用了较少的心理努力；第三，与天才型被试相比，创造型被试不同脑区之间的协作更多。[①] 也就是说当超常儿

_____

① ［美］苏泽：《天才脑与学习》，"认知神经科学与学习"国家重点实验室、脑与教育应用研究中心译，40～41 页，北京，中国轻工业出版社，2005。

童解决他们擅长的问题时，α波的功率高，他们只需要少量的心理努力就能完成。

研究者（Haier）[1]认为智力不是大脑如何努力工作的结果，而是大脑如何有效率工作的结果，这种效能可能源自充分激活与当前任务有关的脑区，同时积极抑制与当前任务无关的脑区。研究者（Doppelmayr）[2]的研究结果也验证了神经效能理论。他们向被试呈现瑞文标准推理测验的图片，并根据被试的正确反应率将任务难度分为困难和简单两种，结果发现：超常被试的大脑激活程度随着任务难度的提高而增加；而常态被试的大脑激活程度则没有显著变化。这说明在任务难度较低时，高智力者可能采用比普通智力者更有效的解决策略，占用的注意资源少；随着任务难度的增加，智力水平高的被试能调动更多注意资源来完成任务，因此其大脑激活程度不断提高。

三、超常儿童的大脑及神经发育的影响因素

尽管儿童"超常"与否是先天因素决定的，但是遗传与环境都对其后天发展有着重要的影响。与常态儿童的发展规律一样，先天因素决定了超常儿童的大脑及神经发育水平的范围，而后天因素则决定了现实中超常儿童发展的程度，这与人类大脑的可塑性密切相关。在生命的前几年，大脑的可塑性非常高，它可以通过神经元的增殖、迁移、分化，突触生长、凋亡，突触重建等过程来重新组织某些已经承担特定功能的区域。婴儿期和儿童期，大脑迅速发育，通过建立神经联系来保证基本技能的掌握。大脑的可塑性为环境中的各种因素对大脑产生作用提供了生理基础。本部分将从日常生活的角度，探讨营养与饮食、睡眠、运动等方面是如何影响超常儿童大脑发育的。

(一)营养与饮食

儿童，特别是婴幼儿，所需要的饮食量和营养成分是不同于成人的。儿童期正是身体发育的高峰期，研究表明大脑细胞从胚胎期开始分裂增长，在儿童早期基本完成分裂，因此儿童的饮食除了要满足日常活动和基本代谢，还必须具有足够的营养，供给大脑神经系统发育。成人大脑的重量约为1500克，大约只占人体总重量的2%，它的耗血量却占心脏流出血液总量的20%，耗氧量占20%。因此，对于处在快速发展中的儿童来说，严重的营养不良首先影响的是大脑的发育[3]，大脑细胞的数量和质量都会受到严重的影响，进而智力的发展会受到不良的影响。

---

① Haier, R. J., et al., "Intelligence and Changes in Regional Cerebral Glucose Metabolic rate Following Learning,"Intelligence, 1992(3-4), pp. 415-426.

② Doppelmayr, M., et al., "Intelligence Related Differences in EEG-bandpower,"Neuroscience Letters, 2005(3), pp. 309-313.

③ 施建农、徐凡：《超常儿童发展心理学》，134页，合肥，安徽教育出版社，2004。

大脑细胞的发育离不开蛋白质、脂肪、碳水化合物、维生素和矿物质。蛋白质是大脑细胞的主要成分，其中牛磺酸来自蛋白质分解后的氨基酸，能促进婴幼儿大脑细胞的发育和成熟，并能使神经网络变得发达、功能健全。母乳富含牛磺酸，母乳喂养可起到良好的健脑作用。脂类在脑组织中含量最多、作用最大。磷脂、胆固醇、糖脂等是大脑细胞构成成分，维持神经细胞的正常生理活动，并参与大脑思维与记忆等智力活动。脂肪中的亚油酸、亚麻酸、花生四烯酸、DHA、EPA 等不饱和脂肪酸，是人体不可缺少的必需脂肪酸，对大脑细胞的发育和神经的发育起着极为重要的作用。研究表明，如缺乏这一类必需脂肪酸可引起智能缺陷，甚至持久性损害。碳水化合物虽然不是大脑组织的构成成分，但它是大脑离不了的能源物质。而维生素和矿物质对大脑发育有着重要的作用，维生素作为辅酶参与代谢，保证大脑的发育和进行正常生理活动。如缺乏维生素可引发神经及精神障碍，尤其是孕期体内缺少叶酸，易造成神经管畸形。矿物质、微量元素对正在发育的大脑组织极为重要，如缺乏铁元素时，即使未出现贫血，也会影响大脑功能，使儿童注意力涣散、多动、烦躁、学习成绩下降。缺乏锌元素可引起发育迟缓或停滞、智力低下、食欲减退等症状。缺乏碘元素则可引起甲状腺素减少，不仅影响大脑及神经系统发育，导致儿童智力低下、痴呆，还会造成儿童生长停滞和身材矮小。[①]

(二)睡眠

虽然人们已经认识到睡眠对人类生存具有重要意义，但对人为什么需要睡眠仍没有清楚的认识。不过科学家们已经发现，睡眠作为人的一种行为，像其他行为一样，如书写、阅读等，在中枢神经系统能找到相应的神经中枢。它的中枢不在大脑皮层，而在脑干中线一些神经细胞集合的地方。神经解剖学称其为缝核。研究者发现，人的缝核是否正常直接影响到人的睡眠是否正常。睡眠中枢发挥作用的过程是一个神经活动伴随生化反应的过程。研究者表明，有两种物质对促进睡眠起重要作用，一种是5-羟色胺，另一种是去甲肾上腺素。5-羟色胺参与轻度睡眠，而去甲肾上腺素则参与深度睡眠。而且，这两种化学物质还必须在一种叫单胺氧化酶的参与下才能发挥正常作用。[②]

儿童的年龄越大，需要睡眠的时间就越少。有人认为婴儿在头三个月时平均每天需要 20 小时的睡眠时间，在六个月时需要 16～18 小时，12 岁的儿童需要 10 小时的睡眠时间。但在对睡眠时间的需要上，不同儿童之间也存在着很大的个体差异，重要的是要关注儿童睡眠时间对生长发育的影响，如果儿童的表现不正常，很可能是睡眠不

---

① 刘振寰、潘佩光：《儿童脑发育与保健》，51 页，北京，中医古籍出版社，2004。

② 施建农、徐凡：《超常儿童发展心理学》，136 页，合肥，安徽教育出版社，2004。

足或睡眠过度导致的。调查研究发现，就三个月左右的婴儿来说，有的婴儿需要睡 20
小时，而有的婴儿可能只需要 12 小时的睡眠时间。例如，有四岁半的男孩，一天只睡
7 小时左右。按照通常的观点，这个男孩睡眠时间太少，身心的发展可能会受到影响。
然而，这个男孩的母亲却报告说，男孩的体重、身高及其他活动能力等方面都很正常，
甚至稍高于同年龄儿童的平均值，而且智力发展也很好，男孩把大部分的时间用于阅
读，已能认识很多汉字，也会做一些较难的算术题，而且乐此不疲。当然，也有的儿
童可能需要睡眠的时间比一般儿童多一些。①

虽然睡眠与智力的关系尚未明了，但可以确定的是，并不是智力越高睡眠越多，
睡眠越多也并不意味着智力越高。有研究探索了高水平的认知能力和特殊的睡眠模式
之间的关系。研究者发现超常儿童与同龄的常态儿童相比，其能更快速地进入深层睡
眠阶段且睡眠时快速眼动速率更高，基本和成人眼动频率一样快。这可能是因为超常
儿童较强的大脑可塑性使其对环境有较强的接收反应能力，有组织信息的超水平能力。

(三)运动

身体运动主要分为精细运动和粗大运动，在儿童发展过程中，精细运动和粗大运
动都影响着儿童的认知发展，适当的训练和培养更有助于儿童认知的进步。

1. 精细运动对认知发展的影响

随着神经系统可塑性理论的成熟，越来越多的研究发现早期精细运动技能的顺利
发育和有效发展可能有利于早期脑结构和功能的成熟，进而促进认知系统的发展。心
理学研究表明精细运动的发展依赖于感觉、认知等其他领域的发育，同时也是其他领
域发育的前提。动作与知觉之间存在交互作用，动作的精确、协调、连贯基于感觉信
息的持续处理和整合。也就是说，儿童早期通过抓握等动作获得运动经验的同时，也
可能促进视觉、触觉等感知系统的发育，进而影响认知能力的发展。神经解剖功能学
研究表明，精细运动技能获得和执行过程中，涉及大脑、小脑、基底神经节等多部位
激活，且同一动作在学习、巩固等不同阶段，中枢活化的部位及活化面积也不尽相同。
对小脑、纹状体等中枢运动调节器官的研究发现，参与精细运动的器官往往同时具有
认知功能。此外，对大脑皮层的研究发现，精细运动过程中，大脑皮层中除了运动区、
感觉区活化，与认知发育密切相关的前额叶也同时被激活。来自功能性磁共振的结果
表明，学习运动技能时前额叶血流量增加，这表明精细运动过程还可能通过直接激活
大脑皮层认知部位进而促进认知发展；进行简单手指运动时，仅激活皮层初级躯体感
觉区；进行复杂手指运动时，不仅激活了感觉区，还能激活辅助运动区、运动前区、
顶叶上部和前部、前额叶、小脑、基底神经节等多部位，且激活部位和程度与运动技

---

① 施建农、徐凡:《超常儿童发展心理学》，139 页，合肥，安徽教育出版社，2004。

能明显相关，这进一步证明了精细运动发育过程对中枢具有正向的可塑性，有利于大脑认知系统的发育。[①]

此外，儿童精细运动的发展也在一定程度上影响高级认知能力发展。研究者(Pangelinan)2011 年的研究[②]发现：在顺序任务中智力和动作速度呈正相关，动作熟练度和流体智力呈正相关，动作表现和工作记忆有正相关。高级认知能力，如非言语理解和加工速度较差的儿童在精细动作中的表现较差。[③] 更有追踪研究[④]发现：4~5.5 岁幼儿的精细动作与推理能力密切相关，5~6 岁儿童的精细动作技能和非言语智力具有显著正相关($r=0.37$)，这一时期的精细动作技能能显著预测儿童 6~7 岁时的智力水平。[⑤]

2. 粗大运动对认知发展的影响

除了精细运动与儿童的认知能力有关系，全身参与的粗大运动也对智力有重要的影响。有研究者建议用跳绳、弯腿挺伸法和踏步法[⑥]来训练儿童的反应速度、思维集中度，并且认为平衡训练之类的运动可以通过感觉、运动等系统之间的联系来使神经元之间的联系变得复杂，从而促进大脑功能的联系。从分子生物学角度看，在运动技能的学习、巩固、执行过程中，许多与学习、记忆、注意等认知行为有关的神经递质、受体、激酶、蛋白质、基因等都出现了改变。[⑦] 运动使大脑血管扩张，增加了大脑血流量，进而增加了由血液带到大脑中的营养物质，给大脑需要的蛋白质合成提供充足的物质来源，有助于记忆力等认知活动的提高。

但运动要讲求适度。对学龄儿童来说，经常剧烈运动会引起体内复杂的生物化学变化，会影响正常的学习。在剧烈运动中，骨骼肌内氧气不足，葡萄糖所产生的丙酮酸，不能进行充分代谢，一部分变成乳酸，另一部分进行不完全代谢而产生氨，血氨水平的升高，致使大脑内氨的浓度增加。大脑内过多的氨使脑功能受到影响，改变了大脑中某些神经传导物质的浓度，增加了大脑中的乳酸浓度，增加了神经元的兴奋性，因而破坏兴奋和抑制之间的正常平衡状态。这些都会扰乱学习和记忆的机制。[⑧]

总之，运动在儿童的认知发展过程中扮演着重要的角色，早期精细运动的训练能

① 李斐、颜崇淮、沈晓明：《早期精细动作技能发育促进脑认知发展的研究进展》，载《中华医学杂志》，2005(30)。

② Pangelinan, Melissa M. , et al. , "Beyond Age and Gender: Relationships Between Cortical and Subcortical Brain volume and Cognitive-motor Abilities in School-age Children," Neuroimage, 2011(4), pp. 3093-3100.

③ Miquelote, et al. , "Effect of the Home Environment on Motor and Cognitive Behavior of Infants,"Infant Behavior & Development, 2012(3), pp. 329-334.

④ 陈纬：《4—5.5 岁幼儿精细动作与推理能力、常识水平的关系及注意力在其中的作用》，博士学位论文，中国科学院，2012。

⑤ 耿达、张兴利、施建农：《儿童早期精细动作技能与认知发展的关系》，载《心理科学进展》，2015(2)。

⑥ 刘振寰、潘佩光：《儿童脑发育与保健》，129~130 页，北京，中医古籍出版社，2004。

⑦ 李斐、颜崇淮、沈晓明：《早期精细动作技能发育促进脑认知发展的研究进展》，载《中华医学杂志》，2005(30)。

⑧ 修瑾：《提升智力拥有超常大脑》，102~103 页，北京，企业管理出版社，2001。

够在一定程度上促进儿童的智力发展，而适度的体育活动也对儿童的认知活动有着或直接或间接的正面影响。在超常儿童的智力开发上，运动是一个不可忽视的方面。

在超常儿童的大脑及神经发育这一节，本书先后介绍了超常儿童的大脑及神经发育特点和环境对其的影响。为了更清晰地认识超常儿童的特点，本节按照先一般后特殊的逻辑顺序，在介绍发展特点时先介绍认知神经科学中研究大脑的技术手段、大脑的基本结构与功能，再介绍超常儿童大脑及神经发育的特点，包括其更优良的结构和更高的效能。这样较为完整地从生理、心理基础的角度解答了是什么让超常儿童成为超常儿童的问题。但这只讨论了个体内部因素的作用，还未涉及外部环境因素的影响。因此本节的第三部分从介绍大脑的可塑性开始，探讨了营养与饮食、睡眠和运动三个研究者较为感兴趣的因素对儿童认知的影响。需要注意的是，这三个因素的影响力在所有儿童的身上都会体现，我们如果能基于超常儿童大脑及神经本身的特点，在发育的敏感期从营养与饮食、睡眠和运动三方面进行合理的干预，那么这会对超常儿童的认知进步有重要的意义。

第二节
超常儿童的身体发育与运动技能发展

上一节介绍了超常儿童的大脑及神经发育情况，而在本节我们将把视线转移到超常儿童的身体发育与运动技能发展上。在 20 世纪 20 年代，美国超常儿童研究者推孟对超常儿童进行了 35 年的追踪研究，其结果推翻了人们对超常儿童身体素质的普遍偏见——体弱多病。在其研究的十年之后，哥伦比亚大学教授（Hollingworth）[1]再次对超常儿童进行了追踪研究，发现 100％的男性超常儿童健康状况良好甚至是非常好，88％的女性超常儿童也有着健康的体魄和良好的运动能力。过去人们常常认为这些头脑发达的儿童多数都身体羸弱，经常生病等，但是事实是这些超常儿童不仅有过人的智慧、良好的社会适应能力，还有着更高的健康水平和生活满意度。本节将按照从一般到特殊的顺序，先介绍常态儿童的身体发育与运动技能发展情况，再介绍超常儿童与常态儿童在身体发育及运动技能发展上的差异情况。内容主要来源于我国开展超常儿童教育的学校提供的超常学生体质测查报告。

---

[1]　Hollingworth，L. S. ，*The Psychology of Subnormal Children*，New York，Macmillan Company，1920，pp. 1-8.

一、儿童的身体发育与运动技能发展特点

儿童的身体发育存在一定的规律，而伴随着身体的发育，其运动技能也在不断发展。下面将在分析儿童身体发育过程的基础之上简单阐述儿童运动技能的发展特点。

(一)儿童的身体发育过程

身体系统有其独特的成熟模式，身体大小(以身高体重为标志)以及大多器官的发育都符合"一般成长曲线"，即在婴幼儿期发展迅速，到了学龄前期和学龄期发展减慢，而到了青春期发展又非常迅速。[①]

1. 婴幼儿的身体发育

婴儿期为 0～3 岁，是个体生长发育最迅速、变化最大的时期之一，发育过程一般要遵循两种原则：头尾原则和近远原则。头尾原则即婴儿全身的发育、头部的发育以及感觉和运动的发展总是按照自上而下的顺序进行的；近远原则指婴儿身体发展是按照由身体中心开始逐渐向外发展的方向进行，即从身体中部开始，然后到四肢。[②]

一般来说，在正常养护条件下，婴儿在前 3 个月每月平均增重可达 700～800 克，以后逐渐减慢，1 岁时体重可达出生时的 3 倍或稍多。同时婴儿的身长也迅速增长，1 岁以内的婴儿的身长每月增加 2～3 厘米，1 岁时的身高约为出生时的 1.5 倍，在 75 厘米左右。[③] 具体情况因人而异。

2. 学龄前儿童的身体发育

学龄前儿童是指处于童年早期，3～6 岁的儿童。与婴幼儿相比，学龄前儿童的生长速度变缓，1～3 岁的身高增长速度是 3～5 岁的两倍。[④] 从体型上看，他们的"婴儿肥"逐渐消失，随着躯干部位变长，男孩和女孩都会显得消瘦。尽管他们的头部比躯体显得稍微大一些，但是学龄前期将近结束时，大多数儿童看上去不再头重脚轻。在这个阶段，儿童的身体脂肪也稳定、缓慢地下降，女孩相对于男孩有更多的脂肪组织，而男孩有更多的肌肉组织。[⑤] 男孩比女孩略高、略重一些。

3. 学龄儿童的身体发育

学龄儿童一般为 6～11 岁，其身体发育缓慢而稳定。相对于 0～6 岁时身体的快速

① ［美］贝克：《婴儿、儿童和青少年(第 5 版)》，桑标等译，369～340 页，上海，上海人民出版社，2014。

② John Santrock, et al., *Child Development：An Introduction(fifteenth edition)*, New York, McGraw-Hill, 2021, pp. 98-99.

③ 薛俊楠、马璐：《学前儿童发展心理学》，175 页，北京，北京理工大学出版社，2018。

④ John Santrock, et al., *Child Development：An Introduction(fifteenth edition)*, New York, McGraw-Hill, 2021, pp. 99-100.

⑤ ［美］桑特洛克：《毕生发展(第 3 版)》，桑标等译，95 页，上海，上海人民出版社，2009。

成长以及儿童在青春期身体迅速发育来说，学龄儿童的身体发展速度明显减缓，并且相对稳定。其中最明显的变化之一是学龄儿童身体比例的变化，即相对于整个身体，头围、腰围、腿长的比例都有所下降，儿童的身体看上去更加和谐。

国内外研究[①]发现，儿童在小学阶段平均每年长高 5 厘米，到 11 岁时，女孩的平均身高是 145 厘米，男孩为 144 厘米。在毕生发展中，女孩的平均身高只有在这段时期才高于男孩，这种身高的差异反映了女孩的身体在小学时期发展稍快。小学阶段儿童的体重变化同样延续了儿童早期缓慢、有规则的模式，体重每年平均增加 2.5 千克，主要是由于骨骼和肌肉组织的成长，以及身体器官的增大。

4. 青少年的身体发育

青春期通常被认为是青少年期开始的标识，它是处于儿童期和成人期之间的发展阶段，一般为 11~18 岁。激素是青春期开始的决定性因素之一。它始于大脑垂体，释放信号刺激体内的其他腺体，分泌成人水平的性激素——雄性激素或者雌性激素。垂体也会刺激身体分泌更多的生长激素，这些生长激素与性激素共同作用形成快速发展和发育期。其外在表现为身高体重的突增、体形的变化、性器官的成熟等。如果不考虑个体差异，一般女孩发育期开始的时间早于男孩。女孩大约在 11 岁或 12 岁时开始进入发育期，而男孩则在 13 岁或 14 岁时才开始。[②]

总体而言，在青春发育期，青少年每年长高少则 6~8 厘米，多则 10~11 厘米[③]。学生的体重也在迅速地增加，每年可增加 5~6 千克，突出的可增加 8~10 千克。青少年体重增加的进程与其身高增长的进程大致相同。女孩青春期体重增加的最高峰期在12 岁左右，平均一年能增加 8 千克；男孩的体重增加高峰期与身高增长高峰期大致相同(13 岁到 14 岁)，在此期间他们的体重一年能增加 9 千克。在青春期早期，女孩往往比男孩重，但正如身高的情况一样，到了 14 岁左右，男孩就开始赶超女孩。[④]

(二)儿童的运动技能发展特点

婴儿期的动作发展主要遵循三个原则——整分原则、首尾原则、大小原则。整分原则即儿童最初动作的发展是全身性的，较为笼统和散漫，再逐步分化为局部的、准确的专门化动作。首尾原则即从身体上部往下部发展，婴儿先发育头，再逐渐往下发展。大小原则即大肌肉动作向小肌肉动作发展，例如，头部动作、躯体动作后，再是

① John Santrock, et al., *Child Development：An Introduction(fifteenth edition)*，New York，McGraw-Hill，2021，pp. 100-101.
② ［美］费尔德曼：《发展心理学：探索人生发展的轨迹》，苏彦捷等译，247 页，北京，机械工业出版社，2011。
③ 林崇德：《发展心理学》，364 页，杭州，浙江教育出版社，2002。
④ John Santrock, et al., *Child Development：An Introduction(fifteenth edition)*，New York，McGraw-Hill，2021，pp. 100-101.

手部的动作发展。

在幼儿期，粗大运动与精细运动技能都有非常大的发展，如跑、跳跃、投掷、骑自行车、绘画、扣扣子等。到了学龄期，儿童运动技能的发展表现为柔韧、平衡、敏捷、力量等四种基本运动能力的发展。学龄儿童的跑、跳跃、球类技能更加精细，更加柔韧、有弹性，具体运动表现为翻跟头、通过障碍等。平衡能力也得到了改善，具体运动表现为单腿跳、踢球、投掷等。敏捷度方面，老鹰抓小鸡、丢沙包等团体游戏对敏捷的要求更高。相比幼儿期，其力量也得到了提升。到了青春期，由于青少年的身体发育特点，男女运动能力表现出明显的差异。

二、超常儿童的身体发育与运动技能发展特点

大量研究和统计发现，超常儿童的身体发育和运动技能发展不仅符合一般儿童身体发育的趋势，在一些方面还表现出优于常态儿童的特点。

(一)超常儿童的身体发育特点

推孟在他的追踪研究中指出：整体来看，超常组在生理上优于对照组；在身高、体重和肺活量标准方面，他们超过了美国儿童常模值。研究者(Baldwin)曾在美国加州地区对 594 名超常儿童进行了 37 项身体测查，结果表明这些超常儿童在各种生理品质上，如身高、体重、握力、肺活量等的发展状况，都优于常态儿童。日本的研究报告发现：五年级超常儿童的平均身高较常态儿童与低常儿童更高。也有研究者对 40 名超常男孩和 42 名超常女孩进行了连续六年的追踪，结果发现这些超常儿童六年的生理发展都较其他儿童更优。在我国，从中国科学技术大学少年班学生体质测查材料看，少年大学生的身体发育有提前的趋势，少年大学生的身体形态表现为身高比全国均值高，坐高超过全国均值较多，上体发育比下肢好，如图 2.1.7 所示。

我们在其他超常实验班的统计中也发现了类似的结果，具体如下。

1. 小学超常儿童体质发育的特点

《超常儿童集体教育初探——天津实验小学第一轮超常儿童集体教育实验的初步总结》中总结了连续四年对一组超常儿童体质测查的结果，并将其与同龄常态儿童的体质测查结果进行比较，发现在身体形态和生命机能上，这些超常儿童都表现良好，有的方面甚至超过了常态儿童的发展水平。

在身体形态上，该校主要测查了学生的身高、体重、胸围、肩宽、坐高、上下肢长短、粗细等，其中身高、体重和胸围三项为基本发育指标。追踪结果发现，四年中

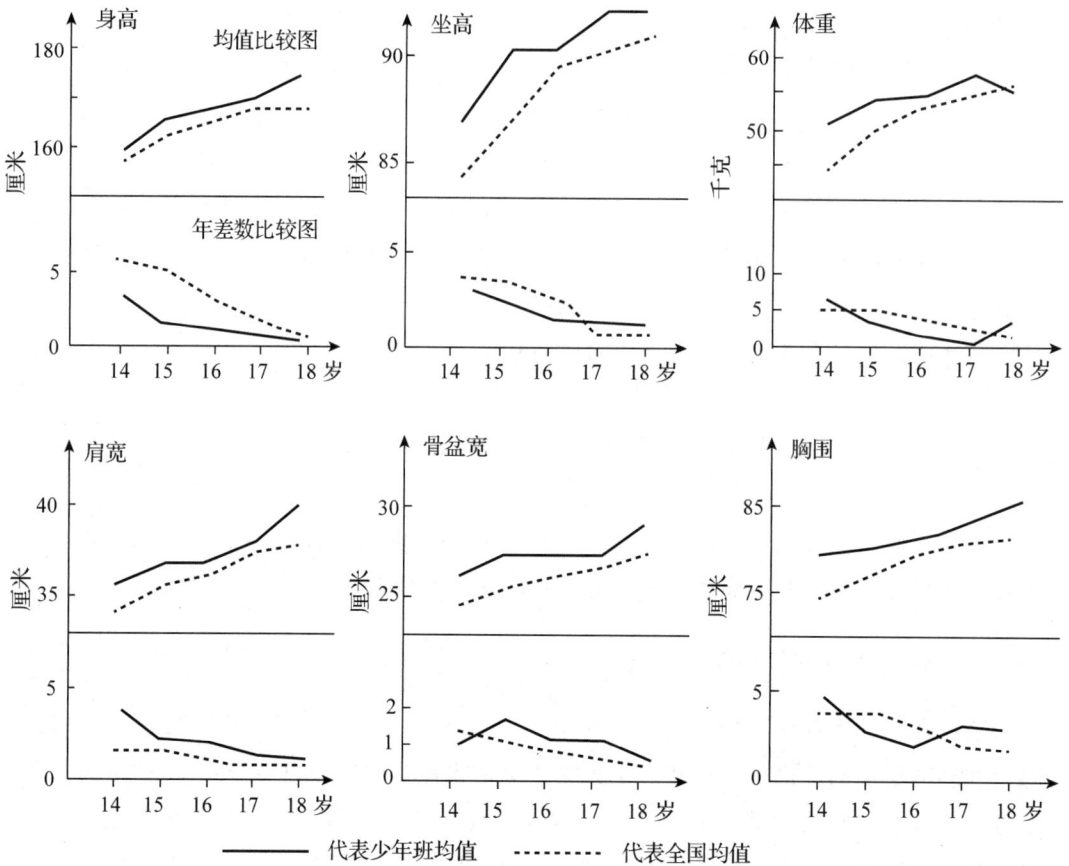

图 2.1.7 中国科学技术大学少年班与全国同年龄组形态均值年差比较图①

该班学生的身高和体重始终高于全市同龄儿童的平均水平，并且逐年增加的幅度都高于全市同龄儿童的平均水平，有的差异还达到显著性水平。

在生命机能上，学校主要测查了学生的肺活量、血压和脉搏等方面。结果发现，该班学生的肺活量都低于全市平均水平；该班学生心脏机能的发展符合一般规律。与同年龄儿童比较，1986 年时该班学生的心率都高于全市平均水平，而 1987 年、1988 年时低于全市平均水平，说明超常班学生心脏功能良好，如表 2.1.2 所示。

① 刘玉华、朱源：《超常儿童心理发展与教育》，182 页，合肥，安徽教育出版社，1994。

表 2.1.2　1985—1988 年天津实验小学超常班与天津市区学生体格发育各项指数比较①

性别	指标	1985 年						1986 年					
		样本量		平均数		标准差		样本量		平均数		标准差	
		实小	市区	实小	市区	实小	市区	实小	市区	实小	市区	实小	市区
男	身高 /cm	16	277	119.4	117.8	5.3	5.0	16	306	126.1	123.8	5.3	5.4
	体重 /kg	16	277	21.8	20.9	2.6	3.2	16	306	24.9	22.7	3.9	3.3*
	肺活量 /C	16	—	1.05	—	0.3	—	16	306	1.512	1.456	0.33	0.28
	脉搏 /次	16	—	90.2	—	10.4	—	16	306	90.2	88.4	6.7	8.5
女	身高 /cm	11	306	118.1	116.7	3.4	5.2	11	306	125.7	122.4	3.6	5.2*
	体重 /kg	11	306	20.6	19.8	2.6	2.8	11	306	23.3	21.7	2.8	3.0
	肺活量 /C	11	—	0.841	—	0.36	—	11	306	1.236	1.291	0.22	0.24
	脉搏 /次	11	—	101.3	—	15.5	—	11	306	98.4	89.1	13.6	9.0*

性别	指标	1987 年						1988 年					
		样本量		平均数		标准差		样本量		平均数		标准差	
		实小	市区	实小	市区	实小	市区	实小	市区	实小	市区	实小	市区
男	身高 /cm	14	306	132.7	128.6	55	5.5*	13	306	136.7	132.8	6.2	5.5
	体重 /kg	14	306	29.1	25.2	3.9	3.9*	13	306	31.0	27.2	4.8	4.0
	肺活量 /C	15	306	1.513	1.676	0.37	0.29*	15	306	1.767	1.830	0.37	0.29
	脉搏 /次	13	306	80.3	85.9	7.9	9.0*	13	306	80.5	85.3	10.0	8.6
女	身高 /cm	11	306	131.9	127.8	42	5.4*	11	306	134.3	132.8	3.6	6.1
	体重 /kg	11	306	27.1	24.2	4.3	3.7	11	306	27.9	26.7	4.5	4.6
	肺活量 /C	11	306	1.386	1.473	0.2	0.27	11	306	1.585	1.681	0.17	0.3
	脉搏 /次	11	306	87.3	88.0	9.9	8.8	11	306	84.2	86.9	10.0	8.2

注：* $p < 0.05$。

2. 中学超常儿童身体发育的特点

　　苏州中学少年班预备班也曾对在校的 13～15 岁学生的身体形态和机能的发育情况进行了测查，并与全国、江苏省、苏州市同龄学生体质调查测试标准作比较，如表

　　① 邱广惠：《超常儿童集体教育初探——天津实验小学第一轮超常儿童集体教育实验的初步总结》，载《教育与现代化》，1989(3)。

2.1.3 所示。结果发现：在身高方面，13～15 岁预备班男生的平均身高高于全国平均
值，13～15 岁的预备班女生的平均身高既高于全国均值，又高于江苏省和苏州市。体
重方面，预备班 13 岁、14 岁、15 岁三个年龄组的男女生的体重都高于全国、江苏小
和苏州市的均值，具体如表 2.1.3 所示。身高、体重这两项就可以反映出少年班预备
班的生长发育优于同龄的常态学生。[1]

表 2.1.3　学生身体发育情况

年龄	组别	男				女			
		身高/cm	差值	体重/kg	差值	身高/cm	差值	体重/kg	差值
13 岁	全国	151.02	+4.28	38.83	+2.67	151.47	+10.53	40.47	+6.53
	江苏省	155.46	−0.16	41.47	+0.03	153.92	+8.08	41.93	+5.07
	苏州市	154.72	+0.58	39.89	+1.61	153.06	+8.94	39.90	+7.10
	预备班	155.30	—	41.50	—	162.00	—	47.00	—
14 岁	全国	157.25	+2.60	43.88	+5.81	153.99	+6.48	43.75	+11.93
	江苏省	161.63	−1.78	47.00	+2.69	156.25	+4.22	45.00	+10.23
	苏州市	161.38	−1.53	46.32	+3.37	156.23	+4.24	43.50	+11.73
	预备班	159.85	—	49.69	—	160.47	—	55.23	—
15 岁	全国	162.29	+1.50	48.56	+3.10	155.43	+3.01	46.31	+1.14
	江苏省	165.58	−1.73	51.01	+0.55	151.51	+6.93	47.24	+0.01
	苏州市	166.02	−2.17	49.80	+1.80	157.32	+1.12	47.04	+0.11
	预备班	163.35	—	51.60	—	158.44	—	47.25	—

　　湖南师大附中的超常儿童教育实验班在学生进校时和两年后对男女学生的身高、
体重、胸围进行了测查，并与同年龄常态学生作了比较，如表 2.1.4 所示。结果发现：
入校时超常组男女生在身高、体重上大多低于同年龄组水平，但是，两年后超常组男
女生平均值高于同年龄组平均值居多数。超常组男女生大多数项目两年增长的平均值
都超过同年龄组学生的平均值，具体如表 2.1.4 所示。说明超常组 12 岁到 14 岁这个阶
段发育快于同年龄学生，优于同年龄学生。[2]

　　[1]　刘玉华、朱源：《超常儿童心理发展与教育》，173～174 页，合肥，安徽教育出版社，1994。
　　[2]　刘玉华、朱源：《超常儿童心理发展与教育》，175～176 页，合肥，安徽教育出版社，1994。

表 2.1.4　湖南师大附中超常班与同年龄学生的身体发育指标比较

指标	性别	组别	12 岁组				14 岁组				增长量比较	
			样本量	平均值	标准差	p	样本量	平均值	标准差	p	净增值	差值（超—常）
身高/cm	男	常态组	180	148.70	8.43	<0.05	181	163.31	6.86	>0.05	14.61	+4.82
		超常组	17	144.77	6.84		17	164.20	6.86		19.43	
	女	常态组	169	149.44	6.35	>0.05	189	155.45	4.81	>0.05	6.01	+2.13
		超常组	14	149.01	6.66		14	157.15	4.06		8.14	
体重/kg	男	常态组	180	34.74	7.48	>0.05	181	45.97	6.60	<0.05	11.23	+1.37
		超常组	17	34.35	6.71		17	46.95	8.95		12.60	
	女	常态组	169	36.23	5.84	>0.05	189	43.26	5.14	>0.05	7.03	+1.41
		超常组	14	37.42	6.01		14	45.86	5.04		8.44	
胸围/cm	男	常态组	180	65.61	8.51	>0.05	181	74.04	4.87	>0.05	8.43	−0.48
		超常组	17	65.96	5.35		17	73.91	6.11		7.95	
	女	常态组	169	67.57	4.59	>0.05	189	72.69	3.85	<0.05	5.12	+0.70
		超常组	14	68.82	40.94		14	74.64	3.31		5.82	

3. 大学少年班学生身体发育的特点

1980 年 10 月，中国科学技术大学少年班研究组根据国家体委、教育部、卫生部 1978 年颁发的全国青少年体质调查测试标准，对四届少年大学生共计 145 人（第一届 21 人，进校两年零六个月；第二届 67 人，进校二年；第三届 29 人，进校一年；第四届 28 人，刚进校）进行了身体形态、机能和素质等 23 个项目的全面测试。测试结果发现：男生的身高、体重的均值都超过了八省市的最低均值，其中 16 岁年龄组超过了八省市的最高均值（以下简称“最高均值”）。胸围除 17 岁组外，全部超过了最高均值。女生的身高、体重和胸围，除 18 岁组较低外，其余各年龄组都超过了最高均值。以上数据说明，少年大学生形态发育良好。这种健康的身体形态与其身体机能密切相关，研究组的统计发现，少年大学生男女各年龄组的脉搏慢、肺活量大，这说明他们机体新陈代谢功能强，效率高，不易疲劳。少年班学生的身体素质同样优秀，从速度（60 米跑、400 米跑）、上肢力量（屈臂悬垂）、腹肌力量（仰卧起坐）、弹跳力（立定跳远）等方面的测试情况看，少年班男女各年龄组的均值曲线大都在八省市最低均值的曲线之上，接近最高均值曲线。1981 年 5 月，中国科学技术大学少年班研究组仍旧用以上标准和同样的仪器，对第三届、第四届少年班的 57 人，再次进行了身体形态、机能、素质等三方面 24 个项目的全面测查，其结果与 1980 年测试所得结论是一致的。[1]

---

[1]　刘玉华、朱源：《超常儿童心理发展与教育》，176 页，合肥，安徽教育出版社，1994。

　　超常儿童的身体发育这一节主要分为两个部分：儿童身体发育的一般规律和超常儿童身体发育的特点。按照发展的年龄顺序，介绍了婴幼儿、学龄前儿童、学龄儿童和青少年的身高、体重发育的情况。总体上，儿童身高和体重逐渐增加，随着躯干和四肢的生长，身体比例更加协调。其中婴幼儿阶段和青春期是儿童身体发育的两个高峰，这时儿童身体的各指标变化最快。超常儿童的身体发育符合儿童身体发育的一般趋势，其特点在于超常儿童的身体发育状况普遍良好，并且多数情况下要优于同年龄的常态儿童，这与推孟的发现是一致的。

(二)超常儿童的运动技能发展特点

　　超常儿童运动技能发展与常态儿童的差异主要体现在运动学习能力更强以及精细运动发展更好等方面。

　　超常儿童在运动学习方面的概念整合能力强。他能很好地学习和吸收外界的经验，内化整合为自己所有，对已有经验进行系统化整理和分析，建立起自己的系统化理论，并迅速地应用到自己的运动实践中。

　　超常儿童的感知觉发展基础好，具有灵活性高，反应时间快，手眼协调能力强，肌肉运动控制和感知运动协调好的特点。日常生活中我们会看到一些手巧的儿童制作出超乎想象的精美的手工制品，这就是手眼协调能力好的表现。

三、超常儿童的身体发育与运动技能发展的影响因素

　　超常儿童的身体发育与运动技能发展受到许多因素的影响，如自然条件、营养条件、遗传与疾病、体育锻炼等，其中对于儿童来说，最为重要的是生活习惯和体育运动。良好的生活习惯是学生健康发展的有力保障，而体育运动可以进一步提升儿童身体各方面的机能。二者的相辅相成，共同促进了超常儿童身体发育与运动技能的发展。

(一)生活习惯

　　生活习惯的好坏对于处于快速生长发育期的儿童的影响是巨大的。良好的生活习惯可以为儿童未来的身心发育打下坚实的基础，而不良的学习生活习惯会对儿童造成持续的影响，不利于其未来的发展。研究结果显示，每天吃早餐的学生体质状况要好于没有吃早餐的学生；每天有充足睡眠时间的儿童生长发育快于睡眠不足的儿童，因为睡眠有利于合成代谢的进行，促进生长激素分泌旺盛，这为儿童和青少年的生长提供了良好的物质基础。

(二)体育运动

体育运动可以充分发挥儿童身体发育和运动技能发展的潜能，有效利用各种营养物质，加强新陈代谢过程，提升儿童免疫力，促进儿童的粗大运动与精细运动能力的发展。处于学龄阶段的儿童，参加体育运动的方式主要有体育课和课外体育锻炼两种。体育课和课外体育锻炼二者缺一不可，发挥着不同的作用。体育课主要是对各项运动技能进行有计划、有组织、有步骤的教学，符合儿童身体发育与运动技能发展的规律特点。而课外体育锻炼则是培养儿童的体育运动兴趣，激发动机，养成良好的运动习惯，并在此过程中进一步提升儿童的运动水平和能力。

本章小结

本章为大家介绍了超常儿童的生理发育与运动技能发展的特点，第一节旨在介绍超常儿童的大脑及神经发育基础，第二节则旨在介绍超常儿童的身体发育与运动技能发展特点，总体上从生理发育的角度展示了超常儿童的发展特点。

从大脑和神经发育方面来看，超常儿童的特殊性在于他们的神经元的树突更多，可以和更多的神经元相联系。由于超常儿童脑内的神经胶质细胞更多，其大脑神经元轴突外的髓鞘也就更厚，使得信息的传递、传导速度更快。这些在认知过程中的体现可能是有更敏锐的感知觉和观察能力；思维灵敏，有更快的信息加工速度；工作记忆更为强大，可同时处理的信息更多；语言的学习和理解能力也更强。除此之外，高神经效能也是超常儿童大脑的重要特点，这是说超常儿童的大脑比常态儿童的大脑更会工作，其神经网络可以通过大量通路联合起来进行高效率的运作，因而也就需要更少的能量。当然，超常儿童的生长环境对其后天发展情况也是有很大影响的，儿童在大脑发育的关键期需要大量的优质经验，有丰富刺激的环境所提供的经验能促进智力的发展。一般认为在婴幼儿时期大脑正在快速发育，需要饮食中充足的营养物质，如蛋白质、磷、铁等矿物质、葡萄糖等；睡眠也是大脑神经元发育的重要影响因素，超常儿童需要有适合自己的睡眠模式；早期精细运动的训练能够在一定程度上促进儿童的智力发展，适度的体育活动也对儿童的认知有着或直接或间接的正面影响。

从身体发育方面看，超常儿童的身体发育过程遵循常态儿童身体发育的普遍规律。但是在身高、体重以及体能上，总体发展水平要高于常态儿童，他们不仅有着非凡的大脑，还有着更为健康和强壮的体魄。

从运动技能发展来看，因为超常儿童具有身体发育提前的趋势和较好的体格，加之超常儿童具有较强的经验开放、整合能力和心理运动能力，所以超常儿童的运动技能发展普遍优于常态儿童。因此，丰富的体育锻炼和健康的饮食搭配在超常儿童运动技能的培养中必不可少。

在下一章，本书将从社会性发展的角度介绍超常儿童的特点，讨论超常儿童除了大脑和体魄，是否还有着更好的社会性发展。

复习思考题

一、单项选择题

1. 下面脑研究技术中能够确定大脑活动与任务表现之间因果关系的是（   ）。

A. 事件相关电位（ERP）

B. 功能性磁共振成像（fMRI）

C. 正电子发射断层扫描成像（PET）

D. 经颅磁刺激（TMS）

2. 下面不是端脑的组成部分之一的是（   ）。

A. 下丘脑   B. 大脑皮层   C. 边缘系统   D. 基底神经节

3. 下列不是超常儿童大脑发育的影响因素的是（   ）。

A. 营养   B. 运动   C. 睡眠   D. 外貌

4. 下列关于超常儿童身体发育特点说法不正确的是（   ）。

A. 超常儿童在身体形态和生命机能上显著落后于常态儿童

B. 超常儿童较常态儿童机体新陈代谢功能强，效率高，不易疲劳

C. 和常态儿童一样，婴儿阶段和青春期是超常儿童身体发育的两个高峰

D. 超常儿童身体发育较常态儿童来说有提前的趋势

二、简答题

1. 简述超常儿童运动技能的发展特点。

2. 简述超常儿童身体发育的特点。

三、论述题

论述神经效能假说及其与超常儿童能力发展的关系。

本章阅读书目

1. 刘玉华、朱源：《超常儿童心理发展与教育》，合肥，安徽教育出版社，1994。

2.［美］斯腾[①]伯格：《认知心理学（第 6 版）》，邵志芳译，北京，中国轻工业出版社，2016。

3.［美］苏泽：《天才脑与学习》，"认知神经科学与学习"国家重点实验室、脑与教育应用研究中心译，北京，中国轻工业出版社，2005。

4. 施建农、徐凡：《超常儿童发展心理学》，合肥，安徽教育出版社，2004。

---

① 斯腾伯格同斯滕伯格。

第二章 超常儿童的认知能力发展

思维导图

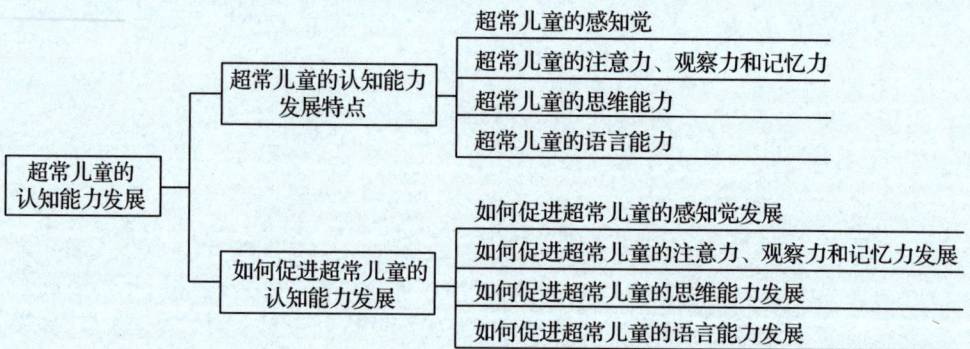

本章导读

　　认知能力是通过感觉、经验与思考来获取并应用知识的最基本的心理能力。它包括感觉、记忆力、思维和语言能力等因素。在本章的学习中，我们将了解超常儿童感知觉、注意力、观察力、记忆力、思维和语言能力的发展特点；探讨哪些因素会影响超常儿童认知能力的发展，以及如何促进超常儿童认知能力的发展。

第一节
超常儿童的认知能力发展特点

　　超常儿童的认知能力发展特点一直都是国内外学者关注的重点。国内外大量研究表明，超常儿童在感知觉，运动，观察记忆，思维的产生、发展和表现形式以及语言能力发展上都有其独特之处。本节将介绍超常儿童在感知觉、注意力、观察力、记忆力、思维能力、语言能力等方面的认知发展特点。

一、超常儿童的感知觉

(一)儿童的感知觉发展特点

　　感觉(sensation)是客观刺激作用于感觉器官时，经大脑接收、转换、传递后产生的对事物个别属性的认识。儿童的各种感觉在胎儿期就已开始发展，出生后进入迅速发展期。在视觉上，4～5个月，婴儿开始能辨别颜色，4～6个月时发展出立体觉；在听觉上，新生儿在2～3个月的时候能区分高音，在3～4个月时能区分音色，在6个月听音乐时可表现出强烈的身体运动；在触觉上，新生儿表现出手、脚和嘴的本能触觉反应，并在触摸的敏感性上遵循头尾原则；在味嗅觉上，新生儿可以对酸甜苦咸四种最基本的味觉以及不同的嗅觉刺激作出反应，且表现出对甜味的偏好。

　　知觉是各种外界信息直接作用于人的感觉器官，是带有个人经验主义色彩的、有意义的图式，是个体对事物的整体认识。依据大脑认识事物的特性，知觉可被分为空间知觉、时间知觉和面孔知觉等。空间知觉包括形状知觉、大小知觉、方向知觉和深度知觉等。在形状知觉上，婴儿偏爱清晰的、活动的图形，相比于直线和角，他们更喜欢注视曲线，在幼儿期，幼儿逐渐能够辨认各个图形；在大小知觉上，幼儿大小知觉的恒常性随着年龄增长而提高，在 10～11 岁基本稳定；在方向知觉上，幼儿的方向知觉发展按照上下—前后—左右的顺序，并经历三个阶段——固定地辨认自己的左右方位(5～7 岁)、初步具体地掌握左右方向的相对性(7～9 岁)、灵活地掌握左右的概念(9～11 岁)；在深度知觉上，著名的视崖实验表明 6 个月的婴儿已经具备了深度知觉。在时间知觉上，5 岁儿童的时间知觉极不稳定和准确，直到 8 岁儿童知觉的准确性和稳定性开始接近成人。在面孔知觉上，婴儿在 3 个月大的时候能够辨别不同的面孔。

(二)超常儿童的感知觉发展特点

超常儿童的感知觉发展遵循儿童发展的一般规律，但相较于常态儿童，超常儿童在感知觉的各方面发展得更快、更好。

在感觉发展方面，超常儿童具备优秀的视觉、听觉、触觉和味嗅觉。视觉发展的核心特征为视力以及视觉追踪能力，视觉发展优异的儿童能够在页面上寻找和定位，且不被外界闪烁的灯光打扰、分心。在阅读时，他们不会颠倒句子或丢失信息，能在大量信息中快速地找到想要的细节，且能预见变化。在听觉上，听觉超常儿童能够清楚地听见音节，清晰地发音，分辨不同的声音，对周围环境的声音敏感有助于他们提早发觉危险。触觉敏感的儿童能忍受触碰，喜欢拥抱的感觉，不会因为被挤压出的皮肤纹路而生气、发怒。而味嗅觉灵敏的儿童可以尝试新食物，不会因为气味而引起负面情绪，他们对气味的辨识灵敏，能忍受一些常用的化学用品气味而不会引起强烈的抵抗。另外，超常儿童具有稳定的前庭觉和优异的平衡能力。前庭系统相当于身体内部的一个"指南针"，它能够告知身体行动的方向，能适应周围环境并调整行为。

在知觉发展方面，超常儿童的空间知觉发展良好。超常儿童能够更好地判断所处的空间方位，感知到上升或下降，并能识别各种图案和形状。空间知觉的良好发育也带来超常儿童良好的躯体运动发展，其核心指标是身体各部分知觉的协作能力。对于确信自己身处位置的超常儿童来说，他们更容易表现出灵活的行动能力和自信。

良好的感知觉发展是超常儿童成长的重要生理基础。超常儿童的健康成长离不开这些感知觉的协调配合和统合。

二、超常儿童的注意力、观察力和记忆力

(一)儿童的注意力、观察力和记忆力发展特点

注意是心理过程的开端，是感知、记忆、思维等各种心理过程所具有的共同特性，对心理过程起着组织和维持作用。婴儿期的注意发展主要表现在注意的选择性上，即婴儿从关注刺激较大的物体转为关注意义更大的物体；同时，婴儿的注意范围也随之

扩大。学前和小学阶段，无意注意仍然起着主导作用，并逐步向有意注意过渡，但注意的集中性和稳定性差，注意的分配和转移能力不够，注意范围较小。中学阶段时，有意注意占主导，注意的集中性和稳定性增强，注意分配和转移能力提升，注意范围扩大。

观察是在注意基础上的"升级"，注意的心理资源对某个注意对象保持一段时间后结合个体的经验进行加工的过程即为观察。小学生的观察从缺乏系统性的知觉，发展到有目的、有顺序的知觉；从模糊笼统的知觉，发展到比较精确的知觉。中学阶段，学生观察的目的更明确，能主动地制订观察计划，有意识地进行集中的、持久的观察，并能对观察活动进行自我调控；持久性明显发展，能排除各种干扰，能坚持长时间观察；精确性提高，在观察活动中能全面深入地了解细节；观察的正确率逐步提高；对观察对象本质属性的理解逐步深化。

记忆是指在初始信息（如刺激、图像、事件或技能）不再呈现的情况下，保持、提取或使用这些信息的加工过程。婴儿的记忆能力主要表现为再认，即过去经验或识记过的事物再次呈现在面前时仍能确认和辨认出来的过程。此外，皮亚杰的研究发现18～24个月的儿童会出现延迟模仿行为，即再现能力。幼儿阶段，无意识记忆和形象记忆占优势。小学阶段，机械记忆占主要地位，意义识记开始发展，形象记忆发展变慢，抽象记忆快速发展。中学阶段，学生的有意记忆开始占主导地位，理解记忆为主要识记方法，抽象记忆逐步占优势。

(二)超常儿童的注意力、观察力和记忆力发展特点

1. 超常儿童的注意力和观察力

中国超常儿童研究协作组的研究人员曾对超常和常态儿童的注意力和观察力做过专门的比较研究，发现超常儿童在观察力测验上的成绩显著高于同龄的常态儿童。具体而言，超常儿童的注意和观察体现出如下特点。

第一，超常儿童有意注意时间远高于常态儿童。常态儿童在婴幼儿末期有意注意的时间通常不超过半小时。两岁的超常儿童玩积木，可以长达几小时不休息，有的儿童三岁时就能在食物和玩具诱惑的条件下读完一张毫无内在联系且有500多字的汉字表，[①] 注意力异常集中和稳定。

第二，超常儿童的注意广度大，能注意到许多普通人忽视的细节。注意广度大的人阅读速度快，也就是所谓的"一目十行"。

第三，超常儿童有很强的注意分配能力。注意的分配是一种积极的注意，是个体主动地将注意力放在两个对象上。超常儿童强大的大脑分工能力使得他们能够"一心二

---

① 查子秀：《超常儿童心理学(第2版)》，86 页，北京，人民教育出版社，2005。

用"。

第四,超常儿童的注意反应速度快。他们能够根据不同的关注对象迅速地作出相应的反应,并及时调整注意分配的强度。施建农等人的研究发现,超常儿童在选择反应时任务上的反应时显著低于常态组,而正确率略高于常态儿童。此外,随着任务难度的增大,超常儿童与常态儿童反应时的差距显著增大。超常儿童在完成简单的注意任务时,反应较快;在解决较难的、需要更多注意资源的任务时,能分配给当前任务更多的注意力,所以解决问题的正确率高于常态儿童。

第五,超常儿童有着很强的细节观察及整合能力,呈现出观察目的明确,具有系统性和计划性的特点。超常儿童在观察时,能够找到一个切入点,逐步观察从而了解整个事物,寻找规律,建立自己的观察规则。此外,超常儿童还表现出观察的灵活性,他们能全方位、多角度地观察、思考事物,善于抓住观察对象的主要特征和细节关系,注意到他人容易遗漏的细节。

2. 超常儿童的记忆力

超常儿童区别于常态儿童的一个显著特征就是记忆力超常。其记忆力展现出以下特点。

首先,超常儿童记忆快、容量大。例如,超常儿童能在极短的时间内迅速记下常态儿童需要重复数遍的古诗。《后汉书·张衡传》里曾提到张衡"吾虽一览,犹能识之"。施建农在一项超常儿童和常态儿童记忆的比较研究[1]中证实超常儿童的记忆速度和内容远在常态儿童之上,尤其在数字记忆速度和图形记忆速度方面。

其次,记忆超常的儿童能迅速而正确地回忆所识记过的事物。例如,有的超常儿童能随意回忆起某一天自己所穿的衣服,吃的什么午饭。在记忆监控方面,超常儿童也显著优于常态儿童,表现为记忆监控精确,回忆量高。

最后,超常儿童在记忆的策略知识发展中与常态儿童不同。研究发现,6 岁的超常儿童表现出较强的记忆策略,在测验中的正确率大大超过了同龄组儿童和 7 岁的常态儿童。[2] 施建农的研究[3]也发现超常儿童和常态儿童在记忆提取策略方面存在差异,对于问题"当要你写出数字(画出图形)时,你是怎么想起来的",84.4%的超常儿童说首先把最小的(最大的)写出来,然后按照规律往下写,只有 28.6%的常态儿童会这样做。这反映超常儿童善于对记忆内容进行组织加工,寻找材料的内在联系,构建良好的记忆策略。

---

① 施建农:《超常与常态儿童记忆和记忆监控的比较研究》,载《心理学报》,1990(3)。
② 桑标、缪小春、邓赐平等:《超常与普通儿童元记忆知识发展的实验研究》,载《心理科学》,2002(4)。
③ 施建农:《超常与普通儿童记忆和记忆监控的比较研究》,载《心理学报》,1990(3)。

三、超常儿童的思维能力

(一)儿童的思维能力发展特点

思维是借助语言、表象和动作实现的，是对客观事物概括的和间接的认识，是认知的高级形式。[①] 人们通过感知觉获得信息，通过记忆对信息进行初步的加工和储存，最后通过对信息的深度加工进入思维过程，并通过思维认识客观事物，揭示事物的本质特征和内部联系，预测未来的事物。因此，思维是人类认知的重要过程。两岁前，幼儿的思维以直观行动思维为主，思维依赖一定的情景，这个阶段的幼儿，思维只能在动作中进行，常常表现为先做后想，边做边想，动作一旦停止，思维活动也就结束了。两岁到六七岁儿童的思维以具体的想象思维为主，依靠事物在头脑中的具体形象进行思维。六七岁到十一二岁，儿童开始进入抽象逻辑思维阶段，运用概念、根据事物的逻辑关系进行思维，但这一阶段的逻辑思维还依赖于具体经验。十二岁之后，儿童的抽象逻辑思维更能够解决儿童前所未见的问题或假设性问题。

(二)超常儿童的思维能力发展特点

超常儿童天赋的一个重要表现就在于其卓越的思维能力。总的来说，超常儿童的思维发展规律符合一般儿童的发展特征，但表现出时间超前和水平超常的特点。下文将首先介绍超常儿童的思维发展的总体特点，然后从超常儿童的直觉、理解能力和概括能力、推理能力和问题解决能力等思维的具体方面介绍其发展特点。

1. 超常儿童思维能力的总体特点

第一，超常儿童思维水平高且发展更快更早。由于超常儿童的智力比常态儿童发展更快，因此，他们的认知发展水平是超前的。大量事实和研究表明，大多数超常儿童在他们的童年或幼年就已经表现出优秀的思维能力。例如，在数学方面有天赋的李某，在幼年时参加心算比赛，计算速度就远远超过使用计算器的孩子。又如，在文学方面才思敏捷的小歌手苏某，九岁时在歌剧方面的考核中能够对答如流。

第二，超常儿童思维敏捷灵活。在遇到难题时，超常儿童往往会较快地转换思维、变换方法，并能够交叉使用单一的思维方式和综合的思维方式。例如，善于一题多解的超常儿童，常常能够从条件中综合推理出解题思路，遇到解不出来的情况，会马上变换方法进行逆运算，或者使用反证法和数学归纳法，最终突破难点。超常儿童思维的灵活性，还表现在他们能够使自己的思维形象化，使用多种思维方式来进行思考。

[①] 彭聃龄：《普通心理学(第四版)》，280 页，北京，北京师范大学出版社，2012。

第三，超常儿童的思维具有发散性。物理学家和哲学家戴维认为，天才之所以能够提出不同的见解，是因为他们可以容纳两种不相容的观点，并且在思考的时候能够发展这些不同的观点，提出更多、更丰富和新颖的想法。[1] 这也是他们富有创造性的重要表现。早期对儿童的创造性思维的研究结果发现，与常态儿童相比，超常儿童能够产出更多的创造性成果。姚平子等人用根据图片设想多种结尾和利用工具解决问题等方法，研究了4～6岁超常儿童与常态儿童的创造性思维。[2] 结果发现，超常儿童的成绩显著高于同年龄的常态儿童。但是这种发散的思维可能是跳跃的，这使得一些超常儿童无法在一个要点上深入细致地探究。

第四，超常儿童思维具有独特性。西蒙顿在他撰写的《科学天才》中指出，天才们进行新颖组合的能力更高，他们会在意识和潜意识中不断地对想法、形象和见解进行组合。古今中外，衡量创新人才的标准都是体现在独特的产品创造上，从更深层次的原因来看，便是独特的思维方式。例如，爱因斯坦的相对论就是不同视角之间关系的一种解释。研究[3]发现，超常儿童往往能够从已有的条件中发现某个其他人没有采取过的新方法。在创造力测验中，他们的独创性得分也较高。然而，独特的思维方式可能会使得超常儿童看起来异于常人，甚至有一些超常儿童被认为是孤僻的、怪异的。这种较为负面的评价往往会给这些超常儿童带来困扰，使得他们对自己产生怀疑或隐藏，阻碍了其独特性的发展。

第五，超常儿童的思维过程长而深入。国外有学者认为，超常儿童的思维过程与普通人群相比能够延续较长的时间，因此他们会对一个问题进行长时间的、高度集中的思考，并且能够延展出很多深层的、新颖的想法。古今有很多沉醉于思考而废寝忘食的名人案例。1915年，著名学者黄侃在北京大学主讲国学。他住在北京白庙胡同大同公寓，终日潜心研究"国学"，饿了便啃馒头，边吃边看书，吃吃停停。一次，看书入迷，竟把馒头伸进了砚台、朱砂盒，啃了多时，涂成花脸，也未觉察。但是，超常儿童过长的思维过程往往会被规定的期限和既定框架所打断，使得思维过程难以继续，而超常儿童是讨厌被打断的，有的时候他们为了快速完成规定的任务，忽略了完成的质量。因此，教育者应该给予超常儿童充足的思考时间。

2.超常儿童的直觉

直觉是一种特殊的思维过程，是一种快速加工信息的体现，拥有高水平思维能力的超常儿童在直觉思维上有着优异的表现。

① Clark，B.，*Growing up Gifted*：*Developing the Potential of Children at School and at Home*(*fifth edition*)，Chicago，Merrill Publishing Company，1997，pp.47-56.

② 施建农、徐凡：《超常儿童发展心理学》，296页，合肥，安徽教育出版社，2004。

③ 李仲涟：《7—14岁超常与常态儿童创造性思维的比较研究》，载《湖南师院学报(哲学社会科学版)》，1984(1)。

一方面，超常儿童的直觉思维具有领域广、速度快等特点。这一特点可以总结为三个方面：(1)对直觉性、形而上学的观点和现象表现出兴趣，并乐于深入研究。超常儿童热衷于探索未知的、无法轻易解释的现象，因此他们往往会关注未知的领域，如哲学。(2)对领域内的经验持开放态度，善于使用直觉的方式去实践。超常儿童包容并乐于接受各种观点和思维方式。同样的，对于未知的事物，他们能够使用不一样的方法——直觉思维来进行感知和判断。(3)用有创造性的方式去探索所有的领域。超常儿童常常具有强大的好奇心和求知欲，他们善于使用自己的直觉，并且希望能够以独特的途径去探索所有的领域。

另一方面，超常儿童的直觉也表现在其非凡的信息加工速度上，即他们能够快速准确地提出解决问题的方法。20 世纪 70 年代以来，大量实证研究表明智力水平和信息加工速度存在中等以上的相关。特别是一些以检测时(inspect time，以下简称 IT)为指标的研究，IT 与 IQ 的相关高达 -0.82 或 -0.92。[①] 而针对超常儿童与常态儿童的信息加工速度的比较研究发现，超常儿童的信息加工速度水平要明显优于常态儿童。国内学者以检测时为指标，采用线段检测时任务、汉字部件检测时任务和数字检测时任务，对 7～11 岁儿童的信息加工速度作了比较。结果发现，不同年龄超常儿童的检测时都显著地短于同年龄的常态儿童，检测时和智力测验分数之间都有中等程度的相关，即超常儿童在信息加工速度上发展的基点和最终达到的水平都要高于同年龄组的常态儿童。

但是，运用直觉进行探究，有时会使超常儿童不被传统的教育观念认可，并且这种能力对成人来说通常是难以理解的，因此这一能力可能得不到及时有效的发现和指导。如果超常儿童过度关注直觉现象，过度依赖直觉，就容易陷入无根据的思考体系之中。此外，在运用加速的思维过程和独特的思维途径去探索未知时，超常儿童会对更多普通的任务失去兴趣，甚至被认为是不正常的。

3. 超常儿童的理解能力和概括能力

超常儿童的理解能力和概括能力对于其认识世界和理解事物起到了至关重要的作用。

超常儿童具有超前的理解能力。相比常态儿童，他们能够更好地理解深刻而复杂的问题。在学习中，超常儿童能够准确地运用逻辑体系，对外显的现象、基础知识、基本概念等进行深入理解，进而开始分析和推理。弗伦奇对超常儿童的研究表明，超常儿童能够认识关系、理解意义，故能推究更多的问题。[②] 斯滕伯格在《成功智力》一书中也提到，超常儿童往往在问题雏形阶段就已察觉到问题所在，能够准确地定义问题，

---

① 程黎、施建农、刘正奎等：《8～12 岁超常与常态儿童的检测时比较》，载《心理学报》，2004(6)。

② 查子秀：《超常儿童心理学(第二版)》，90 页，北京，人民教育出版社，2005。

抓住问题的关键。国外已有研究也表明，超常儿童能够快速把握具有挑战性的课程和需要高级分析的任务。

超常儿童还具有较强的概括能力。超常儿童善于抓住事物、图形或数量之间的本质关系或主要特征进行推理。他们善于在不同对象之间建立联系，使不同的事物组合出新的形式。此外，超常儿童组建概念框架的能力发展得也比常态儿童要早。研究发现，五岁半的超常幼儿在对 39 幅图片进行分类时，能正确地按照图片所示的实物之间的本质关系进行一级和二级分类，表现了较高的概括水平。[①] 八九岁的数学超常儿童解题时一般喜欢分析数的组成或数量之间的关系，在头脑中"压缩"数学材料和运算程序，使运算步骤简化和概括化，迅速完成解题任务。在创造力测验中超常儿童聚合性思维得分高的现象也从另一方面验证了他们强大的概括能力。

因此，超常儿童能够对事物进行快速而深入的理解。他们善于抓住问题的关键，找出事物的本质属性，也能够运用逻辑思维对不同的事物进行分类和整理，形成逻辑体系，并压缩思维过程，简化问题解决的步骤，这种超前的理解能力和卓越的概括能力是超常儿童解决问题的重要基础。但是，这种超出同龄人的理解能力可能让超常儿童对于学校教学中反复强调的概念失去兴趣。此外，超常儿童善于自己组建框架，可能不愿接受原有的系统和框架。如何正确发挥超常儿童非凡的理解力和概括力，并对他们进行正确的培养，还需要进一步研究和实践。[②]

4. 超常儿童的推理能力

推理是个体分析和综合现有的资料和线索，最后对新的问题进行判断的思维过程，对儿童的心理发展有着重要的意义。超常儿童的推理能力表现出水平高、策略多等特点。

一方面，超常儿童表现出高水平的推理能力。超常儿童在类比推理得分上通常比常态儿童高出两个或两个以上标准差，且表现出理解快、善于概括关系、能抓住本质特征等思维特点。[③] 国外研究者[④]用"A 与 B 相当于 C 与 D"这样的问题对类比推理思维进行了研究。国内研究者查子秀等的研究[⑤]表明，一名三岁半的超常幼儿能迅速根据水果与苹果的关系把文具与铅笔联系起来。

另一方面，超常儿童展现出更多的高级逻辑推理策略。国内研究者在学习能力和

① 查子秀：《超常儿童心理学（第二版）》，88 页，北京，人民教育出版社，2005。

② Clark, B., *Growing up Gifted: Developing the Potential of Children at School and at Home (fifth edition)*, Chicago, Merrill Publishing Company, 1997, pp. 47-56.

③ Gary A. Davis, & Sylvia B. Rimm, *Education of the Gifted and Talented (fifth edition)*, Michigan, Allyn & Bacon, 2003, p. 30.

④ Sternberg, R. J, "Component Processes in Analogical Reasoning," Psychological Review, 1977 (4), pp. 353-378.

⑤ 查子秀：《3—6 岁超常与常态儿童类比推理的比较研究》，载《心理学报》，1984 (4)。

知识经验对儿童类比问题解决及策略运用的影响研究中发现，不同能力儿童在中级策略(数字、数量关系、运算关系的类比)、高级策略(解题思路和解决方法的类别)和非类比策略运用上的差异表现得十分明显，学优组的类比推理能力要显著高于其他儿童。

5. 超常儿童的问题解决能力

思维的最终目的和表现形式在于问题的解决，同样，超常儿童的思维能力最终也表现在他们非凡的问题解决能力上。国内外对超常儿童问题解决能力的研究发现，超常儿童与常态儿童的问题解决能力发展模式均符合叠波模型理论。叠波模型理论的基本假设是在任何年龄、任一时间点，个体在解决问题时，头脑里都会呈现多种思维方式或策略，它们之间彼此竞争。[①] 不同的问题解决策略和方式长期并存，但由于经验的作用，更有效的策略将会得到越来越多的利用，最终取代陈旧的低效策略。超常儿童问题解决能力的特点体现在以下两个方面。

第一，与常态儿童相比，超常儿童能够更快、更稳定地使用高级策略。常态儿童在已经使用过较为高级的策略之后，他们常常又会返回较为低级的策略；而超常儿童则能更快地稳定在高水平策略上。这说明超常儿童在解决问题时能够稳定地使用较为复杂的策略。

第二，在问题解决过程中，超常儿童表现出强大的好奇心和兴趣。他们能够注意和发现更多问题，并且更喜欢研究困难的问题。同时，他们还能迅速地掌握有效信息，分析问题，熟练地运用各种能力、知识和策略去探究问题解决的方法。在解决问题的策略上，超常儿童常常启动比同年龄段的常态儿童更为复杂和高级的策略，并且提出多样的、新颖的解决问题的答案。

四、超常儿童的语言能力

语言是人类社会形成的交际和人类思维的工具，是由一系列符号组成的表示事物和现象的系统，为历史经验的保留和学习以及物质文明和精神文明的创造提供了基础。而言语则是人们在各种活动中应用语言的过程。内部语言包括思维时出现的语言等，外部语言包括口头语和书面语等。超常儿童语言能力的发展遵循一般规律，也表现出独特性。

(一)儿童的语言能力发展特点

儿童的语言能力发展一般经历以下几个时期：前语言时期、单词句时期、电报句

---

① Siegler, R. S., "How Does Change Occur: A Microgenetic Study of Number Conservation," Cognitive Psychology, 1995(3), pp. 225-273.

时期、学龄前时期、童年中期和青少年时期。

前语言时期是指婴儿出生后 10 到 13 个月，是在说出第一个有意义的单词之前的时期。在这一阶段，虽然儿童尚未学会说话，但是能对语音迅速作出反应。例如，出生三天的婴儿已经能辨认出母亲的声音。2 个月时婴儿可以发出类似元音（如：a，o），4～6 个月时婴儿在发音中增加了辅音（称为咿呀声）。8～10 个月的婴儿开始使用手势和其他非语言的反应形式。单词句时期是指婴幼儿能说出单个的单词句，一个单词常代表一句话的时期。18～24 个月时，幼儿单词量迅速增加，两岁时幼儿能说出差不多 200 个单词。电报句时期是指 18～24 个月时，幼儿开始将单词组成简单的句子，只包含表达关键信息的单词。2 岁到 2 岁半的幼儿开始学习和掌握关于语言和沟通的规则。学龄前时期是儿童 2 岁半到 5 岁左右，儿童逐步学会复杂句子的表达，开始理解和表达对比关系（大/小，里/外），掌握了许多沟通技能，能够从非语言的背景信息中推断出信息的确切意思。童年中期和青少年时期，即 6～14 岁，儿童的词汇量显著扩大，抽象单词增多，学会纠正早期的语法错误，习得复杂的语法规则，元语言意识迅速发展。

(二)超常儿童的语言能力发展特点

超常儿童的语言能力发展整体呈现出一般的规律和过程，但在发展时间、发展速度和发展水平等方面表现出明显的优势。

首先，超常儿童的语言能力发展较早。超常儿童在口语、阅读和写作等方面的发展都比同龄儿童超前。儿童心理学家认为，新生儿出生之后的第一年是语言能力发展的准备时期，到 1 岁末，儿童能够模仿发音并听懂 20 个左右的词，但一般不会说话。而这个时期的超常儿童，大部分能够讲话，而且语音清楚、语句完整。此外，超常儿童在 3 岁左右书面表达能力迅速发展，能够大量识字。有的儿童不到 4 岁就掌握了 2000 多字，远远早于常态儿童。在大量识字的基础上，这些儿童在 4～5 岁就开始独立阅读，比常态儿童至少早两年进入自由阅读阶段。同时，超常儿童还表现出阅读的极大兴趣，且更偏向于选择那些难度大的书籍，尤其爱好百科全书、字典、词典、地图集和传记类等信息量大的书。在写作上，有的超常儿童在很小就进入写作练笔时期，部分儿童不到 6 岁就能写出 300～900 字的短文，且语句通顺生动、层次分明、结构完整。这些特点不仅表现在本国语上，在学习外国语时，超常儿童也比常态儿童表现出更高的天赋。

其次，超常儿童的语言能力发展速度较快。语言能力超常的儿童能够快速地学习和掌握字词。例如，一名 10 岁的大学生，2 岁时开始认字，3 岁之后就学会了 1000 多个汉字。还有的超常儿童 8 岁时的阅读速度就能达到每小时 40 页，阅读后还能基本复述内容。语言能力超常的儿童往往具有较强的表达能力，他们在短时间内就能学会正确地使用词语，能清楚地表达自我，并且能够使用丰富的词语和句式来进行写作。例如，小作家邹奇奇在 3 岁半时就能独立阅读，4 岁开始用电脑写作，7 岁时出版了故事集《飞扬的手指》，里面包含了 300 多篇以中世纪为背景的故事，且表现出了深刻的政治、宗教和教育见解，逻辑严谨，令人惊叹。在学习第二语言时，超常儿童的速度也令人惊讶。有的儿童在家长的指导下通过电视或录音学习外语，1～2 年后便能与人用英语交流，或是看英语读物，表现了较强的语言能力。①。

最后，超常儿童的语言发展水平较高。丰富的词汇量是其中一个重要的特征。一些超常儿童在学龄前期就掌握了大量的词汇，会使用超出他们年龄范围的难度较高的概念和语法。不少超常儿童的阅读能力和口语表达能力同步发展，有的儿童 2～3 岁开始识字，有的儿童不到 4 岁已掌握 2000 多字。他们的独立阅读能力也很强，有的儿童 8 岁时的阅读速度每小时达 40 页之多，读后还能复述基本内容。② 此外，超常儿童的口语表达能力也是其高水平发展的特征之一。比起同龄儿童，超常儿童能够用更连贯、流利、完整的语言表达思想，并与人交往。超常儿童相较于常态儿童，能够熟练地运用语言表达技巧来表现自己的能力。在书面表达上，3 岁左右，超常儿童在口头语言发展的同时便发展了书面语言。他们把识字当作游戏，迅速获得了独立阅读和写作的能力，往往能够较好地利用在阅读和学习中了解的信息和语法知识来准确地表达自己的想法。通常来说，超常儿童的作品，在结构上语句流畅、逻辑严谨，在内容上紧扣主题、信息丰富。例如，我国古代著名诗人白居易 5 岁作诗，9 岁精通声韵，其诗主题突出，明畅通俗，人物形象刻画深刻；李白 5 岁诵六甲，10 岁观百家；杜甫 7 岁开始作诗；王勃 6 岁能文，13 岁著《滕王阁序》。

超常儿童优异的语言能力为他们带来了很多益处，但可能会出现使用一些口语技巧来避开思考过程的情况。此外，每个儿童都有自己的语言特点，如果强制改变可能适得其反。在儿童语言能力的发展过程中，如果儿童的天赋得不到重视和及时的培养，就会出现"伤仲永"的悲剧。

总之，超常儿童在认知能力上表现出发展时间早、水平高、速度快的特点，具体体现在感知觉、注意力和记忆力、思维能力以及语言能力几个方面。同时，超常儿童优异的认知能力发展也会带来一系列问题，因此，超常儿童教育要在遵循一般规律的基础上，基于他们的特点因材施教。

---

① 查子秀：《超常儿童心理学(第二版)》，87 页，北京，人民教育出版社，2005。
② 查子秀：《超常儿童心理学(第二版)》，87 页，北京，人民教育出版社，2005。

第二节
如何促进超常儿童的认知能力发展

超常儿童与常态儿童相比，认知能力的发展既有相同之处，也有差异之处。超常儿童的认知能力发展同样受到个体和环境因素的影响。了解影响超常儿童认知能力发展的因素，有利于教育者提供合适的培养方法，促进超常儿童的认知能力发展，最大限度地发挥他们的天赋。

一、如何促进超常儿童的感知觉发展

感知觉是人类认识世界必不可少的能力，超常儿童的感知觉发展遵循人类发展的一般规律，但是某些具体能力会因个体的特殊性有所不同。教育者需要掌握基本规律，根据超常儿童发展特点提供相适应的教育。

（一）影响超常儿童感知觉发展的因素

感知觉的发展与个体因素有很大的关系，同时也受到环境的影响。在个体因素上，一方面，超常儿童的感知觉发展遵循大脑和神经发育的普遍规律。10 岁前是神经系统发育完善的重要时期，随着年龄的增长，儿童各种感觉神经发育逐步完善，即儿童生理水平的自然发育是影响感知觉发展的其中一个因素。另一方面，先天优秀的遗传因素也影响着感知觉的发展。部分超常儿童先天感知觉发达，对于各种感知觉信息格外敏感。例如，有些超常儿童听力格外好，能分辨大自然里不同的音高；有些超常儿童空间知觉强，能自然辨认方位。

同时，外界环境的刺激对超常儿童感知觉发展也有促进作用。科学研究发现，在常规的环境中生活的儿童，大脑各部分神经细胞按一般速度发育。若外界适宜刺激比较丰富，则神经细胞的发育速度较快。大自然里动物的叫声、新鲜的空气、各种各样的植物、马路上川流不息的汽车等，对儿童来说都是比较新异的刺激，对儿童各种感知觉的发展都有促进作用。

（二）超常儿童感知觉的培养

感知觉的发生发展具有一定的规律，家长与教师在组织教育教学活动时，如果运用这些规律，将会促进超常儿童的感知觉能力的发展。

　　大量研究证明，体育游戏是发展感知觉的一个重要方式。丰富的体育游戏(如袋鼠跳、小猴过河等)和一些运动器具(如滑板等)的使用，让超常儿童在积极主动、轻松快乐的自然情景中玩耍，能够发展触觉、平衡觉、手眼协调能力等多方面感知觉能力。

　　另外，与外界环境的接触频率也与感知觉发展有一定关系。家长和教师应该有意识地保持超常儿童外出活动的时间与频率，让超常儿童有充分的时间与外界环境相接触，例如，带儿童去公园里散步，去博物馆参观，去游乐场玩耍，去郊外游玩等。

二、如何促进超常儿童的注意力、观察力和记忆力发展

　　稳定的注意力、敏锐的观察力和超强的记忆力是许多超常儿童具备的特点。因此，超常儿童注意力、观察力与记忆力的发展和培养是研究者普遍关注的热点问题。超常儿童的发展在遵循一般规律的基础上呈现出个别化的特点，教育者需要根据儿童的特点制订个别化的培养计划。

(一)影响超常儿童注意力、观察力与记忆力发展的因素

　　超常儿童虽然拥有优秀的遗传基础，但是也需要后天适合的培养，以最大程度发挥他们的潜能。因此，教育者需要了解影响儿童观察力、注意力与记忆力发展的相关因素，掌握相关的方法，有针对性地培养超常儿童。

　　1. 影响超常儿童观察力和注意力发展的因素

　　影响超常儿童注意力、观察力发展的因素分为个体因素和环境因素。个体因素主要包括疲劳、缺乏兴趣等。儿童的神经系统仍处在生长发育之中，某些技能还未充分发展，如果长时间处于紧张状态或者从事单调、枯燥的活动，大脑就会出现一种"保护性抑制"，从而出现打哈欠、注意力不集中的情况。另外，儿童的注意力在一定程度上直接受兴趣和情绪的影响，如果材料过于单调，就不能引起儿童足够的注意，儿童会不由自主地分心。

　　环境因素则包括无关刺激、活动组织等。年纪小的儿童更容易被多变的强烈刺激吸引，例如室内的装饰过于花哨，教师的打扮过于亮眼，无关的声音刺激等都会干扰他们进行的正常活动。另外，如果活动过程缺乏让儿童参与和创造性发挥的机会，就容易导致儿童注意力分散的情况。

　　2. 影响超常儿童记忆力发展的因素

　　影响超常儿童记忆力发展的个体因素主要包括两方面。一方面，儿童自身的认知水平影响着记忆力发展。随着年龄增长，大脑发育逐渐成熟，儿童对事物的分析和综合能力也逐渐增强，对事物感知的选择性、持续性、精确性都不断提高，记忆水平也会随之提高。超常儿童比常态儿童的大脑发育速度更快，他们在记忆力方面也优于常

态儿童。另一方面，儿童记忆保持的时间受主体情绪的影响，尤其是学龄前儿童，因此，积极的情绪状态或者是能够引起儿童积极情绪体验的事物，在记忆中保持的时间较久。因此，早期记忆力培养的关键是激发儿童的兴趣和热情，让儿童有快乐的情绪体验。

影响超常儿童记忆力发展的环境因素包括记忆材料的知识准备和记忆对象的特点。首先，早期熟悉的学习材料对超常儿童的记忆会产生影响。国外研究表明，儿童更易记住那些与已知知识相联系的内容。其次，形象鲜明、生动活泼的事物更容易给儿童留下深刻的印象，同时激起儿童的兴趣。对于感兴趣的事物，儿童会花精力去思考，这增加了对这些事物的感知程度。最后，理解了的东西往往更容易记住，儿童知道了所记东西的意义，也更容易将其纳入知识结构并长期保持。

(二)超常儿童注意力、观察力与记忆力的培养

注意力、观察力和记忆力是基本认知能力的组成成分，在个体认知发展过程中具有重要的作用。培养超常儿童的基本认知能力，能为高级认知能力的良好发展提供必要的基础。

1. 超常儿童注意力的培养

超常儿童的注意力培养方式与常态儿童有相似之处，教育者要做的是根据儿童的具体情况来设置任务的复杂程度，并遵循以下几个要点。

首先，教育者可以充分利用儿童的好奇心，并将儿童兴趣的培养与注意力的培养相结合。研究证明，强烈、新奇、富于运动变化的物体最能吸引儿童的注意，同时引起他们的兴趣，这是产生和保持注意力的主要条件，儿童对事物的兴趣越浓，其稳定、集中的注意力就越容易形成。

其次，在注意力培养的具体实践中，学习目标、时间、内容等也是重要的因素。在目标设定上，家长应有意地向儿童提出一些要求和目的，告知方法，并给予引导。在内容设置上，由于儿童在进入学习状态的前几分钟效率较低，之后逐渐攀升，在15分钟达到顶点，因此，教育者需要坚持由易到难的原则，交叉不同的学习内容，并适当安排休息运动时间，从而提高注意的稳定性和有效性。

最后，环境也对注意力的培养有一定影响。相比于常态儿童，超常儿童的注意稳定性更好。在更好的环境下，超常儿童的注意稳定性也会得到提升。教育者应尽量排除可能干扰儿童注意的因素，为儿童创造一个相对安静的物质环境，从而发展儿童的注意稳定性和持久性。

2. 超常儿童观察力的培养

教育者需要明确观察的任务和目标。在最开始时，教育者要将观察目标制订得细致一些，引导儿童观察不易引起他们注意的地方。常用的训练方法有看图说话。家长

和教师可以通过提问的方式慢慢帮助儿童掌握观察的要点，让儿童在潜移默化中，学会自己提问，进行主动而有目的的观察学习。在观察对象的选择上，用来训练的观察对象对儿童要有足够的吸引力，如果用来观察的对象过于单调或者过于熟悉，就会引起儿童的疲倦和动摇；如果难度太大，观察变量太多，某些儿童可能会产生畏难心理而丧失兴趣。

教育者还可以教授一些观察方法。有的超常儿童可能已经能够自行总结观察方法，有些只需要成人稍微点拨一下就能明白。适合儿童常用的观察方法有：顺序观察法——让儿童学会有顺序地观察，从上到下、从左到右、从前到后、由近及远；典型特征观察法——先让儿童注意到那些重要的、典型的特征，再过渡到一般特征；比较观察法——同时观察两个以上的物体，比较其异同；追踪观察法——观察事物变化、发展的过程。在儿童观察结束之后，家长和教师可以通过引导儿童进行总结，使他们在获得感性认识的同时掌握新知识，学会有意义的观察。

培养儿童观察力的途径还有很多，家长和教师要善于抓住机会，尽量丰富儿童的生活，开阔他们的视野，让儿童广泛接触社会、自然等环境。在这个过程中，家长和教师可以抓住教育时机对儿童进行观察力的培养与训练。值得注意的是，观察力的发展水平也受到注意力和思维发展水平的制约，同期进行注意力和思维能力的训练对超常儿童的观察力有帮助作用，反过来也能促进注意力、思维能力等多种能力的发展。

3. 超常儿童记忆力的培养

儿童记忆力的发展与儿童对记忆事物的兴趣以及记忆策略有关。研究表明，能够引起儿童学习兴趣的事物，会使儿童有更高的投入热情和主动性，记忆的效果也更好。因此，在生活中家长和教师可以使用趣味生动的材料和形式多样的活动帮助儿童记忆力的发展。

教育者还可以使用并教授记忆策略。一方面，教育者需要向儿童提出明确且具体的记忆任务，并对记忆的结果给予正确的评价，激发儿童有意注意的积极性。在学习结束后，教育者还需要引导儿童进行复习，在轻松有趣的情绪状况下，复习能更好地提高儿童记忆的效果，巩固掌握的知识和技能。另一方面，记忆策略的教授有助于超常儿童更好地提高记忆能力，帮助他们学习和掌握记忆的方法。部分超常儿童较早就会使用分类法、复述法等记忆策略，这些策略可以将记忆材料组织成有一定联系的材料，帮助儿童在脑海中建立有序的系统知识。

三、如何促进超常儿童的思维能力发展

超常儿童与常态儿童有着不一样的思维能力发展特点，影响超常儿童思维能力发展的因素一直是学界关注的重点，人们力求找到合适的方法，以促进超常儿童思维能

力的发展，并最大限度地发挥他们的天赋。

(一)影响超常儿童思维能力发展的因素

影响超常儿童思维能力发展的因素包括个体因素和环境因素。

1. 影响超常儿童思维能力发展的个体因素

生理因素是个体思维发展的物质基础。从接收信息到信息的加工，都需要特定的脑机制，思维的发展也必须以神经机制的成熟为基础。

个体的知识经验、先前的思维方式、情感态度等因素对于超常儿童思维的发展也有着显著的影响。以问题解决为例，相比于新手，在某一领域拥有丰富知识的专家往往在知识的数量及组织方式上更强，因此在解决专业领域的问题时更加容易。思维定势对儿童思维运作的影响有着双向性，在条件不变的情景下定势思维能够帮助我们快速解决问题；而在某些情况下，功能固着会阻碍人们对于新问题情景的适应和解决方法的探索与开发。对超常儿童来说，日常生活的创新是他们得以成长的关键，因此，家长和教师对他们打破常规的能力应该予以关注和肯定。

2. 影响超常儿童思维能力发展的环境因素

当代儿童发展理论强调个体和环境的相互作用。环境对思维的影响主要体现在思维的产生、过程和结果上。第一，环境为思维提供信息刺激。一般来说，在更加丰富和变化性更大的情景能够引发更多的思考。第二，在思维的过程中，环境为思考提供了情景和条件。例如，有着良好家庭或学校支持的超常儿童往往能够不受条件的限制，能够进行更加深入细致的思考，并能够通过丰富的情景联想推理出更多的思考内容。在思维的产出上，有着较好环境支持的儿童可以与专家交流自己的想法，从而验证自己的想法并且得到指导，也能够利用周遭的条件去体验和实践更多的想法。

学校环境和家庭环境是影响超常儿童思维发展的主要因素。在学校环境中，一方面，学校的管理制度、文化氛围、教育设施等均是影响思维的因素；另一方面，课堂中的课堂氛围、教师的教学风格、教学方法、师生关系和同伴关系等也会影响超常儿童的思维发展。在家庭环境中，家庭文化环境和与成就有关的家庭设施会影响儿童的智力分数。智力发展较好的儿童，其家庭一般有很多教育性的玩具和书籍。他们的父母和蔼可亲，能促进孩子语言的发展和知识的增长，并带孩子到很多有趣的地方旅游。他们还能对儿童成熟的社会行为提出合理要求。例如，让孩子做些简单的家务活，对别人要讲礼貌。这些父母一般能通过讲道理来解决问题，而不使用体罚。这些都能够促进儿童认知的发展。

(二)超常儿童思维能力的培养

超常儿童的思维能力发展受到个体和环境的共同影响。在培养超常儿童的思维能力时，教育者应该为他们提供良好且适合他们特点的环境和教育，同时密切关注个体的发展状况和规律，找到合适的方法促进其思维能力的发展。

1. 直觉的培养

超常儿童对于直觉现象有着敏锐的感知和浓厚的兴趣，家庭、学校和社会都应该重视并鼓励儿童的发现和探索。父母、教师应该给予超常儿童一定的关注，并引导他们利用科学的方法进行探索，同时也要注意引导超常儿童合理利用直觉，避免超常儿童过度依赖直觉而减少了学习和验证的过程。

2. 理解力和概括力的培养

超常儿童拥有超前的理解力和概括力，需要一些富有挑战性的任务来锻炼思维。相比于常态儿童来说，超常儿童的学习材料应具有更高的复杂性和难度。国内外的超常儿童教育实践常常使用超出同龄儿童理解范围的材料和任务来对超常儿童进行教育。值得注意的是，超常儿童的思维过程并不是一蹴而就的，我们不应该将超常儿童看成是万能的，这就要求我们要为超常儿童提供充足的思考时间和充分的思考条件，使他们能够进行全面的、深入的理解和概括。①

3. 推理能力的培养

儿童推理策略的运用与学习能力离不开知识经验的积累。在对超常儿童的推理能力进行训练时，教育者应该注意培养他们良好的学习习惯，注重学习能力的培养而不是一味看重学习结果。此外，教育者也要为他们知识经验的积累提供帮助、创造条件。尤其是在幼儿阶段，掌握扎实的基础知识对儿童日后将要学习的各种技能具有重要的意义。

此外，推理能力还包括对事物间关系(包括功用关系、部分与整体的关系、对立关系、并列关系和因果关系等)的理解。在对儿童进行推理能力训练时，教育者可以经常给儿童提供具有不同关系的事物，让他们从中归纳出两者的关系，并应用这些关系对其他事物进行判断。

4. 问题解决能力的培养

问题解决能力受到基础知识和策略选择的影响。超常儿童往往更喜欢困难和复杂的任务，基础知识在其中同样起到了非常重要的作用。例如，在幼儿时期，成人会让儿童数数，比较大小，进行加减运算等，儿童学习得很快。可见，幼儿期掌握扎实、牢固的数学知识对进入学校后将要学习的各种数学技能有着重要作用，有助于他们更好地解决困难复杂的问题。

此外，策略的选择和使用也是解决问题的关键因素。超常儿童能够快速学习较多

---

① Clark, B., *Growing up Gifted: Developing the Potential of Children at School and at Home(fifth edition)*, Chicago, Merrill Publishing Company, 1997, pp. 47-56.

的策略，在进行策略选择时，教育者应该引导他们分析问题的情景、了解自己的能力。例如，在数学的解题上，儿童常常会出现进位错误、步骤混乱等问题。教育者多让儿童尝试解题方法，理解原理，对解题方法及时做出评价，儿童就会少犯类似的错误。教育者教授类似的方法，不但可以帮助儿童掌握正确的算法，而且可以促进儿童创造新颖且有意义的算法。

四、如何促进超常儿童的语言能力发展

儿童认知能力发展的重要表现形式之一就是语言能力发展。从牙牙学语到滔滔不绝，良好的语言能力发展对儿童各方面的成长都具有重要影响。超常儿童的语言能力发展也受到很多因素的影响，超常儿童语言能力的培养是超常儿童教育中一个重要的命题。

(一)影响超常儿童语言能力发展的因素

超常儿童语言能力的发展通常受到个体因素和环境因素的影响，其中家庭教育更是早期语言能力发展的关键。

1. 影响超常儿童语言能力发展的个体因素

一方面，语言的产生和发展需要一定的生理机制，包括语言器官的成熟、大脑皮层语言中枢的发育成熟等。大多数人的语言区位于左半球，皮层语言区随着儿童语言的获得而发展。如果语言区在早期受到损伤，那么其他区域可以代偿其功能。

另一方面，在儿童语言能力发展的早期，对于语义的理解和学习与特定的认知水平有关。例如，幼儿在客体永久性上取得进步时，开始使用代表消失的词语。当幼儿能够说出表示成功和失败的词语时，意味着其能够解决感知运动问题。除了认知，情绪也会影响早期的词汇学习。1岁半的儿童刚学会说一个新词时，是不带情感的。随着儿童语言能力的发展，他们逐渐将语言与情感表达相结合。

2. 影响超常儿童语言能力发展的环境因素

大多数超常儿童不存在生理缺陷，因此，真正对儿童语言能力发展起关键作用的是语言环境。丰富的社会环境会改善儿童获得语言的自然准备状态。在儿童语言能力发展的早期，家庭环境尤为重要。父母的态度、文化背景和互动等都会影响儿童语言能力发展。如果父母以不耐烦和拒绝的态度对待孩子努力说出的话，那么会导致儿童停止尝试和语言技能发展的滞后。

到了学龄期，语言的交流和阅读的重要性逐渐凸显。阅读材料的性质、教师的语言教学、与父母和同伴的语言交流等都将影响儿童语言能力的发展。许多在语言能力方面具有天赋的超常儿童，都离不开大量的阅读，并且阅读的内容都是丰富而有意义

的。一些语言技巧的学习和练习使儿童的语言能力得以发展。例如，在语文学习的过程中，通过阅读和教师的引导，儿童开始模仿使用一些难度较大的词汇、修辞手法等，并且在写作和日常口语交流中倾向于使用某种语言风格。

(二)超常儿童语言能力的培养

儿童的语言能力发展具有自身的规律和特点，父母的要求和教育应符合儿童的发展特点，不能忽视发展规律。因此，对超常儿童语言能力的培养既要遵循常态儿童发展的一般规律，也要考虑超常儿童发展的独特性。

首先，5岁以前是儿童语言学习的关键时期。对于超常儿童来说，父母应该抓住这一关键期，为他们营造刺激丰富的语言环境，呈现多样化的阅读材料，提供充足的口语表达和交流机会，促进他们语言能力的早期发展。其次，超常儿童语言能力的发展可能存在不平衡性。有的儿童阅读能力发展较好，有的儿童写作能力发展较好。父母和教师应该肯定和鼓励他们发展优势能力，以带动其他能力的共同进步。最后，超常儿童具有较强的模仿和学习能力。因此，父母和教师应该为儿童树立良好的榜样，避免不良语言习惯的产生。

本章小结

在本章节中，我们首先介绍了常态儿童的认知能力发展规律。在此基础上，进一步学习了超常儿童的认知能力发展规律。然后针对超常儿童的认知能力发展规律，结合影响他们能力发展的因素，提出了促进超常儿童认知能力发展的具体举措。这些举措对父母、教师和学校都有一定的启发和参考意义，需要学习者牢记掌握，并在现实生活中灵活运用，以发挥更大的作用，科学助力超常儿童的健康成长。

复习思考题

一、单项选择题

1. 以下不属于超常儿童注意发展的特点的是(　　)。

A. 有意注意时间长　　　　　　B. 注意面广

C. 注意分配能力强　　　　　　D. 注意反应速度慢

2. 以下不属于超常儿童思维发展的特点的是(　　)。

A. 思维水平高但发展速度慢　　B. 具有灵活性

C. 具有独特性　　　　　　　　D. 具有发散性

3. 以下属于超常儿童语言能力发展的特点的是（　　）。

A. 不擅长书面表达　　　　　　B. 不擅长口语表达

C. 阅读兴趣狭隘　　　　　　　D. 有丰富的词汇量

4. 以下不属于超常儿童问题解决能力的特点的是（　　）。

A. 信息加工能力强　　　　　　B. 不会运用高级策略

C. 概括和理解能力强　　　　　D. 推理能力强

二、简答题

1. 简述超常儿童突出的思维能力的主要表现。

2. 简述影响超常儿童认知能力发展的因素，请举例说明。

三、论述题

父母和教师可以通过哪些方法或策略来促进超常儿童的认知能力发展？

本章阅读书目

1. 查子秀：《超常儿童心理学（第 2 版）》，北京，人民教育出版社，2005。

2. 程黎、施建农、刘正奎等：《8～12 岁超常与常态儿童的检测时比较》，载《心理学报》，2004(6)。

3. 付瑶、张兴利、施建农：《智力超常儿童的工作记忆特点——基于工作记忆精确度与广度的实验研究》，载《中国特殊教育》，2022(2)。

4. ［美］劳拉·E·伯克：《伯克毕生发展心理学（第 4 版）》，陈会昌等译，北京，中国人民大学出版社，2013。

5. 彭聃龄：《普通心理学（第 4 版）》，北京，北京师范大学出版社，2012。

6. 施建农、徐凡：《超常儿童发展心理学》，合肥，安徽教育出版社，2004。

7. 苏雪云、张旭：《超常儿童的发展与教育（第 2 版）》，北京，北京大学出版社，2016。

思维导图

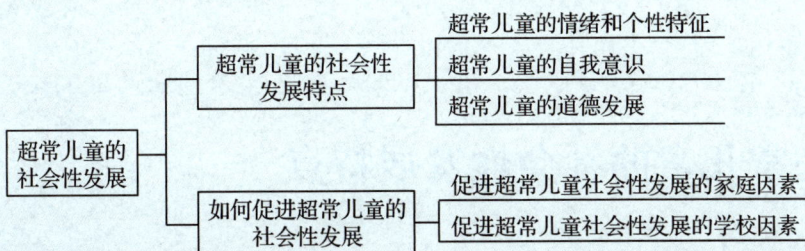

　　1969 年，美国著名的儿童发展心理学家科尔伯格（Kohlberg）提出，在儿童社会性结构中，最重要的特质因素有四个：信念、情绪、态度和价值观。齐格勒则认为，人的社会性包括社会知觉和社会行为方式。通过社会知觉，人们觉察他人想法，向他人表达行为的动机和目的；通过社会行为的学习，人们掌握约定俗成的举止行为和道德观念。国内学者也对儿童社会性进行了定义，王振宇在《儿童社会化与教育》[①]—书中提出，儿童的社会性划分为：人际关系、社会规范和自我发展。目前对社会性的结构和定义尚未统一，我国学者陈会昌[②]在综合已有对社会性定义的基础上提出，广义的社会性指人在社会生存的过程中形成的全部社会特性的总和，而狭义的社会性则指个体参与社会生活、与人交往，在其固有的生物特性基础上形成的那些独特的心理特性，它们使个体能够适应周围的社会环境，正常地与别人交往，接受别人影响，也反过来影响别人，在努力实现自我完善过程中积极地影响和改造周围环境。综合已有的相关研究，本章将从情绪和个性特征、自我意识、道德发展这三个方面来阐述超常儿童社会性发展的特点，并探讨超常儿童社会性发展的影响因素与教育方法。

第一节
超常儿童的社会性发展特点

　　大量研究表明，与常态儿童相比，超常儿童有更好的适应性、更积极的自我概念和更全面的自我实现。19 世纪 20 年代，美国心理学家推孟对 1528 个超常儿童的研究[③]发现，这些超常儿童到了成年时期依然表现出更好的自我调整能力、情绪调节能力和自我满足感。此外，超常儿童更少表现出自我中心的情况，他们更擅长从别人的角度看问题，因而更能感受到别人的情感和利益。但是超常儿童在社会性发展的过程中，也会遇到一些问题或困难，例如，由于精力旺盛，他们常会难以控制地快速讲话，还有可能成为工作狂；他们的情绪反应会比常态儿童更强烈，高兴的时候会更高兴，恐

---

　　① 王振宇：《儿童社会化与教育》，322 页，北京，人民教育出版社，1992。
　　② 陈会昌：《儿童社会性发展的特点、影响因素及其测量——〈中国 3—9 岁儿童的社会性发展〉课题总报告》，载《心理发展与教育》，1994(4)。
　　③ Gary A. Davis, & Sylvia B. Rimm, *Education of the Gifted and Talented (fifth edition)*, Michigan, Allyn & Bacon, 2003, p. 40.

惧和低落的时候也会更难过。① 本节将介绍超常儿童的情绪和个性特征、自我意识及道德发展特点。

一、超常儿童的情绪和个性特征

儿童在发展过程中会形成独特的情绪和个性特征，超常儿童则会有更不一样的表现。接下来将着重介绍超常儿童的情绪特征以及个性特征中较为典型的几个方面。

(一)超常儿童的情绪

超常儿童在情绪方面的特征主要表现在过度敏感性(overexcitability)和情绪智力(emotional intelligence)两方面。

达布鲁斯基(Dabrowski)提出超常儿童具有过度敏感特征的观点，认为过度敏感包括五个方面：(1)精神运动(psychomotor)，指的是个体表现出强烈的精力和热情、坐立不安、语速快、冲动或多动，感到自己必须采取某种行动，可能出现咬指甲或其他紧张性行为，享受快速的运动或游戏，甚至可能参与犯罪。在精神运动方面过度敏感的超常儿童往往可能患有注意缺陷多动障碍(ADHD)。(2)智力(intellectual)，智力方面过度敏感表现为高水平的好奇心、询问、分析、探索。这一类儿童享受追求真理的过程。他们的学习特征包括大量的扩展性阅读、高度的专注力，询问探索性问题，解决问题，关注某个具体领域的问题，还喜欢思考道德性问题，如战争、公平等。(3)想象力(imaginational)，想象力方面过度敏感表现为高水平的创造力。这一类儿童喜欢幻想、强烈的视觉表象、魔法思维、隐喻性思维等，由于丰富的想象力，他们可能会体验到对未知的恐惧。(4)感官(sensual)，感官领域的过度敏感包括视觉、味觉、嗅觉、触觉、听觉等，表现为疯狂购物、过度饮食等。(5)情绪(emotional)，情绪的过度敏感包括强烈的积极和消极感受的波动。

儿童的情绪智力是指他们感知和表达情绪、理解和运用情绪、控制情绪的能力。有高情绪智力的人能够理解他人的情感和情绪，他们能够很好地控制人际关系，更有可能在工作上取得成就。已有研究表明，儿童的情绪发展会影响到儿童的亲社会行为②、学校表现，甚至记忆能力。儿童可以通过对情绪的感知、运用和调节，更好地适应可能阻碍学习表现的情绪情景，促进更好的学业表现。

---

① Gary A. Davis, & Sylvia B. Rimm, *Education of the Gifted and Talented(fifth edition)*，Michigan，Allyn & Bacon，2003，p. 40.

② 李沛沛、黄程、寇彧：《社会排斥与个体助人意愿：归属感需求的调节作用》，载《中国临床心理学杂志》，2017(4)。

关于超常儿童和常态儿童情绪智力的比较研究并未得出一致结论。例如，有研究者①提出超常儿童比常态儿童有着更强的情绪调节能力，焦虑水平也更低，尤其是高创造者，他们拥有强大的个性品质去突破规则。另有实证研究②发现，超常儿童的情绪智力低于常态儿童，这可能是由于超常儿童在社会交往中对自己产生负面认知，积极体验较少。也有研究③④发现，在男性中超常儿童的情绪智力与同龄的常态儿童相比没有显著差异，但是在女性中超常儿童的情绪智力低于同龄常态儿童。

在超常儿童群体中，有研究⑤发现高情绪智力的超常儿童比低情绪智力的超常儿童有更好的情感控制力和稳定性，在生活中能保持轻松而兴奋的状态，有更强的责任心、主动性、冒险性、好胜心，同时表现出更低的忧虑性和紧张性。

虽然超常儿童能够利用他们的高认知能力管理情绪，但是在日常生活和成长发展过程中，他们也会遇到大大小小的情绪问题，因此有意识地培养超常儿童的情绪智力是至关重要的。如果教育者在设置超常儿童的课程活动时能将他们的社会能力水平和情绪成熟度考虑在内，那么超常儿童将会有更积极有效的学习体验。

(二)超常儿童的个性特征

超常儿童典型的个性特征包括完美主义、幽默感、坚持性和独立性等，接下来将进行简单介绍。

1. 完美主义

完美主义是一个复杂的概念，它既有健康的、适应性的一面，也有不健康的、非适应性的一面。不同的研究者给出了不同的定义。有研究者把完美主义界定为一种本质上消极的人格特质，表现为对自己或他人的不切实际的要求，即任何时候任何地点，都要表现优异。他们也强调维持完美主义的认知过程，如"选择性注意"，即只关注不足或失败，忽视优点或成功。⑥ 也有理论家用多维视角看待完美主义，把完美主义分为健康的完美主义和不健康的完美主义，其中健康的完美主义者为自己设立切实可行的标准，达成标准后能够感到愉快，在特定情景中有灵活应对的能力。而不健康的完美

① Freeman, J., "The Emotional Development of the Highly Able," European Journal of Psychology of Education, 1997(4), pp. 479-493

② Casino-García, A. M., García-Pérez, J., & Llinares-Insa, L. I., "Subjective Emotional Well-Being, Emotional Intelligence, and Mood of Gifted vs. Unidentified Students: A Relationship Model," International Journal of Environmental Research and Public Health, 2019(18), p. 3266.

③ Lee, S., & Olszewski-Kubilius, P., "The Emotional Intelligence, Moral Judgment, and Leadership of Academically Gifted Adolescents," Journal for the Education of the Gifted, 2006(1), pp. 29-67.

④ Angela, F. R., & Caterina, B., "Creativity, Emotional Intelligence and Coping Style in Intellectually Gifted Adults," Current Psychology, 2022(3), pp. 1191-1197.

⑤ 李皓、金瑜：《资优中学生情绪智力技能水平的差异对个性的影响》，载《中国特殊教育》，2004(2)。

⑥ 费定舟、马言民：《完美主义真的"完美"吗？——完美主义综述》，《中国临床心理学杂志》，2017(3)。

主义者设定不切实际的行为或成就标准，总是对自己的努力感到不满，并且不能灵活应对。因此，完美主义对超常儿童的影响可能是多元化的。

在超常儿童教育领域，许多研究者根据观察与临床经验发现，完美主义在资质优异和成绩出众的学生中是普遍存在的一种心理现象。研究者[1]使用佛洛斯特（Frost）等人设计的《佛洛斯特多维完美主义心理量表》（FMPS）对 820 名资质优异的六年级学生进行调查研究，聚类分析的结果可以归为三种类型：健康的完美主义者（healthy perfectionists）占 41.7%，功能失调型完美主义者（dysfunctional perfectionists）占 25.5%，非完美主义者（nonperfectionists）占 32.8%。健康的完美主义者是指有较高但又不是极高标准的，他们做事有条理有组织；功能失调型完美主义者是指有极高的个人标准，但特别怕犯错的人，他们做事犹豫不决；非完美主义者是给自己设定较低的标准的人，他们做事随意、无条理。曾有一项评估发现，美国有近一半的人口有完美主义倾向。在超常群体中，这个比例可能会更高。一项以 112 名 7～8 年级的超常儿童为被试的研究表明，87.5% 的超常儿童有强烈的完美主义倾向。

健康的完美主义有助于超常儿童社会性的发展，有助于他们获得更有意义的知识，取得更大的成就。有研究发现超常儿童会接受并内化他们的完美主义特质，虽然他们觉得参加一个具有挑战性的课程可能会让他们的成绩不再完美，但是他们依然会这样选择。因为他们不将"完美"作为他们成功与否的衡量标准，这样健康的完美主义能够鼓励超常儿童不断挑战自己，促进自身发展。

而不健康的完美主义则是超常儿童成长中的阻力。一方面，对"完美"的一种强迫性的全神贯注会抑制个体去体验新的东西，因为他们害怕失败，这种心理就是不健康的完美主义。有研究者[2]认为不健康的完美主义的核心是一种过度的"恐惧"——认为一个人要么完美，要么没有价值。许多超常儿童都期望自己是永远完美的。伴随着这种想法，个体永远都会觉得自己做得还不够。对超常儿童来说，这种恐惧可能是和一些其他的认识交织在一起的，例如，他们对自己非凡的能力和出众的成就的认识，让他们觉得做到"完美"是有可能的，所以他们的目标很高，而且经常高得不切实际。另一方面，不健康的完美主义还可能妨碍超常儿童的人际关系。有不健康的完美主义观念的超常儿童不仅自我要求极高，还会以自己的高标准去要求他人，并以此作为能否接受他人的标准。这些对他人的期待会严重影响到超常儿童的人际关系、世界观以及别人对他们的看法。

总之，健康的完美主义是超常儿童取得成就的动力，不健康的完美主义则使超常

① Parker，W. D.，"An Empirical Typology of Perfectionism in Academically Talented Children," American Educational Research Journal，1997(3)，pp. 545-562.

② Greenspon，T. S.，"'Healthy Perfectionism' Is an Oxymoron! Reflections on the Psychology of Perfectionism and the Sociology of Science," Journal of Secondary Gifted Education，2000(4)，pp. 197-208.

儿童因为害怕失败而不敢体验新的东西，甚至会对其人际关系产生不良影响。对于超常儿童来说，外部的或者自我强加的追求成功的压力都很可能会使其形成不健康的完美主义观念。为了避免超常儿童不健康完美主义倾向的形成，不论是教师、父母还是超常儿童自己，都应该客观地认识和接受期望与现实之间的差距。

2. 幽默感

心理学家尚未对幽默感做出统一和明确的界定。他们认为幽默感是一个广泛且多层面的概念。从认知角度来看，笑与幽默源于"期待"与"落空"之间的不协调；从情绪角度来看，幽默是"逆心理常规的良性刺激产生的愉快感"；从行为角度来看，幽默的第 3 个层次为笑，是幽默所产生的外显行为反应；从个性角度来看，拥有幽默感的个人有两个共同特征，一是欣赏幽默的能力，二是创造幽默的能力。加拿大幽默研究知名学者马丁（Martin）于 2000 年指出，幽默感包含认知、情绪、行为、心理、生理以及社会等各方面的概念，幽默可以是外在的刺激（如喜剧片），也可以是心理过程（知觉、理解笑话）或个体的反应（如大笑）。

大多数超常儿童都具有较强的幽默感，这来自他们充足的自信心和快速辨别事物之间联系的能力。在学校，超常儿童的幽默感可能体现在创造性写作或艺术设计上。一项研究[①]通过对 74 名 7～12 岁超常儿童的访谈，探讨了超常儿童的幽默媒体偏好、对幽默感的解释、对自己幽默感的评价，以及自己产生和理解幽默的能力。结果发现，大部分超常儿童偏好概念不一致或带有多重含义的文字游戏；他们对自己的幽默感的评价都很高；多数人能够创造出一个笑话或谜语，并准确地解释其中蕴含的趣味性。但是，被男孩认为具有幽默感的媒体（如电视或书籍）更加具有敌对性。不同年龄的超常儿童在举出幽默的例子和解释幽默的能力方面没有显著差异。

3. 坚持性和独立性

超常儿童普遍具有的特征之一就是高水平的动机和坚持性。美国心理学家推孟早期的研究显示，高动机是决定超常儿童能获得成功的关键因素之一。通过对超常儿童和同龄常态儿童进行个性方面的测试和比较，我国研究者发现，超常儿童在主动性、坚持性和自信心方面显著优于常态儿童。

超常儿童在学校的成功，使他们获得父母、教师以及同伴的认可和赞赏，使他们对自己充满信心，更加愿意进行独立的思考和学习。我国研究者[②]使用小学生个性特征问卷对二年级和六年级超常儿童实验班的学生进行测试，并与同龄常态儿童进行比较，结果发现，超常儿童在求知欲、独立性、坚持性等方面显著优于同年龄和高年级常态

---

① Bergen, D. , "Gifted Children's Humor Preferences, Sense of Humor, and Comprehension of Riddles," Humor: International Journal of Humor Research, 2009(4), pp. 419-436.

② 查子秀：《超常儿童心理学（第 2 版）》，208 页，北京，人民教育出版社，2005。

儿童。

我国研究者①还使用卡特尔个性16因素测量表对超常儿童进行测试，结果发现他们在稳定性、持强性、敢为性、创新性、自律性等维度上得分显著高于同学段不同年龄的大学生和同年龄段不同学段的中学生，而在乐群性、兴奋性、敏感性、怀疑性、紧张性等方面显著低于另外两个组。

总的来说，超常儿童的个性发展具有独特性，教育者应该正确认识他们的个性特征，进行有针对性的教育，因势利导，促进超常儿童健康发展。

二、超常儿童的自我意识

自我意识是主体的我对客体的我的认识，如一个人对自己的外貌、身高的了解，对自己能力、性格等的认识，对自己与他人相处的融洽程度和自己在他人眼中的地位的理解等。概括地说，自我意识是对自我及其与周围关系的感知和认识，包括个体对自身的意识和对自身与周围世界关系的意识两大部分。自我概念、自尊和自我决定是个体自我意识的具体表现，接下来将介绍超常儿童在这三方面的特点。

(一)超常儿童的自我概念

自我概念是关于自己的特长、能力、外表等方面的态度、情感和知识的自我感觉。自我概念不仅为个体提供自我认同感和连续感，使个体的存在和发展富有意义和价值，而且在个体面临重要任务时能够调节、维持有意义的行为。儿童时期是个体建立并发展自我概念的重要时期，良好的自我概念直接关系到儿童的心理健康和学业成就，进而影响其社会性功能的发展。

自我概念的发展曲线是起伏跌宕的。我国学者周国韬和贺岭峰②使用修订版的Song-Hattie自我概念量表对500名11～15岁中小学生进行调查，结果发现，11～15岁学生的各项自我概念基本上呈U形发展趋势，13岁是自我概念发展的最低点。冯喜珍等人对4～6年级学生的研究③发现，学生的自我概念随着年级的升高逐渐降低。研究者④对初高中生的研究发现，七年级到八年级学生的自我概念呈下降趋势，从八年级到九年级，自我概念基本处于上升趋势。

---

① 查子秀：《超常儿童心理学(第2版)》，204～205页，北京，人民教育出版社，2005。
② 周国韬、贺岭峰：《11～15岁学生自我概念的发展》，载《心理发展与教育》，1996(3)。
③ 冯喜珍、郑旭、罗守艳等：《4—6年级小学生自我概念发展特点及校园人际关系的影响》，载《第十八届全国心理学学术会议论文集》，2015。
④ 熊恋、凌辉、叶玲：《青少年自我概念发展特点的研究》，载《中国临床心理学杂志》，2010(4)。

与常态儿童相比，超常儿童的自我概念发展呈现出不同特点。罗如帆等人[①]选取超常儿童实验班的儿童和与之年龄匹配的同龄儿童作为被试(11～13 岁)，使用自我描述问卷测量他们的自我概念。结果表明：超常儿童在一般学校自我、诚实可信赖自我与同性关系自我三个维度的得分显著低于同龄儿童；超常儿童与同龄儿童的诚实可信赖自我和与同性关系自我概念的发展趋势存在差异，即同龄儿童的自我概念随年龄增长显著上升，而超常儿童的自我概念基本保持平稳状态。苏雪云等人[②]选取高中阶段的学业超常儿童实验班和普通班学生作为被试，使用自我描述问卷测量学生的自我概念水平，结果表明，学业超常儿童实验班学生除了与父母关系维度，自我概念的各个维度都优于普通班学生。程黎和王菲[③]对 10 岁流动超常儿童的自我概念的研究表明，城市和流动超常儿童在自我概念上的差异主要表现在城市超常儿童的非学业自我概念显著高于流动超常儿童。

超常儿童自我概念的发展有积极的一面，也有其消极的一面。积极的方面包括：对自我、他人和现实的接纳；对一项事业、任务或职业的热爱和奉献，视工作为享受；以多元的价值来定义世界；自主、拒绝从众、不在意自己是否被每个人喜欢等。初中学段的超常儿童可能认为自己很有能力、智力高，能够获得他人的认可和信任的同时，也常常感到社会压力，觉得自己无所事事，以至于想变得平庸，这会影响自身智力水平的发展。

在自我概念的形成中出现问题的超常儿童通常有三种自我调节的模式。第一种，他们会选择离开——将自己与群体隔离开来，这种情况最常在没有挑战的环境中发生。第二种，他们可能会成为班级里的小丑——努力地表现自己以赢得接纳和受到关注。这种行为可能会让教师和同龄人认为他们傻或者视他们为讨厌的人。第三种，超常儿童可能会隐藏他们出众的智力以寻求与环境的一致——为了像其他人一样，他们努力假装不知道答案，这个危险的选择可能会导致智力减退，甚至使超常儿童成为角色扮演者或者教育体系中所谓的"低成就者"。

综上，超常儿童与常态儿童相比，对自己有更积极的认识，但这也可能会给他们造成压力。因此，教育需要给超常儿童更多支持，提升其归属感和认同感，促进他们形成积极向上的自我概念，保护和激发他们的超常潜能。

---

① 罗如帆、肖文、苏彦捷：《11～13 岁超常儿童自我概念的发展》，载《中国特殊教育》，2008(6)。

② 苏雪云、谭和平、方俊明：《学业超常儿童自我概念特征及其影响因素的调查研究》，载《心理科学》，2010(5)。

③ 程黎、王菲：《家庭教养方式对 10 岁城市与流动超常儿童自我概念的影响》，载《中国特殊教育》，2010(12)。

(二)超常儿童的自尊

自尊是自我意识的重要成分之一，也是影响个体发展和潜能发掘的因素之一。高自尊的儿童通常自我感觉良好，而且会对自己的能力做出较高的评价。他们期望做得更好，并且有能力战胜环境带来的挑战。低自尊的儿童通常感到沮丧、焦虑和不适应，他们不能客观地评价自己的能力，总是把焦点放在自己的缺点上。对超常儿童来说，由于有较多的成功体验，他们通常都有较高的自尊水平。但是高自尊并不总是有利的，有时他们会对自己产生过高的期望，或者产生不端正的学习态度，这都不利于超常儿童的持续发展。

与常态儿童相比，超常儿童更倾向于按照外界期望和认可的样子来塑造自己形象，展示出自己最完美的一面，这就导致超常儿童试图去迎合每一个人的期望，然后变成所谓的"完美小孩"。他们不希望让父母、教师及其他重要的人感到失望。因此，这些儿童会为自己设置不可能完成的任务，由于外部不同个体(如父母和教师)对自己的期待不同，他们无法达到他人的期望，极有可能以失败告终，这可能会导致他们的自尊受挫。

超常儿童并非生来就具有高自尊，而是随着成功经验的积累，逐步获得了高自尊。因此教师和父母对于促进超常儿童的自尊发展有重要作用。教师和父母应该避免对超常儿童设定不合理的期望。超常儿童与其同龄人一样，不是"完美小孩"，需要获得积极的支持和认可。教师和父母可以通过讲故事等多种途径，在儿童心目中树立榜样，激发他们的自尊，使其产生积极进取的动力。再次，对于犯错误的儿童，父母和教师不可动辄粗暴批评，而应该多加鼓励，保护儿童自尊心。最后，教师和父母应该善于发现儿童积极的一面，遇到困难让他自己解决并给予帮助，让其体会到自己的能力，促进儿童自尊发展。

(三)超常儿童的自我决定

美国心理学家瑞安(Ryan)和德西(Deci)于 2000 年提出的自我决定理论，提出人们从事活动的三种动机，即内在动机(intrinsic motivation)、外在动机(extrinsic motivation)和去动机(amotivation)。内在动机指由于自己的兴趣和活动本身的乐趣而从事活动的动机；外在动机指为获得活动所能带来的另外结果而从事活动的动机；去动机指缺乏从事活动意图的动机。依据不同外在动机类型的自主性程度，将外在动机的类型依序排列在一个连续体上，从最少自主的外部调节、部分自主的摄入调节、充分自主的认同调节，到内在动机，并在此基础上提出自主性动机(autonomous motivation)和控制性动机(controlled motivation)两种类型动机。自主性动机是指从事活动时具有充分的意愿感、意志感和选择感的动机，而控制性动机是指从事活动时具有被外部条件或内部心理强迫或控制的动机。

研究者(Lovecky)发现超常儿童经常表现出强烈的自我决定意愿，他们有强烈的动机想要实现他们想做到的所有事，能专心地追求自己的目标。也就是说，超常儿童比常态儿童具有更高水平的自主性动机，具体体现在其内部动机高、内部归因倾向明显两方面。例如，有研究表明多数超常儿童常表现出较高的内部动机，他们充满好奇心，愿意接受挑战，能坚持困难的任务，执着，对自己的付出有或满意或挑剔的认识，不在意别人的看法，学业焦虑水平更低。超常儿童较高的自主性动机还表现为他们能建设性地利用失败的经验——他们把失败归因于不够努力而不是能力不足，这使得他们有动力下一次做得更好。但是有的超常儿童，因为有过高的自主性动机，所以会为自己设定较高的目标，一旦他们在这些过高的目标上失败了，他们强烈的个人责任感就会让他们觉得自己是没有能力的、是愚蠢的。这些挫败感来源于超常儿童自身，是将自己的实际表现和较高的自我期望比较，而不是将自己与其他学生比较。[1]

很多环境因素可能会使儿童受控制性动机的驱动，这些控制性因素越多，儿童的自主性动机就越弱。例如，传统的学校教育注重使用奖品、代币、特殊对待、惩罚等外部奖惩手段，而很少关注学生的自主性动机或内部动机的强度。这样，一旦没有了外部奖励，学习也就变得没有意义了。发展内部动机至关重要，教师可以通过制订灵活的任务完成日期，取消明显的监督，创造一个鼓励冒险和提问的安全环境，允许适当竞争，设计有一定挑战性的课程等措施来提高学生的自主性动机。

综上，超常儿童具有较高的自主性动机水平，他们的行为出发点更多在于内部动机，如求知欲和好奇心。但是他们的归因方式更多是内部归因，即将成功或失败归因于自身，这使他们对生活或目标始终保持热情和坚定的信心，也使他们面对失败时善于内省，进而获得更大成就。因此，传统学校教育的外部奖惩机制看似激励了学生的学习动机，实际上却是消解了儿童的内部动机，尤其是对内部动机较高的超常儿童来说，这种学习环境是十分不利的。在超常儿童教育中，人们不仅应该关注到超常儿童的学业成就，更应该关注到这些成就背后的内部动因，以有利于超常儿童自主性动机这一心理优势的保持和发展。

三、超常儿童的道德发展

儿童社会化的核心内容就是使儿童成为一个有道德的人，衡量一个儿童的道德水平，不仅要看他的行为动机，对自己和别人行为的是非判断和认识，还要看他实际行

---

① Gary A. Davis, *Gifted Children and Gifted Education: A Handbook for Teachers and Parents*, Scottsdale, Great Potential Press, 2006, p. 33.

为的性质和意义。以下将介绍超常儿童道德发展的特点及培养策略。

(一)超常儿童的道德发展特点

科尔伯格的道德发展阶段理论认为，道德是沿着固定的三个道德水平和阶段发展的，发展顺序固定不变，后面的阶段起源于并替代先前阶段。个体一旦达到更高的道德水平，就不可能退回到早期阶段。父母和同伴交往对儿童的道德发展有重要作用，例如，当儿童周围有同龄人进入道德发展下一阶段并表达出他们吸引人的观点时，儿童也会受他们影响，很快步入下一发展阶段。[①]

与常态儿童相比，超常儿童的道德认知发展起步较早，从很小的时候开始他们就对一些道德问题有了自己的看法，包括共情、同情、理想化和意识到全球性问题(如环保议题)，并对道德两难问题有超前的理解。[②] 超常儿童对公平、正义和责任问题的理解远超过同龄的常态儿童。超常儿童在道德推理水平上要高于常态儿童——他们的正义感更强，对道德原则和个人权利的重视程度更高。[③] 超常儿童可能在中学阶段便达到了后习俗道德水平。只有 10％~15％ 的成人达到了这个水平。

虽然超常儿童的道德发展较早、水平较高，但是可能存在一些问题。在早期发展中，他们对道德问题的理解能力远胜于对道德问题的处理能力，该问题被认为是超常儿童道德发展中最严重的问题之一。研究者[④]提出了对超常儿童早期敏感性的另一种认识。充满同情心的儿童在表达他们对世界的道德思考时是很容易受到伤害的。因为面对世界上存在的各种问题时，他们可能会误以为自己必须做点什么去解决这些问题，但是他们还没有发展出相应的解决问题的能力，所以就会感到备受打击。对于世界上的许多道德问题，超常儿童有比常人更敏感的感受和更深入的考虑，但是年少的他们囿于生活经历的局限，对道德问题的认识可能带有一定的理想主义色彩。如果发现现实不像他们想象中的那样，他们就会感到受挫和迷茫。正是因为超常儿童对道德问题如此敏感，发展潜力如此之大，所以教育者需要在其中适当地引导和培养。

(二)超常儿童的道德培养

影响儿童道德发展的关键因素是其所处的道德环境和道德氛围。构成这种环境和

---

① Gary A. Davis, & Sylvia B. Rimm, *Education of the Gifted and Talented(fifth edition)*, Michigan, Allyn & Bacon, 2003, p. 199.

② Clark, B., *Growing up Gifted: Developing the Potential of Children at School and at Home(eighth edition)*, New York, Pearson, 2012, p. 116.

③ Gary A. Davis, & Sylvia B. Rimm, *Education of the Gifted and Talented(fifth edition)*, Michigan, Allyn & Bacon, 2003, p. 199.

④ Silverman L. K., "The Moral Sensitivity of Gifted Children and the Evolution of Social," Roeper Review: A Journal on Gifted Education, 1994(2), pp. 110-116.

氛围的要素之一是"规范（discipline）"。制订规范的目标是帮助儿童为自己的行为负责。独裁的、强硬的手段不仅无法达到这个目标，而且可能造成不合作的、攻击性的行为；相反，温暖的、以爱为导向的规范——充满接纳、理解、解答和推理，则会带来道德概念的内化和合作的、非暴力的行为。即使权威规范利用儿童对体罚的恐惧镇压了他们公然的敌意，儿童的气愤是不会消失的，只是被暂时被抑制了。单方面利用权威的成人会在潜移默化中让儿童认为"道德不是对每个人的要求"，这样就阻碍了他们向更高水平发展。在建立道德环境时，成人要树立他们的权威，但是需要改变方式——从原来的恐吓、惩罚或奖励变为公平地调解矛盾，引导或帮助儿童更好地解决问题，帮助儿童发现替代性的评价。

父母和教师对于促进超常儿童的道德发展具有重要作用。父母可以通过开放式的对话或者组织家庭会议，让家庭成员相互沟通，从而引导儿童尊重他人，并与他人进行清晰的交流。教师可以向儿童展示高一级的道德概念，以鼓励他们在更成熟的层面上思考问题。例如，教师可以设计角色扮演的活动，给儿童机会去扮演一些粗鲁或不诚实的人，通过这种方式来思考一些道德问题；也可以让儿童用更高水平的道德思维讨论道德两难问题，练习道德决策。

总体上来看，与常态儿童相比，超常儿童的道德发展是超前的，他们在更小的年龄段就摆脱了"自我中心"，达到更高的道德发展水平。其最终发展到的阶段高于常态儿童，甚至高于成人。这也会给他们带来困扰，因为在年幼时，他们的道德行为能力常常无法达到他们的道德认知水平，受到个体经验的限制，他们对道德问题的看法往往是过于理想化的。教育者需要用适合他们发展水平的方法，促进他们的道德发展水平的提高，让儿童对现实的道德问题有辩证的、客观的认识。

本节分别介绍了超常儿童的情绪和个性特征、自我意识及道德发展特点。在超常儿童的情绪和个性特征中，重点探讨的是儿童的情绪和个性特征在超常群体中较为典型的表现，分别是超常儿童的敏感性特征和情绪智力、人格上的完美主义倾向和幽默感。在超常儿童的自我意识中，重点探讨了超常儿童的自我概念、自尊和自我决定。最后，在超常儿童的道德发展中，重点探讨了超常儿童的道德发展特点及培养方式。

第二节
如何促进超常儿童的社会性发展

超常儿童所具有的焦虑、完美主义、过度敏感等特征可能会导致超常儿童在社会适应、人际交往等方面的问题，这些问题常常会因为他们的"超常"而被忽略，有时甚至会酿成严重的后果。因此，家庭和学校要加强对超常儿童的情感、社会交往、自我和道德发展的培养，及早干预其出现的社会性问题，这样才能为超常儿童未来的良好发展奠定基础。

一、促进超常儿童社会性发展的家庭因素

在超常儿童成长的每一个阶段，尤其是早期教育阶段，父母和家庭都在其中扮演着非常重要的角色，父母对超常儿童社会性发展的影响主要体现在亲子依恋关系、教养方式、家庭结构和氛围这三个方面。

（一）构建健康的亲子依恋关系

依恋是婴幼儿与养育者之间最早建立的情感关系之一，是儿童社会性发展的开端和基础，对儿童身心发展，尤其对社会性情感的发展有重要影响。[1] 与养育者依恋关系较好的婴儿将更加独立，有更多的积极情感、较少的消极情感[2]，并能够敏感地感知到其他儿童的需求和情绪；而不安全依恋的婴儿在学前期会有更多的攻击性行为，与同学关系不好，并表现出更多的行为和心理问题。也许在缺乏关爱的家庭中，超常儿童也能够具备良好的认知能力，但无可避免的是，他们会根据家庭展现出的环境构建自我。[3]

对于超常儿童父母来说，他们必须给超常儿童充足的发展依恋关系的机会，让他们感受到自己是重要的，积极地倾听和回应他们，促使儿童形成安全依恋和归属感，帮助超常儿童调节可能出现的社会性问题。

（二）实施民主型的教养方式

父母教养方式是指父母在养育和教育孩子时，体现出来的教育观念、对子女的态度以及在此过程中的一切言谈举止。美国心理学家鲍姆林德（Baumrind）将父母教养方式划分为四种类型——民主型、专制型、放任型和忽视型，其中大部分研究认为民主型的教养方式是有利于儿童发展的。民主型教养方式的父母往往会尊重孩子的个性和选择，他们会对孩子有一定的要求，但不会以自己的意志去控制和管教孩子。就像人本主义者罗杰斯（Rogers）所说的"无意识的积极关注"，给予孩子充分的关爱，同时视他为独立的、有自己权利和价值的个体。

---

① 张艳：《家庭养育环境对依恋形成及社会情绪发展的影响》，硕士学位论文，山东大学，2013。

② ［美］谢弗：《发展心理学：儿童与青少年（第9版）》，邹泓等译，409页，北京，中国轻工业出版社，2016。

③ Clark, B., *Growing up Gifted: Developing the Potential of Children at School and at Home (fifth edition)*, Chicago, Merrill Publishing Company, 1997, p. 171.

超常儿童常常有掌握更复杂知识的内部动机，他们有时会持续不断地问奇怪的问题，这是他们强烈的好奇心和求知欲的体现。因此，对于他们来说，父母更应该采用民主型的教养方式，尊重孩子的自由和个性发展，积极回应和解决孩子的问题，给予他们发展潜能的机会。

(三)形成融洽的家庭结构和氛围

家庭结构和氛围也是影响超常儿童社会性发展的重要因素。研究①显示，婚姻融洽是优秀养育行为的重要支持，离婚率低的社会更容易培养出超常儿童。在一个完整融洽的家庭中，父母更容易为超常儿童的发展提供资源和支持，这也有利于他们的发展。研究发现，超常儿童的家庭一般很早就给孩子丰富的刺激和接触社会的机会(例如，给他们读故事，带他们去参观展览、博物馆等)，从而促进其认知和社会性的发展。

此外，开放的家庭氛围也有利于高潜能的实现，这些家庭通常都有以下特征。

① 父母能接受儿童是独立的个体并开放地表达对他们的接纳；

② 父母基于每一个儿童的能力设立了清晰的目标和评价界限；

③ 父母的引导对每个儿童都是合理的、现实的、适合的；

④ 家庭氛围自由、灵活但不放纵；

⑤ 父母意识到了环境的重要性，建造了一个互相关心、保护的环境，帮助儿童自然地发现他们的地位，并学会尊重这个集体；

⑥ 父母充满自信，关系和睦，对自己的行为负责；

⑦ 父母在家庭之外有活跃的生活，不把家庭作为获得满足与唯一依赖的环境。

综上，无论是亲子关系，还是家庭环境，都在超常儿童的成长过程中起着潜移默化又不可忽视的作用。父母在早期对儿童的需求给予积极回应，有助于和儿童建立起安全的依恋关系；在后期的养育中，民主型的教养方式以及温暖、民主、开放的家庭氛围都有利于超常儿童社会性的发展。因此，抓住超常儿童社会性发展的关键期，并为超常儿童创设和谐开放的家庭环境，对他们的发展至关重要。

二、促进超常儿童社会性发展的学校因素

学校是影响儿童社会性发展的重要环境因素，教师和同伴作为学校中与超常儿童密切联系的两个群体，他们的能力、态度、与超常儿童的关系质量都深刻地影响着超常儿童在学校的社会适应和表现。

---

① James，R. Delisle, *Guiding the Social and Emotional Development of Gifted Youth*：*A Practical Guide for Educators and Counselors*，New York，Longman，1991，p.4.

(一)师生关系对超常儿童社会性发展的影响

教师是构建学习环境和影响学生学习与各方面发展的重要主体。一方面，教师的个人特征影响着超常儿童社会性发展。一位理想的超常儿童教师在社会性品质上应是善解人意的、包容的、尊重和信赖学生的。具备了这些优良个性品质的教师才能了解超常儿童在情感方面发展的需求，才能为超常儿童营造一个温暖的学习环境，促进他们认知和社会性的发展。另一方面，除了教师的个人特征，教师与超常儿童的互动也影响着超常儿童的社会性发展。在学校，教师在课堂上频繁的表扬会引来不必要的关注，并且当期望过高时，儿童可能会感觉到压力或者他们索性以叛逆行为抵抗这种高压，[1] 教师应该注意表扬学生的努力，而不是表扬他们的成功或者能力。[2]

为了促进超常儿童的社会性发展，教师可以针对性地采取以下策略。

① 建立丰富的学习环境，建立一个充满信任的班级环境，让学生间能互相学习、从环境和教师身上学习；

② 与儿童对话时，使用提供选择和能让儿童发展出替代性思维技能的语言，让儿童感到支持和能胜任；

③ 经常用语言提醒儿童，他们是有价值的；

④ 让超常儿童在学校与同类群体多接触，让他们有归属感。

另外，对于那些有不健康完美主义的超常儿童，研究者(Barbara Clark)为教师如何帮助学生克服这一问题提出了一些建议。

① 学会在心里过滤想法，关注他们的成就而不是错误；

② 通过对比别人设立的标准的方式，再评估他们现在的标准；

③ 庆祝他们的成就；

④ 从他们的错误中学习；

⑤ 面对错误时，关注他们的感受，帮助他们学习如何处理错误；

⑥ 列出做一个完美主义者的优点和缺点；

⑦ 密切关注他们当前的自我接纳水平；

⑧ 让他们处于积极的环境和人群中。[3]

(二)同伴关系对超常儿童社会性的影响

除了教师，在学校与超常儿童相处最多的就是他们的同伴。同伴对超常儿童的多

---

① Clark, B. , *Growing up Gifted： Developing the Potential of Children at School and at Home*(*eighth edition*), New York, Pearson, 2012, p. 109.

② David A. Sousa, *How the Gifted Brain Learns*(*second edition*), California, Corwin Press, 2009, p. 47.

③ Clark, B. , *Growing up Gifted： Developing the Potential of Children at School and at Home*(*eighth edition*), New York, Pearson, 2012, p. 101.

方面发展起着不可忽视的影响。当前我国对于超常儿童的安置模式可以分为被鉴别后集中培养的超常儿童教育学校或超常儿童实验班，以及没有被鉴别的分散安置的普通班。不同的安置模式下超常儿童对于同伴关系有着不同的体验。就读于普通班的超常儿童因其过人的天赋，往往在学业上能够远远超过同班的常态儿童。超常儿童在将自己的能力与常态儿童的能力进行比较时，往往会产生较高的自我概念。但同时，超常儿童普遍具有的完美主义倾向、超前的学术兴趣、独特的思维方式使他们很难被同伴理解，过人的智力水平和优异的表现又会招来同伴的嫉妒，甚至被孤立。难以与同伴融合的现状让超常儿童觉得孤独、沮丧、不被理解。因此，有些在普通班的超常儿童会刻意隐藏自己的天赋来维持良好的同伴关系。将超常儿童与相同能力的学生聚集在一个班里，虽然在一定程度上缓解了他们不被人理解的境况，但是存在各种潜在的问题。研究者(Marsh & Chessor)在 1995 年的追踪研究中发现，就读于超常儿童实验班的儿童有着较大的学业压力和激烈的竞争，他们明显地出现了自我概念下降、学业焦虑上升的表现，即"大鱼小池塘"效应，还有研究[1]发现在超常儿童实验班中学习的时间越长，超常儿童的自我概念评价越低。

　　超常儿童在同伴关系中面临困难的原因可能是，超常儿童和常态儿童所关注的话题有巨大差异，他们可能会被认为是怪诞的，以至于被同伴拒绝，引发孤独感和沮丧。对此，教师应该鼓励超常儿童真实面对自己的能力，告诉孩子"正因为不同，这个世界才变得更加精彩"。这在一定程度上可改变同伴对他们的偏见。此外，针对超常儿童感到不被理解的困境，教师应该尽可能创造机会让超常儿童有时间与同类群体共处，要让他们知道自己不是孤独的，让他们意识到有学术追求是可以被接受的。在有其他超常儿童的普通班级里，他们有机会和这些同智力水平的同学互动并参加合适的学习挑战，思维能力变得有价值。

　　综上，对于超常儿童来说，教师和同伴无疑是他们在学校接触最密切的群体，一个具有良好个性品质、能够理解超常儿童需求的教师更容易受到学生的喜爱，更容易为他们创设出更利于认知和社会性发展的氛围。同伴对于超常儿童的自我概念、人际交往等方面也有重要影响。在教育中，教育者也不能忽视超常儿童情感、同伴交往的发展，需要为超常儿童构建一个相对安全的环境，提高同学间的交流和班级凝聚力，预防恶性竞争的出现。

本章小结

　　　　本章首先介绍了超常儿童的社会性发展特征，包括情绪和个性特征、自

---

　　① Shi. J., Li, Y., & Zhang, X., "Self-Concept of Gifted Children Aged 9 to 13 Years Old," Journal for the Education of the Gifted，2008(4)，pp. 481-499.

我意识、道德发展三方面，然后对外部环境中家庭和学校影响超常儿童社会性发展的各方面因素进行了分析，并探讨了父母和教师在促进超常儿童社会性发展时可以采用的一些策略。总体而言，超常儿童比一般儿童在情绪特征、个性特征、自我概念和道德等各方面的发展都更为成熟，但教育者需要注意他们可能存在一些适应不良的问题，应当为他们提供良好的家庭教育。适合的学校教育和保护性的社会环境，才能促使他们充分发挥潜能，进而对整个社会的进步起到推动作用。

复习思考题

一、单项选择题

1. 关于超常儿童的情绪和个性特征以下说法不正确的是(   )。

A. 超常儿童具有更敏感的感知能力

B. 超常儿童情绪智力很高，所以他们对情绪的调节能力要强于常态儿童

C. 超常儿童不敢接受挑战可能是因为他们过度追求完美

D. 超常儿童常常比较幽默，并且独立自主

2. 关于超常儿童自我意识发展以下说法正确的是(   )。

A. 超常儿童因为自身很优秀，所以他们的自我概念都要高于常态儿童

B. 超常儿童具有较高的自尊水平，这是他们与生俱来的特点

C. 超常儿童具有较强的自我决定意愿，这和他们具有较高的自主性动机水平有关

D. 高自尊有利于超常儿童的发展

3. 关于超常儿童的道德发展以下描述不正确的是(   )。

A. 与常态儿童相比，超常儿童的道德发展较早，水平较高

B. 因为超常儿童具有较高的道德水平，所以他们能较好地处理生活中各种问题

C. 需要为儿童建立温和、以爱为引导的规范条例，这样他们才会接纳和理解道德观念

D. 超常儿童往往会在现实中感到迷惘和受挫，因为他们的道德认知发展和情感处理能力不匹配

二、简答题

1. 简述超常儿童情绪和个性发展的特点。

2. 简述家庭对超常儿童社会性发展的影响。

三、论述题

论述学校应如何为超常儿童构建有利于社会性发展的环境。

本章阅读书目

1. 查子秀:《超常儿童心理学(第 2 版)》,北京,人民教育出版社,2005。

2. 程黎、胡永涛、毛莉丽:《10～12 岁学业优秀与学业不良高智商儿童非智力因素的比较》,载《教育研究与实验》,2011(6)。

3. 苏雪云、张旭:《超常儿童的发展与教育(第 2 版)》,北京,北京大学出版社,2016。

4. David A. Sousa, *How the Gifted Brain Learns*(*secona edition*),California,Corwin Press,2009.

5. Clark,B. ,*Growing up Gifted*:*Developing the Potential of Children at School and at Home*(*eighth edition*),New York,Pearson,2012.

思维导图

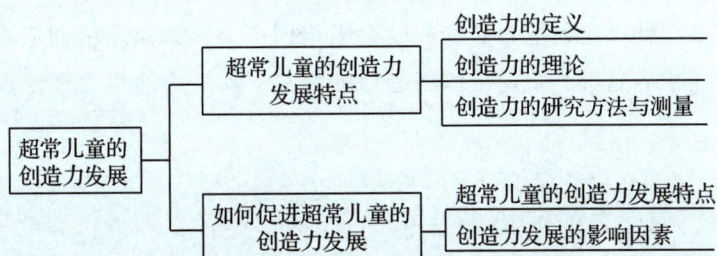

创造力是一种高级的认知能力，简单来说，是个体产生新颖而有价值想法的能力。创造力对于个人、国家和社会的发展都是十分重要的。在我国实施创新驱动发展战略，大力倡导拔尖创新人才培养的时代背景下，超常儿童作为国家和社会的重要人才资源，其创造力的发展与培养需要受到广大教育者的关注。本章将在介绍创造力的定义、理论、研究方法与测量等方面内容的基础之上，分析超常儿童创造力的发展特点，进而提出家庭、学校和社会在超常儿童创造力发展过程中各自应发挥的作用。

第一节
超常儿童的创造力发展特点

创造力培养是超常儿童教育的高阶目标，将创造力与超常儿童教育相联系，旨在促进超常儿童自我实现，为社会发展作出创造性贡献。

那么，什么是创造力？哪些因素影响创造力？如何测量创造力呢？本节将对创造力的基本内容进行介绍，包括创造力的定义、创造力的相关理论以及创造力的测量与评估。

一、创造力的定义

近年来，随着经济社会的发展，创造力已经被确定为 21 世纪必不可少的技能之一。创造力不仅对于解决日常生活中的个人问题、促进职业发展有重要作用，也是推动整个社会经济发展的巨大动力。北京师范大学中国教育创新研究院与美国 21 世纪学习联盟开展合作，提出了 21 世纪核心素养 5C 模型[1]，即文化理解与传承素养（cultural competence）、审辨思维（critical thinking）、创新素养（creativity）、沟通素养（communication）、合作素养（collaboration），明确将创造力列为 21 世纪人才发展的关键特征之一。促进学生创造力发展是当前教育中最具有活力的话题之一。

---

[1] 甘秋玲、白新文、刘坚等：《创新素养：21 世纪核心素养 5C 模型之三》，载《华东师范大学学报（教育科学版）》，2020(2)。

(一)创造力的起源

创造力一词(creativity)是由拉丁语 creare 衍生而来的，含义是创造、创建、生产。西方最早关于创造力的概念来源于《圣经》中的《创世记》，其中有一句话写道："上帝在一切不存在的情况下创造了天和地。"基于此，早期对于"创造力"的理解是在原先一无所有的情况下创造了新的东西。

由于思想的禁锢以及创造力的神秘性与复杂性，很长一段时间，创造力都没有受到心理学与教育学领域的重视。许多人认为创造力的起源是建立在神秘主义之上的，不符合科学的精神，应该远离科学研究的主流。直到 20 世纪 50 年代，时任美国心理学会主席的吉尔福特(Guilford)提出创造力是一个极其重要的能力，创造力才成为心理学与教育学领域关注的焦点话题。

(二)创造力的界定

1950 年，心理学家吉尔福特在就任美国心理学会主席的入职演说中提醒人们关注一个长期被忽视却十分重要的人类品质——创造力，由此开启了创造力研究的热潮。

最初，吉尔福特[1]对于创造力的定义是"创造力指的是创造性人物最具特色的能力"。之后西方学者从不同视角提出了各种创造力的定义。斯坦(Stein)[2]认为，创造性作品是一种新颖的作品，在某个时间点被一个团体认为是有用的或令人满意的。研究者(Gruber & Wallace)认为，创造力是新颖和价值的统一体。具有创造性的产品应该是新奇的，从某种外在的标准来看又是有价值的。费斯托(Feist)[3]则指出，创造性的观念是"新颖的，且适于作为问题解决的方法"。洛巴特(Lubart)指出，从西方心理学研究来看，创造力可以被定义为产生新颖的、有价值的产品的能力。

伴随着西方创造力研究的热潮，我国学者也开始进入这一研究领域。我国著名心理学家曹日昌是国内最早对创造力进行定义的学者，在其主编的《普通心理学》中提到"创造或创造活动是提供新的、第一次创造的、新颖而具有社会意义的活动。例如，新机器的发明、科学中的新发展和文学艺术作品的创作等，都是不同实践领域中的创造活动"[4]。除此之外，黄希庭认为，"创造或创造活动是一种提供独特的、具有社会意义的产物的活动""某种产物是否是创造性的，不仅要具有独特性，而且必须符合客观规

---

① Guilford, J. P., "Creativity," American Psychologist, 1950(9), pp. 444-454.
② Stein, M. I., "Creativity and Culture," Journal of Psychology: Interdisciplinary and Applied, 1953(2), pp. 311-322.
③ Feist, G. J., "A Structural Model of Scientific Eminence," Psychological Science, 1993(6), pp. 366-371.
④ 曹日昌：《普通心理学(上册)》，284 页，北京，人民教育出版社，1980。

律，具有社会意义"①。

1999 年，美国心理学家斯滕伯格和洛巴特对不同学者的创造力定义进行了梳理，总结了创造力的两个主要特征或判断标准——新颖性和适切性，即创造力是一种提出或产生具有新颖性（即独创性和新异性等）和适切性（即有价值的、适合特定需要的）的工作成果的能力。其中，新颖性指前所未有的、推陈出新的，也包括独创的、独特的、意想不到的特性；适切性指在特定的情景下，不超出现有条件的限制，且产品具有社会或个人价值。

综上所述，国内外学者虽然对于创造力提出了不同的定义，但是不难看出他们对于创造力的界定具有一致性，即他们都将新颖性（originality）和有用性（usefulness）作为创造力定义的两个基本要素。

二、创造力的理论

在了解了创造力的基本定义之后，我们还需要进一步深入地了解创造力的构成、产生机制以及影响因素等，这些正是各种创造力理论所阐述的内容。纵观创造力的研究，许多学者从不同的角度提出了众多有关创造力的理论，对创造力进行了更深层次的理解。下面将介绍几种在学界备受认可、应用广泛的理论，以期帮助大家更好地了解创造力的概念。

(一)创造力的构成理论

创造力的构成理论主要是从"是什么"的角度来描绘创造力。"创造力是什么"一直以来都是创造力研究中最本质的问题。创造力的内涵是什么？该怎么区分和描绘创造力的等级和水平？研究者从各个角度对这些问题进行了探索和完善，下面将介绍创造力的结构、创造力的等级水平以及创造力的领域性三个理论。

1. 创造力结构理论

1959 年，吉尔福特在智力结构理论中提出，人的智力可以分为三个维度——思维内容（输入大脑的信息内容）、思维操作过程（对信息的加工方式）和思维结果（对信息加工后的结果）。这三个维度相互组合，产生了 120 种智力因子，即 120 种基本能力。

与传统的智力结构不同的是，吉尔福特提出智力结构中包含创造的成分，将创造性思维引入智力的思维操作过程。他把创造性思维划分为发散性思维和聚合性思维。创造性的思维首先要经历发散的过程，这是一种无固定方向或范围的探索过程，也是创造性思维的核心成分；思维在发散过后，还需经历聚合的过程，将分散的经验或想

①　黄希庭：《普通心理学》，378 页，兰州，甘肃人民出版社，1982。

法重新组合，形成思维的产出物。同时，吉尔福特认为，发散性思维是智力结构中一种基本能力的组织方式，虽然不同领域的发散性表现不同，但是它们有共同的创造性因素——流畅性、灵活性和独特性。

吉尔福特提出的发散性思维和聚合性思维的创造力结构理论被认为是创造力研究历程中的里程碑，已被学界广泛认可。此后，基于发散性和聚合性思维，研究者还编制了多套经典的创造力测验。

2. 创造力等级水平理论

为了区分创造力的等级水平，根据创造出来的产品对社会价值的作用，创造力水平被分为小 C（little-creativity，little-C）和大 C（big-creativity，big-C），即小 C 级的创造力水平（更主观的）与大 C 级的创造力水平（更客观的）。小 C 也叫日常创造力，是从日常生活的各种活动中产生创意的角度来定义的，在一定程度上能在每个人身上发现，例如，人们把易拉罐做成洗澡的喷头，或制造一种新的家庭烹饪的成分配方等；大 C 指创造性成就或杰出创造力，只有伟人才具备，一般用于解决特别难的问题，或者创造出天才的作品，例如，爱因斯坦提出的相对论、达·芬奇的艺术创作等都能体现出该创造力。这种二分法较为关注创造性主体与结果，而相对忽略创造性过程与创造性潜力。2009 年，考夫曼（Kaufman）和巴格托（Beghetto）在二分法的基础上提出了创造力 4C 模型。他们认为，除了以上两种创造力外，还存在"迷你 C"创造力（mini-C）与"专 C"创造力（pro-C）。迷你 C 涉及个体内部创造性的心智过程，包含了学习过程中的内在创造性，也就是对经验、行为和事件所作的新颖、个别化和有意义的解释，例如，写诗、作画、创作儿童短故事等就属于迷你 C，它的提出有利于学生创造潜力的挖掘与培养。专 C 主要指任何创造性领域里表现出来的专业水准，它代表了超越小 C 级水平又没有达到大 C 级水平的发展性进步，例如，美术设计师通过一定的审美观念和表现手法把某种构想视觉化、形象化的创作过程就属于专 C。根据创造力 4C 模型，每个人都具有创造力，迷你 C 是创造力的起源，一般情况下迷你 C 可以转变为小 C，再经历一个长期的过渡才能进入专 C 阶段；只有在非常特殊的情况下，专 C 才有可能转变为大 C。

考夫曼和巴格托[1]以 1364 名大学生为被试，运用包括无创造力（not creative）、迷你 C、小 C 和大 C 的创造力倾向量表，对创造力 4C 模型进行验证，各维度的克隆巴赫系数均高于 0.7，验证性因素分析模型的解释率达到 47.6%。在对三因素模型（big/pro/little，mini，not creative）和四因素模型（big，pro/little，mini，not creative）进行验证和比较后，发现四因素模型有更好的拟合度。

---

[1] Kaufman, J. C., & Beghetto. R. A., "Do People Recognize the Four Cs? Examining Layperson Conceptions of Creativity,"Psychological of Aesthetics, Creativity and Arts, 2013(7), pp. 229-236.

创造力 4C 模型突破了以往认为只有杰出创造性人才才拥有创造力的想法，它认为普通人在日常生活中也能显示出创造力，并将创造力分为 4 个不同的等级，对应不同的创造力群体，使人们以一种更发展和积极的视角看待创造力。

3. 创造力游乐场理论

创造力的领域特殊性一直是创造力研究中最具争议的问题之一。最初研究者多将创造力视为领域一般性的能力，认为创造力是不划分领域的个体的创造力在不同专业领域中表现出的一致性。对一般领域创造力的早期证据主要来自对国内外高创造力杰出人才的研究——在生物学、建筑学、物理学等领域的高创造力人才都具有高智力、强烈的内在兴趣、熟练的技术策略等特点。高创造力的科学家和艺术家都具有对新经验开放、自信、较强的自我认同感等特点。此外，部分实证研究的结论也证实，人们在不同领域（艺术、数学、文学等）内的创造力水平呈现出中等相关，并能提取解释率大于 50％的主成分。[1][2]

随着对创造力研究的不断深入，研究者们得到了不一致的结论。例如，人们在对不同领域的创造力成果进行评价时，发现不同领域间作品的得分呈现很低甚至零相关。由此，有学者提出了创造力的领域特殊性，认为创造力是划分领域的，不同专业领域中个体表现出的创造力水平存在差异。创造力的领域特殊性支持者认为不同领域的创造力的知识结构、技能、特质等具有一定差异。

综合已有的创造力理论和研究，2005 年，贝尔（Baer）和考夫曼[3]提出了创造力游乐场理论模型。这一模型将创造力比作游乐场，融合了创造力领域一般性和特殊性的争论，将创造力分为先决条件、一般主题层面、领域和微领域四个水平。

先决条件为创造力的第一个水平，是个体展现创造力的基础，包括智力、动机和环境等因素。贝尔和考夫曼把先决条件比作游乐场的门票，即不具备这些条件的个体是无法进入创造力乐园的，不会展现出良好的创造力水平。

一般主题层面为创造力的第二个水平，是个体进行创造活动的基石。贝尔和考夫曼把一般主题层面比作游乐园里的主题公园，即个体展现创造力的专业方向，如艺术、语言、科学等。实证研究发现，创造力共包括七个一般主题层面，即言语艺术、视觉艺术、企业、人际、数学（或科学）、表演和问题解决。

领域是创造力的第三个水平，是在专业方向下更为具体的划分，就像游乐园主题公园里的不同景点。以"视觉艺术"这一一般主题层面为例，它包含众多领域，如舞蹈、

① Hocevar D.，"Dimensionality of Creativity," Psychological Reports，1976(3)，pp. 869-870.

② Chen，C.，Himsel，A. J.，& Kasof，J.，et al.，"Boundless Creativity: Evidence for the Domain Generality of Individual Differences in Creativity," Journal of Creative Behavior，2006，pp. 179-199.

③ Kaufman，J. C.，& Baer，J.，*Creativity across Domain: Faces of the Muse*，New York，Lawrence Erlbaum Associates Publishers，2005，pp. 321-328.

绘画、雕塑等。不同领域之间存在着显著的差异，例如，舞蹈和绘画虽然属于视觉艺术这一主题层面，但它们所需的能力与表现创造力的方式有着巨大的区别，前者使用自己的身体语言表达，而后者使用自己的笔触传达信息。

微领域是创造力的最后一个水平，就像游乐园主题公园里不同景点中的不同游乐项目。继续以一般主题层面"视觉艺术"中的"舞蹈"领域为例，现代舞与古典舞虽然存在许多共性，但二者的区别也是十分明显的，现代舞与古典舞的创造力表现手法存在着一定的差异。在微领域中，个体展现着自己独特的创造力。

总的来看，创造力游乐场理论承认创造力领域一般性和领域特殊性的并存状态，并说明了领域一般性因素和领域特殊性因素是怎样以不同程度在层级结构中重叠的。也就是说，创造力既具有一般性成分，即都要求新颖和适用性，又因领域或任务要求而产生特质性差别。

综合上述几种理论，不难发现研究创造力的内涵有许多不同的视角，有的从结构入手，有的从等级入手，也有的从领域入手的。这些理论虽然角度不同，但是都为我们理解"创造力是什么"提供了支持与帮助。

(二)创造力的产生机制理论

创造力产生机制理论从"创造力是怎么产生的"角度对创造力进行分析。个体创造出一个新的观点或者新的产品需要经过哪些过程，其内部的具体机制又是什么呢？让我们来深入了解一下。

1. 创造力初级、次级过程理论

克里斯(Kris)的理论是从精神分析的角度出发[1]，将创造力的产生过程分为初级过程和次级过程。初级过程通常发生于做梦、幻想等正常状态，以及精神失常等异常状态，它常常以具体图像表现，具有无拘束的、自我中心的特点；相反，次级过程通常发生于个体有意识状态，往往以基于现实的、有逻辑的抽象思维呈现。

克里斯认为，创造力水平较高的群体往往能够在初级过程和次级过程之间灵活转换。当给定一个创造性的任务时，富有创造力的人会通过将思维转换至初级过程中，来产出更多新颖的想法。一旦创造性的想法被发现，有创造力的人又会将思维转换至次级过程中，使得创造性的想法成为有价值的、有逻辑的解决方案。而创造力较低的人往往使用次级过程进行问题解决，难以得出创造性的方案。例如，有研究发现，富有创造力的人能更好地回忆起梦境，并有更多怪诞的行为。

许多在生理层面上的研究也发现，具有较多初级过程思维和善于表达情感的个体更能够控制皮层兴奋性水平，而较低的皮层兴奋性水平和发散性注意状态更有利于创

---

① 周丹、施建农：《从信息加工的角度看创造力过程》，载《心理科学进展》，2005(6)。

造力的产生。这一理论突破了以往对创造力现象层面的研究，从创造力的内部生理机制的视角对创造力的产生过程进行了描述和验证，拓展了对创造力的脑机制和精神分析角度的研究。

2. 远距离联想理论

远距离联想理论的基本原理来自格式塔心理学家苛勒的顿悟说，顿悟是对问题的整个情景、目的和解决方法之间相关关系的整体理解。问题解决行为可以以一种突发的形式产生，并在一瞬间获得对于问题情景的全新的思考和把握。[①]

梅德尼克（Mednick）认为创造性思维的本质是联想，不同的心理元素之间有着不同程度的联系，而联想则是对事物间联系的反应。他提出创造力包含"将关联的要素结合以满足某种特定需求或使之有用"的过程，且个体间创造力的差异往往表现在联想思维操作过程上的不同。基于概念的联想层次，即个体存储概念间联系的模式，梅德尼克于1962年提出远距离联想的创造力理论。他认为概念在一个语义网络中按照不同的强度相互联系，某个特定的概念激活另一个概念的水平反映了两个概念表征的距离，当两个概念表征的距离越远，越不容易进行联想。

梅德尼克假设个体有联想等级的差异，具体表现为：创造力高的个体能够连接距离更遥远的要素。不同个体"联想层次"的"陡峭性"不同——创造力较低的个体概念之间的联系较少，联想层次陡峭，难以在一个给定的概念中出现不平常的联系；而高创造力的个体联想层次范围广，较为平坦，这就意味着他们能对一个概念开展大量灵活的远距离联想，使个体更有可能选择低预期、新颖的联想词而非典型的高预期的联想词。

基于远距离联想理论，梅德尼克编制了RAT测验（remote association test）。在测验中主试呈现几组词，每组有三个词，要求被试联想出与这三个词都有联系的第四个词，以此测试个体的联想组织能力。研究证明高创造力个体和精神病患者在RAT测验中表现出强且远的联想。因此，基于远距离联想的RAT测验被广泛运用于临床实践和人格研究中。

3. 创造力适应性认知抑制理论

叔本华在《论噪音》的散文中，表达了他长期被周围无关声音困扰的烦恼；达尔文也自陈"很少有事物能逃脱他的注意范围"。实际上，许多杰出的艺术家和创造者在一定程度上都有这一特点。从注意机制的角度提出的创造性过程理论的主要代表人物是艾森克（Eysenck）和马丁代尔（Martindale）。艾森克提出，神经质和高创造力之间有一定的联系，高创造力者在神经质的得分上往往偏高，两者具备一个共同特点——认知

---

① 田芳：《顿悟的脑机制：来自远距离联想任务的证据》，硕士学位论文，西南大学，2011。

抑制水平较低，即缺乏有效的注意过滤机制，这一注意机制也被称为"发散性注意"。

　　研究者(Dykes & McGhie)[1]采用双耳分听实验考察高创造力者的注意特点，这在一定程度上验证了艾森克的理论。该实验结果发现，高创造力被试比普通被试更多地将注意转换到无关通道中，说明高创造力者能够更多注意到无关信息，认知抑制水平较低。另有研究者(Rawling)[2]在1985年进一步比较了高、低创造力被试的注意模式。结果发现，高创造力者在追随耳与非追随耳中都能获得更多的信息，说明高创造力者不仅能表现出更好的发散性注意，关注到更多的无关信息，还能更好地进行注意分配。

　　以上研究证明，在一定条件下，高创造力个体表现出更好的发散性注意。马丁代尔基于此进一步提出创造力的适应性认知抑制理论：个体的注意模式包括发散性注意和集中性注意。发散性注意发生在初级加工阶段，在这一阶段往往出现创造性顿悟，属于去认知抑制的过程；而集中性注意发生在次级加工阶段，个体在这一阶段对创造性想法进行验证和检验，属于认知抑制的过程。高创造力的个体往往能够在发散性注意和集中性注意之间灵活转换，即可以根据情景和条件的需要调整认知抑制。[3] 研究者(Vartanian)针对高创造力人群与普通人群进行了双耳分听实验，在追随耳和非追随耳中播放录音，要求被试记忆追随耳中特定意义的词，考察被试听后记住了多少。结果发现，高创造力的被试能更好地记忆追随耳中的特定内容，说明高创造力个体可以很好地集中注意，从而完成指定的任务。除此之外还发现，高创造力个体还能更好地记住非追随耳所呈现的特定意义的单词。这表明当干扰信息与任务要求相似时，高创造力个体能够很好地完成注意模式的转换。

　　创造力适应性认知抑制理论从认知心理学的角度出发，探讨了个体的创造力特质与其注意模式之间的关系，揭示了发散性注意、集中性注意和创造力之间的关系。这两种不同的注意分配模式影响着个体形成新颖性想法的可能性以及对想法进行选择和验证的能力。

　　上述三个理论是从创造力的产生机制的角度出发，揭示了个体产生新颖的想法和产品的过程。这三种理论也都经过实证研究，并得以证实，有较高的可信度。创造力的产生机制相关理论，帮助我们从动态产生过程的视角进一步理解创造力。

(三)创造力的影响因素理论

　　在20世纪80—90年代，随着人们对创造力认识的逐渐深入，创造力研究的理论

　　[1]　Dykes, M., & McGhie, A., "A Comparative Study of Attentional Strategies of Schizophrenic and Highly Creative Normal Subjects," British Journal of Psychiatry, 1976(1), pp. 50-56.

　　[2]　Rawlings, D., "Psychoticism, Creativity and Dichotic Shadowing," Personality and Individual Differences, 1985(6), pp. 737-742.

　　[3]　Sternberg R. J., *Handbook of Creativity*, New York, Cambridge University Press, 1999, pp. 137-152.

视角也发生了转变，研究者从单纯地关注创造力本身转向关注结合认知、非认知和环境因素的多维理论。创造力的影响因素理论就是从"为什么"的视角对创造力进行分析。其中最有代表性的为创造力成分理论、创造力投资理论和创造力生态系统理论。

1. 创造力成分理论

1983 年，阿玛贝尔（Amabile）提出了创造力成分理论[①]。该理论综合考虑了认知、个性、动机和社会因素对个体创造力的影响，指出创造过程遵循一系列固定的步骤，即提出问题、准备、反应生成、反应验证和结果。创造过程的三个主要影响因素是领域相关的专业技能、创造技能和工作动机。其中，专业技能包括专业知识、专业技巧和特殊专业才能，创造技能指有利于创造力的认知风格、诱发新颖想法产生的知识和有效的工作方式，工作动机包括工作态度和对工作或任务的理解、感受。在该模型中，三个成分扮演着不同的角色，具有不同的功能。

研究者基本认同一定的专业技能是产出创造性产品的基础，例如，黑耶斯在对杰出的作曲家、画家和诗人的传记进行研究后，得出的"十年规则"——在创造性领域中达到精通水平需要有十年的知识积累。而西蒙顿（Simonton）在对 1450—1850 年的三百多位杰出创造人才的受教育水平和创造力水平进行打分后，发现两者呈现倒 U 曲线，因此部分研究者认为当专业知识高于一定程度时，将对创造力产生负效应。

创造技能是实现创造性过程的必不可少的手段，包括认知风格（如发散思维、聚合思维、知觉背景、认知背景、理解复杂性、无限制的反映选择、策略广泛、创造性理解等）、工作风格（如注意、正视困难、稳定的个性特征等）以及启发新知识的能力。还有研究发现，场独立性的儿童能够打破已组织好的知识经验，更具有创造性。部分研究结果也支持，相比适应风格者（个体偏向用现有的体系解决问题），创造性认知风格者具有更高的创造力。[②]

工作动机是个体内部的条件和因素，也是最容易变化的部分，其充当着一个看门人的角色并决定着创造过程的开始与继续。阿玛贝尔通过实证研究进一步证明了内部动机能促进个体创造性，而外部动机会阻碍个体创造力的发展。此后，阿玛贝尔又提出两种激发外部动机的因素——增益性和非增益性。增益性因素能为个体提供信息，促使他们更好地发挥创造性潜能。非增益性因素会使个体感到限制，阻碍创造性潜能的发展。由增益性因素激发的外部动机会与内部动机发生协同关系，共同提高创造力。

阿玛贝尔的创造力成分理论综合考虑了个体的专业技能、创造技能以及工作动机水平，将认知因素与非认知因素均纳入了个体创造力发展的模型，为创造力的研究开

① Amabile, T. M., *The Social Psychology of Creativity*, New York, Springer, 1983, pp. 17-35.

② Puccio, G. J., Talbot, R. J., & Joniak, A. J., "Examining Creative Performance in the Workplace through a Person-Environment Fit Model," The Journal of Creative Behavior, 2000(4), pp. 227-247.

启了新的视角。

2. 创造力投资理论

斯滕伯格[1]和洛巴特在分析创造力各构成理论的基础上，于 1991 年提出了创造力投资理论，创造性行为就如市场的投资，"投资者"通过低买高卖来获利——有创造力的人在最初提出的想法可能并不受人欢迎，但他们通过说服他人或改变环境，使得这些想法被人接受，成为有价值的想法。这一创造性的过程是不同因素相互作用的结果，斯滕伯格也详细说明了影响创造力的因素，即智力、知识、思维风格、人格、动机和环境六大因素。大多数研究者[2]已经认可一定水平的智力和知识储备是产生创造力的基础，但过高的智力和知识水平可能会阻碍创造力的发展。在思维风格上，斯滕伯格认为促进个体创造力的思维风格包括立法型、审判型、等级型、无政府主义型、自由型、全局型和内倾型。在人格上，研究者[3][4]认为与创造力最相关的个体特质包括自信、独立、外倾性和对新经验的开放性。动机的强弱也会影响个体创造力的表现。最后，研究者[5][6][7]普遍认为创造力的展现需要以支持性环境为依托，例如，民主的领导风格、开放的氛围更有利于创造力的发展。

当上述六大因素协同作用时，个体的创造力就能显现。

创造力投资理论是对 20 世纪八九十年代创造力理论的综合和改进。它综合了影响创造力发展的认知和非认知因素、个体和环境因素。但创造力作为一种极其复杂的心理能力，仍需研究者不断地对这一模型进行完善和补充。

3. 创造力生态系统理论

创造力成分理论和创造力投资理论虽然对创造力有了更复杂和深入的认识，但对组成创造力的结构和影响因素仍然停留在较为微观的层面，而契克森米哈赖（Csik-szentmihalyi）认为创造力不仅是心智事件，也是文化和社会事件，对创造力研究应同时重视个体的自身因素和影响创造力的外部因素，其中外部因素主要有两个方面：一个

---

[1] Sternberg, R. J., *The Handbook of Creativity*, New York, Cambridge University Press, 1999, pp. 251-272.

[2] Sternberg, R. J. & Davidson, J. E., *Conceptions of Giftedness*, New York, Cambridge University Press, 1986, pp. 53-92.

[3] Batey, M., & Furnham, A., "Creativity, Intelligence, and Personality: A Critical Review of the Scattered Literature," Genetic, Social, and General Psychology Monographs, 2006(4), pp. 355-429.

[4] Funham, A., & Bachtiar, V., "Personality and Intelligence as Predictors of Creativity," Personality and Individual Differences, 2008(7), pp. 613-617.

[5] Moos, R. H., "Conceptualizations of Human Environments," American Psychologist, 1973(8), pp. 652-665.

[6] Fleith, D., "Teacher and Student Perceptions of Creativity in the Classroom Environment," Roeper Review, 2000(3), pp. 148-153.

[7] 田友谊：《中小学班级环境与学生创造力培养研究》，硕士学位论文，华中师范大学，2004。

是文化因素或符号系统，可称为领域（domain）；另一个则是社会因素，可称为学界（field）。创造性系统观强调个体（individual）、领域和学界之间的相互作用，见图2.4.1。个体必须吸取前人积累的创新成果，将前人已形成的领域知识、方法、专业技能内化于心，在此基础上产生新颖、有价值的成果，然而个体的创意必须还要经过学界的"守门人"这一关，经过"守门人"的选择之后才能进入领域文化中。创造性的活动通过个体完成，个体的活动与其自身的动机、认知、经历等有关；同时，专业具有文化传递和创新参照两个功能，个体的创造性活动以一定的专业领域为依托；最后，活跃在学界内的专业人员起到评价、鼓励并促进创造力发展的作用。

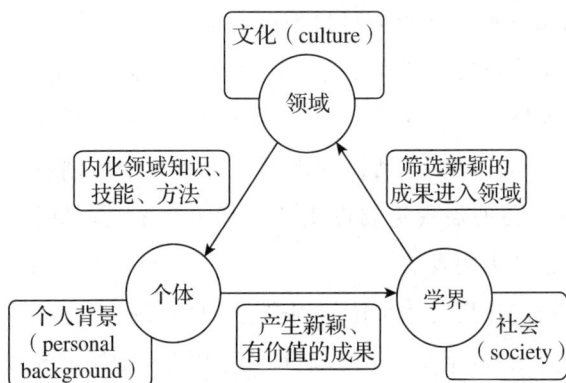

图 2.4.1　创造力生态系统理论示意图

多数研究证明了文化对创造力表现形式的影响，最典型的就是中西文化背景下创造力表现的差异。西方文化鼓励个体使用新颖的方式解决问题，因此，西方人对创造力的评估更注重新颖性。[1] 而在中国文化下，人们更关心创造有用的产品而非新颖的产品，因此，中国文化背景下的专家更偏向于从实用性的角度来评估创造性产品。[2][3] 此外，即使在同一社会背景下，同一物品在不同领域中也表现出不同的创造力水平。例如，在中国文化背景下，战争对科学技术领域的创造性表现为积极的效应，但对文学和哲学领域的创造性却无显著影响。[4]

这一理论在个体微观层面的创造力基础上，又从社会文化观的视角提出更宏观的创造力理论，从对创造性产品或过程单方面的关注逐渐转向融合个体、环境和社会文

① Niu，W.，& Sternberg，R.，"Cultural Influences on Artistic Creativity and Its Evaluation," International Journal of Psychology，2001(4)，pp. 225-241.

② Erez，M.，& Nouri，R.，"Creativity：The Influence of Cultural, Social, and Work Contexts," Management and Organization Review，2010(3)，pp. 351-370.

③ Mok，A.，& Morris，M. W.，"An Upside to Bicultural Identity Conflict：Resisting Groupthink in Cultural ingroups," Journal of Experimental Social Psychology，2011(6)，pp. 1114-1117.

④ Simonton，D. K.，& Ting，S. S.，"Creativity in Eastern and Western Civilizations：The Lessons of Historiometry," Management and Organization Review，2010(3)，pp. 329-350.

化的视角，使人们对创造力有了更广阔的认识。

创造力成分理论、创造力投资理论和创造力生态系统理论从微观和宏观层面提出了影响创造力的种种因素，为我们促进和培养创造力提供了有力的把手，教育者可以从改变各种影响因素入手，提升个体的创造力水平。

综上所述，研究者从创造力的构成、创造力的产生机制以及创造力的影响因素等多个视角提出了丰富的创造力理论，让我们更为全面地理解了创造力的本质，也为之后的创造力的测量、评估以及教育提供了坚实的理论基础。

三、创造力的研究方法与测量

创造力研究方法的发展得益于近代科学体系的形成。斯滕伯格在《创造力研究手册》一书中将人们对创造力的研究方法分为四类：历史测量法、个案和系统的研究方法、实验研究法以及心理测量法。其中前三种为早期研究方法，而心理测量法则为目前最广泛使用的创造力研究方法。在创造力的研究过程中，每一种方法都曾作出过一定的历史贡献并在具体的研究问题上继续发挥着作用。

随着近代科学体系的建立和完善，研究者编制了各种创造力量表和测验，心理测量法逐渐成为研究创造力的主要方法。由于研究者对创造力理论存在诸多争论——尤其是领域一般性和特殊性的争论，难以有一个创造力量表能够覆盖创造力测量的各个方面和视角。因此，创造力的测量开始向汇合和分化两方面发展，一般领域和特殊领域的创造力测验也渐渐发展和完善。

(一)创造力的早期研究方法

创造力的早期研究方法包括历史测量法、个案和系统的研究方法以及实验研究法。

历史测量法作为历史研究的一种方法，真正代表了对创造力进行科学研究的最古老方法。最早出版的历史测量法的研究可见于比利时学者奎特里特(Quetelet)，他记录了第一个关于人的一生中创造性波动的量化研究。通过计算英国和法国的剧作家在他们一生中创作的作品数量，奎特里特得出结论，作品是年龄的单峰曲线函数，而且作品的质量与数量有较强的相关性。

个案和系统的研究方法是以进化系统观为基础的个案研究，这一方法有三个指导思想：创造性人物是独特的，发展的变化是多维度的，创造性人物是一个进化系统。具有创造性的个体表现出的创造性受个人与环境的相互作用。这一方法强调把个体放在环境中来考察创造力，获知个体的创造性变化轨迹。

最后一种创造力的早期研究方法是实验研究法，创造力的复杂本质决定了我们需要在研究中考虑到影响创造力的诸多因素和各种表现形式。实验研究的方法可以通过各种控制手段，操纵一个或一系列自变量，控制无关变量或混淆变量，从而探究创造力诸多影响因素中的某一因素对创造力的影响。这些因变量就是创造力的成分、特征或指标，自变量可以是发展的、社会的、教育的、认知的和情绪的等各种影响因素。

(二)创造力的心理测量法

早期的创造力研究方法具有很大的局限性：由于拥有杰出创造才能的人非常少，历史测量法难以用于科学研究；个案和系统的研究方法则不具有普遍性和推广性；实验研究法虽然科学精确，但实践性并不强。这些因素都给创造力的研究带来了困难。吉尔福特设想，创造力可以运用心理测量学的方法，通过对普通被试进行纸笔测验的方式来研究。

对创造力的测量和评估有两个不同的思路：其一是探讨领域一般性的创造力，即创造力是一种能力或一种个性特质，需要对这个特质的不同方面进行评估，认为创造力具有领域一般性；其二是测量不同领域的创造力，如音乐创造力、数学创造力等，认为创造力具有领域特殊性。基于此，已有的创造力测验可分为一般领域的创造力测验和特殊领域的创造力测验。

1. 一般领域的创造力测验

研究者(Rhodes & Kozbelt)通过梳理以往创造力研究的文献，将创造力的研究内容概括为四个方面，即创造力的 4P(person，process，product，press)模型，该模型为一般领域的创造力测量提供了参考框架。结合创造力的 4P 模型，目前对创造力的测量评估主要有以下四个方向：第一，针对创造性人格(person)，评估其具备创造性倾向的程度；第二，针对创造性过程(process)，评估其创造活动展开中的若干要素；第三，针对创造性产品(product)，评估其具有的创造性水平；第四，针对创造性发生的环境(press)，评估环境中是否存在有助于创造性发挥的因素。表 2.4.1 是基于 4P 模型对目前创造力测量工具的总结，我们将从中挑选有代表性的工具进行简要的说明。

表 2.4.1 基于 4P 模型对目前创造力测量工具的总结

	创造力测量工具的名称	作者	适用群体	时间
人格	发现才能团体问卷 （group inventory for finding talent，GIFT）	瑞姆（Rimm）、戴维斯（Davis）	小学生	1976；1980
	你属于哪一类人 （what kind of person are you）	托兰斯（Torrance）	青少年（若为年幼的儿童，则由父母完成）	1970
	关于我自己 （something about myself）	卡特纳（Khatena）、托兰斯	青少年（若为年幼的儿童，则由父母完成）	1990
	创造力倾向量表 （creativity assessment packet，CAP）	威廉姆斯（Williams）	小学四年级至高中三年级学生	1993
	创造性自我效能感量表 （creative self-efficacy scale，CSE）	巴格托	各年龄段	2006
	创造力自我评估量表 （creativity self-assessments，CSAs）	考夫曼	各年龄段	2019
过程	智力结构测验 （structure of the intellect，SOI）	吉尔福特	一套适用于初中学生，一套适用于初中以下学生	1967
	托兰斯创造性思维测验 （Torrance tests of creative thinking，TTCT）	托兰斯	各年龄段	1972
	沃利奇-凯根测验 （Wallach-Kogan test）	沃利奇、凯根	幼儿及中小学生	1966
产品	同感评估技术 （consensus assessment technique，CAT）	阿玛贝尔	各年龄段	1982
	创造性产品语义量表 （creative product semantic scale）	贝塞麦（Bessemer）、奥奎恩（O'Quin）		1993
	学生产品评估表 （student product assessment form）	瑞茨（Reis）、任祖利	中小学生	1991
环境	创造性工作环境量表 （assessing the climate for creativity）	阿玛贝尔等		1996
	创造力团体氛围问卷 （situational outlook questionnaire，SOQ）	埃里克森		1999
	创造性课堂环境量表 （creative classroom environment scale）	程黎等	中小学生	2017

(1)创造性人格的测量

创造性人格的测量主要表现在对特质、风格、兴趣与态度等方面的测量，与此相应的创造力测量主要有人格测评量表、动机量表等。以创造性人格为指标来测量创造力的方法具有经济、方便、易于实施的特点，在创造力研究中也非常普遍。这种方法通常采用自我报告和外部评定量表的形式。通过一系列的陈述句或问题，要求被试根据自己的情况进行报告，或要求评定者根据被试的实际情况做出评定。人格量表的编制主要基于高创造力人才共同的人格特征，并假设具有和高创造力人才相似的人格特征的人更具有取得创造性成就的倾向。常用的测量工具包括卡特纳-托兰斯创造知觉调查表[①]、高夫（Gough）的形容词检核表[②]、MBTI人格类型量表[③]等。除了人格特征，人们也研究个体过去的行为，研究者通过自我报告或他人评定的方法收集能反映创造性潜能和成就的个体的活动和技能。此类测量工具包括创造性行为调查表、超常学生行为特征评估量表[④]等。此外，动机维度也是预测创造性潜能的一个方面。理论上，内部动机能够预测创造性潜能，这方面的量表有阿玛贝尔编制的工作偏好问卷[⑤]，以及托兰斯编制的创造性动机量表等。

(2)创造性过程的测量

创造性过程的测量主要测量的是个体的创造性思维的水平，评估维度主要包括流畅性、变通性以及独特性。这类测量工具通过让个体完成规定的创造性任务，测量其认知过程，从而预测其创造性潜能。在早期，对创造性过程的测量多关注发散性思维，即个体在有限时间内产生很多新颖想法的能力，以此实现对创造性潜能的估计。其中，始于吉尔福特的智力结构测验的发散性思维测验是创造性过程测量工具的典型代表，这类测验中的许多题目均是以流畅性（相关反应的总数）、独特性（反应在统计中的稀有性）、灵活性（相关反应的不同范畴的总数）以及精细性（反应中细节的总数）作为评估指标。随后托兰斯基于智力结构测验编制了迄今为止运用最广的一个发散性思维测验——托兰斯创造性思维测验（Torrance tests of creative thinking，简称 TTCT）[⑥]，测

① Khatena, J., "The Khatena-Torrance Creative Perception Inventory for Identification Diagnosis Facilitation and Research,"Gifted Child Quarterly, 1977(4), pp. 517-525.

② Gough, H. G., "A Creative Personality Scale for the Adjective Check List,"Journal of Personality and Social Psychology, 1979(8), pp. 1398-1405.

③ Myers, I. B., Mbti Manual: A Guide to the Development and Use of the Myers-Briggs Type Indicator, Palo Alto, Consulting Psychologists Press, 1985, p. 819.

④ Kaufman, J.C., Plucker, J.A., & Russell, C.M., "Identifying and Assessing Creativity as a Component of Giftedness,"Journal of Psychoeducational Assessment, 2012(1), pp. 60-73.

⑤ Amabile, T.M., et al., "The Work Preference Inventory: Assessing Intrinsic and Extrinsic Motivational Orientations,"Journal of Personality and Social Psychology, 1994(5), pp. 950-967.

⑥ Kim, K.H., "Can We Trust Creativity Tests? A Review of the Torrance Tests of Creative Thinking (TTCT),"Creativity Research Journal, 2006(1), pp. 3-14.

验通过一些相对简单的词语和图形作业来测量发散性思维和其他解决问题的技能，以此实现对创造性潜能的估计。

虽然发散性思维是评估创造力的一个常用指标，但它并不是创造性过程的唯一成分，创造力的发生同样离不开聚合思维、联想思维等认知过程。研究人员开发的创造力认知过程的测量还包括对创造性问题解决的测量，如普渡初级问题解决问卷[1]，以及对联想思维的测量，如梅德尼克开发的远距离联想测验（RAT）[2]等。

（3）创造性产品的测量

有学者认为所有创造力研究的出发点是对创造性产品的分析，确定是什么使它们区别于其他普通产品。许多研究者都赞同创造性产品在创造力研究中有不容置疑的重要性，创造性产品评估也成为评估和选拔学生的一种新形式。该评估需要一个以特定的创造力指标为依据的、客观化的评定量表，评估结果在很大程度上取决于测量工具的信度、效度、标准以及评估者是否具备进行客观、科学评估的能力。多数研究者认为一个人的创造力通常要通过创造而展现在活动产品里，因此，通过创造性产品来测量创造力的方法获得了众多专家的认可。

对创造性产品的评估方式一般包括两类：一种是客观评估法，该方法通过建立客观的评估标准来评估作品的创造力；另一种则是主观的同感评估技术（the consensus assessment technique，CAT）[3][4]，该方法在评估时不设定客观标准，通过本领域专家的主观评估来考察被试的创造力。其中，客观评估法简单易行，便于操作。采用标准化的评估方法能够最便捷地得出定量的结论，这对某些时效性要求较高的教学活动很有帮助。而主观评估法涉及三个问题：作品、评估指标和评分人。就作品而言，由于研究者不能保证作品创作的条件是统一的，一般需要设置特定的艺术创造力任务，要求被试形成新的艺术作品并加以测量。就评估指标而言，研究者既可以建立单一的评估维度（即要求评分人就作品是否有创造力进行评估），也可以建立多维的评估指标（即要求评分人从多个方面进行评估，但不给出每个方面的具体标准）。就评分人而言，阿玛贝尔1996年提出过四个基本评分原则：第一，评分人要熟悉本领域工作；第二，评分必须是独立的；第三，评分必须在全部作品的基础上进行；第四，对作品的评分顺

① Feldhusen，J. F.，Houtz，J. C.，& Ringenbach，S.，"The Purdue Elementary Problem Solving Inventory," Psychological Reports，1972（3），pp. 891-901.

② 王烨、余荣军、周晓林：《创造性研究的有效工具——远距离联想测验（RAT）》，载《心理科学进展》，2005（6）。

③ Amabile，T. M.，"Social Psychology of Creativity：A Consensual Assessment Technique,"Journal of Personality and Social Psychology，1982（5），pp. 997-1013.

④ 李吉品、刘秀丽：《艺术创造力评估研究现状及发展趋势》，载《东北师大学报（哲学社会科学版）》，2015（3）。

序是随机的。[1]

（4）创造性环境的测量

创造性环境的测量是指对影响创造力的环境因素的测量。创造性环境的测量也分为诸多方面，如学校环境、家庭环境、工作氛围等各种社会环境因素。近年来，越来越多的研究者认识到环境因素对创造力发展的重要影响，并将创造力的环境因素加入创造力的相关理论中。费尔德曼（Feldman）[2]指出特定的文化环境能够促进创造性能力的发展，他把能够促进创造力发展的环境以及相应的时代精神称为创造基因，并认为时代精神有助于天才的创造性发挥。阿玛贝尔在修正她的创造力成分理论时加入了社会环境因素，强调了支持性环境在创造力发展过程中的重要性。斯滕伯格和洛巴特提出的创造力投资理论中指出，如果缺乏环境的支持，创造力也就不可能产生。在此基础上，一些研究者把环境因素作为创造性潜能的指标，开发创造性环境的测量工具。例如，阿玛贝尔和她的同事们开发了工作环境调查表并修订为创造力氛围测评表[3]，对组织的微观环境进行了考察。埃里克森等人开发了创造力团体氛围问卷[4]，该工具包括挑战/介入、冒险、争论、设想支持、冲突、游戏心/幽默感、设想时间、信任和开放性、自由度九个方面的测评。程黎等人基于穆斯（Moos）的社会环境理论构建了创造性课堂环境的结构，并编制了中小学创造性课堂环境评估量表（教师版[5]/学生版[6]），其中教师版由教师领导力、促进学生间交流、提高学生凝聚力、教师支持、教师放权五个维度构成，学生版由教师领导力、学生交流、学生关系、感受到的教师支持、课堂参与程度五个维度构成。该量表具有较为可靠的信度和效度，可作为创造性课堂环境评估的可靠工具。另外，有研究者针对教育环境开发了教师行为问卷（CAQ）来评估学生的创造性潜能。创造性环境的评估使创造力的测验从对创造性的主体评估转为对创造性发生的环境的评估。

综上所述，基于创造力的 4P 模型，研究者开发了多种测量一般领域创造力的工具。随着科学的发展和识别创造性人才的社会需求的增加，早期的历史测量法、个案和系统的研究方法等逐渐被心理测量法替代。长期以来，心理学家基于心理测量模型

---

① Amabile, T. M., *Creativity in Context: Update to "The Social Psychology of Creativity"*, New York, Westview Press, 1996, pp. 100-101.

② Feldman, D. H., *Beyond Universals in Cognitive Development*, Norwood, Ablex Publishing Corporation, 1980, pp. 95-100.

③ Amabile, T. M., et al., "Assessing the Work Environment for Creativity," Academy of Management Journal, 1996, (5), pp. 1154-1184.

④ Isaksen, S. G., Lauer, K. J., & Ekvall, G., "Situational Outlook Questionnaire: A Measure of the Climate for Creativity and Change," Psychological Reports, 1999(2), pp. 665-674.

⑤ 程黎、郑昊:《中小学创造性课堂环境评估量表（教师版）编制和施测》,载《教师教育研究》,2017(4)。

⑥ 田娥、程曦、段达娜等:《小学 3—6 年级创造性课堂环境数据》,载《中国科学数据（中英文网络版）》,2019(2)。

开发了大量创造力测验的工具，并在研究和实践中得到了广泛的应用。然而，关于创造力的测验依然存在很多争议。由于创造力现象的复杂性和多维性，仍然有部分研究者质疑创造力测验的可能性和科学性。同时，创造力一般性和特殊性的争论也影响着创造力测量的发展趋势。

2. 特殊领域的创造力测验

正如上文所述，20 世纪 50 年代到 90 年代，创造力通常被当作一种能力或一种个性特质，研究者往往认为个体的创造力具有领域一般性。然而到 20 世纪 90 年代末，人们认识到创造力在某种程度上是具有领域或任务特殊性的。[①] 创造力游乐场理论提出了创造力具有领域特殊性，揭示了一定的领域知识对于特殊领域的创造力具有重要的作用。持有创造力领域特殊性观点的研究者认为不同人在不同领域的创造力具有不同的表现形式。在这一时期，创造力的内涵更加丰富，它被认为是一个多侧面汇合的复杂结构，同时具有领域特殊性。在此基础上，有研究者针对特殊领域的创造力测验进行探索。在对领域特殊性的创造力测验探索过程中，创造力测验出现了两种不同的取向：一种是开发覆盖多个领域的创造力测验，例如，在一个测验中包含数学、语言、科学等多个领域；另一种则是开发特殊领域的创造力分化测验，如数学创造力测验、科学创造力测验、音乐创造力测验等。

覆盖多个领域的创造力测验以创造力成就量表、创造性领域量表、EPoC 量表（e-valuation of potential for creativity）为代表。

卡森（Carson）等人[②]编制的创造性成就量表，对个体在视觉艺术、音乐、创意写作、舞蹈、戏剧、建筑、幽默、科学发现、发明、烹调艺术十个不同领域的创造性成就进行评估，并将这些领域归为表达、科学和表演的三因素或科学、表演的二因素进行分析。

考夫曼等人[③]编制的创造性领域量表共有 21 个项目，这 21 个项目归入四个领域：戏剧（如表演、唱歌、写作），数学/科学（如化学、逻辑、计算机），艺术（如手工、绘画、设计）和互动（如教学、领导力、销售）。这些量表以领域一般性观点作为所有量表的共同理论依据，又根据领域特殊性观点着眼于某一具体领域；既将量表根据不同领域的特点细分为多个分量表，又将不同领域共有的新颖性和适用性等创造力特点贯穿于所有分量表之中。

---

① Sternberg, R. J., Grigorenko, E. L., & Singer, J. L., *Creativity*: *From Potential to Realization*, Washington, American Psychological Association, 2004, pp. 4-12.

② Carson, S., Peterson, J. B., & Higgins, D. M., "Reliability, Validity, and Factor Structure of the Creativity Achievement Questionnaire," Creativity Research Journal, 2005(1), pp. 37-50.

③ Kaufman, J. C., Baer, J., & Cole, J. C., "Expertise, Domains, and the Consensual Assessment Technique," The Journal of Creative Behavior, 2009(4), pp. 223-233.

2009 年，洛巴特等人开发了一个新的创造力测验 EPoC 量表，该量表测量了语言、音乐、数学、工程和绘画等多个领域的创造力表现，并在每个领域分别测量了发散探索和聚合综合两个过程。其中发散探索过程指的是探索解决问题的可能方案，并受一些开放性、内部动机等人格特质的影响；而聚合综合过程指的是把不同的元素联合起来，包含了联想思维和选择性比较等元素，同时受模糊的容忍性、坚持性和成就动机等人格因素的影响。因此该测验包含了很多认知成分和人格成分。EPoC 量表结果的剖面图可以提供被试在两个领域中两个侧面的得分情况，从而使个性化的创造力教育成为可能。

除了在一个测验中关注多个创造力领域，还有许多测验聚焦于某一创造力领域，这些标准化测验与经典的托兰斯创造性思维测验编制的设计思路类似，评分指标也参考后者(流畅性、灵活性、独创性)，但其主要针对某个单一领域，如科学、功能、技术、数学、语文等。当前较为成熟的量表有我国学者申继亮、胡卫平和林崇德在 2002 年编制的青少年科学创造力测验①，克罗普利(Cropley)等人在 2012 年编制的功能创造力测验②，胡卫平、万湘涛和于兰在 2011 编制的技术创造力测验③，李(Lee)等人在 2003 年编制的数学创造力测验④，以及胡卫平、胡耀岗和韩琴在 2006 年编制的青少年语文创造力测验⑤。

这些创造力领域特殊性的测验仍然以发散性思维为主导，但把发散性思维任务置于更具体的特定领域情景中，因此比传统的发散性思维测验具有更强的针对性，具有更高的预测效度。

创造力的研究从早期的历史学角度、个案研究法发展至以心理测量法为主体。自吉尔福特开创创造力测量开始，大量研究者基于不同的维度开发了许多创造力测验。而针对领域一般性和领域特殊性的不同视角，使得创造力的测量工具逐渐多样化。一般性创造力的测量内容覆盖创造性思维、创造性人格、创造性产品以及创造性环境等方面，得到了可以用来预测创造性潜能的多方面的指标。而领域特殊性的测量工具则让我们对个体在不同领域的创造力有了更具体的了解与认识。

本节主要介绍了创造力的定义、理论以及研究方法的相关内容，梳理了关于创造力的大致框架——从创造力的历史缘起到不同视角下的创造力理论，再到创造力研究的不同方法与取向。从众多的理论、测量方法中我们不难看出，创造力是一个十分复

---

① 申继亮、胡卫平、林崇德：《青少年科学创造力测验的编制》，载《心理发展与教育》，2002(4)。

② Cropley, D. H., & Kaufman, J. C., "Measuring Functional Creativity: Non-Expert Raters and the Creative Solution Diagnosis Scale," The Journal of Creative Behavior, 2012(2), pp. 119-137.

③ 胡卫平、万湘涛、于兰：《儿童青少年技术创造力的发展》，载《心理研究》，2011(2)。

④ Lee, K. S., Hwang, D. J., & Seo, J. J., "A Development of the Test for Mathematical Creative Problem Solving Ability," Research in Mathematical Education, 2003(7), pp. 163-189.

⑤ 胡卫平、胡耀岗、韩琴：《青少年语文创造力的发展研究》，载《心理发展与教育》，2006(3)。

杂且重要的概念。

创造力越来越被世界各个国家和地区所重视，被认为是 21 世纪最值得关注和培养的个体能力之一。因此，在了解创造力基本概念、理论与测量的基础上，下一节将介绍超常儿童创造力的发展，以期为提升儿童的创造力提供参考。

第二节
如何促进超常儿童的创造力发展

提起超常儿童，人们首先想到的是其高于常人的记忆力、思维能力和语言能力等认知特点，往往忽视了他们另一认知特点——创造力。在本章讨论的众多创造力理论中，智力被认为与创造力水平有着一定的联系。超常儿童作为高智力群体，除了在认知方面具有特殊性，其创造力的发展有何特点呢？本节将重点讨论超常儿童创造力的发展特点及影响因素。

一、超常儿童的创造力发展特点

已有的创造力理论并未在创造力与智力的关系方面达成一致。大多数学者认同中等程度以上的智力是创造力发展的基础条件。因此，超常儿童的创造力发展可能与常态儿童存在差异。但又有研究发现，超常群体内部智力与创造力的关系松散。例如，创造力的阈限理论认为，当智力低于 120 时，智力越高的群体创造力越高，而当智力高于 120 时，创造力与智力之间几乎没有关系。因此，对超常儿童这一群体内部的创造力探索，是一个值得探讨的议题。在此，我们将从超常儿童与常态儿童的比较以及超常儿童内部的比较两个视角，探讨超常儿童创造力的发展特点。

(一)超常儿童的创造性思维发展特点

1. 超常儿童与常态儿童的差异

总的来说，超常儿童的创造性思维发展要优于常态儿童，超常儿童能展现出比常态儿童更高的创造性思维水平。我国研究者李仲涟[①]将创造性思维等级评定标准划分成四个水平：第一级，能根据问题的条件和要求，独立寻求和变换解题的途径和方法，

---

① 李仲涟：《7—14 岁超常与常态儿童创造性思维的比较研究》，载《湖南师院学报(哲学社会科学版)》，1984(1)。

并从各方面进行思考，得出新颖且正确的答案；第二级，基本上能根据问题的条件和要求，努力寻求解题的思路和方法，但是不能及时变换思路和方法；第三级，不会根据问题的条件和要求，独立寻找解题的思路和方法，使用尝试错误法去反复尝试；第四级，茫无所知，不能作答或答非所问。他对 7～11 岁的超常与常态儿童进行了研究，发现在绝大多数的情况下超常儿童的创造性思维达到了第一、二级水平，各年龄组的均值明显高于同龄常态儿童。此后，施建农、徐凡[1]又对 10 岁和 12 岁超常儿童和常态儿童的创造性思维进行了比较，也得到了相似的结论，发现超常儿童的图形、数字和实用创造性思维的流畅性和独特性成绩都明显高于常态儿童。

超常儿童在创造性思维上的优异性表现同样具有跨文化的一致性。1988—1990 年，中国科学院心理研究所与德国慕尼黑大学的研究者[2]开展了中德超常和常态儿童技术创造力的跨文化比较研究。该研究在中国和德国共选取了 480 名五年级与七年级的超常与常态学生。每个国家每个年级的超常和常态学生各 60 人。经过三年追踪后，发现无论是中国的学生还是德国的学生，其创造力测验的成绩总体随年龄的增加而上升，而超常儿童组的创造性思维得分明显高于常态儿童组。

2. 超常儿童内部的个体差异

吉尔福特在探讨智力与创造力关系中曾提出"智力是创造力的必要条件"，即低智力个体一定无法达到较高的创造力水平，而高智力个体的创造力水平可高可低。也就是说并非所有的超常儿童都拥有高创造性思维，可能会存在高智商低创造力的儿童。在这一观点的指导下，研究者提出了创造力的"必要条件假说"，认为智力是创造力的必要不充分条件，并运用高级统计的分析方法对该假说进行了验证。这表明，即使在高智商的超常儿童群体中，创造力发展也会存在差异。已有研究从年龄、性别和领域三个方面进行了探索。

超常儿童的创造力发展总体上表现出随年龄增长而上升的趋势。研究发现，超常儿童的聚合性和发散性思维均呈现随年龄不断升高的趋势。这一趋势也表现在科学创造力、流动超常儿童创造力等不同领域和群体上。另外，超常儿童的创造力发展也会呈现出波动的趋势，如 7～8 岁时超常儿童的创造性思维发展水平逐渐上升，但 9～11 岁时增长较为缓慢。

超常儿童创造力发展还存在性别、领域上的差异。在性别上，超常女生在发散性思维上的表现优于超常男生，主要表现在图形流畅性、语言流畅性、问题发现的流畅度和原创性方面等。在领域上，对于高言语智力的儿童来说，其创造力在语言聚合思维上表现出更高的潜能，但是图形领域和发散性任务并未有突出的表现。

---

① 施建农、徐凡：《超常与常态儿童的兴趣、动机与创造性思维的比较研究》，载《心理学报》，1997(3)。
② 查子秀：《中德儿童技术创造力跨文化研究》，载《人民论坛》，1997(12)。

(二)超常儿童的创造性人格特点

1. 超常儿童与常态儿童的差异

许多学者针对超常儿童与常态儿童是否存在创造性人格的差异进行了探索，研究发现超常儿童较常态儿童更具有创造性人格倾向。针对超常儿童创造性人格的研究[①]表明，超常儿童在好奇心、坚持性、独立性和自我意识等方面均显著高于常态儿童。以少年大学生为对象的研究[②]发现，这些学生具有果断、有魄力，并积极寻找机会展现自己的独特性的特点。查子秀等人[③]在对超常儿童的调查研究中同样发现，超常儿童从小就展现出了强烈的好奇心和学习兴趣。

总的来说，相对于常态儿童，超常儿童有较强的独立性、自信心和坚毅的精神，同时，他们也有较强的求知欲和好奇心。

2. 超常儿童内部的个体差异

正如上文提到的，并不是所有超常儿童都具有高水平的创造性思维，那么也并不是所有超常儿童都具有较强的创造性人格倾向。许多研究证实，超常儿童的创造力与其自身的人格倾向密切相关。

高智商-低创造者通常采用谨小慎微的讲故事方式，将可能的失误或批评降至最低，编了一个体面又标准的故事；高智力-高创造者试图打破画面的束缚，甚至渗入一定的讽刺和幽默元素。此后，沃勒克和考根[④]将 151 名五年级学生分为高创造力-高智力、高创造力-低智力、低创造力-高智力以及低创造力-低智力四组。在高智力组的儿童中，高创造力儿童有极高的自信以及很少自我贬低，他们在行为上偏向于内在控制，这类儿童往往被认为是很好的伙伴，同时他们也主动与别人交朋友；而高智力组中的低创造力儿童虽然同样表现出自信，也被他人认为是很好的伙伴，但是他们并不善于与他人交友。此后的个案分析选取了高智力组的低创造力被试，其中一个女孩在表达观点时总是表现出迟疑，她有强烈的学业成就导向，但在社会行为上表现冷淡。

需要注意的是，由于超常儿童的超常天赋体现在不同的领域，其创造性人格表现会有所差异。人格特质间的交互作用(如动机与坚持)比单一的某种人格特点对创造力的影响更加重要。[⑤]

---

① 施建农、徐凡：《超常儿童发展心理学》，186 页，合肥，安徽教育出版社，2004。

② 施建农、徐凡：《超常儿童发展心理学》，190～193 页，合肥，安徽教育出版社，2004。

③ 查子秀、周林：《对中学超常儿童的教育实验——北京八中首届超常实验班追踪研究》，载《心理学报》，1993(4)。

④ Wallach, M. A., & Kogan, N., *Modes of Thinking in Young Children: A Study of the Creativity-Intelligence Distinction*, New York, Holt, Rinehart and Winston, 1966, p. 357.

⑤ 苏雪云、张旭：《超常儿童的发展与教育》，160～161 页，北京，北京大学出版社，2011。

二、创造力发展的影响因素

培养创新人才既是我国社会主义现代化建设的需要，也是人类历史前进的必要途径。已有的创造力相关研究发现，先天天赋和后天培养都是创造力发展的重要决定因素。一般而言，所有具有中等智力水平的人都有一定程度的创造性潜能。如何激发个体创造性潜能主要依靠个体所处的后天环境及教育等因素。根据布朗芬布伦纳提出的生态系统论，儿童早期主要的生活环境可以分为三个部分：家庭、学校以及社会环境。以下将从家庭、学校和社会三种不同的环境分析影响儿童创造力发展的可能因素，以期促进超常儿童的创造力发展。

(一)家庭因素

家庭环境对儿童创造力的早期发展具有重大影响。儿童早期创造潜力的发展，与儿童的家庭环境，与父母的教育、培养是分不开的，家庭环境与教育可以促进或者阻碍儿童创造力的发展。罗安娜对科学家的家庭背景的调查，提出家庭对儿童创造力是促进或是抑制，取决于家长对儿童要求进行探索活动（智力的或操作的）的态度，有创造性的科学家在家中一般有较多的独立和自主性[1]。创造力的实现需要心理上安全和自由的环境，这种环境应当包括物质、认知、身体、情感、直觉方面的体验。探讨家庭对创造力影响的研究可归类到以下两种类型：家庭环境（family environment）和家庭结构（family structure）。两者都是预测创造性潜能的良好指标。

1. 家庭环境

家庭环境指的是一个家庭在形成和发展过程中所产生的物质环境和文化环境的总和。瑞特根据家庭环境的结构，提出了儿童创造力培养的三脚架模型（three-pronged model）[2]。这个模型指出，创造性的家庭环境主要包括三个方面：尊重儿童的教育态度、自由独立的氛围和丰富的学习资源。

第一，家庭教养方式主要包括民主型、专制型、放任型和忽视型四种类型。一项对已取得创造性成就的人物进行追溯的研究发现，高创造力的科学家与建筑师在童年时，他们的父母会给予较高的独立性和自主性，会给儿童自由探索的机会，并引导和鼓励儿童发展早期的爱好和兴趣。研究指出，民主型的家庭教养方式容易营造出富有创造性的家庭环境，父母能够给予儿童适宜的期望。在丰富的家庭环境中，父母允许

---

① 雷江华、邓猛：《天才儿童教育》，85 页，武汉，华中师范大学出版社，2011。

② Wright，C.，& Wright，S.，"A Conceptual Framework for Examining the Family's Influence on Creativity," Family Perspective，1986，pp. 127-136.

儿童表达积极和消极的感受，较少限制儿童的行为，鼓励儿童对未知领域进行探索，敢于实施自己冒险的想法。[①] 国内学者[②]在考察家庭教养方式与创造性之间关系的研究中指出，放任型的家庭教养方式与儿童创造性思维的独创性、精进性、流畅性和变通性呈负相关。

第二，家庭氛围指的是家庭成员之间的关系及其所营造出的人际交往情景和氛围。它对家庭成员的精神和心理都有非常重要的影响。对儿童来说，家庭氛围通过影响儿童对人与人之间各种角色扮演以及相互关系的认同，最终影响其将来走向社会的行为模式和人际交往模式。安全开放的家庭氛围有助于培养和发展儿童的好奇心，进一步促进儿童创造力的发展。

第三，家庭文化资本对儿童的创造力发展也很重要。家庭文化资本包括父母的教育观念、个体在家里所吸收的非学术知识（nonacademic knowledge）和获得的非正式学习。它还包括个体在家庭中的学习机会，例如，是否去上学，是否有寻找专业指导的可能性（如上课外班），家里是否有大量书籍，是否接触计算机，是否有参观博物馆的机会，是否接触乐器以及父母对孩子的教育期望高低等。研究[③]表明，纸质阅读材料丰富的想象性元素、多媒体阅读的多感官刺激、良好的亲子共读和平等互动方式有利于促进超常儿童创造力潜能的发展。

因此，为了在家庭中培养儿童良好的创造力，首先，父母应该尊重孩子，把他们看作独立、平等的个体，创造家庭中的民主氛围；其次，父母应该信任孩子的能力，积极为孩子提供独立表达和锻炼的机会，创造一个能够让孩子自由玩耍、无拘无束、具有安全感的家庭环境；最后，在儿童早期发展阶段，父母应该为孩子提供丰富的学习机会以及充满创意的环境设置，培养孩子儿童的好奇心，让孩子积极探索世界。

2. 家庭结构

有研究发现，不同的家庭结构会影响儿童的创造力发展。家庭结构一般分为两类：一是以核心家庭为主，由父母和孩子构成；二是大家庭的家庭结构，通常是三代家庭，由祖父母、父母和孙子女组成。研究表明，祖父母与父母的共同育儿对孩子的创造力有负面影响。在三代家庭中长大的孩子，特别是在以祖父母为主的家庭中成长的孩子，其创造力要比在核心家庭成长的孩子的创造力低，并且在三代家庭中长大的男孩更有可能在创造力发展方面表现出劣势。

① Kemple, K. M., & Nissenberg, S. A., "Nurturing Creativity in Early Childhood Education: Families Are Part of It," Early Childhood Education Journal, 2000(1), pp. 67-71.

② 张承菊：《家庭教养方式对中班幼儿创造性思维水平的影响研究——以昆明市四所幼儿园为例》，硕士学位论文，云南师范大学，2021。

③ 程黎、戴宏慈、Sylvie Tordjman 等：《家庭早期环境对超常儿童创造力发展的影响探析》，载《中国特殊教育》，2016(11)。

除此之外，是否为独生子女也会影响儿童的创造力。总体而言，独生子女比非独生子女表现出更高的创造力。其中，核心家庭抚养的儿童表现得更为显著。基于此，父母和祖父母应注意三代同堂的家庭结构对儿童创造力的影响，保证父母与祖父母一致的教养方式是保护和发展儿童创造力的关键。

除了家庭环境和家庭结构，不少学者提出父母的创造力水平与孩子的创造力密切相关。父母发散性思维测验分数与孩子的发散性思维测验分数间的相关系数为0.4~0.5，且父母与超常儿童的发散性思维具有更高的相关。[1] 综合已有研究，父母的创造力和孩子的创造力在统计上有显著相关，且无论在哪一种家庭中，父亲创造力与孩子创造力的相关系数皆高于母亲创造力与孩子创造力的相关系数。

(二)学校因素

除了家庭，儿童的大量时间是在学校度过的，学校对儿童创造力的发展也具有重要影响。教师、同伴、课堂环境是学校环境对创造力有重要影响的三大因素。

1. 教师因素

教师对儿童创造力的影响主要体现在教师的内隐理论、教学经验以及教学风格上。

教师的内隐理论是教师在自己日常生活和教学中逐渐形成的某种特定的文化和教学观念。教师对待学生创造力的态度极大程度上影响着学生的创造性表现。有学者邀请美国、德国、印度和菲律宾等各国教师列出自己认为最值得嘉奖的学生品质。结果发现，美国和德国教师都将"独立思考""独立判断""好奇心""冒险性"等人格特点列入自己认为值得嘉奖的学生品质中，而印度和菲律宾的教师认为值得嘉奖的学生应当具有"顺从""接受权威"等特点。基于对上述教师态度的进一步分析表明，美国、德国教师更赞许开放性等有利于激发学生的创造力，而印度、菲律宾的教师赞许的"顺从""接受权威"等品质则不利于创造力的发展。

教师的教学经验也对学生的创造力发展有着影响。有丰富教学经验的教师对创造力更有偏见，他们重视创造力的认知成分，忽视了包含内在动机与广泛的兴趣特质在内的个人因素与其他环境因素。这类教师主要通过实际的成果和生产力等客观的因素来看待创造力。如此一来，那些具有创造性潜能，但是还没有机会产出的学生就容易被忽略。研究者[2]认为，有丰富教学经验的教师对创造力持有更多偏见，教龄较长可能会导致思维定势。

---

① Runco，M. A.，& Albert，R. S.，"The Threshold Theory Regarding Creativity and Intelligence：An Empirical Test with Gifted and Nongifted Children,"Creative Child & Adult Quarterly，1986(4)，pp. 212-218.

② Rubenson，D.，& Runco，M.，"The Psychoeconomic View of Creative Work in Groups and Organizations," Creativity and Innovation Management，1995(4)，pp. 232-241.

　　基于教师的内隐理论和教学经验，不同教师形成了不同的教学风格。研究[①]表明教师不同的教学风格影响着学生创造力的发展。单方面传授式的教学风格对学生创造力发展的贡献度最小，而契约学习风格、小组导向风格以及探索导向风格对学生创造力发展的贡献度更高。基于此，教师应该接纳和鼓励学生的冒险精神与探索精神，尝试开放性问题、延伸性问题，给予学生反省思考和自主练习的机会，实施小组讨论及合作学习等方式，从而促进学生的创造力发展。除此之外，研究[②]还发现专制型教师会压抑学生的创造力，放任型教师对学生缺乏指导和控制，也不利于创造力的发展，只有民主型教师能够激发学生的创造热情。

　　2. 同伴因素

　　同伴对儿童创造力的影响首先体现在同伴关系上。同伴关系对创造力的影响具有两面性，一方面，良好的同伴关系能带给儿童安全感和归属感，使儿童产生积极的情感体验，提高创造力。另一方面，良好的同伴关系要求成员间的一致性，从而可能抑制创造力的发展。研究者指出，与同伴的合作可能会促进也可能会抑制儿童的创造力——当小组缺乏目标，仅仅被要求"做得好"，或当儿童在更大的组内丧失独立工作的自由时，同伴合作往往会抑制创造力的发展；相反地，当小组有清晰的工作目标、有意义的任务并且所有成员能够以舒适的状态进行合作时，创造力就能够被激发。因此，同伴关系和合作在不同的条件下对创造力有着不同的作用。

　　此外，研究者（Feldhusen）[③]认为创造力的一部分能力应该包括"说服他人来看重自己的产品"。基于这项观点，不少研究者开始关注儿童在群体中的地位与其创造性感知之间的关系。研究者[④]对香港学生进行了大样本研究，探究了同伴地位与创造力的关系。通过同伴评量，儿童被区分为受欢迎的、好争论的、一般的、被忽视的和被拒绝的五种不同类型，随后采用同伴评价与教师评价两种创造力评价方式对儿童创造力进行评估。结果发现，受欢迎儿童组得到了最高的创造力评分，被忽视与被拒绝儿童组得到的创造力评分都较低。研究者得出结论"创造力高的儿童比较容易获得社会性发展"，他假设创造力是在社会情景中的问题解决能力和适应力。他认为儿童可能会因为想出新鲜的点子而赢得尊敬，从而获得领导地位；但是，有的儿童可能不被同伴尊重，即使想出了有创意的点子也没有被采纳。某些有创造性的儿童往往很难获得更多的同伴认同与支持。例如，在二年级到六年级间，具有创造力的儿童会受到同伴的抵制、

　　① 王双龙：《教师的教学风格对学生创造力的影响研究》，载《当代教育科学》，2017(6)。

　　② Lewin，K.，Lippitt，R. & White，R. K.，"Patterns of Aggressive Behavior in Experimentally Created 'Social Climates'，"The Journal of Social Psychology，1939(2)，pp. 271-299.

　　③ Feldhusen，J. F.，& Goh，B. E.，"Assessing and Accessing Creativity：An Integrative Review of Theory，Research，and Development，" Creativity Research Journal，1995(3)，pp. 231-247.

　　④ Lau，S.，Li，C. S.，& Chu，D.，"Perceived Creativity：Its Relationship to Social Status and Self-Concept Among Chinese High Ability Children，" Creativity Research Journal，2004(1)，pp. 59-67.

攻击、批评和拒绝。目前关于同伴地位与创造力的关系还不是很明确。

3. 课堂环境因素

1950—1960 年，研究者普遍将发散性思维看作是创造力的核心。一项关于发散性思维的实证研究发现，在开放的或具有较高支持性的环境中，儿童的创造性潜能很容易被激发。近年来，有研究①指出，学校的整体氛围和课堂环境可以解释学生创造性表现的差异，在创造性环境中的儿童具有更好的创造性表现。当教师认真倾听和尊重学生的意见，并通过自主支持给予学生鼓励和自主探究的空间时，学生对科学学习的兴趣和创造力效能感都会更高，进而更加勇于尝试学习新事物或是用新方式来解决问题。② 可以看出，开放、自由、接纳、包容的课堂环境是激发学生创造力的条件。

处于支持型课堂氛围中的学生彼此信任，能够产出更多创造性作品，而处于"防卫型"环境下的学生在心理上有着强烈的不安全感，因而倾向于从事更为保守传统的活动。莱恩和帕特里克③发现，当教师营造积极互动、相互尊重的课堂支持环境时，学生的课堂参与动机与积极性得到改善；而当教师营造看重成绩目标的课堂支持环境时，学生的参与度与积极性降低。这表明轻松、平等、民主的课堂环境有利于促进学生的课堂参与，从而激发个体的创造性思维。国内研究④也发现，创新开放以及支持性的班级气氛，与创造力的流畅性、灵活性和独特性都有显著的正相关。程黎等人⑤⑥开展了创造性课堂环境的一系列研究，发现超常儿童对课堂中学生关系和同伴互动的积极感知能促进其创造性思维的发展，并且课堂中的学生关系能够有效地预测语文成绩。

任祖利提出，学校和班级中民主的气氛、丰富多彩的课外活动，以及鼓励学生原创性的积极态度能够帮助更多学生在不同领域上取得较好的表现，提升学生的群体地位和自我效能感并激发其创造性潜能。以下列出了在课堂中促进超常儿童创造力发展的途径。

①鼓励儿童从多个角度观察和探索周围环境。

②保护儿童好奇心，鼓励他们问问题。

① 程黎、张晓玮、张凯等：《创造性课堂环境对 3—5 年级超常儿童语文成绩的影响——创造性思维的中介作用》，载《中国特殊教育》，2019(12)。

② 谭利华、冯士季：《教师自主支持与小学生的科学学习无畏：学习兴趣和创造力效能感的中介作用》，载《心理发展与教育》，2024(3)。

③ Ryan, A. M., & Patrick, H, "The Classroom Social Environment and Changes in Adolescents' Motivation and Engagement during Middle School," American Educational Research Journal, 2001(2), pp. 437-460.

④ 田友谊：《中小学班级环境与学生创造力培养研究——以昆明市四所幼儿园为例》，硕士学位论文，华中师范大学，2004。

⑤ 程黎、程曦、王美玲等：《超常儿童内部动机与创造力的关系：课堂同伴互动的中介作用》，载《中国特殊教育》，2021(1)。

⑥ 程黎、张晓玮、张凯等：《创造性课堂环境对 3—5 年级超常儿童语文成绩的影响——创造性思维的中介作用》，载《中国特殊教育》，2019(12)。

③给儿童提供大量开放式学习经验和机会，鼓励他们做有意义的抉择。

④经常提供机会让儿童做白日梦或自我反思。

⑤把超常儿童组成一个小组，让他们共同完成任务，并寻找途径来展示他们的作品。

(三)社会因素

一直以来，有关创造力的社会影响因素研究深受研究者的重视。一个人的创造力离不开社会资源的支持，同时个人的创造力也要接受社会的评判。然而社会影响(social influence)是一个相当广泛的概念，一个社会中存在多种动态影响因素。许多研究者提出有关社会影响创造力的不同假设。

1. 社会资源支持

有研究者指出"拥有物质剩余的社会更有利于激发创造力"——物质资源贫乏的社会较少地奖励和鼓励新颖性，而物质丰富的社会使信息获取更加方便，使个体有更好的资源去完成新产品。

2. 社会文化交流

有研究者提出"多种文化融合的社会有利于创造力"，因为受到多种文化刺激的社会更容易从不同思想的相互交融过程中受益，这种交融对创造性过程十分重要。正是这个原因，一些最伟大的艺术和最早的科学都是在贸易中心城市发展起来的。例如，意大利的文艺复兴可部分地归因于阿拉伯和中东的商人，他们为佛罗伦萨、威尼斯这样的海港城市带来了巨大影响。程黎等人[①]对 210 名 10～12 岁的城市超常儿童与流动超常儿童进行对比，结果发现流动超常儿童与城市超常儿童的创造力差异随着年龄增长逐渐缩小，12 岁时流动超常儿童的创造力得分开始高于城市超常儿童。该研究表明，流动超常儿童的多元文化经历可能有利于创造力的发展。流动儿童与留守儿童动态的生活与心理环境不仅源于城市与农村环境的转换，还受到与不同照顾者间亲密关系的影响。为了更好地适应环境变化，流动儿童与留守儿童需要不断调整和改变自己惯有的行为模式。这样的心理适应需求及城乡二元文化的流动经历使流动儿童与留守儿童具备创造力发展的后天条件。

3. 社会竞争

有不少研究者认为，社会中的竞争在一定程度上也能激发个体创造力。研究者(Spurling)认为，竞争意识给予个体强大的动机，激发个体不断创新，超越他人。但是也有人认为竞争对个体会产生负面影响，例如，一名合唱团成员在日记中提到，自己因为竞争而感到沮丧、受胁迫，完全丧失了创作的动力。因此，社会竞争对个体创造

---

① 程黎、王寅枚、何聪等：《流动与城市超常儿童创造力发展的比较研究》，载《中国特殊教育》，2017(11)。

力的影响可能受到个体内部特征与外在支持系统的调控。

4. 社会价值取向

部分跨文化的研究揭示了不同文化价值观对创造力的影响。例如，在推崇个体主义价值观的社会，自我被看作与社会分离的自律者，他们更注重个体的独特和创造性想法；相对而言，集体主义文化则更强调顺从、合作和接受，个体的个性化特质或想法被看作是与集体意愿相区别的。此外，社会对传统和顺从的重视程度也影响着创造力。在鼓励创造活动的开放社会，儿童创造力发展得较好。而在专制的社会条件下，个体则相对缺乏创造性精神，其创造力也受到了限制。

综上，对于超常儿童来说，高智力奠定了创造力发展的基础。超常儿童表现出比常态儿童更强的创造性思维水平及人格特征。但是智力与创造力并非呈简单的正向相关关系，在超常儿童群体中，同样存在着低创造者。创造性潜能在适当的环境中是能够被激发的，构建民主开放的家庭、学校和社会氛围，改变父母、教师对创造力的看法以及教学策略，鼓励儿童保持好奇心和探索欲，都能促进超常儿童的创造力发展。

本章小结

本章关注了超常儿童教育中的重要内容——创造力的发展。不同研究者从认知过程、组成成分、高创造力个体等角度提出关于创造力的理论和测量方法，并揭示了超常儿童的创造力发展和创造性人格特征。在了解超常儿童创造力发展特点的基础之上，创设民主、开放、和谐且具有安全感的家庭、学校和社会环境对儿童创造力的发展有着积极作用。

复习思考题

一、单项选择题

1. 在众多创造力理论中，有部分研究者关注创造力的组成要素及要素间的相互关系和作用。(   )提出了创造力成分论并注重动机对创造力的作用。

A. 吉尔福特   B. 阿玛贝尔   C. 梅德尼克   D. 托兰斯

2. 吉尔福特认为创造性思维的核心是(   )。

A. 发散性   B. 聚合性   C. 独特性   D. 流畅性

3. (   )不包含于创造力的 4P 模型。

A. 产品   B. 环境   C. 人格   D. 领域

4. (   )属于领域一般性的创造力测验。

A. 创造性成就量表   B. 创造性领域量表

C. EpoC 量表　　　　　　　　　D. 托兰斯创造性思维测验

二、简答题

1. 请结合中西方学者对创造力的定义，概括创造力的本质特征。

2. 请从创造力 4P 模型出发，简述已有的一般创造力测量工具或方法。

3. 简述超常儿童的创造性思维及人格特点。

三、论述题

结合儿童的创造力发展影响因素及超常儿童创造力发展特点，论述如何促进超常儿童创造力的发展。

本章阅读书目

1. 程黎、程曦、王美玲等：《超常儿童内部动机与创造力的关系：课堂同伴互动的中介作用》，载《中国特殊教育》，2021(1)。

2. 程黎、戴宏慈、Sylvie Tordjman 等：《家庭早期环境对超常儿童创造力发展的影响探析》，载《中国特殊教育》，2016(11)。

3. 程黎、郑昊：《中小学创造性课堂环境评估量表(教师版)编制和施测》，载《教师教育研究》，2017(4)。

4. [美]斯滕伯格：《创造力手册》，施建农等译，北京，北京理工大学出版社，2005。

中篇：超常儿童的教育教学

在上篇中，我们了解了超常儿童的身心发展特点及其影响因素，分析了超常儿童与常态儿童的发展差异以及超常儿童内部的个体差异性。基于超常儿童生理与心理发展特点，教育者需要为其提供区别于普通教育的超常儿童教育，进行特别的教学设计与安排。超常儿童教育是一个复杂的系统，涉及鉴别、安置、课程、教学、教师等诸多要素。同时，超常儿童中还存在一部分有特殊需要的群体，包括双特殊儿童与社会变迁中的超常儿童，为其提供适宜的教育教学环境也是超常儿童研究者与教育者肩负的责任与义务。因此，在本篇中你将学习到：

第一章 超常儿童的鉴别
  第一节 超常儿童的鉴别概述
  第二节 智力测验
  第三节 成就测验
  第四节 创造力测验
  第五节 社会情绪（非智力心理因素）测验
  第六节 特殊才能的鉴别
  第七节 提名推荐法
第二章 超常儿童的安置方式与教育形式
  第一节 中国超常儿童的安置方式与教育形式
  第二节 国外超常儿童的安置方式与教育形式
第三章 超常儿童教育的课程与教学
  第一节 超常儿童教育的课程理论与模型
  第二节 超常儿童教育的教学策略
  第三节 超常儿童教育的教师培养
第四章 特殊需要超常儿童的研究与教育
  第一节 双特殊儿童的特点与鉴别
  第二节 社会变迁中的超常儿童

思维导图

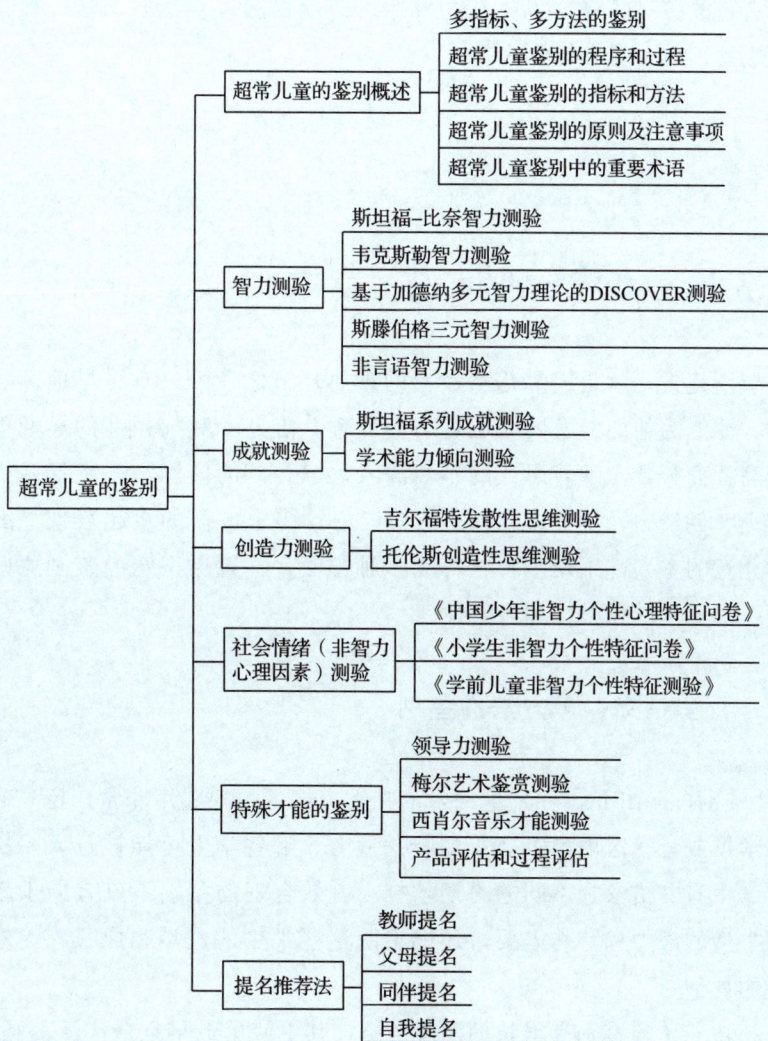

超常儿童的鉴别

- 超常儿童的鉴别概述
  - 多指标、多方法的鉴别
  - 超常儿童鉴别的程序和过程
  - 超常儿童鉴别的指标和方法
  - 超常儿童鉴别的原则及注意事项
  - 超常儿童鉴别中的重要术语
- 智力测验
  - 斯坦福–比奈智力测验
  - 韦克斯勒智力测验
  - 基于加德纳多元智力理论的DISCOVER测验
  - 斯滕伯格三元智力测验
  - 非言语智力测验
- 成就测验
  - 斯坦福系列成就测验
  - 学术能力倾向测验
- 创造力测验
  - 吉尔福特发散性思维测验
  - 托伦斯创造性思维测验
- 社会情绪（非智力心理因素）测验
  - 《中国少年非智力个性心理特征问卷》
  - 《小学生非智力个性特征问卷》
  - 《学前儿童非智力个性特征测验》
- 特殊才能的鉴别
  - 领导力测验
  - 梅尔艺术鉴赏测验
  - 西肖尔音乐才能测验
  - 产品评估和过程评估
- 提名推荐法
  - 教师提名
  - 父母提名
  - 同伴提名
  - 自我提名

本章导读

　　超常儿童鉴别指的是运用心理学和教育学的方法和工具，根据一定的原则和标准，筛选出在智力、创造力或其他能力和领域中表现超出平均能力水平的儿童。正确的鉴别是为超常儿童提供合适教育的前提和基础，因此超常儿童的鉴别至关重要。鉴别的目的不仅仅是发现超常儿童，更关键的是通过鉴别可以对这些儿童进行更加全面的评估，进而为他们的教育安置提供有效的决策指导。本章首先介绍国内外超常儿童鉴别的过程、指标、方法、原则等基础知识；然后从超常儿童的定义角度出发，介绍使用较为广泛的鉴别工具，包括智力测验、成就测验、创造力测验、社会情绪测验、特殊才能的鉴别以及提名推荐法。

第一节
超常儿童的鉴别概述

　　鉴别超常儿童是超常儿童教育的重要环节之一。只有尽早地、准确地鉴别出超常儿童，才能为他们的发展提供适当的教育。研究者对"超常"的早期理解较为单一，局限于高智商分数。随着研究的不断深入，"超常"的内涵与表现形式变得更加丰富，涵盖智力、创造力、学业成就和非认知能力等多个方面的卓越表现。因此，国内外对于超常儿童的鉴别都采用多种指标和多种方法，并遵循一定的鉴别原则和程序，以尽可能地提高鉴别的科学性和有效性。

一、多指标、多方法的鉴别

　　"鉴别(identification)"这一术语在教育情景中的应用非常广泛，它影响和决定了学生在学校或者学区内可以获得的特殊服务，哪些学生可能被选入一所特殊学校，以及哪些学生有资格参加不同的暑期学校。有效合理的鉴别不仅有助于教育工作者认识到超常学生的潜力和特殊需要，还能追踪这些学生的进步和成长，促进对超常儿童教育项目的评估。

　　超常儿童的鉴别有很长的发展历史，其中使用最早且最广泛的是标准化智力测验。虽然智力测验在超常儿童鉴别中的价值无可否认，但是这一鉴别方法在一定程度上导致了人们对智力以及"超常"概念的狭隘理解。20 世纪初，在推孟使用智力测验对高智商的儿童进行了一项追踪研究后，超常（giftedness）和高智商（high IQ）几乎变成了同义词。虽然在过去的几十年，很多研究者拓展了对于智力的界定和评估，但是高智商分数仍然是学生进入超常培养项目的最普遍标准。随着智力理论的不断发展，超常儿童天赋的多元化和多领域性逐步得到认可及重视。1983 年，加德纳提出多元智力理论，强调学生多方面能力的发展，并倡导使用满足个别需求的教育方法，这深刻地影响了超常儿童的鉴别和教育。

首先，与单一指标的鉴别方法相比，多指标的鉴别方法使教育工作者在筛选各种类型的超常儿童时更具包容性，帮助教育工作者对超常儿童做出更恰当的教育决策。其次，多指标也能够指导课程的发展以及对学生的个别化评估。最后，多指标的鉴别还有利于鉴别少数群体和处境不利的超常儿童，因为如果只使用一个或者两个标准（如智商分数或成绩分数）进行鉴别，这些儿童往往会被忽略。在过去的几十年里，弱势群体不能被充分鉴别（under-representation）一直是超常儿童鉴别中的一大问题。

从统计学意义上来看，超常儿童在全体儿童中的比率是符合正态分布的。最初，研究者[1]认为超常儿童是指智力超过均值两个标准差的那部分儿童。根据这一标准，可以推算出超常儿童的数量占儿童总数的 1%～3%。随着"超常"概念的不断扩展，在包括了智力、创造力、学业能力以及特殊才能等多方面能力后，超常儿童的比率可能高达 10%～15%，这无疑是一个不容忽视的群体。所以，只有采用多种指标和多种方法，才能鉴别出在不同领域、不同能力方面具有独特天赋的儿童，并为他们提供适合的安置方式和教育形式。

二、超常儿童鉴别的程序和过程

根据实际情况，不同文化背景、教育政策以及学校或机构所要鉴别的超常儿童类型不同，不同地区采用的程序和步骤也有差异。

（一）中国大陆：推荐—初试—复试—通过教育过程或试读进行考察

我国大陆地区在过去几十年里积累了丰富的鉴别经验，编制和修订了多种鉴别工具和测验。目前主要有个体鉴别和集体鉴别两种鉴别方式。个体鉴别是指对儿童的智力、创造力、学业成就等方面做单独的测验；集体鉴别是指建立超常儿童实验班，对前来报名的儿童做鉴别。总的来说，我国大陆地区对超常儿童的鉴别一般是按照以下四个程序[2]进行的。

---

[1]　施建农、徐凡：《超常儿童发展心理学》，5 页，合肥，安徽教育出版社，2004。
[2]　查子秀：《超常儿童心理学（第 2 版）》，301～302 页，北京，人民教育出版社，2005。

1. 推荐

家长或教师填写调查表并进行推荐，主要包括儿童的基本状况、发展历程、超常的主要表现、家庭基本状况和家长对孩子的教育状况等。

2. 初试

初试对主要学科知识和能力以及一般智力进行考察。常用的智力测验量表有韦克斯勒儿童智力量表(WISC)、瑞文标准推理测验等，也可以使用非标准化的思维测验或推理测验，初步了解儿童智力发展水平。

3. 复试

复试对通过初试的儿童的认知能力、创造力和个性特征做进一步考察。例如，用中国超常儿童研究协作组编制的《鉴别超常儿童认知能力测验》对儿童的认知能力进行鉴别，或者用我国修订的、信效度较高的智力或创造力测验对儿童的智力和创造力进行复测。有的学校直接采用面试法，安排有经验的教师对学生进行面对面的考核，直接观察他们各方面的实际水平和个性特征。对于有特殊才能的儿童，教师根据特殊才能的标准进行考察，也可以请相关领域的专家对学生的作品进行评定。

4. 通过教育过程或试读进行考察

综合分析通过复试的儿童的初试及复试材料，确定参加超常儿童试读班的学生。经过一个月或更长时间的试读，教师进一步了解他们的学习能力、态度、个性品质及其他表现，并在追踪研究和教育过程中进一步鉴别。

(二)中国台湾：初选—复选—录取[①]

与大陆地区相比，我国台湾地区超常儿童教育起步较早，体系较为完备。台湾的《特殊教育法》规定"资赋优异儿童"属于特殊教育对象，要求各师范院校设立特殊教育中心，负责协助其辅导区内特殊教育学生的鉴别、教学及辅导；并规定各主管教育行政机关应设立特殊教育学生鉴别及就学辅导委员会，聘请卫生及有关机关代表、相关服务专业人员及学生家长代表为委员，处理有关鉴别、安置及辅导事宜，有关学生家长也参与这一过程。在鉴别中，台湾的资赋优异儿童一般分为三类：一般能力优异、学术性向优异和特殊才能优异。对前两类资赋优异儿童的鉴别一般遵循以下程序。

1. 初选

初选时，各班教师先推荐学生，之后参照学校辅导室提供的学生团体智力测验，并结合学生的学业成就表现进行初选。一般初选的比例是前10%的学生。

2. 复选

对初选出来的学生实施智力测验、创造力测验、学业成就测验以及其他倾向测验。

---

3. 录取

教师综合智力、创造力、学业成就与其他倾向测验结果等各项资料进行判断，决定录取名单。

对于特殊才能优异的儿童，教师在鉴别过程中应该偏重能力倾向测验（如音乐、美术等倾向测验）以及学科的专业考核。

（三）美国：调查—筛选—鉴别与安置[①]

美国超常儿童教育的发展居世界前列，其对超常儿童教育的重视和发展经验对其他国家有重要的引领和示范作用。早在 1995 年，美国 50 个州就都已通过立法，确立了超常儿童受教育的权利。有些州要求在为超常儿童制订特殊教育计划之前对超常儿童进行无歧视的评估。美国是一个多文化、多语言的国家，强调对来自不同文化或语言背景、低社会经济地位、以英语为第二语言的儿童进行公平的鉴别，提倡通过多途径的、非单一的标准化智力测验来鉴别超常儿童。

1. 调查

当有学生在普通班级里表现出高水平的能力并对正常教学内容与秩序形成挑战时，学校便需要考虑将他们安置在超常项目中。为了使学生得到公平合理的鉴别，并进入超常项目，学校需要成立一个由不同职位的学校工作人员组成的调查委员会。在实施任何一项鉴别程序之前，调查委员会需要盘点所在地区内可供使用的资源，明确该地区超常儿童项目所服务的超常儿童类型，考虑该地区是否能够服务联邦法律中定义的所有类型超常儿童（包括智力、学业、创造力、领导力、视觉表演艺术五个领域），因为具有不同天赋的超常儿童需要的资源是不一样的。

在鉴别过程中，调查委员会要列出该地区内所有学校，让所有学生都有平等的机会获得鉴别。鉴别的第一步是获得来自教师、校长、心理医生、父母和同伴的提名推荐。因为这些人经常与儿童相处，可能会敏锐地观察到儿童的超常天赋表现。表 3.1.1 总结了超常儿童在课堂中可能会表现出的典型行为。此外，标准化测验、学业行为和成果、学生发展文件夹等都能为超常儿童的鉴别提供依据。收集到的资料和信息越详细，越有利于成功地鉴别超常学生。

[①] Clark, B. , *Growing up Gifted*: *Developing the Potential of Children at School and at Home* (*eighth edition*), New York, Pearson, 2012, pp. 183-194.

表 3.1.1　超常儿童在课堂中可能出现的特征列表

学生是否	
问很多问题	看起来很无聊，经常无事可做
对他的进步表现出极大的兴趣	只完成一部分任务或项目，然后转向新的任务
对很多事情有深入的了解	在课程已经进行到其他内容时，还坚持之前的主题
经常想知道一些事情为什么或者怎么回事	看起来焦躁不安，经常离开自己的座位
对不公平感到异常生气	做白日梦
似乎对社会或政治问题感兴趣或关注	似乎很容易理解
经常有更好的理由不去做你让他做的事情	喜欢解决疑惑和问题
拒绝拼写、数学、事实、单词卡或书写的要求	对应该怎么做事情有自己的想法并坚持自己的主张
批评别人的愚蠢想法	话很多
如果他的工作不"完美"，就会变得不耐烦	喜欢隐喻和抽象的观点
看起来很孤独	喜欢讨论问题
如果学生表现出上面的特征，那么他可能在认知能力方面表现超常	

学生是否	
在某些领域表现出不寻常的能力，如阅读或数学	能得出正确的数学答案，但很难告诉你他是怎么做的
对某一领域感兴趣并且设法将这一兴趣包括在所有讨论的主题中	喜欢用图表示所有事情，似乎沉迷于可能发生的事
喜欢和这一领域的专家会面或交谈	发明新的难以理解的系统和代码
如果学生表现出以上特征，那么他可能在学术能力方面表现超常	

学生是否	
试着用不同的、不寻常的、具有想象力的方法去做事情	在没有明显的解决方案的情况下制造问题，并让你去解决他们
有幽默感	喜欢有争议的和不同寻常的问题
享受新的生活方式或自发的活动	有生动的想象力
喜欢变化或新奇的事物	似乎永远不会按顺序进行
如果学生表现出以上特征，那么他可能创造能力表现超常	

学生是否	
组织和领导团体活动	喜欢冒险
看起来骄傲自信	

如果学生表现出以上特征，那么他可能领导能力表现超常	
学生是否	
在艺术，如音乐、舞蹈、戏剧或绘画方面不接受指导就能习得技巧	注意产品或表现的细节
发明新技术，喜欢做实验	有很强的感官灵敏度
如果学生表现出以上特征，那么他可能视觉或表演艺术能力表现超常	

2. 筛选

在对所有学生进行调查之后，一些可能需要超常儿童教育服务的学生会被鉴别出来。再对他们进行进一步的筛选，筛选的依据包括以下几个方面。

① 教师、校长、咨询人员、心理医生、父母、同伴以及其他和学生有密切接触的人的提名推荐表。

② 教师对学生的智力、身体、社会和情绪功能以及学习方式和动机的报告。

③ 父母提供家族史和学生的背景信息，如家庭成员的健康状况、父母受教育水平、职业背景、家庭活动和学生兴趣等。

④ 同伴鉴别。

⑤ 学生的自我概念、价值观、兴趣以及对校内外活动的态度。

⑥ 学生的作品及成绩。

⑦ 传统的和非传统的多维度测验。

教师在超常儿童的鉴别过程中起着重要作用。一方面，教师是最熟悉学生的人，所以他们最有资格推荐出可能具有超常天赋的学生。另一方面，教师在鉴别过程中难免会产生偏见。那些安静的、行为端正的、穿着得体的、考试中获得高分的学生更容易获得教师的推选，但实际上这些学生经过进一步鉴别后只有一部分是超常儿童，这在鉴别过程中会造成很多资源的浪费，因此教师需要有效地进行筛选。为了提高教师推荐、鉴别超常儿童的准确性，需要对教师进行培训，使他们了解超常儿童的行为表现特征以及所在地区的超常项目中超常儿童的鉴别标准。

3. 鉴别与安置

鉴别的主要目的是获取足够的信息，使教育工作者能够提供最适合超常儿童潜能发展的项目，从而对超常儿童进行合理安置和教育。例如，一个艺术能力超常的学生如果被一个不提供这方面服务的超常儿童教育项目鉴别出来，他依然不能获得适合自己艺术能力发展的安置和教育。对超常儿童的鉴别和安置应该注意几个关键程序：第一，由各领域专家组成的委员会对超常儿童的安置进行决策。当学生被鉴定为超常儿童时，教师可以通过个案研究的方式为其教育计划和安置提供更充足的信息，如学生作品样本等。第二，对那些低于项目要求一个标准差的学生进行重新评估。第三，对特殊群体使用其他可供选择的鉴别方法。第四，将表现出超常潜能的学生安置在项目中进行试读，观察他们是否能够从中获益。第五，向参与鉴别的人提供多元文化和非性别歧视的教育，提供有关特殊人群中超常儿童的鉴别方法等。

三、超常儿童鉴别的指标和方法

超常儿童的鉴别方法与智力理论的发展和研究者对超常儿童的界定是分不开的。不同历史时期、不同国家和地区在鉴别超常儿童的指标和方法方面既有共性，也有差异。

(一)我国超常儿童鉴别的指标和方法

我国研究者在参考和借鉴国外超常儿童鉴别经验和方法的基础上，结合长期的鉴别实践和摸索经验，形成了超常儿童鉴别的指标和方法(表3.1.2)。

表 3.1.2　我国超常儿童鉴别的指标和方法 [①]

指标		方法
认知(智力)	感知、记忆、思维	认知实验、智力测验
创造力	创造性思维、创造性想象、创造性问题解决的能力、创造性个性倾向和特点	创造性思维测验、发散性思维测验、创造性想象测验、创造性个性问卷
学习能力	掌握知识的速度、方式、深度及牢固性	学习能力及成就测验、学习过程的观察、作业分析
特殊能力	语言文学能力、数学能力、领导能力、绘画、书法、音乐及外语能力	有关特殊能力测验、产品(作业)评定、观察
个性特征	求知欲、自信心、坚持性等	问卷、观察、教育实验(试读)

由表3.1.2可知，目前我国研究者将认知、创造力、学习能力、特殊能力、个性

---

① 查子秀：《超常儿童心理学(第2版)》，295页，北京，人民教育出版社，2005。

特征等多个因素作为超常儿童鉴别的主要指标，并通过标准化测验、问卷调查、观察法、产品评定等多种方法对这些指标进行测量和评估，以实现对超常儿童综合且全面的鉴别。

(二)国外超常儿童鉴别的指标和方法

国外对于超常儿童的鉴别是从英国人类学家高尔顿开始的，后来的研究者在高尔顿研究的基础上不断进行深入和扩展，推动了鉴别指标和方法(表 3.1.3)从单一走向多元。

表 3.1.3　外国的心理学家鉴别超常儿童的指标和方法①

年代	代表人物	鉴别指标(或方面)	鉴别方法
19 世纪及以前	高尔顿(Galton)	实际表现或成就	历史法，家谱分析
20 世纪初期	推孟(Terman)	高智商(IQ 130～140 或以上)	智力测验(智力量表)
20 世纪 50 年代	吉尔福特(Guilford)	思维的流畅性、独创性和变通性	发散性思维测验，托兰斯创造性思维测验
20 世纪 70 年代	斯坦利(Stanley)	数学能力、文学能力等	学术能力倾向测验(SAT)
20 世纪 70 年代	马兰(Marland)	多指标： (1)智商；(2)特殊能力倾向；(3)创造性思维；(4)艺术才能；(5)领导才能	多种方法： (1)智力测验；(2)成绩测验；(3)创造性思维测验；(4)家长或教师问卷；(5)作品分析；(6)观察和谈话
20 世纪 70 年代	任祖利(Renzulli)	多指标： (1)中等以上智力；(2)创造力；(3)任务承诺(动机、兴趣、责任心等)	多种方法： (1)各种测验；(2)个性问卷；(3)旋转门模式教育实验
20 世纪 80 年代	斯滕伯格(Sternberg)	元认知	多种方法
20 世纪 80 年代	坦南鲍姆(Tannenbaum)	洞察力(insight)： (1)智商；(2)特殊能力倾向；(3)非智力个性特征；(4)环境因素等	多种方法

---

① 雷江华、邓猛：《天才儿童教育》，10～11 页，武汉，华中师范大学出版社，2011。

国外对超常儿童的鉴别起源于 19 世纪 50 年代，最初只将杰出成就或高智商作为鉴别超常儿童的主要指标。随着研究的深入发展，到 20 世纪 80 年代，鉴别指标逐渐涵盖了智力、非智力、特殊能力、环境因素等方面，并采用多种方法进行测量。

随着超常儿童研究的不断推进，国外研究者针对超常儿童不同的天赋领域，开发了相应的测量工具，以提高鉴别的有效性和科学性，如表 3.1.4 所示。

表 3.1.4　超常领域及相应的测量工具列表

超常领域		测量工具
一般学术能力		加利福尼亚成就测验（California achievement test，CAT），考夫曼成套评价测验（Kaufman assessment battery for children，K-ABC）
特定学术能力		资优评估量表（gifted evaluation scale，GES），伍德科克阅读掌握测验（Woodcock reading mastery test，WRMT）
一般智力能力		加利福尼亚成就测验，韦克斯勒儿童智力量表（修订版）（Wechsler intelligence scale for children-revised，WISC-R），伍德科克阅读掌握测验（修订版）
非言语智力/能力		瑞文标准推理测验（Raven's standard progressive matrices，SPM），矩阵类比测试（matrix analogies test，MAT）
信息加工		认知能力测验（Cognitive abilities test，CogAT）
知觉/判断和感知推理		迈尔斯-布里格斯类型指标（Myers-Briggs type indicator，MBTI），瑞文彩图推理测验（Raven's colored progressive matrices，CPM）
科学能力		加利福尼亚成就测验，基本技能综合测试（comprehensive test of basic skills，CIBS）
创造力	创造性思维能力	托兰斯创造性思维测验，发现才能团体问卷，发现兴趣团体问卷（group inventory for finding interests，GIFFI），优等生行为特征评定量表——创造力（scales for rating the behavior characteristics of superior students-creativity，SRBCSS-creativity）
	问题解决能力	康奈尔批判性思维测验（cornell critical thinking tests，CCTT），托兰斯创造性思维测验，发现才能团体问卷，发现兴趣团体问卷
	创造性产品	托兰斯创造性思维测验，韦克斯勒儿童智力量表（修订版），发现才能团体问卷，发现兴趣团体问卷
	创造性特征和行为	发现才能团体问卷，发现兴趣团体问卷，优等生行为特征评定量表（scales for rating the behavior characteristics of superior students，SRBCSS）
	一般创造力	优等生行为特征评定量表——创造力，瑞文标准推理测验，瑞文彩图推理测验
其他问题解决		瑞文彩图推理测验
数学/逻辑能力		加利福尼亚成就测验，韦克斯勒儿童智力量表（修订版），皮博迪个人成就测验（Peabody individual achievement test，PIAT）

续表

超常领域	测量工具
语言/语言能力	加利福尼亚成就测验，诊断性阅读量表（diagnostic reading scales，DRS），盖茨-麦金特阅读测验（Gates-MacGinitie reading test，GMRT）
阅读理解	吉尔摩朗诵测验（Gilmore oral reading test，GORT）
社会科学能力	加利福尼亚成就测验，斯洛森智力测验（the Slosson intelligence test，SIT）
心理运动/身体运动	认知能力测验
任务承诺/动机	优等生行为特征评定量表——动机（scales for rating the behavior characteristics of superior students-motivation，SRBCSS-motivation），瑞文标准推理测验，自我概念和动机量表（the self-concept and motivation inventory，SCAM-IN）
人际交往能力/内省能力/领导力，社会心理能力	资优评估量表，领导力技能问卷（leadership skills inventory，LSI），个性研究表格（the personality research form，PRF）
艺术能力	斯洛森智力测验
表演能力	优等生行为特征评定量表——戏剧（scales for rating the behavior characteristics of superior student-dramatics，SRBCSS-dramatics）
舞蹈能力	优等生行为特征评定量表——艺术（scales for rating the behavior characteristics of superior student-artistic，SRBCSS-artistic），托兰斯创造性思维测验
其他表演艺术能力	资优评估量表，优等生行为特征评定量表——戏剧
绘画能力	资优评估量表，优等生行为特征评定量表——艺术，发现才能团体问卷，发现兴趣团体问卷
雕塑能力	优等生行为特征评定量表——艺术，托兰斯创造性思维测验
摄影能力	优等生行为特征评定量表——艺术，托兰斯创造性思维测验
其他视觉艺术能力	资优评估量表，优等生行为特征评定量表——戏剧，托兰斯创造性思维测验
一般音乐能力	音乐听力初级测量（primary measure of music audition，PMMA），发现才能团体问卷，发现兴趣团体问卷
音乐能力（作曲、乐器或声乐）	认知能力测验，托兰斯创造性思维测验，华格二氏批判性思考评估（Watson-Glaser critical thinking appraisal，WGCTA）

表 3.1.4 呈现了国外研究者编制的针对超常儿童不同领域表现的测量工具，如学术能力、智力、创造力、问题解决、音乐、绘画、舞蹈等。在实际的鉴别中，研究者可以根据需要选择恰当的工具，对超常儿童进行鉴别。

综上，虽然鉴别超常儿童的指标和方法是多种多样的，但使用最广泛、信效度较高的测量工具和方法主要包括六类：智力测验、成就测验、创造力测验、社会情绪（非智力心理因素）测验、特殊才能的鉴别以及提名推荐法。

四、超常儿童鉴别的原则及注意事项

科学有效地鉴别超常儿童需要在一些基本原则的指导下进行。

(一)指导原则

对超常儿童进行鉴别时，需要遵循一些基本的指导原则。国外超常儿童鉴别的原则[1]主要有以下方面。

对"超常"这一概念进行明确且内涵广泛的界定，承认智力的多元化和超常的多种表现形式。这是鉴别超常儿童的前提和基础。

没有完美的鉴别体系。任何一种鉴别体系都是通过某种工具和指标去筛选和鉴别学生，但客观测验、主观评估、在决策过程中对各种数据信息的解释和权衡都不可避免地存在误差。所以，鉴别人员应该科学地选择信效度较高的测量工具，对于不同的"超常"能力采用独立、灵活而持续的鉴别，并对鉴别过程进行评估和反思。

在不同的文化背景或者社会经济群体中，"超常"可能有不同的表现形式。每一个学区、学校和项目都是不同的，因此在鉴别中应该综合考虑人口统计学、价值观等因素，并选择不同的鉴别工具和标准。

客观和主观的测量工具都能为鉴别提供有用的数据。认知能力或学业成绩的标准化测验结果被认为是客观的，是鉴别过程中主要的数据来源；其他数据来源，如教师、父母、同伴评定或自我评定、作品评估等则被看作是主观的。使用客观鉴别工具时，需要注重测验的信效度；使用主观测验时，需要重视评分者间的一致性。

教育者应该在融合教育背景中进行鉴别，提高鉴别的包容性。鉴别不是为了贴标签，也不是为了区别"超常"和"非超常"，而是为了更好地发现和了解不同学生的优势，为他们提供合适的课程和教学。

在鉴别中使用多重标准是很重要的，教育安置决策过程必须充分考虑不同鉴别数据的权重。如果一个学生只能通过教师提名或单一测验进入更高一级的筛选和鉴别，那么很多有潜能的超常儿童就可能被遗漏。如果只是将所有的测验分数放到一起并赋予它们同等权重，那么这不是真正的多指标鉴别。

决策者应该具备足够的知识和能力。决策者要能够选择恰当的鉴别方法和标准，能够为参与鉴别的工作人员提供培训和指导，并能够为那些被鉴定为"超常"的学生做出合理的安置决策。

---

① Callahan, C., & Hertberg-Davis, H., *Fundamentals of Gifted Education: Considering Multiple Perspectives*, New York, Routledge, 2017, pp. 84-88.

在借鉴和参考国外对超常儿童鉴别的研究和经验的基础上，我国的研究者在长期的实践过程中也总结出了超常儿童鉴别的四项基本原则。

①在动态的比较研究中鉴别。只有在与同龄常态儿童的比较中，我们才能更准确地认识一个儿童智力潜力的大小。儿童的智力处在不断的发展和变化中，因此需要对儿童进行多次测验，在动态的、持续性的比较中进行鉴别。因为儿童智力的发展受到所处环境和教育的影响，所以动态比较应该是在条件接近的同龄常态儿童中进行的。

②采取多指标、多途径、多方法进行鉴别。由于智力是多元化的，超常儿童的表现也具有多领域性，因此，我们不能以单一的指标（如智力测验分数）来鉴别超常儿童，而应该采取多指标、多途径和多方法进行鉴别。多指标包括智力、认知能力、推理能力、创造力、学业能力、特殊才能以及个性倾向特征等方面；多途径是指通过间接和直接的方式收集数据；多方法则包括各种测验、行为观察、个性问卷、作品分析、谈话以及教育实验等。

③把发展的质和量结合起来考察。常态儿童和超常儿童之间的差异不仅表现在量的方面（如测验结果、得分和完成速度等），也表现在质的方面（如完成的过程特点、采取的策略等）。因此，对超常儿童的鉴别应该兼顾量和质两个方面。例如，两个儿童在一项数理推理测验中，在规定时间内获得同样的分数，这是量的方面；但在解题过程中，一名儿童用的是常规方法，另一名儿童用的则是新颖的、便捷的解法，这是质的方面。对二者进行综合分析，才能判断出儿童的思维发展水平。

④在教育过程中发现和鉴别。儿童的智力和才能是在一定的环境和教育条件下形成和发展的，现有的测验结果不一定能反映儿童的真实智力潜能。因此，为他们提供相同的教育条件，观察他们的变化和发展，能够促进对儿童智力潜能的深入了解。例如，设立超常儿童实验班，观察学生在实验班的学习发展情况，学生的成绩和能力可能会发生明显分化。有些过去没有良好学习机会的儿童在获得合适教育资源和条件之后，学习遥遥领先，而有些入学时名列前茅的儿童可能会落后。因此，我们需要在教育过程中对超常儿童进行鉴别，避免遗漏或者错误鉴别。

(二)处境不利超常儿童和双特殊儿童的鉴别

对少数民族、经济状况不佳和具有文化差异的超常儿童的鉴别是超常儿童鉴别中一个敏感而重要的话题。有研究显示，来自非主流文化背景的学生在标准化智力测验中的分数会比来自主流文化的学生的分数平均低一个标准差。很多少数民族学生即使在言语或者非言语智力测验中取得很高的成绩，也不能进入超常项目，这体现了固有的偏见。对这些处境不利群体中的超常儿童的鉴别更需要运用智力测验以外的多维度、多标准的鉴别方法。

双特殊儿童是指在一个或多个领域表现出卓越的能力，但同时在一方面或多方面有障碍的儿童。他们可能是有严重情绪问题的超常儿童、阿斯伯格综合征超常儿童、伴有注意缺陷多动障碍的超常儿童或者是伴有学习障碍的超常儿童等。对这些超常儿童进行鉴别的过程存在更多的阻碍（如遮蔽效应等），这往往使他们不能被及时地鉴别出来。因此，我们需要采用特殊的鉴别方法和手段对他们进行鉴别，如干预反应模式（response to intervention）。关于这些特殊需求的超常儿童的研究与教育，将在本篇第四章中进行具体的介绍。

(三)超常儿童鉴别中的争议

标准化测验在超常儿童的鉴别中起着重要作用，但是很多测验的时效性和适用性是有限的，不能长时间反复使用，也不能满足所有人的需求。目前，使用标准化测验对超常儿童进行鉴别还存在不少有争议的观点。盲目地全盘接受这些观点，可能不利于超常儿童的有效鉴别。因此我们应该理性地分析和看待这些观点。

有争议的观点 1：聪明就要快！

"聪明就要快"的假设影响着我们整个社会。一项有关人们对于智力概念的认识的研究发现，当让人们列出聪明人的行为特征时，"学习速度快""行动迅速""说话速度很快""迅速作出判断"等行为通常被提到。聪明的人处理信息速度快这个假设也是绝大多数超常儿童鉴别测验的基础，包括创造力和智力测验。标准化的测验通常有严格的时间限制，我们很难找到一个不计时的测验或者让被试按照自己的问题解决的速度完成的考试。但是盲目地认为聪明就是"速度快"是不合理的。一项有关规划行为在问题解决过程中的作用的研究发现，相对而言，更聪明的人会利用更多的时间进行前期统筹规划，而普通人更重视当前的、局部的信息。

所以，标准化测验中是否采取定时或计时的方式，要根据具体测验任务而定，并且还要考虑个人的问题解决方式和风格，盲目地对测验强加严格的时间限制，对一部分个体来说是不公平的。

有争议的观点 2：已有成就水平代表着智力水平。

目前大部分的测验都是根据个体已有的成就来衡量其智力水平。虽然智力和已有成就这二者无法完全分离，但事实上，已有成就水平并不等同于智力水平。

对于教育机会充足的儿童来说，通过已有成就来测量其智力水平是适用的。但对于受到文化、语言或其他环境因素限制的儿童来说，基于成就的测验很可能是无效的。对于这些处境不利的儿童，我们可以采用非言语测验或特定能力测验，以避免文化、语言或环境等因素对测验有效性的影响。

有争议的观点 3：智力只能通过智力测验来测量。

学习在很大程度上受到环境的影响，利用周围环境学习知识是一项重要智力。词汇是智商分数中最具有预测性的指标，它可以间接地衡量儿童在环境中获取信息的能力。与同龄人相比，超常儿童往往能更好地通过周围环境理解和掌握词汇。智力测验中的词汇测验是一种常用的测量方法，但是还有一些其他可选择的方式。在一项研究中，研究者呈现给学生一篇文章（难度略高于学生所在年级的水平），文章里面有一个或多个学生不认识的单词，学生的任务是根据文章的情景去推测这些不认识的单词的意思。研究结果表明，学生对不认识单词的定义水平和学生整体的语言智力、阅读理解能力以及单词测验的成绩都呈现高度相关。由此可见，词汇这一重要的指标是可以通过智力测验以外的其他方式进行测量的。那么其他的一些智力成分应该也能够通过不同的形式进行测量，而不需要仅仅依赖于智力测验。

有争议的观点 4：智力测验需要在一个有压力的、能唤起焦虑的情景下进行。

在进行智力测验时，大多数被试知道测验结果对他们的未来有重要作用，因此他们可能会产生测验焦虑。这种测验焦虑对一部分被试可能不会产生消极影响，甚至还可能产生积极影响；但是对另一部分被试可能产生消极影响。这就要求标准化智力测验对普通人以及有测验焦虑的人都同样适用。

有两种方法能够减轻焦虑对被试测验成绩的影响。第一种方法是在一个支持的、合作的氛围下进行测验。测验过程中，主试不是消极地观察被试的成功或者失败，而是基于被试的需求为其提供指导，帮助其解决问题。有研究发现，那些在普通标准化测验中因焦虑而不能良好发挥的被试可以在这样的测验环境中表现出高水平的结果。第二种方法是通过测量一个人的真实行为和"理想的"高智商个体行为之间的相似程度来测量智力。斯滕伯格等人让一组个体评定 250 种行为与自己行为特征的相符程度，让另一组个体评定这 250 种行为与理想中高智商个体行为特征的相符程度。随后研究者计算了每个个体自我评价和对理想高智商个体行为评价之间的关系。这种关系提供了一种比较个人真实行为与理想行为相似性的方法。斯滕伯格等人认为这种相似程度本身就是对智力的一种测量，并且做这种自我判断的测验能降低测验的焦虑。研究结果表明，相似度测验和在标准化智力测验中获得分数的相关系数为 0.52，这表明该测验确实能够在一定程度上反映一个人的智力水平。

虽然上述两种方法能够减少焦虑对被试在标准化测验中表现的负面影响，有利于发现并鉴别出那些因为高水平的测验焦虑而被遗漏的超常群体，但是它们并不能取代标准化智力测验，只能作为标准化测验的补充。在这些新的测验环境或测验方法中得分高、在标准化测验中得分低的个体应该得到进一步的评估。

有争议的观点 5：精确性等同于有效性。

人们往往会觉得精确的数字非常具有说服力，如 119 的智商分数或者 580 的 SAT 分数。但精确性并不等同于有效性。有研究表明，智力测验的结果通常只能解释学业成绩的 10%～25%，而创造力得分对学业成绩的解释率往往往更低。

精确的测验分数并不总是能够有效预测一个人的真实能力或未来成就。例如，一所大学要求学生在某一测验中获得 25 分才能入学。有一个优秀的学生没达到 25 分却被破格允许入学，而且他在之后的学习中表现十分优异。但是当他准备毕业并领取学位证书的时候，被告知只有在入学测验中取得 25 分才能领取毕业证。在这一案例中，测验成了目的而不是一种方式，测验分数本身变得比它预测表现的能力更加重要。因此，对超常儿童进行鉴别时，应该谨慎选择测验以及使用测验所得的分数。

上述五种存在争议的观点警示教育者，在使用任何一种测量工具对超常儿童进行鉴别时都应该保持高度警惕，尽可能避免测验的误用，并充分考虑可能影响测验结果的各种因素，以保证鉴别的准确性和有效性。

五、超常儿童鉴别中的重要术语

超常儿童的鉴别是一个专业的过程，遵循多指标、多途径、多方法的基本原则。在鉴别的过程中，我们需要理解一些特定的专业术语。

(一)高利害

当我们需要基于某一测验结果对学生做出重大教育决策时，这个测验就被认为是高利害的(high-stake)。在鉴别超常儿童的过程中，不论是采取单一的还是多指标的测验，最终目的都是根据这些测验结果为学生提供某种教育安置方式。因此，鉴别过程中使用的测验对于学生来说是高利害的。

(二)信度

一个测验或工具的信度(reliability)是指测验结果的准确性和稳定性，也就是当被试重复做同一个测验或同一测验的不同版本时，他的测验分数具有一致性。测验的信度受到随机误差的影响。例如，当一个学生在测验中感到疲倦或者不舒服时，测验结果可能不如他在另外一个时间测验时表现得好。所以，在鉴别超常儿童的时候，我们必须保证测验的可靠性。此外，在鉴别过程中使用的测量工具也应该有较高的评分者间信度。也就是说，两个或两个以上评分者对于同一学生作品的评分应该具有一致性，避免评分者在鉴别过程中产生偏见。

(三)效度

一个测验或工具的效度(validity)是指测验结果能够准确反映所要测量内容的程度，它服务于测量结果的用途。在超常儿童的鉴别中，高效度的测验应该与"超常"的定义相符，并且测验结果应该能够为学生的教育安置和决策提供依据。如果一个测验只是根据"超常"的某一种定义对学生进行鉴别和安置，那么它对一些学生可能是有效的，对另外一些学生却是无效的。例如，一个艺术能力测验对于鉴别艺术能力超常的学生来说是有效的，但对数学能力超常的学生来说则是无效的。

(四)天花板效应

当学生在测验中能够答对所有或几乎所有题目时，这一测验可能就产生了天花板效应(ceiling effect)，这也意味着学生不能通过测验表现出他们超出测验内容以外的能力。年级水平测验(on-grade-level tests，如用给四年级学生的测验去测量四年级超常学生的水平)对于超常儿童来说往往太简单了。如果给他们难度更高的测验题，他们能表现得更好。

(五)高于年级水平测验

高于年级水平测验(out-of-level tests)是指为一定年龄或年级的学生提供更高级的测验而不是常规测验，这样就能更准确地测量出这个学生能够达到的真实水平。

(六)回归平均值

如果一个学生在某一时间的某一测验中取得特别高或者特别低的分数，那么他不一定会在后面相同的测验或同一内容的测验中取得同样的分数。在第二次测验中，他的成绩可能趋近平均值。这就是回归平均值(regression to the mean)现象，该现象可能是测验中的随机误差导致的。

(七)规范化样本

标准化测验的目的是比较学生在某一因素上的差别，所以我们必须选择和明确要比较的对象，这些被选择进入比较的被试群体就是规范化样本(norming sample)。

(八)常模

常模(norms)是指一个群体在测验所测特性上的普遍水平或水平分布状况，可分为组间常模和组内常模两大类。组间常模包括年级常模、年龄常模等，反映不同群体在测验上表现的差异。组内常模包括百分等级(percentile rank)、标准分数(standard scores)、离差智商等。百分等级代表的是学生在标准化测验中取得的分数在测验样本或学区人口中的相对位置。标准分数代表这个学生的分数处于比平均分高多少或者比平均分低多少的位置。有时也可以用百分位表示等于或低于这个学生的样本的百分比。例如，当一个学生的分数排在第98个百分位，就说明98%的样本的分数等于或低于这个学生的分数。

第二节
智力测验

无论是在国内还是国外，较高的智力水平一直都被看作是超常儿童的主要特征之一。测验法是心理学测量儿童智力发展个体差异时运用最广泛的方法。这一节将具体介绍目前运用较为广泛的智力测验。

一、斯坦福-比奈智力测验

1916 年，美国心理学家推孟在美国人口中对比奈-西蒙智力量表进行了标准化，修订为斯坦福-比奈智力测验。该测验适用于 2 岁半到 18 岁儿童，测验内容包括词语、记忆、空间关系的理解、数概念等。[①] 推孟在斯坦福-比奈智力测验中将个体心理年龄与他的实际年龄之比作为评定儿童智力水平的指数，称为比率智商，简称智商（IQ）。为了避免出现小数，将比值结果再乘以 100。计算智商的公式如下：

$$智商（IQ）＝心理年龄/实际年龄×100。$$

智商表示智力的相对水平，智商可以对不同年龄儿童的聪明程度进行比较。例如，一个儿童的心理年龄相当于他的实际年龄，不管他是几岁，他的智商都是 100，属于中等智力。如果一个 10 岁儿童不仅通过了 10 岁组的测验，而且通过了 11 岁至 14 岁组的测试题，那么他的心理年龄就是 14 岁。代入智商计算公式，他的智商为 14/10×100＝140，为高智商。如果另一个儿童实际年龄为 16 岁，但他只通过了 14 岁组的测试题，那么他的心理年龄就只有 14 岁，其智商为 14/16×100＝87.5，属于中等偏低水平。

为了与 CHC 理论相符合，编制者对斯坦福-比奈智力测验第五版进行了重新设计，并于 2003 年出版了第五版（SB-5），第五版是斯坦福-比奈智力测验的最新版本。之前版本的测验只能通过比率智商（心理年龄和实际年龄之比）得出一个总体的智商分数，但是第五版的测验设定了常模（标准差为 15，平均分为 100），采用离差智商，可以判断与同年龄组的人相比，某个体智力水平的高低。斯坦福-比奈智力测验第五版的测验内容包括 5 个领域，分别是流体推理、知识、数量推理、视觉-空间加工和工作记忆。每个领域内均包含一个言语分测验和一个非言语分测验，共 10 个分测验。每个领域测量的具体能力如下。

---

① 查子秀：《超常儿童心理学（第 2 版）》，307 页，北京，人民教育出版社，2005。

①流体推理：评估被试使用归纳推理和演绎推理解决问题的能力。

②知识：评估被试从学校、家庭、工作或其他生活经验中积累的一般常识。

③数量推理：评估被试解决数值问题的能力，侧重问题解决技能。

④视觉-空间加工：评估被试辨别模式、物体间关系、空间方位以及通过视觉呈现的不同图像来形成完整图形的能力。

⑤工作记忆：评估短期记忆能力。

斯坦福-比奈智力测验第五版的最大优点是没有时间限制，适用对象广泛，可用于2岁至85岁的儿童和成人，但也存在不足。很多研究表明如果以传统的130作为超常儿童与常态儿童的划分界线，运用斯坦福-比奈智力测验第五版进行鉴别会遗漏超过三分之一的超常儿童，因此，有研究者建议将120作为界限分数。也有研究发现用斯坦福-比奈智力测验第五版和韦克斯勒智力测验第三版对超常儿童进行智力测验，儿童在前一测验中的平均得分明显低于后者。

二、韦克斯勒智力测验

美国心理学家韦克斯勒于1934年开始进行智力量表的编制工作，其编制的智力量表被称为韦氏智力量表（Wechsler intelligence scale）。韦氏智力量表共有三套：韦克斯勒学龄前和学龄初期儿童智力量表（WPPSI），适用于2岁半到7岁的儿童；韦克斯勒儿童智力量表（WISC），适用于6岁到16岁11个月的儿童；韦克斯勒成人量表（WAIS），适用于16岁以上成人。这三套量表都采用个别施测的方式，采用离差智商。

（一）韦克斯勒学龄前和学龄初期儿童智力量表

韦克斯勒学龄前和学龄初期儿童智力量表第一版于1967年发表，适用于2岁半到7岁的儿童。最新版为第四版，发表于2012年，适用于2岁半到7岁7个月的儿童。我国研究者李毓秋和朱建军对第四版做了中文版的修订，本书将做具体介绍。

韦克斯勒学龄前和学龄初期儿童智力量表第四版（以下简称WPPSI-Ⅳ）于2012年10月正式发表，在其版权单位美国培生公司（Pearson）的授权下，中文版的修订工作在美国的专家和我国的朱建军和李毓秋教授的共同主持下进行，修订工作于2014年完成。修订后的《韦氏幼儿智力量表（第四版）》（中文版）的施测对象是2岁6个月到6岁11个月的儿童。美国版本的WPPSI-Ⅳ由15个分测验组成，其中10个分测验是从第三版保留下来的，包括积木、常识、矩阵推理、类同、图画概念、拼图、词汇、理解、指认图片和图片命名；新开发的5个分测验包括找虫、图片记忆、动物译码、动物家园、划消。WPPSI-Ⅳ中文版保留了美国版本中的13个分测验，删掉了词汇和理解两个分测验，如表3.1.5。

表 3.1.5 WPPSI-Ⅳ中文版分测验的缩写和描述

分测验	缩写	描述
积木 (block design)	BD	在规定时限内，让儿童观察范例及/或测试题本中的图画，然后用一种或两种颜色的积木照样摆出来
常识 (information)	IN	在图画题部分，让儿童在所看到的四幅图画中选出所提常识问题的最佳答案。在问答题部分，让儿童回答一系列内容广泛的常识问题
矩阵推理 (matrix reasoning)	MR	让儿童观察一个不完整的矩阵，然后在下方的备选图画中选出一个能补全该矩阵的图画
找虫 (bug search)	BS	在规定时限内，让儿童在寻找组中标记出目标虫
图片记忆 (picture memory)	PM	儿童在规定时限内观察测试页中的图画，然后从答题页的图画中选出在测试页中所看到的图画
类同 (similarities)	SI	在图画题部分，儿童需要观察两个属于同一类事物的图画，然后从下方的备选图画中选出也属于这一类事物的图画。在问答题部分，主试读出两个有共同特点或概念的词语给儿童听，然后让儿童描述它们有什么相似之处
图画概念 (picture concepts)	PC	给儿童呈现两行或三行图画，儿童需要从每一行中选出一幅图来组成一组有共同特点的图画
划消 (cancellation)	CA	让儿童观察两页随机排列和有序排列的图画，然后在规定时限内，从其中的许多图画中逐一标记出目标图画
动物家园 (zoo locations)	ZL	儿童需要在规定时限内观察摆在动物园中的动物卡片，然后把每一张卡片重新摆在之前看到的位置
拼图 (objects assembly)	OA	儿童需要在规定时限内，把拼图块拼合在一起，组成一个有意义的整体
动物译码 (animal coding)	AC	儿童需要在规定时限内，按范例中的匹配关系在动物图画下标记出相应的几何图形
指认图片 (receptive vocabulary)	RV	儿童需要从四幅图画中指出符合主试所读词语意义的那一幅图画
图片命名 (picture naming)	PN	儿童需要说出测试题本呈现的图片的名称

WPPSI-Ⅳ中文版参照美国原版，把年龄范围划分为两个年龄段：从 2 岁 6 个月至 3 岁 11 个月为幼儿年龄段，从 4 岁至 6 岁 11 个月为学前与学龄初期年龄段，每个年龄段采用不同的分测验组合，如表 3.1.6。

表 3.1.6 中文版 WPPSI-Ⅳ 不同年龄测验组合

年龄 2：6—3：11	年龄 4：0—6：11
1. 指认图片	1. 积木
2. 积木	2. 常识
3. 图片记忆	3. 矩阵推理
4. 常识	4. 找虫
5. 拼图	5. 图片记忆
6. 动物家园	6. 类同
7. 图片命名	7. 图画概念
	8. 划消
	9. 动物家园
	10. 拼图
	11. 动物译码
	12. 指认图片
	13. 图片命名

注：2：6 表示 2 岁 6 个月，余同。

中国大陆标准化样本共有 756 个幼儿，实足年龄为 2 岁 6 个月到 6 岁 11 个月，男女各半，量表分数和合成分数均属正态分布的标准分数。分测验量表分数的平均数为 10，标准差为 3，合成分数的平均数为 100，标准差为 15。对于常模样本，各个分测验的信度系数介于 0.74～0.91，总智商的信度为 0.96，量表各主要合成分数的信度系数为 0.85～0.94，各个辅助指数合成分数的信度系数为 0.92～0.95，除几个语言分测验外，所有分测验的评分者一致性系数为 0.98～0.99。

(二)韦克斯勒儿童智力量表

韦克斯勒儿童智力量表最早于 1949 年出版，1974 年出版了修订版（WISC-R），1991 年出版了第三版（WISC-Ⅲ），2003 年出版了第四版（WISC-Ⅳ），目前最新版本为第五版。本书将简单介绍这一测量工具。

2014 年，英文版的韦克斯勒儿童智力量表（第五版）（以下简称 WISC-Ⅴ）在北美公开发行。WISC-Ⅴ 提供了言语理解（verbal comprehension）、视觉空间（visual spatial）、流体推理（fluid reasoning）、工作记忆（working memory）和加工速度（processing speed）五大分量表。WISC-Ⅴ 以 CHC 理论为其内在的理论框架，五大分量表因子与 CHC 理论下的五个因子一一对应，增强了 WISC-Ⅴ 的理论基础。

WISC-Ⅴ 将 CHC 理论应用得更加完善，每种广义能力都由两种狭义能力的子测验题目来测量。图 3.1.1 展示了 CHC 理论框架与 WISC-Ⅴ 的结构框架的对应关系。

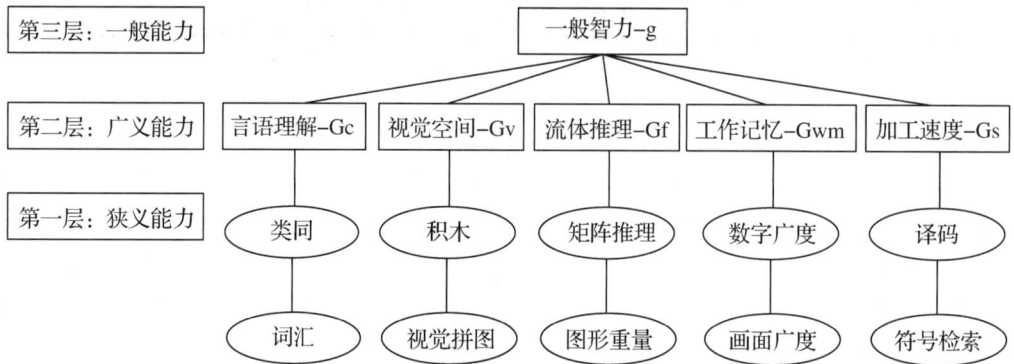

图 3.1.1　CHC 理论框架在 WISC-Ⅴ结构中的应用①

WISC-Ⅴ将第三层的一般能力对应总量表得分，第二层的广义能力对应分量表得分，第一层的狭义能力对应子测验得分。总量表包含 7 个主要子测验以及 9 个次要子测验(斜体字)，在计算量表总分时，可以使用次要子测验来代替主要子测验，但在计算分量表得分时则不能用次要子测验进行代替。第五版与第四版的较大区别在于，它除了提供言语理解、视觉空间、流体推理、工作记忆和加工速度五大分量表作为主要指标(图 3.1.2)，还提供了量化推理、听觉工作记忆、非言语能力、一般能力和认知流畅性五个辅助指数(图 3.1.3)，以及命名速度、符号翻译、存储与提取三个补充指数(图 3.1.4)，因此它能够提供更为详细的关于儿童认知能力的信息，可以更加有效地用于学习障碍儿童的测量、评估和解释。

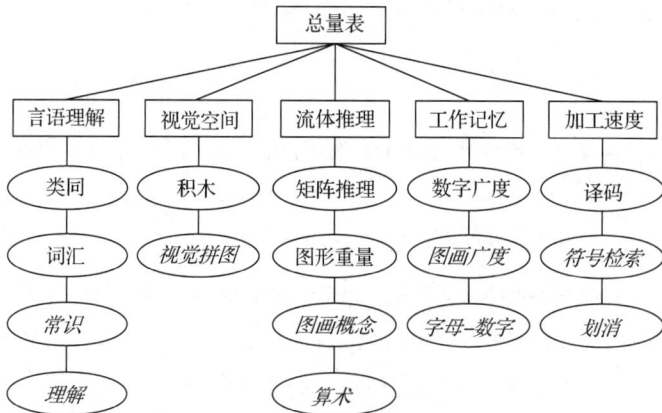

图 3.1.2　WISC-Ⅴ总量表②

---

① 丁怡、肖非、范中豪等：《关于美国〈韦氏儿童智力量表－第五版〉的性能简介》，载《中国特殊教育》，2016(7)。

② 丁怡、肖非、范中豪等：《关于美国〈韦氏儿童智力量表－第五版〉的性能简介》，载《中国特殊教育》，2016(7)。

辅助指数量表

量化推理	听觉工作记忆	非言语能力	一般能力	认知流畅性
图形重量	数字广度	积木	类同	数字广度
算术	字母–数字	视觉拼图	词汇	图画广度
		矩阵推理	积木	译码
		图形重量	矩阵推理	符号检索
		图画广度	图形重量	
		译码		

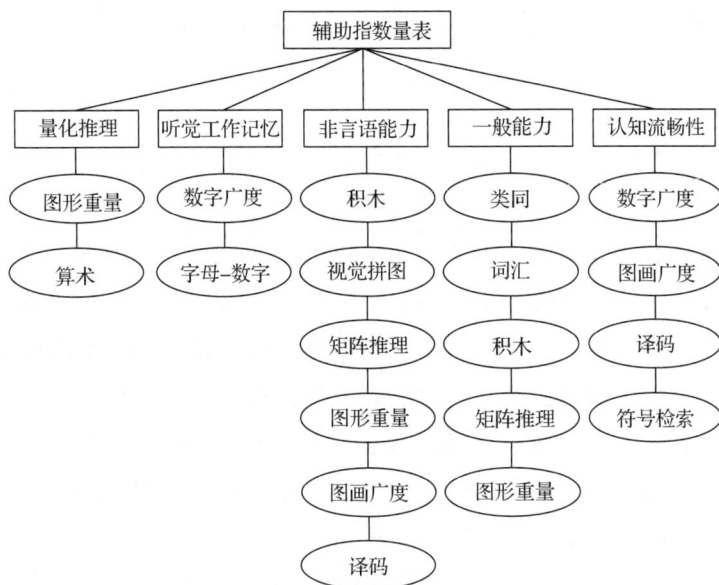

图 3.1.3　WISC-Ⅴ辅助指数量表[①]

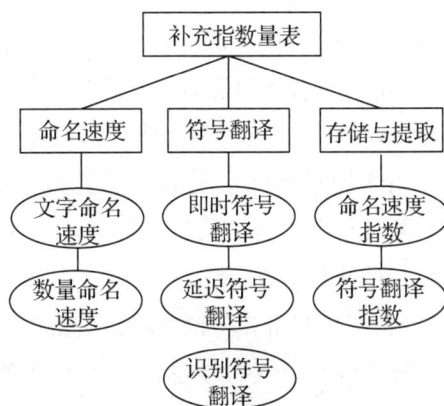

补充指数量表

命名速度	符号翻译	存储与提取
文字命名速度	即时符号翻译	命名速度指数
数量命名速度	延迟符号翻译	符号翻译指数
	识别符号翻译	

图 3.1.4　WISC-Ⅴ补充指数量表[①]

　　WISC-Ⅴ的总量表得分和各分量表得分依然沿用标准分数的做法，平均数为 100，标准差为 15。各个子测验则采用量表得分，平均数为 10，标准差为 3。在信效度方面，WISC-Ⅴ总量表在 6～16 岁各个年龄段得分的内部一致性信度都在 0.96 或以上。此外，除了加工速度分量表的平均内部一致性信度为 0.88，言语理解、视觉空间、流体推理、工作记忆分量表的内部一致性信度都在 0.92 或以上。除了流体推理量表，总量表和其他分量表的再测信度都在 0.81 或以上。不同评分者之间的一致性为 0.98～0.99。同

---

　　①　丁怡、肖非、范中豪等：《关于美国〈韦氏儿童智力量表－第五版〉的性能简介》，载《中国特殊教育》，2016(7)。

时，第五版也具有较高的结构效度，五个分量表得分与总量表得分的相关度在 0.51
～0.99。

三、基于加德纳多元智力理论的 DISCOVER 测验

加德纳的多元智力理论指出智力有八种类型，即语言的、逻辑数学的、空间的、
音乐的、身体运动的、人际的、内心的和自然的。加德纳认为只包含多选题或简答题的
测验无法鉴别出一个人的多种智力，如内省智力（自我认识）和身体运动智力。他主张
通过观察学生与材料之间的互动对学生的智力进行测评。

基于加德纳的多元智力理论，同时也为了让少数群体在超常儿童的鉴别中处于公
平的地位，研究者（Maker）及其同事于 1994 年提出了基于表现（performance-based）的
测验（the discovering intellectual strengths and capabilities through observation while
allowing for varied ethnic responses，以下简称 DISCOVER）[1]，在五项活动中评价儿
童不同智力领域的问题解决能力。这五个智力领域分别是空间艺术（spatial artistic）、
空间分析（spatial analytical）、逻辑数学（logical mathematical）、口语语言（oral linguis-
tic）、书面语言（written linguistic）。每个领域包括一项活动，具体如下。

（1）巴勃罗纸板（pablo）：用于测量空间能力。活动材料包括不同形状、设计、大小
的彩色纸板。学生要运用这些纸板进行创作（如制作几何图形、容器、机器等）。

（2）七巧板（tangram）：用于测量空间或逻辑数学能力。提供给学生一套七巧板，
要求学生用尽可能多的图形拼成一个平行四边形，然后给每个学生一本难度由低到高
排列的拼图册子，让学生解决册子上面的问题。

（3）讲故事（story telling）：用于测量口头语言能力。给学生一些玩具作为道具，要
求他们用尽可能多的词语去描述这些玩具。接着，让学生根据自己选择的几个或所有
玩具讲一个故事。

（4）写故事（story writing）：用于测量书面语言能力。给学生一些玩具作为道具，
要求学生选择几个或全部玩具编写一个故事或诗歌等。允许学前儿童用绘画的方式来
代替书写。

（5）数学（math）：用于测量逻辑数学能力。测验内容主要是开放性的数学问题，题
目的难度和开放程度从低到高。

在学生完成活动的过程中，观察者记录学生的行为表现并给出评价和意见。最后，
观察者对学生问题解决的总体表现情况进行评价，评价包括"不知道（unknown）""可能

---

① Sarouphim，K. M.，"DISCOVER in Middle School：Identifying Gifted Minority Students，"Journal of Sec-
ondary Gifted Education，2004(2)，pp. 61-69.

(maybe)""很可能(probably)""肯定地(definitely)"四类。学生如果在两个或更多的活动中获得"肯定地"评价，他就会被安置到超常儿童项目当中去，或者接受进一步的测验。

有研究表明，DISCOVER 中的活动与韦克斯勒智力测验、瑞文标准推理测验中相应的活动有密切关系。DISCOVER 的最大优点是能够有效地鉴别有天赋的少数学生，有研究者曾运用 DISCOVER 在 257 名少数民族学生中鉴别出了 23% 的超常儿童。用时较长是这一鉴别方法的不足。

四、斯滕伯格三元智力测验

斯滕伯格的成功智力理论认为，一个人要想获得成功，必须具备一组综合的能力，也就是"成功智力"。斯滕伯格成功智力理论提出，成功智力由三种智力成分组成：分析性智力(analytic intelligence)、创造性智力(creative intelligence)和实践性智力(practical intelligence)。

(1)分析性智力：指学习、比较、分析、评价或判断的能力，这种能力一般通过词或反义词问题、数列问题、言语推理和完形填空来体现，是鉴别和评估超常儿童的重要能力之一。很多标准化的智力测验和学术成就测验中的题目测量的就是分析性智力。

(2)创造性智力：指在某一领域(如艺术、写作、科学或历史等)中产生新颖的、高质量的思想或产品，或者是用新颖的方法解释普通的事情和解决生活中的问题时的能力。

(3)实践性智力：指运用所学知识在实际生活中解决现实问题所表现出来的能力。在学校中，这种能力体现在如何应对考试、如何与教师和同学相处、如何进行时间管理等方面；在工作中，这种能力体现在确定哪些行为和结果是被期望的，并完成预期的任务等方面。

基于成功智力理论，斯滕伯格编制了斯滕伯格三元智力测验(Sternberg triarchic abilities test，以下简称 STAT)[①]。该测验包括选择题和短文题两种形式。其中选择题共 36 题，由分析性-言语、分析性-数字、分析性-图形、实践性-言语、实践性-数字、实践性-图形、创造性-言语、创造性-数字、创造性-图形 9 个分测验组成，每个分测验包括 4 个题目。其中，1～12 题的总分为分析性智力分数，13～24 题的总分为实践性智力分数，25～36 题的总分为创造性智力分数。短文题由分析性-短文、创造性-短文和实践性-短文 3 个题目组成。

---

① 方芳：《斯滕伯格三元智力测验(STAT)中文版的修订与应用》，载《牡丹江师范学院学报(哲学社会科学版)》，2017(6)。

以下 3 个题目是从选择题的 9 个分测验中选出的。(1)分析性-言语:学生能够推断出段落中一个新词的意思。(2)实践性-数字:学生能够解决日常中的生活问题,如买球赛的票。(3)创造性-图形:呈现给受测者一组包含一种或多种变化的图形序列,他们需要将这组图形序列对应的变化规律运用到新的图形序列当中。

在短文题中,分析性的问题要求学生分析在教学楼中设置安保人员的利与弊;创造性的问题要求学生描述他们将如何建立一个理想的学校系统;实践性的问题要求学生提出一个生活中的问题,并阐述三个可行的解决办法。

STAT 可以只测试选择题,或者只测试其中的一个分测验(如实践性智力分测验)。整份答卷可得到 1 个总的智力分数,也可以得到 3 个分测验的分数。斯滕伯格等人针对 STAT 进行了实证检验,抽取不同国家受测者,采用不同分析方法,结果表明该测验具有良好的结构效度和预测效度。[①]

五、非言语智力测验

非言语智力测验,也叫文化公平智力测验(cultural-fair mental tests),是心理学家为了排除社会文化及环境的影响所设计的智力测验。通常的标准化智力测验是以教育条件相对优越的城市人口为测验对象设计的,所以在这种测验中,城市儿童往往比农村儿童得分高。显然,这种测验对农村儿童不公平。这一现象也同样出现在有种族、民族差异的人群中。因此,研究者试图设计一种公平的或尽可能公平的测验,以获取不同文化人群里的共同智力因子,消除多元文化、语言、经济地位等差异造成的不公平。非言语智力测验便应运而生。研究者认为言语和非言语的智力测验的区别仅在于测验内容,在测量的思维能力上没有差别。常见的非言语智力测验如下。

(一)托尼非语文智力测验

托尼非语文智力测验(test of nonverbal intelligence,以下简称 TONI)由布朗(Brown)、谢尔贝努(Sherbenou)及约翰森(Johnsen)三人编制而成,并于 1982 年出版。1990 年,研究者在之前的基础上增加了一些题目后,修订成托尼非语文智力测验第二版(以下简称 TONI-2)。1997 年,布朗等人在 TONI-2 的基础上编制了托尼非语文智力测验第三版(以下简称 TONI-3)。中国科学院心理研究所的查子秀等人于 2003 年完成了 TONI-2 的修订,编写了 TONI-2 的中文指导手册,并建立了大陆地区的常模。台湾师范大学教育学院的吴武典教授等对 TONI-3 进行了台湾地区的修订,华东师范大学

---

① 方芳:《斯滕伯格三元智力测验(STAT)中文版的修订与应用》,载《牡丹江师范学院学报(哲学社会科学版)》,2017(6)。

的研究者①也曾对 TONI-3 中文版进行测试。

托尼非语文智力测验的最新版本是第四版，即 TONI-4，发表于 2010 年，适用年龄范围为 6 岁到 89 岁 11 个月。TONI-4 主要评估智力中的抽象推理和问题解决能力，因此所测得的能力偏重一般能力而非特殊能力。该测验有 A 和 B 两个版本，每个版本有 60 题。A 版题目在测验图册的一面，B 版题目在另一面。两个版本不可交替使用，一旦确定使用哪个版本就需要完成该版本的所有题目。每道题都由一系列抽象图形组成，图形具有形状、位置、方向、旋转、渐变、大小、移动等一个或多个属性。图形序列中间缺少一个图形，要求受测者从备选项中选出正确的答案放入空缺位置。图形具有的属性越多，题目就越难。测验题目主要有 5 种类型，分别是简单匹配、类推、分类、交叉和渐变。②

测验的前 19 题是为 6～9 岁儿童设计的，后面的 41 题是为 10 岁以上受测者设计的。正式测验之前，受测者可以先做练习题，以正确理解题意和测验要求。6～9 岁儿童、智力障碍儿童和练习之后仍觉得有困难的受测者从第一题开始做，其余受测者可以从第 20 题开始。测验一般在 15 分钟内完成，回答正确记 1 分，错误记 0 分。最后获得的原始分数可以转化为标准分数，平均分为 100，标准差为 15，并得出百分等级。该测验具有良好的信效度。

相对于其他的智力量表，托尼非语文智力测验以抽象图形来测量受测者的问题解决能力，具有以下优点。

(1)避免了文化或语言的影响，具有文化公平性。

(2)测验方式灵活，可以单独或团体施测。

(3)对主试要求较低，测验时间较短。

(4)能预估智力水平、认知功能与学习倾向性。可了解受测者在分类、排序、类推方面的能力，也可协助教师进行常态分组或编班。

(5)帮助确认智力缺陷，例如，帮助分辨智力、语言和动作的表现；也可作为资赋优异或听觉、语言、情绪障碍学生的智力筛查工具。

(6)有两个相同的复本测验，可作为前后测，便于在教学研究中使用。

(二)瑞文标准推理测验

瑞文标准推理测验(Raven's standard progressive matrices，以下简称 SPM)③是英国心理学家瑞文(Raven)于 1938 年设计的非言语智力测验。SPM 理论上起源于 20 世纪

---

① 艾遥遥：《托尼非语文智力测验第三版(TONI-3)的试用研究》，硕士学位论文，华东师范大学，2008。

② 韦小满、蔡雅娟：《特殊儿童心理评估(第 2 版)》，171 页，北京，华夏出版社，2016。

③ 张厚粲、王晓平：《瑞文标准推理测验在我国的修订》，载《心理学报》，1989(2)。

初期斯皮尔曼对智力本质的研究。瑞文把智力的 G 因素划分为两种相互独立的能力，即再生性能力(reproductive ability)和推断性能力(deductive ability)。再生性能力指一个人当前所具备的回忆、已获得信息，并进行言语交流的能力。它表明一个人通过接受教育达到的水平，它和学校的教学内容有着密切关系。瑞文认为，用词汇测验测量再生性能力最为有效。为此，他编制了一套词汇量表，被称为"米尔·希尔词汇量表"(Mill Hill vocabulary scale，MHV)。推断性能力指一个人作出理性判断的能力。它与一个人的知识多少或受教育水平没有密切关系，但对于适应社会生活有重要意义。为了测量推断性能力，他编制了全部采用几何图形的瑞文推理测验。

瑞文推理测验由易到难分成三个不同水平的测验：一是瑞文彩图推理测验(Raven's colored progressive matrices，CPM)，适用于幼儿和智力水平较低的人；二是瑞文标准推理测验，适用于所有年龄在 5.5 岁以上且智力发展正常的人；三是瑞文高级推理测验(Raven's advanced progressive matrices，APM)，适用于在 SPM 上得高分或者智力水平较高的人。SPM 在瑞文推理测验中处于最重要的地位，其他两个测验是在此基础上向两端的延伸。

SPM 的优点在于：(1)不受测验者文化、种族与语言的限制，并且可用于一些生理缺陷者。测验既可个别进行，也可团体实施，使用方便，省时省力，结果解释直观、简单。(2)适用的年龄范围广，年龄下限为 5 岁半，年龄上限不定，涵盖儿童、成人和老人。

SPM 由 60 道题目组成，分为 5 个重点与操作水平不同的系列(A 到 E)，每一系列包含 12 个题目。在难度排列上，A 系列最容易，E 系列最困难。在各系列中，前面的题较容易，后面的题较困难。A 系列的任务是完成图形，测查对图形的观察、比较与想象能力；B 系列测查对图形的类比能力；C 系列测查对图形系统变化的认识；D 系列测查对图形排列与系统变化的认识；E 系列测查对图形分析与综合的能力。受测者需要找到图形变化规律，在备选答案中找出合适的小图案以补充主题图中的缺失部分，并把该图案的序号填入答卷纸上相应的位置。

记分过程分为记原始分数和将原始分数转换为标准分数两步。量表分数以百分等级表示，每个受测者可从所得百分等级了解自己所属的智力水平。Ⅰ级：成绩等于或高于同龄组 95% 的人，智力水平较高；Ⅱ级：成绩在 75%～95%，智力水平良好；Ⅲ级：成绩在 25%～75%，智力水平中等；Ⅳ级：成绩在 5%～25%，智力水平较低；Ⅴ级：成绩低于 5%，为智力缺陷。

1985 年，我国的张厚粲教授带领团队对 SPM 城市版进行了本土化修订，之后延伸到瑞文高级推理测验和瑞文彩图推理测验的修订以及各农村版测验的修订。

以上介绍的几种测验在超常儿童的鉴别中运用广泛。韦克斯勒智力量表和斯坦福-比奈智力测验侧重于对一般智力的测量，包括言语理解、工作记忆、流体推理等维度，但它们很大程度上依赖于受测者的言语和知识能力。非言语智力测验为此提供了一些补充。非言语智力测验以图形作为主要材料，考察个体的类比、推理等能力，在一定程度上能够避免文化、语言、经济、种族等因素造成的在智力测验中的不公平性。基于加德纳多元智力理论的 DISCOVER 测验和斯滕伯格三元智力测验是基于智力的成分理论提出的，强调人的智力不是单一结构，因此超常的表现也具有多领域性。超常儿童鉴别应该根据鉴别对象的特征和目的选择恰当的鉴别工具，提高鉴别的科学性和有效性。

第三节
成就测验

成就测验(achievement test)是测量学生在学习阅读、拼写、书面表达、数学、常识、社会、历史、地理、物理、化学等课程或经过某种专门训练之后所获得的知识和技能的测验。与智力测验不同，成就测验侧重于测量个体通过系统学习获得的某种专门知识或技能，因此测验内容与课程内容紧密相连，成就测验更强调内容效度[1]。成就测验分数是超常儿童鉴别中的重要参考数据。

一、斯坦福系列成就测验

1992 年出版的斯坦福系列成就测验(Stanford achievement test series)[2][3]是最早的综合性成就测验，由斯坦福早期学校成就测验(Stanford early school achievement test，SESAT)、斯坦福成就测验(Stanford achievement test，SAT)和学业技能测验(test of academic skills，以下简称 TASK)组成。这三套测验都是团体施测的综合成就测验。其中，斯坦福成就测验适用于幼儿园儿童至一年级的学生；斯坦福成就测验适用于一年级至九年级的学生，分为 8 个水平；TASK 适用于九年级至十三年级的学生，分为 3 个水平。目前斯坦福系列成就测验已经更新到第十版(以下简称 SAT-10)(2004 年)。在第十版中，编制者取消了时间限制，并且加入了知名儿童作家所写的诗歌和原创作品。

---

① 韦小满、蔡雅娟：《特殊儿童心理评估(第 2 版)》，187 页，北京，华夏出版社，2016。

② 苏雪云、张旭：《超常儿童的发展与教育 (第 2 版)》，60 页，北京，北京大学出版社，2016。

③ 韦小满、蔡雅娟：《特殊儿童心理评估(第 2 版)》，192～194 页，北京，华夏出版社，2016。

SAT-10 共分为 13 个水平，即 13 个年级，每个水平包含了数量不等的分测验，每项测验都涵盖了基础理解和思维能力两个认知过程。分测验分别是：声音和字母、单词学习技能、辨认单词、理解句子、阅读词汇、阅读理解、数学、数学应用、数学计算、语言、拼写、听力词汇、听力理解、环境、科学、社会科学。

下面以第十版中七年级的测验项目为例来介绍该测验。

阅读词汇：对同义词、多义词的理解，根据上下文提示猜词义。

阅读理解：阅读短文后回答问题，对文章的理解和分析，阅读技能的使用。

数学应用：数学感知和运算，模式、关系和代数，数学、统计和概率，几何及测量，数理概念间的关联，推理和问题解决。

数学计算：小数计算，分数计算，整数计算，情景中的计算，符号计算。

语言（综合语言形式）：写作准备，写作，编辑，提供信息，讲故事。

拼写：识别出句子中拼写错误的句子。

听力理解：理解和分析听力短文的内容。

科学：对生命科学、物理学的理解，模型、范式、形式和功能的运用。

社会科学：对历史、地理、政治、经济学知识的理解，对信息的组织、概括和诠释，判断原因和效果。

二、学术能力倾向测验

学术能力倾向测验（scholastic aptitude test，SAT）[①]是目前国外应用得较为广泛的能力测验。能力倾向指一个人获得新知识或新技能的潜力或可能性。学术能力倾向测验反映的是不同个体在一定的教育环境和条件中的学习能力和可能达到的学习效果。学术能力倾向测验可以测评和鉴别出具有较高学习潜能的超常儿童。

学术能力倾向测验从 1926 年开始使用，是美国大学入学测验中的一种。这种测验主要测量学生是否具备大学学习和研究的能力。测验内容主要包括语言和数学两大部分。语言部分包括反义词、句子填充、类比推理、阅读理解等；数学部分包括算数、小数、分数、百分数、概率与排列组合、数论、代数、几何等，用于测量学生数学运算、数学推理和运用基本数学知识解决问题的能力。该测验适用于 16～18 岁的高中毕业生。

自 1972 年，美国约翰·霍普金斯大学数学早慧少年研究会会长斯坦利教授将这一测验用于鉴别数学早慧学生，主要用数学部分测验对初中一年级、二年级的 13 岁以下的学生进行施测。成绩≥700 分（满分 800 分）的学生被视为数学超常儿童，可获得"数

---

① 查子秀：《超常儿童心理学（第 2 版）》，313～314 页，北京，人民教育出版社，2005。

学天才少年"称号。斯坦利教授认为在美国 12 年级(高中最后一年)的男生中，仅有 6％的人能在数学部分测验中达到或超过 700 分，同样情况下，仅有 2％的女生能达到 690分；在 12 岁的学生中，一万人中仅有 1 人能达到或超过 700 分。这一测验不仅被广泛运用于美国各州的数学超常儿童鉴别，而且在德国、日本等一些国家得到了推广。1985 年，我国上海首先进行了该测验。在上海 29 所重点中学的 279 名受测学生中，有31 名(男 15 名，女 16 名)获得"数学天才少年"称号。研究显示，经过数学部分测验并获得 750 分及以上的 13 岁以下学生，均具有较强的数学推理能力，并且在数学、物理、计算机、化学等相关学科具有巨大的潜力。

标准化成就测验的分数一般有全国常模，能够在与同龄人的比较中测量出学生所处的相对位置(高于平均水平、处于平均水平或低于平均水平)。使用成就测验对超常儿童进行鉴别时，应注意两个问题。第一个问题与年级等值分数(grade-equivalent score)有关。年级等值分数是指学生在一个特定年级的特定测验中取得的平均分，而不是某个超常儿童能够在课堂中达到的年级水平。很多教师或家长错误地认为，如果一个四年级的学生能够完成八年级的数学成就测验，这个学生就应该被安置到八年级，并且他会表现得很好。但事实并非如此，即使是一个数学很好的学生，他也可能会缺乏八年级学生已经掌握的很多技巧，这时候成就测验分数就产生了错误的引导作用。因此，成就测验的分数只能作为学生需要特殊挑战的提示，教师需要通过进一步的测验以确定学生真实的能力水平。第二个问题与天花板效应有关。对于有能力的学生来说，大多数成就测验的难度不足以测量出他们的高能力、知识和技能水平。如果学生的分数高于第 95 个百分位，那他就达到了最高水平。这个分数有时候错误地假设了所有分数高于第 95 个百分位的学生都具有相同的能力，都需要相似的教育安置形式或培养项目。事实上，在进行更高难度的测验之后，教师可能会发现这些高水平学生的能力依然具有广泛差异。

成就测验分数能够反映出学生通过学习或训练所掌握的知识和技能水平，但也存在一定的局限性。一方面，有的超常儿童可能在成就测验中表现出较低的水平，那么成就测验在鉴别这一部分儿童的时候就是不适用的；另一方面，成就测验的内容较依赖于知识和经验，不能够充分反映学生的认知能力和发展潜能，因此只能将其作为超常儿童鉴别的重要依据之一。

第四节
创造力测验

长期以来，智力和创造力的关系是研究者探讨的一个重要话题。20 世纪 50 年代，吉尔福特等心理学家指出智力测验不能测量出个体的创造力。随后，许多研究者开始不断探索测量创造力的方法，并编制了各种创造力测验。其中，吉尔福特发散性思维测验和托兰斯创造性思维测验应用最广。以下对这两个测验进行简要介绍。

一、吉尔福特发散性思维测验

吉尔福特发散性思维测验[1][2]是美国南加利福尼亚州立大学教授吉尔福特等人于 1967 年编制的创造力测验，因此也叫南加州大学发散性思维测验，主要用于测量发散性思维，适用于初中以上年龄及水平者。该测验分别从语义、符号、图形三个方面来测量发散性思维的三个主要特征：流畅性（对开放性问题产生多种想法）、变通性（用不同方法解决同一问题，想出不同类别的观点或从不同角度看同一事件）、新颖性（独特性、不墨守成规）。

吉尔福特发散性思维测验共包含 13 项分测验，其中第 1～9 项分测验主要测量言语反应，第 10～13 项分测验主要测量非言语反应。分测验的具体内容如下。

（1）语词流畅性：迅速列举出包含一定字母的词。

（2）概念流畅性：尽可能多地说出同类物体或事件的名称。

（3）联想流畅性：尽可能多地列举出给定词语的近义词。

（4）表达流畅性：尽可能多地写出由四个词构成的句子，每个词以给定字母开头。

（5）多项用途：指出物体主要用途以外的各种可能的用途。

（6）解释比喻：以多种方式去完成一个含有比喻的句子。

（7）故事命题：给一个短故事加多个标题，按所加标题数目及独特性分别给分。

（8）推断结果：尽可能多地列举某个假设事件（不可能发生事件）的结果，并指出其中最可能发生的结果。

（9）职业象征：列举出给定符号或物体所象征的各种可能的职业。

---

① 周家骥：《心理测验分类介绍（六）》，载《现代特殊教育》，1996(5)。

② 查子秀：《超常儿童心理学（第 2 版）》，317～319 页，北京，人民教育出版社，2005。

(10)加工图形：用指定的图形或线条想象并画出尽可能多的物体或图案。可以重复使用指定图形，可以改变指定图形的大小，但不能增加其他线条或图案。

(11)绘图：在给定的简单图形上尽可能多地绘出可以辨认的（不是抽象的）物体草图。

(12)火柴问题：移动规定数目的火柴，形成规定数目的正方形或三角形。

(13)装饰：在普通物体的轮廓上尽可能多地进行不同的设计修饰。

吉尔福特发散性思维测验在全世界范围内得到了广泛应用，并已成为其他发散性思维测验编制过程中的经典蓝本。

二、托兰斯创造性思维测验

托兰斯创造性思维测验[1][2]是托兰斯 1966 年在其一项通过课堂教学培养和促进儿童创造力的长期研究中发展起来的，也是对吉尔福特发散性思维测验的继承与发展。该测验共分为三套，分别从语言、图形和声音的视角考察个体创造性思维，每套测验分为 A 和 B 两个平行复本[3]。其中较为常用的是语言和图形两套测验。

语言的创造性思维测验由五个活动组成：(1)问与猜（ask and guess）；(2)产品改进（product improvement）；(3)普通物品的不寻常用途(unusual uses)；(4)对普通物品的不寻常提问(unusual questions)；(5)对不可能事件做合理想象(just suppose)。每项任务以图画形式呈现，受测者需要用纸笔作答。图画的创造性思维测验由三个活动组成：(1)图画构造(picture construction)；(2)未完成图画（incomplete figures）；(3)圆圈（或平行线）测验(repeated figures of lines or circles)。每项活动限时 10 分钟。在"图画构造"活动中，呈现给受测者一个蛋形彩图，让受测者以此为基础去构造富于想象力的图画；在"未完成图画"中，向受测者提供十个由简单线条勾出的抽象图形，让他们完成这些图形并命名；在"圆圈（或平行线）测验"中，呈现给受测者 30 个圆圈（或 30 对平行线），要求他们尽可能多地使用这些图形画出不相同的图画。

托兰斯提出要构建游戏性的、有利于问题解决的氛围，让受测者将测验当作一系列的趣味性活动，体验到舒适、轻松、积极的心理气氛，避免测验压力和焦虑。托兰斯创造性思维测验适用于幼儿到研究生群体。该测验的施测方式为集体施测[4]，对于四年级以下的儿童，可根据受测者的水平采用个别口头方式施测。在记分方面，托兰斯仍

① 周家骥：《心理测验分类介绍（六）》，载《现代特殊教育》，1996(5)。
② 查子秀：《超常儿童心理学（第 2 版）》，319～322 页，北京，人民教育出版社，2005。
③ Kim, K. H., "Can We Trust Creativity Tests? A Review of the Torrance Tests of Creative Thinking (TTCT)," Creativity Research Journal, 2006(1), pp. 3-14.
④ 董奇：《发散思维测验的发展与简评》，载《北京师范大学学报（社会科学版）》，1985(1)。

从吉尔福特提出的流畅性、变通性、新颖性和精致性四方面考虑，以测量个体的创造性思维水平。

创造力被认为是超常儿童的关键特征之一。与智力测验不同，创造力测验主要通过开放性的测验任务（如语言、图画等）对人的思维能力进行测评，主要包括发散性和聚合性思维两个方面。创造力测验的结果能够反映出个体独特的高级思维能力，在超常儿童的鉴别中同样发挥着重要的作用。

第五节
社会情绪（非智力心理因素）测验

1983 年，中国超常儿童研究协作组在超常工作五年总结报告中指出，在发现、鉴别、教育和培养超常儿童的过程中，除了关注他们的智力因素，还需要关注他们的非智力心理因素。经过近五年的研究，中国超常儿童研究协作组编制出《中国少年非智力个性心理特征问卷》《小学生非智力个性特征问卷》和《学前儿童非智力个性特征测验》三套测量工具，用来测查 4～15 岁儿童的非智力个性特征。

一、《中国少年非智力个性心理特征问卷》

《中国少年非智力个性心理特征问卷》[①]是为了评估智力超常儿童和学习成绩优异儿童的非智力个性心理因素而编制的，也可用来测查和诊断常态儿童非智力个性心理特征的发展情况，适用对象为 12～15 岁的中国少年。问卷由抱负、独立性、好胜心、坚持性、求知欲、自我意识等六个分测验组成，共 120 个题。

（1）抱负（代号 B），共 20 题。

抱负是指具有生活目的和奋斗目标。它是激励少年奋发向上的动力，对智力活动具有动机的作用。本分测验主要测量少年抱负的三个方面：有无抱负、抱负性质、抱负效能。

（2）独立性（代号 D），共 20 题。

独立性是指在智力活动中，喜欢独立思考，不受暗示，不受传统束缚，经常会提出一些独到见解的特点。

---

① 洪德厚、周家骥、王养华等：《〈中国少年非智力个性心理特征问卷〉（CA—NPI）（1988 年版）的编制与使用》，载《心理科学通讯》，1989(2)。

（3）好胜心（代号 H），共 20 题。

好胜心是成就感的反映，其以自信心为基础。本分测验主要测量智力活动领域内好胜心的三个方面：竞争心、自信心、体验。

（4）坚持性（代号 J），共 20 题。

坚持性是指意志坚持性。本分测验主要测量智力活动领域内意志坚持性的水平及自觉程度，包括克服内部困难（生理方面、心理方面）和外部困难（环境方面）等。

（5）求知欲（代号 Q），共 20 题。

求知欲与求知兴趣密切相关，并且往往伴随一定的情绪体验，因此它能直接影响智力活动的效能。本分测验主要测量少年求知欲的特点及水平，包括以下三方面：求知兴趣、求知欲的情绪体验、求知欲的行动效能。

（6）自我意识（代号 Z），共 20 题。

自我意识是个性结构的重要部分，是儿童个性发展的一个重要指标。本分测验主要测量自我意识的特点和水平，包括以下两方面：自我评价（对自己与他人关系的认识，对自己在集体中的地位及作用的认识，对自己形象、智力、个性及价值观的意识）、自我控制（自我行为的目的性、坚持性、自制力、自我调节等）。

《中国少年非智力个性心理特征问卷》是我国研究者开发出来的独具特色的测量工具，该问卷有全国常模，且具有较好的信度和效度。

二、《小学生非智力个性特征问卷》

最初的《小学生非智力个性特征问卷》[1]包括 70 道题目。该问卷经过三次施测，缩减为 45 题，涵盖了 5 个方面的个性特征。每一方面包含 3 个具体特征，每一具体特征由 3 道题组成（表 3.1.7）。在对问卷的信效度进行检验之后，最终保留了 30 道题。这30 道题之间具有很高的相关性，但 5 个个性特征之间的区分度不够明显。

表 3.1.7　《小学生非智力个性特征问卷》试题的特征分类

特征维度	包含的几个方面
求知欲	1. 对新事物的探究兴趣 2. 对新知识的探求欲望 3. 求异思维的积极倾向
独立性	4. 独立生活能力 5. 独立学习、思考能力 6. 组织活动的能力

---

[1]　中国超常儿童研究协作组：《中国超常儿童研究十年论文选集》，153 页，北京，团结出版社，1990。

特征维度	包含的几个方面
好胜心	7. 在学习上 8. 在集体中 9. 在活动中
坚持性	10. 克服生理困难 11. 克服心理困难 12. 克服环境困难
自我意识	13. 自我认识 14. 自我体验 15. 自我控制

三、《学前儿童非智力个性特征测验》

中国超常儿童研究协作组在编制少年、儿童的非智力个性特征问卷的同时，由陈帼眉主持编制了《学前儿童非智力个性特征测验》。

对幼儿个性的研究比对青少年或成人的研究更加困难，因为幼儿的自我意识、自我评价能力较低，不能客观地直接填答问卷，因此对学前儿童非智力个性特征的测验需要借助熟悉幼儿的家长和教师的力量来完成。

该测验包括问卷测验和心理实验两个部分。问卷测验包括六个方面：(1)主动性，(2)坚持性，(3)自制力，(4)自信心，(5)自尊心，(6)性格的情绪特征。每个方面包含4个问题，共24题。要求答卷人按等级评定作答，由低到高记作1～5分。该问卷的信效度良好。除了进行问卷测验，该测验还对幼儿坚持性的两个方面进行了实验（"找星星"和"走迷津"）。该测验能够比较超常幼儿与同龄常态幼儿在个性发展方面的差异。

在超常儿童鉴别中，非智力心理因素的测量需要受到重视。超常个体在具备高智力、高学业成就或高创造力之外，还需同时具备足够的坚持性、好奇心、自信、动机等非智力性因素，才能最终在某一领域有突出的表现。

第六节
特殊才能的鉴别

超常的表现具有多领域性，对超常儿童进行鉴别时同样需要考虑到领域的差别。

在鉴别超常儿童的特殊才能，如领导力、艺术、音乐等领域的天赋时，采用智力测验和成就测验是不合适的，这时就需要使用专门的领域测验，同时也需更加注重对儿童作品和创作过程的评定。

一、领导力测验

1972 年，美国对超常的定义增加了领导力这一维度。但在当时，对超常儿童教育产生的影响很小，因为几乎没有学校强调领导力这一能力。1983 年，帕克(Parker)提出，如果今日学校的超常学生注定成为未来的领袖，那么必须将领导力培养作为超常儿童教育的一个主要目标。随着社会对领导力重视程度的不断加强，领导力逐步成为超常的具体表现形式之一，研究者也逐渐开发了鉴别领导力的工具。

(一)优秀学生行为特征量表修订版[①]

优秀学生行为特征量表修订版(rating behavioral characteristics of superior students-revised，SRBCSS-R)由任祖利等人编制，旨在测量儿童及青少年在 14 个领域的优势才能：(1)学习，(2)创造力，(3)动机，(4)领导力，(5)艺术，(6)音乐，(7)表演，(8)交流-准确性，(9)交流-表现力，(10)计划，(11)数学，(12)阅读，(13)自然科学，(14)科学技能。该量表使用六点评分，从 1 到 6 分别代表"从不""极少""很少""偶尔""经常""总是"。由教师和其他学校工作人员对学生进行评定。量表中评估领导力特征的共有 7 个项目，例如，班里的同学倾向于尊重他，与他人有良好的沟通并能清晰地表达自己的想法等。

(二)领导技能量表[②]

领导技能量表(the leadership skills inventory，LSI)是研究者(Karnes & Chauvin) 2000 年编制的学生自评量表，评价内容包括与领导力相关的 9 个维度：领导力的相关原理和知识、书面交流、语言交流、品格培养、决策能力、团队动力学、问题解决、个人发展和计划。

领导力的相关原理和知识(9 题)：包括各种术语的定义和不同领导风格的鉴别。

书面交流(12 题)：包括提出纲要、写演讲稿和调查报告。

语言交流(14 题)：包括就某一问题发表自己的观点，做演讲，提供建设性意见。

---

① Shaunessy, E., & Karnes, F. A., "Instruments for Measuring Leadership in Children and Youth," Gifted Child Today, 2004(1), pp. 42-47.

② Milligan, J., "Leadership Skills of Gifted Students in a Rural Setting: Promising Programs for Leadership Development," Rural Special Education Quarterly, 2004(1), pp. 16-21.

品格培养(17题)：包括理解自由选择的重要性，识别出一个人珍惜和重视的事情、肯定他人的选择。

决策能力(10题)：包括收集事实，对决策进行分析，得出逻辑推论。

团体动力学(19题)：包括协调团队成员，达成一致。

问题解决(6题)：包括确定问题，调整策略，接受不受欢迎的决策。

个人发展(21题)：包括自信、敏感性、个人形象。

计划(17题)：包括目标设定、时间安排和制订评价策略。

这一量表共125道题目，大概需要45分钟完成，使用四点记分，1到4分分别代表"几乎总是""在很多情况下""偶尔""几乎从来没有"。学生完成所有题目之后，能够通过分数看到自己在领导力方面的优势和不足。此外，该量表配备指导手册，对每一道题目的维度都提供了一个或多个指导建议，学生能够根据测验结果和指导策略不断提高自己的领导力。

二、梅尔艺术鉴赏测验

梅尔艺术鉴赏测验(Meier art judgement test)包括艺术判断和审美知觉两个分测验。

艺术判断测验旨在测量学生的审美能力，而不是艺术技巧的表现能力。该测验包括100组不着色的图画，内容有风景、景物、木刻、东方画、壁画等。每组图画包括两幅图画，一幅是名画的复制品，另一幅是在技巧或结构方面稍加修改但比原作差的模仿名画。受测者需要在两者之中挑出自己认为较好的一幅。这些图画的好坏标准是根据25位艺术家的意见决定的。受测者正确选择图画所得的分数就是他的成绩。该测验有针对初中、高中、成人三个不同群体的常模，常模群体是在美国不同区域的学校上美术课的学生。

审美知觉测验旨在测量个体用不同方式建构一项艺术作品时表现出的审美价值。测验包括50道题目，每题为一件艺术作品的四种形式。四种形式在比例、整体性、形状、设计及其他特征上有所不同，受测者需要按其优劣排出等级。

三、西肖尔音乐才能测验

美国音乐心理学家西肖尔于1919年编制了一组音乐才能测验(Seashore measures of musical talents)。该测验包括六项分测验：音高、音量、节拍、节奏、音色和音调记忆。每个分测验从以下五个方面开展。

音乐的感觉能力：对音调高低、强度、时间、广度、音质、韵律、和谐的感觉。

音乐的动作：对音调高低、强度、时间、音质、韵律、音量的控制。

音乐的记忆与想象力：听觉、记忆、学习和创造性想象。

音乐的智力：自由联想、回忆。

音乐的情感：对音乐的情绪反映、对音乐情感的自我表现。

四、产品评估和过程评估

产品的质量和完成该产品的过程是衡量个体在学术、艺术或科学方面才能的两个重要指标。评估者可以基于作品和完成作品的过程对学生不同领域的才能进行评估，如诗歌、科学、计算机工程、戏剧表演、摄影或其他领域。

以表演艺术（performing arts）领域为例，作品评估是在该领域广泛使用的鉴别方法，来自校内或校外专业人士的判断在鉴别艺术表演才能时发挥了重要作用。美国的很多艺术学院在招生时需要学生进行现场表演。例如，拉瓜迪亚高中音乐艺术学院的表演艺术专业需要进行音乐、戏剧和舞蹈的试演。得克萨斯州表演艺术学院要求舞蹈专业的学生根据评委的指示进行表演，包括芭蕾舞、现代舞和爵士乐；要求戏剧专业的学生必须准备戏剧中的两个独白场景，最好是那些以前没有在观众面前展示过的独白场景；音乐专业的学生则必须准备一首独奏。[①]

通常来说，产品评估和过程评估是一种非正式的评估。学生的作品和完成作品的过程可能反映了他们的高创造力、科学能力、写作能力、分析或综合能力等不同方面的能力。鉴别超常儿童需要有更加结构化的、更加客观的产品评定规则。

表3.1.8展示的是密歇根州教育部（1991年）制定和使用的产品评估和过程评估表格。

表 3.1.8　学生作品评估表

学生姓名：		日期：	
学校：		学区：	
教师：		年级：	
产品（标题和简单描述）：			
学生完成这一产品所用的时间：			
要素		等级	产品无法从该维度进行评估
1. 创作这一产品的目的			

---

① Kavett, H., & Smith, W. E., "Identification of Gifted and Talented Students in the Performing Arts," Gifted Child Today, 1983(5), pp. 18-20.

要素	等级	产品无法从该维度进行评估
2. 聚焦某一问题		
3. 资源的水平		
4. 资源的多样性		
5. 资源的适当性		
6. 逻辑、顺序和过渡		
7. 行动导向		
8. 受众		
9. 总体评估：		
A. 想法的原创性		
B. 目标的完成情况		
C. 对作品主题的熟悉程度		
D. 才能超越年龄或年级的水平		
E. 关心和注意细节		
F. 时间、努力和精力		
G. 原创性贡献		

评论和意见：

完成该表格的人的姓名：

	条目 1～8	条目 9A～9G
	1：在有限范围内	1：缺乏的
	2：有点	2：低于平均水平
等级评定	3：在很大程度上	3：处于平均水平
		4：高于平均水平
		5：杰出的

    特殊能力测验是针对那些在某一特定领域有超常天赋的儿童提出来的鉴别方法，这些领域的能力无法在智力测验、成就测验或创造力测验中体现出来，需要通过领域内的测验进行测量。产品评估和过程评估则为特殊才能鉴别提供了一种非正式的途径，为鉴别出更多具有超常潜能的儿童提供了可能。

第七节
提名推荐法

在进行标准化的测验之前，教师、父母、同伴以及儿童自己可以提名推荐。提名推荐法是一种较为主观的鉴别方法，它同样能为超常儿童的鉴别提供有价值的信息和依据。

一、教师提名

教师提名(teacher nominations)是选拔超常儿童中使用最为广泛的途径。在长时间的教学过程中，教师能观察到那些可以迅速、准确地完成任务或回答问题的聪明学生，教师也能查看学生的学业成绩、智力测验成绩、学生及其家庭的相关信息等。因此，教师可以为超常儿童的鉴别提供一些有用的建议。

教师提名有正式的和非正式的两种形式。非正式的教师提名是指当某一超常项目启动时，学校领导通知教师挑选2～3名有天赋的学生参加这个项目。在正式的教师提名中，教师需要填写一份提名推荐表，如表3.1.9所示。在推荐表上，教师需要：(1)报告被提名学生在具体领域的成绩，(2)解释被提名学生应该被选进超常项目学习的原因，(3)解释被提名学生可能在哪些领域表现超常以及他们的长处。

表 3.1.9　教师提名推荐表样例

日期：	提名教师：
学生姓名：	年级：
学生本学年平均成绩：	
算术：	语言：
科学：	社会科学：
其他：	特殊领域：
你认为为什么这个学生应该参加该超常项目？	

续表

请说明你观察到的这个学生在某一领域(如数学、科学、艺术、音乐、文学、历史、社会科学、政治等)表现出的不同寻常的强烈兴趣:			
以下信息仅供超常儿童鉴别委员会使用			
智力测验分数:		测验名称:	
标准化成就测验分数(在全国的百分等级):			
测验名称:			
阅读:	数学:	科学:	社会科学:
其他:		决策:	

需要注意的是,教师提名可能会存在一些潜在的偏见。首先,教师可能会倾向于推荐那些友好的、善于合作的、穿着得体的、没有残疾的、讨人喜爱的学生。其次,教师可能会忽视高智商低学业成就的、聪明但爱捣乱的以及具有特殊领域创造力的学生。最后,教师往往不会挑选那些处于超常边界线的学生,因为如果鉴别有误,会对教师产生不利影响。与普通教师相比,来自超常项目组的资源教师或其他成员对超常儿童教育有更专业的了解,他们可能会到普通班级给学生介绍丰富的活动(如创造力和思维技巧方面),在各个学校之间巡回指导或者从普通班级中选拔出超常学生。研究发现,这些资源教师会提名推荐更多的学生参加超常项目,因为他们认为应该让更多学生进入超常项目学习。

二、父母提名

父母是最了解孩子的人,例如,他们知道孩子在两岁时能说出一个完整的句子,四岁学会阅读,五岁时能作曲、创造性绘画,或者对某些事情表现出超越同龄人的不同寻常的好奇心等。虽然父母提名(parent nominations)有一定的价值和意义,但是它很少被用于超常儿童的鉴别,父母提名表样例如表3.1.10所示。如果父母在孩子上一年级或二年级的时候确信孩子具有某方面的天赋、才能或强烈兴趣时,那么他们应该与教师分享关于孩子行为的信息,并决定是否进行相关的测验或评估。

表 3.1.10　父母提名表样例

学生姓名：		学校：		年级：		
父母姓名：		地址：				
与同龄儿童相比，选出最能描述你孩子的特征：1＝低于同龄儿童，3＝处于同龄儿童平均水平，5＝高于同龄儿童						
快速思考		1	2	3	4	5
有很大的词汇量		1	2	3	4	5
在上幼儿园之前就学会了阅读		1	2	3	4	5
能保持长时间的注意力		1	2	3	4	5
他能认识到正在发生的事情		1	2	3	4	5
很早就学会了自我照顾，如穿衣、吃饭		1	2	3	4	5
行为举止更像成人		1	2	3	4	5
和比自己年龄大的儿童交往		1	2	3	4	5
倾向于做领导者		1	2	3	4	5
容易感到无聊		1	2	3	4	5
能够接受新的想法和别人的观点		1	2	3	4	5
有积极性的、坚持的、精力充沛的、爱冒险的		1	2	3	4	5
对新颖的活动感兴趣		1	2	3	4	5
感知敏感性强，能够看到事物之间的联系		1	2	3	4	5
有幽默感		1	2	3	4	5
充满好奇心的，经常问"为什么"		1	2	3	4	5
独立的、自信的		1	2	3	4	5
有艺术才华的		1	2	3	4	5
即使会失败，也喜欢尝试新事物		1	2	3	4	5
需要更多独处的时间		1	2	3	4	5
有很好的肌肉协调能力		1	2	3	4	5

三、同伴提名

儿童在学校与同伴相处的时间一般很长，因此他们对彼此十分了解。他们知道同伴中谁特别聪明，谁在科学、艺术或舞蹈方面有天赋，而且他们也知道来自少数民族、不同文化或有残疾的同伴中哪些是聪明和有天赋的。在同伴提名(peer nominations)时，教师应该提醒学生不要只写他们的好朋友或非常受欢迎的同伴，且一个学生可以被提名多次，同伴提名表样例如表 3.1.11 所示。

表 3.1.11 同伴提名表样例

阅读下面的问题，写出你认为最符合描述的同伴的名字，一个人可以出现多次。你也可以写自己的名字。在这个班级里：
1. 谁最聪明？
2. 谁第二聪明？
3. 谁最先完成任务？
4. 谁的阅读最好？
5. 谁的写作最好？
6. 谁的数学最好？
7. 谁可能成为一名科学家？
8. 谁最擅长解决问题？
9. 谁有很强的判断力？
10. 谁有很多的兴趣？
11. 谁有丰富的想象力？
12. 谁在游戏或班级活动中提出最好的想法？
13. 谁能用一堆废弃物创造出最多的东西？
14. 如果你在功课上需要帮助，你会向谁请教？
15. 谁会花额外的时间去完成一项任务，而且表现得很好？

四、自我提名

教师并不是总能够注意到每个学生的兴趣和能力，因此，学生可以通过自我提名（self nominations）的方法报告自己对艺术、诗歌或科学等方面的兴趣以及在其他创造性活动中的经历等，自我提名表样例如 3.1.12 所示。

表 3.1.12　自我提名表样例

姓名：	年级：	教师：
在下列选项中选出你认为自己有特殊能力或天赋的领域，并说明原因		
1. 一般学业能力 说明：		
2. 科学 说明：		
3. 数学 说明：		
4. 阅读 说明：		
5. 语言艺术 说明：		
6. 社会科学 说明：		
7. 音乐 说明：		
8. 艺术 说明：		
9. 舞蹈 说明：		
10. 戏剧 说明：		
11. 创造力 说明：		
12. 领导力 说明：		
如果你有其他能力、天赋或爱好，请写出来，并说明原因		

　　提名推荐法是一种非正式的鉴别方法，一般在进行标准化的鉴别测验之前进行。教师、父母或同伴在与儿童长期的相处过程中，会观察到儿童在某些方面表现出与众不同的杰出能力，儿童本人在自我发展的过程中也可能发觉自己具有某些方面的兴趣或潜能。因此，他们能够为超常儿童的鉴别提供依据，能够帮助筛选出一部分接受正式的标准化测验或评估的儿童。提名推荐法一方面能够收集到来自多个主体（教师、父母、同伴、自我）的信息，为超常儿童的鉴别提供充分的资料和证据；另一方面也能够使更多的儿童得到公平的鉴别，避免遗漏超常儿童。

本章小结

　　本章主要介绍了超常儿童鉴别的指标、程序、原则、方法、重要的测验和量表等内容。第一节"超常儿童的鉴别概述"涉及鉴别的程序和过程、指标和方法、原则和注意事项以及重要术语等内容，对超常儿童鉴别做了概述性的介绍。第二节到第七节介绍了鉴别超常儿童时使用的一些鉴别工具和方法，包括智力测验、成就测验、创造力测验、社会情绪测验、特殊才能的鉴别及提名推荐法。鉴别是超常儿童教育的首要环节，鉴别是为了了解儿童在不同领域具有的才能和潜力，以便对他们做出更适合的教育安置决策。

复习思考题

一、单项选择题

1. 从统计学意义上来看，超常儿童的出现率是(　　)。

A. 1%～3%　　　　B. 3%～5%　　　　C. 5%～10%　　　D. 10%～15%

2. 韦克斯勒儿童智力量表(第五版)不包括(　　)。

A. 流体推理　　　B. 知觉推理　　　　C. 言语理解　　　D. 工作记忆

3. 非言语智力测验不包括(　　)。

A. 托尼非语文智力测验　　　B. 斯坦福-比奈智力测验

C. 瑞文推理测验　　　　　　D. 瑞文彩图推理测验

4. 最早提出在超常儿童鉴别过程中应该关注创造力的人是(　　)。

A. 托兰斯　　　B. 吉尔福特　　　C. 韦克斯勒　　　D. 卡特尔

二、简答题

1. 结合具体的测量工具，阐述非言语智力测验的优势和不足。

2. 简述我国鉴别超常儿童的主要流程。

三、论述题

目前国内外主要从哪些方面对超常儿童进行鉴别？分别列举出经典的测量工具。

本章阅读书目

1. 查子秀：《超常儿童心理学(第2版)》，北京，人民教育出版社，2005。

2. 王寅枚、刁雅欣、张兴利：《超常儿童鉴别的实践与展望》，载《中国特殊教育》，2022(1)。

3. Colangelo，N.，& Davis，G.，*Handbook of Gifted Education*（*third edition*），Boston，Pearson，2003.

4. Gary A. Davis，*Gifted Children and Gifted Education*：*A Hand Book for Teacher and Parents*，Scottsdale，Great Potential Press，2006.

第二章　超常儿童的安置方式与教育形式

思维导图

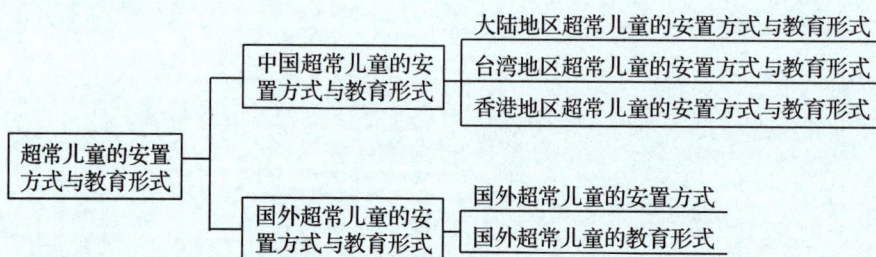

本章导读

超常儿童的安置与教育对超常儿童教育的质量起着决定性作用，影响着超常儿童潜力的有效开发。学生的个体差异是客观存在的，在教学实践中，一个班级里不同学生的学习能力和学习需求必定也存在着差异。教师往往会考虑班级中大多数学生的学习需要，很难照顾到能力处于底端和顶端的学生的学习需求。超常学生可能因为课程难度偏低、学习内容不具有挑战性而产生无聊甚至厌倦的情绪，因此必须有针对超常儿童的安置方式与教育形式。需要注意的是，安置方式和教育形式并不是相互独立的，而是紧密结合、相辅相成的。本章将详细介绍国内外超常儿童的安置方式以及教育形式等内容。

第一节
中国超常儿童的安置方式与教育形式

基于我国各方面发展的独特性，我国大陆地区、台湾地区和香港地区形成了各具特色的超常儿童安置方式与教育形式。本节我们将详细介绍我国不同地区的超常儿童的安置方式与教育形式。

一、大陆地区超常儿童的安置方式与教育形式

大陆地区的超常儿童教育起步较晚，但发展迅速。大陆地区的超常儿童教育多针对智力超常儿童和学业超常儿童。改革开放以来，大陆地区超常儿童的安置形式主要有超常班、重点班和实验班、拔尖创新人才培养项目或计划三种。这三种安置形式对应着不同的教育形式。

(一)超常班

我国大陆地区的超常班包括在中小学开办的超常儿童教育实验班和大学开办的少年班。针对智力超常儿童的超常班，始于 1978 年中国科学技术大学创建的少年班。20世纪 80 年代，全国的高校掀起一股开办少年班的热潮。进入 21 世纪后，随着师资缺乏、家长盲目推崇、社会质疑不断增加等问题的出现，十余所大学纷纷停办超常班。表 3.2.1 列举了目前仍在招生的三所大学少年班的招生要求。

表 3.2.1　大学少年班的招生要求一览表

学校	招生对象	选拔方式
中国科学技术大学①	热爱中国共产党、热爱社会主义祖国、热爱科学、身心健康、学习成绩优异、综合素质突出，具有高中毕业文化程度、2003 年 1 月 1 日及以后出生的优秀高二(含)以下学生	1. 考生报名，校组织专家组，结合考生德智体美、平时成绩、获奖情况、爱好特长、遵纪守法、诚实守信等多方面情况对申请材料进行审核。通过考核的学生，在当地参加全国统一高考 2. 学校根据考生高考成绩确定复试人选，复试科目为数学、物理、非智力因素测试 3. 学校结合高考成绩和复试成绩，确定录取名单，报考生所在省份招生部门备案审批，办理录取手续
西安交通大学②	德智体全面发展，智力超常，身心健康，2004 年 1 月 1 日以后出生的应届初中毕业生	1. 各中学推荐学生。学校组织专家对申请材料进行审查，通过者将获得少年班招生单独考试初试资格 2. 初试。笔试：数学、英语、文综(语文、历史、地理)、理综(物理、化学) 3. 复试。笔试：现学现考(数理思维、创新设计)；测试：综合素质测试(心理健康与综合素质)；体能测试：实心球、立定跳远、中长跑(男生 1000 米，女生 800 米)；面试：小组比较型面试法，主要考察考生的人文素养、科学素养、心理素养及综合表现
东南大学③	成绩优异、智力出众、具有专才和特长、身体健康、具有良好的心理素质和较强生活自理能力的十五周岁以下(2004 年 1 月 1 日以后出生)在校高二(含)以下的理科学生	1. 学生网上报名 2. 初审。东南大学组织专家对报名的考生材料进行初审。通过初审的学生参加 2019 年普通高等学校招生全国统一考试 3. 学校测试：考生 2019 年普通高等学校招生全国统一考试的成绩达到合格线方可参加东南大学举办的少年生测试。合格线为考生所在省当年东南大学理工类所在批次最低录取控制线。具体安排如下： (1)笔试：考察学生的数理基础和语言能力，含数学、物理、英语； (2)面试：着重考察学生观点看法、逻辑思辨、创新精神、沟通交流、心理素质等方面的能力； (3)体质测试：50 米、立定跳远、坐位体前屈，3 个项目中选择 2 项进行测试，1 个项目达标即可； 学校将根据东南大学测试的综合成绩在合格考生中择优录取； 综合成绩＝笔试成绩(折算为 100 分)×60％＋面试成绩(折算为 100 分)×40％。体质测试不合格者将不予录取

---

① 摘自中国科学技术大学 2020 年少年班"创新试点班"招生办法。

② 摘自西安交通大学 2020 年少年班招生简章。

③ 摘自东南大学 2019 年少年生招生简章。

由几所大学少年班的招生简章可以看出，当前我国少年大学生的招生在选拔标准、选拔方式等方面有明确的规定。在招生过程中，学校不仅考察学生的知识储备，也注重学生的综合运用能力；不仅关注学生的智力因素，也同样关注学生情绪、人格等非智力因素以及身体素质。

20 世纪 80 年代以来，随着大学少年班的创办，中小学阶段也开始尝试超常儿童教育的探索。大陆地区中小学超常儿童教育实验班相关情况见表 3.2.2。

表 3.2.2　中小学超常儿童教育实验班相关情况①

	学校	开办时间	规模	学制
中学	北京八中	1985 年	每年 30 人左右	四年的时间完成小学五、六年级及初中、高中共 8 年的学业
	人大附中	1985 年	每年 30 人左右	1989 年之前为 4 年，1989—1996 年为 5 年，1996 年后为 6 年，完成中学阶段的学习
	天津耀华中学	1988 年	每年招生名额 100 人	实施五年一贯制，其中义务教育阶段 2 年，高中阶段 3 年，允许跳级
	无锡天一中学	1998 年	不超过 100 人	实施五年一贯制，原则上初高中五年一贯制，因材施教，灵活升级
	东北育才学校	1986 年	2012 年招收 1 个班，45 人	五年的时间完成中学 6 年的学习
	南昌十中	1985 年	招收两个班	五年一贯制的高中实验班
	江苏苏州中学	1985 年	20 名左右	预备班学制为 2～3 年弹性制，开设全日制中学高中课程
	河南新乡一中	1989 年	每年 60 名左右	少儿班学制为 5 年，其中初中 2 年，高中 3 年
	北京育才学校	2005 年	60～70 人	实行小学、初中、高中 12 年一贯制的教学
	河北师大附中	2008 年	每年 30 人	"直升班"的优秀学生可以缩短学制，初中仅上两年就达到初中毕业水平，之后直接升入高中一年级
小学	天津实验小学	1984 年	每年招收一个班	4 年制
	北京育民小学	1985 年	每两年招收一届	实验班学制为 5 年，用 5 年时间完成小学 6 年学业

① 刘全礼、王得义、兰继军等：《中国特殊教育发展报告（2013 年）》，103～104 页，北京，中国轻工业出版社，2015。

由表 3.2.2 中"学制"一栏可以看出，大陆地区中小学超常儿童教育实验班的教育形式更多的是加速制①，即允许超常儿童提前入学、跳级，或者缩短超常班的学制，让超常儿童提前完成学业。目前，有些中小学的超常儿童教育实验班已经停办，依然在办的学校已经建立了具有一定特色的超常儿童培养模式，其课程在进度、深度和广度上都超前于同龄儿童所在的普通班级；课堂教学强调思维训练、强调创新能力和实践能力。

总体上来说，大学和中小学中的超常班在切实践行着超常儿童教育的理念，但受益的学生数量较少。全国的超常班每年招生的总人数不足千人，远远不能满足全国中小学超常儿童的受教育需求。

(二)重点班和实验班

在普通中小学内开设的重点班和实验班是超常儿童接受教育的主要方式。一般来讲，重点班有较好的师资力量，教师可以依据学生的情况适当加快学习进度，可以补充课程内容，也可以采用不同的教学方法。在我国，重点班设置的初衷是为国家培养优秀人才，但事实上，大多数重点班提供的教育并不是超常儿童教育。很多重点班或实验班仅仅关注学生的考试技能和分数，甚至成为"超级升学班"，而这与超常儿童教育的本质相差甚远。

(三)拔尖创新人才培养项目或计划

近年来，拔尖创新人才培养成为我国教育政策和实践的热点。拔尖创新人才培养项目或计划②更多地对应丰富制③教育形式。

在国家层面，我国已有主要面向大学生和研究生的项目。2009 年，教育部联合中共中央组织部、财政部启动了"基础学科拔尖学生培养试验计划"(简称"珠峰计划")，入选该计划的十几所重点大学采取自主招生、二次选拔的方式，遴选有兴趣、有潜力的在校大学生进入学习计划。2011 年，教育部启动高校"教育教学改革特别试验区"，即试点学院项目，开展创新人才培养试验。2011 年，中央多部委联合印发《青年英才开发计划实施方案》，实施"青年拔尖人才支持计划""基础学科拔尖学生培养试验计划""未来管理英才培养计划"，选拔不同学习领域和年龄层次的人才，分别为 35 岁以下的青年拔尖人才、研究生、大学生和应届高中生。2018 年进一步实施"基础学科拔尖学生培养计划 2.0"(简称"珠峰计划 2.0")，2020 年以来推行基础学科"强基计划"，旨在选

---

① 关于加速制的内容，将在本章第二节详细论述。

② 褚宏启：《追求卓越：英才教育与国家发展——突破我国英才教育的认识误区与政策障碍》，载《教育研究》，2012(11)。

③ 关于丰富制的内容，将在本章第二节详细论述。

拔和培养有志于服务国家重大战略需求且综合素质优秀或基础学科拔尖的学生。在基础教育阶段，我国在国家层面开展如全国优秀中学生"英才计划"项目，地方层面开展了如北京青少年科技创新"翱翔计划""雏鹰计划"等项目，在拔尖创新人才选拔和培养方面取得了较为突出的成就，为国家输送了大批拔尖创新人才。[①]

在地方层面，各地在落实国家和地方的教育规划纲要的过程中，开始实际推动主要面向高中生的拔尖创新人才培养工作。例如，北京市推行优秀高中生"翱翔计划"。该计划实行双导师制，高校实验室和示范性高中各派一名教师作为指导教师，学生每周在实验室学习3学时。学生结合学科领域特点及个人兴趣，在导师指导下，完成具有一定探索创新意义的研究课题。上海市推行"2012年上海中学生拔尖人才培养计划——上海市普通高中学生创新素养培育实验项目"，组织学生参加名家讲座、学术会议、高校科学营，同时由院士领衔的专家团与学生进行面对面交流，带领学生走进实验室，指导学生研究创新项目。此外，一些中学还致力于建立校本课程体系和选课体系，这为超常儿童提供了更丰富的学习资源以及更灵活的学习方式。

我国拔尖创新人才培养的实践模式符合素质教育以及因材施教的要求，但也存在一些问题。一方面是覆盖面太小、受益学生数量少；另一方面是只关注了高中和大学阶段超常学生的教育，并未关注到学前和义务教育阶段超常学生的教育。总体上来说，目前我国尚未建立系统的超常儿童安置及教育体系。

二、台湾地区超常儿童的安置方式与教育形式

在我国台湾地区，超常儿童教育被称为"资优教育"。目前，我国台湾地区采取的超常儿童安置和教育形式大致有以下四种。

(一)集中式资优班

这一形式主要为高中阶段的学生设置。其课程设计基本遵循丰富制，以一般课程为基础，同时规划特殊性、独特性和多元性的丰富制课程、方案与活动，并且注重学生身心发展和社交能力的培养。

(二)分布式资优班

分布式资优班即资优儿童就读于普通班，专长学科抽离至资源班。[②] 这一安置类别遵循的同样是丰富制的教育形式。其特色是，该班的大部分课程与普通班相同，资优

---

① 程黎、陈啸宇、刘玉娟等：《我国拔尖创新人才成长模型的建构》，载《中国远程教育》，2023(12)。
② 余丽、王昆：《我国台湾地区资优教育的特色及启示》，载《教育探索》，2016(7)。

学生根据个别需要到资源教室或校外机构进行专业训练（如专长领域的高层次教学、创造力与批判思维课程、高层次的思考训练、校外参观、专家讲座、专题研究等）。

(三)资优巡回辅导班

资优巡回辅导班即在家庭、机构或者学校中的由巡回辅导教师提供的特殊教育及相关服务。这种安置方式适用于学生数量较少或较偏僻的地方。与该方式相对应的教育形式也是丰富制。

(四)资优特殊教育方案

资优特殊教育方案即通过个别化辅导计划和区域性资优教育活动为学生提供教育服务，强调开展区分性的课程与教学，为不同能力、兴趣、学习风格及经验背景的学生创造多元的学习途径，允许不同特质的学生有不同的课程与教材，且包含提早入学、跳级、缩短学业年限等与加速制教育形式相关的服务。

总体来说，我国台湾地区强调依据儿童所在区域、学习需求等内外部因素，为超常儿童提供适合的教育服务，以适应不同学生的特质和能力。

三、香港地区超常儿童的安置方式与教育形式

香港地区的超常儿童教育整体上遵循丰富制形式。2000年，香港教育署发布文件，提出三个层次的天才（超常）教育模式。第一层次是校本全班式，通过常规课程发展超常儿童的高层次思维技巧、创造力、个人及社交能力，学生在学校内接受教育。第二层次是校本抽离式，即照顾部分突出学生的需要，在常规课堂以外，提供丰富制（补充）课程，学生同样在学校内接受所有教育服务。第三层次是校外支持式，即照顾少数特别有天赋的学生，利用校外资源，补充校本课程的不足，如大学、其他专业机构、香港资优教育学苑等提供的项目。所有学校和学生都必须参与第一层次的超常儿童教育，然后根据突出学生的需要和才能，安排他们进入第二层次和第三层次的超常儿童教育。进入第二层次的学生人数约占学生总人数的10％。

在香港，教师在该教育模式中起着关键作用。但是间接证据表明只有大约20％的中小学积极践行了第一层次和第二层次的规定；在第三层次，约62％（还在增长）的中学推荐了被提名学生参与相关课程。在这样的形势下，加强教师培训、提高教师素质就变得非常重要。

第二节
国外超常儿童的安置方式与教育形式

本节我们将详细介绍不同安置方式和教育形式的内涵、优缺点，以及国外超常儿童教育实践的开展情况。

一、国外超常儿童的安置方式

如何安置超常儿童一直以来都是各国关注的重点。就目前而言，世界上主流的超常儿童教育安置方式大致分为四类，即融合班、超常班、超常学校以及课外项目。下面将介绍这四种安置方式以及在国外开展的具体情况。

(一)融合班

融合班指的是将超常儿童与常态儿童安置在同一班级内进行学习，通过多种教学方式因材施教，以满足超常儿童的特殊发展需要。随着 20 世纪 70 年代融合教育思潮的发展，许多国家均采用了融合班对超常儿童进行安置。

英国融合制下，超常儿童培养的课程设置由学校专设的超常儿童教育教师和管理机构决定。课程形式和内容非常灵活，标准由国家青年英才学院制订，同时广泛构建超常儿童教育校外辅助网络，以支持校内超常儿童教育。美国绝大部分的超常儿童也都安置在融合班中，其中加速教学法、丰富教学法、独立自学法、建立综合能力教学法为融合班中常用的教学方法，这些方法保证超常儿童能得到适合其发展的学习资源。除了英国和美国，澳大利亚、德国也有将超常儿童与常态儿童安置在一起的融合班，采用加速制或者丰富制的教育方式和能力分组等手段在融合班内开展超常儿童的教育。

(二)超常班

除了将超常儿童与常态儿童一同安置在融合班，还有将超常儿童单独进行安置的形式。超常班就是其中一种，即中小学为超常儿童单独设置班级，进行独立编班，这种安置方式在以色列和澳大利亚较为常见。以色列的超常儿童特殊班是普通学校中的一个独立班级，班级中的学生全天接受超常儿童教育，但是他们和学校其他学生一样，可以参加学校的各种社团和集体活动。在课程方面，特殊班在教学难度、深度和进度方面都有别于普通班级。澳大利亚同样也在普通中小学中设立超常班，遵循因材施教的原则，特定年龄阶段的超常儿童被编入同一班级，施以特殊教育。澳大利亚的超常班分为全日制和非全日制两种。全日制的班级里教授的几乎是全方位的课程。非全日制的班级则是针对某些特殊领域的课程进行教学。[①]

(三)超常学校

除了超常班，还有些地区专门设置超常学校。学校内全体学生均为超常儿童，全面开展超常儿童教育，日本、韩国、俄罗斯等国家最具代表性。

日本于 2002 年启动"超级科学高中计划"，强调关注学生志向和动机、好奇心和探究心、独创性和想象力、学历和逻辑性、伦理性和社会性的培养，注重与高校、研究机构专家的对话，注重科学馆、博物馆等场馆学习，注重课题研究和自由研究。国立、公立的高中和私立初高中一贯制的中学均可申请。最终由文部科学省进行审查和指定。韩国的超常学校则采用学分制，课程编制成学科(共同必修、基本选择、深化选择)、特别活动、自律和委托研究、速成和深化课程[②]。为了对学生进行深层指导，韩国的超常学校还采用了学术指导制，为学生配备导师。俄罗斯在许多联邦大学和国家级研究型大学开办附属中学，以此作为培养超常儿童的重要机构。例如，在莫斯科大学的领导和支持下，中学获得了大学完备的基础设施和卓越的师资团队，成为向莫斯科大学输送优质生源的摇篮。除了莫斯科大学，这所学校还有相当一部分的毕业生考入了其他重点大学。除此之外，俄罗斯 4 所最为有名的大学——莫斯科大学、圣彼得堡大学、新西伯利亚大学和乌拉尔州立大学设有专门的教育和研究中心，旨在开发人力资源、改善教育以及识别和支持超常儿童的发展。

除了上述国家，澳大利亚也开设了超常学校，以天资聪颖、成绩优异的超常学生为对象，仅新南威尔士州就有 17 所公立性质的超常中学。[③]

(四)课外项目

除了上述融合班、超常班和超常学校的安置方式，一些国家还专门成立了政府机构，以项目的方式对超常儿童进行课外的安置。

俄罗斯开设了针对超常儿童的创造力宫、文化宫、少年自然科学家生物实验站、少年技术家工作站，这些都是单独的教育机构。学前教育机构、普通教育机构、高等教育机构内部组织各种小组、实验室和俱乐部[④]，旨在提供机会让超常儿童在其感兴趣的领域研究探索，并发现和挑选有独特创造力的超常学生。以色列同样也有许多课外

---

① 谢宜宸：《澳大利亚天才教育政策研究》，硕士学位论文，福建师范大学，2012。
② 金京泽：《韩国科学英才教育的特色》，载《全球教育展望》，2003(11)。
③ 谢宜宸：《澳大利亚天才教育政策研究》，硕士学位论文，福建师范大学，2012。
④ Nazina Yulia：《苏俄的超常儿童教育研究》，硕士学位论文，华东师范大学，2021。

项目，这些项目依托于全国 52 个城市和地区的天才中心。这些中心为中小学超常儿童提供交流和学习的场地，类似于资源教室。每年举行全国性甄选考试。根据各地区的年龄分组，成绩排名在前 1%～1.5% 的超常学生参与每周丰富日计划，其余的超常学生参与课余丰富式班级。[①]

除此之外，澳大利亚、德国、美国等国家也开设了课外项目以辅助超常儿童的安置，这一安置模式在世界范围内都十分普遍，对超常儿童在课外接受进一步的超常儿童教育具有十分重要的意义。

二、国外超常儿童的教育形式

国外针对超常儿童的教育形式主要包括加速制、丰富制、混合制和个性化教育四种，接下来将结合具体案例介绍不同教育形式的特点。

(一)加速制教育

加速制教育(acceleration education)是一种缩短修业年限、加速完成课程的超常儿童教育形式。对于超常儿童来说，加速制教育的课程意味着更快的学习节奏和更紧凑的课程安排。这往往能更好地满足他们的学习需求。加速制教育的表现形式见表 3.2.3。

表 3.2.3　加速制教育的表现形式

形式	说明
提早入学	提早进入幼儿园或小学
跳级	多见于小学或者初中
课程加速	缩短课程教授的时长
多年级班/复式班	低年级学生在高年级班级中学习某些科目
课后辅导班	课后再接受某些课程的专门辅导
同步班	使用高年级教材的班级，如给初中超常儿童教授高中教材的"同步班"
导师制	超常儿童跟着某领域的专家学习

---

① 吴春艳、肖非：《以色列的英才教育现状研究》，载《比较教育研究》，2012(12)。

加速制教育因教育成本较低、教学效率高而被很多国家和地区采用，加速制教育的常见形式有提早入学、跳级、课程加速等。接下来将以美国宾夕法尼亚州匹兹堡大学开设的高中加速课程（accelerated high school，以下简称 AHS）为例，介绍加速制教育的实施方式和典型特征。

匹兹堡大学设立高中加速课程的目的在于让高中阶段的超常学生提早进入大学学习，以满足其学习需求。在读高中学生如果认为自己需要额外的学习辅导，就可以向匹兹堡大学递交申请。该申请需要所在高中教师的推荐信、家长的同意书以及学生的成绩单。然后学生参加匹兹堡大学自主安排的 AHS 入学测验。分数排在前 10% 的学生会被录取。

AHS 的宗旨是充分发挥学生的潜力。从教学制度上来说，AHS 采用修学分制度。成功被招收进入 AHS 的学生可根据自己的兴趣，在一年内选修匹兹堡大学六个学分的课程（约 3～4 门）。从教学方法上来说，AHS 采用完全不同于高中阶段的大学式教学。AHS 的学生将与大学生一起上课、讨论问题、参加实验并进行实践考察等。考虑到 AHS 学生可能有不适应的问题，AHS 为每十名学生配备了一个辅导员。从课程内容上来说，AHS 包括大学英语、数学、物理、化学、心理、经济等学科。课程一律采用匹兹堡大学的讲义，相对于高中课本，其理论性和扩展性更强，也更具有挑战性。AHS 的反馈报告显示，相对于内容局限的高中课本，申请 AHS 的学生更适应大学式教学。他们更乐意接受具有挑战性的、开放性的大学讲义。[1] 从考核方式来说，AHS 弃用了高中的考卷式测验，采用演讲、论文、实验等方式考察学生的思辨、说服及应变能力。学生取得的 AHS 毕业证书可以作为被匹兹堡大学优先录取的条件之一。

AHS 项目已开展超过 20 年，每年大多数的毕业生都顺利进入了名校。AHS 让高中生接受大学教育的做法在很大程度上可以满足超常儿童对额外教育的需求。德国、英国、澳大利亚等许多国家也都有类似的针对超常儿童的培养模式。

在加速制教育中，学生所学习的课程是系统的，且通常具有明确的学习目标。教师在学生的超前学习中起着核心的指导和引领作用。教师需要承担更多的责任和掌握更多的专业技能，同时可能还需要和大学、社区、公司等社会团体互相合作。但是需要注意的是，这一切都要以不损害超常儿童的身心健康为前提。因此，有学者指出开展加速制教育必须满足如下条件。[2]

（1）学生自己认为当前的学习量不足。

（2）学生的教师推荐该学生接受加速制教育。

---

① Schofield, J. W., & Francis, W. D., "An Observational Study of Peer Interaction in Racially Mixed 'Accelerated' Classrooms," Journal of Educational Psychology, 1982(5), pp. 722-732.

② Kauffman, J. M., Hallahan, D. P., & Pullen, P. C., *Handbook of Special Education (second edition)*, New York, Routledge, 2017, pp. 122-124.

（3）学生的家长同意接受加速制教育。

（4）该学生在某领域中已经展现出超常的能力。

（5）该学生能够在情绪上保持稳定。

（6）该学生明白什么是加速制，并自愿参与。

虽然加速制教育有节约教育成本、效率高的优点，但是也有一些缺点，主要体现在以下三个方面。

第一，年龄差距带来较大的心理压力。[①] 一名被安置在高中班级内的 12 岁初中生，其生理和心理上的成熟度与周围学生有很大的差距。这种差距有可能会带来较大的心理压力，导致负面情绪，进而对超常儿童的成长产生不利的影响。因此，许多国家（如西班牙和丹麦等）是不支持此种加速制的。

第二，成绩落差会打击其自信心。[②] 在原先班级的超常儿童往往在某领域中有超越同班同学的表现，如在评定上远远领先、在学校举办的某项竞赛中拔得头筹等。但被安置在高年级的班级之后，这种"优越"的表现往往就不复存在了。在面对同是超常儿童的同学，或者学习能力超过自己的高年级学生时，超常儿童的自信心可能会逐渐降低，甚至产生自我怀疑。这对学生的成长也是不利的。

第三，生活阅历不足带来一定程度上的学习困难。某些学科，如心理学、语言学等往往要求学习者有一定生活阅历的积累。即使超常儿童有天才的智慧和非凡的学习能力，也难以在短时间内补足其生活阅历，进而影响学习效果。

针对上述问题，教师和家长要重视加速制教育中的超常学生的心理辅导工作。同时，也要注意部分学科对生活阅历的要求，不应为生活阅历不足的超常儿童提供这些学科的加速学习计划。

此外，课后辅导班这一形式也被许多国家所采用，如英国和以色列等。这种模式的优点在于它照顾到了学生的环境适应性。在大多数时间里，超常儿童还是在普通的环境中与同龄的儿童共同生活和学习，只在课后参与辅导班。但这种使超常儿童接受额外的学习任务的方式会对学生造成过大的课业压力。

（二）丰富制教育

丰富制教育（enrichment education）是指在普通学校中，增加现有的课程难度或者适用度，以满足不同类型、不同水平的学习者的需求的教育形式。与加速制教育中借助其他的补充形式来加快学习进程的做法不同，丰富制教育是对现有课程的"质"的加

---

① Plucker, J. A. , & Callahan, C. M. , "Research on Giftedness and Gifted Education: Status of the Field and Considerations for the Future," Exceptional Children, 2014(4), pp. 390-406.

② Jolly, J. L. , & Hughes, C. E. , "The Educational Experience for Student With Gifts and Talents," Teaching Exceptional Children, 2015(4), pp. 187-189.

深和丰富。也就是说，丰富制教育在于对课程本身进行"升级"和"强化"，其目的在于使现有的课程更具弹性，以满足超常儿童对更高的课程难度的需求。这类课程既包括普通教育的基本内容，也包括超出大纲的内容。在教育实践和课堂教学中，教师只讲解基本内容，但会指导和鼓励超常儿童学习超纲的内容。有关脑的研究指出，丰富制教育为学生提供了丰富的环境，有利于学生大脑神经元轴突连接和脑细胞的产生，对学生创造力的提升、个性化和社会化的发展以及学业不良行为的减少都有积极影响。[①]丰富制教育的表现形式主要有四种。(1)校外专业学者的支持，例如邀请学校外的大学老师、研究工作者编写新教材；(2)学校提供额外的教育资源，例如对学生开放图书馆、实验室等；(3)学校和社区建立支持系统，学校、社区、家庭合作举办科学学生会、社区协会等；(4)大学、公司等社会团体为超常儿童(初高中生)开放大学的教育资源，如讲座、实验室、讨论会等。

苏格兰的卓越课程就是典型的丰富制课程。在融合教育理念的指导下，面对学校中特殊儿童(超常儿童、障碍儿童等)的不同学习需求，苏格兰进行了全面的课程改革。2011年，苏格兰政府出台了新的针对所有初高中生的课程大纲，名为卓越课程(curriculum for excellence，以下简称 CfE)[②]。该课程兼顾普通教育和特殊教育，灵活性强，适用性广。

在课程适用性上，该课程考虑到了地区差异和学生个体差异，提倡"丰富制"和"分级制"课程。具体来说，CfE 要求在初高中普及不同学科的课程以满足不同学生的学习兴趣，同时对课本内容实行诸如 A、B、C 的分层，来满足不同学生的学习需求。在一个班级中，多数学生可以使用 B 层次难度的课本内容，学习能力较强的学生(超常儿童)可以使用 A 层次难度的内容，有障碍的学生(如学习障碍儿童)可以使用 C 层次难度的内容。这样一本教材就可以全面照顾到不同学生的学习需求。此外，CfE 还非常具有灵活性，该课程大纲允许学校在一定范围内自由设计课本内容。对于个别案例，学校还可以单独修改甚至重新设计现行的教学课本。实施 CfE 以来，苏格兰的特殊需要儿童得到了更多的关注，为超常儿童和障碍儿童单独开发课程的问题也得到解决。

在丰富制教育中，学生可以自主选择课程，并进行学习。但这也带来一个问题，即课程的系统性和目标性比较弱。这就要求超常学生清楚了解自己的学习需求，且有更强的学习自主性。

---

① Gibson, S., & Efinger, J., "Revisiting the Schoolwide Enrichment Model—An Approach to Gifted Programming Teaching Exceptional Children," Teaching Exceptional Children, 2001(4), pp. 48-53.

② Priestley, M., "Curriculum for Excellence: Transformational Change or Business as Usual," Scottish Educational Review, 2010(1), pp. 23-36.

(三)混合制教育

加速制教育和丰富制教育是超常儿童教育中的两种基本的形式，各有利弊。为结合两种形式的优点，现在许多国家和地区采用混合制教育(mixed education)，例如，既开设导师班或支持跳级，也兼顾课本内容的深化。相对于单一的教育形式，混合制教育更具有灵活性和包容性，超常儿童也拥有更多的选择。

在澳大利亚的新南威尔士州，超常儿童教育主要在普通学校中进行，同时开设特殊课堂和专门学校作为补充。在初等教育阶段，部分小学开设机会课堂(opportunity class)，为五年级到六年级的超常儿童提供特殊的学习机会，这类学校设有负责学生选拔工作的专门的委员会。学生可以在四年级时向学校提出申请，参加机会课堂测验(opportunity class placement test)。学校根据测验成绩并结合该学生小学时期的英语和数学学习表现决定是否录取该学生。在中学阶段(7~12年级)，该州设立了选拔性中学(selective high school)，包括完全选拔性中学和不完全选拔性中学，完全选拔性中学的学生均为超常儿童，不完全选拔性中学通常只开设英语、数学和科学的超常班，其他科目在普通班进行。学生可以在五年级时提交申请，在六年级时参加选拔性中学考试(selective high school placement test)，学生小学的学业表现作为选拔性中学的招生依据。在具体教学实践中，教师往往根据学生的需求，采用差异化课程(differentiation curriculum)、加速(acceleration)和分组(grouping)等特殊的教学手段来满足超常儿童的学习与发展需求。[1]

其他比较具有代表性的混合制教育还会设立专门的超常学校。例如，美国纽约市著名的天才公立学校(New Explorations into Science, Technology and Math High School，以下简称NEST+m)。NEST+m成立于2001年，只招收通过"欧提斯-列农学校能力测验"(Otis-Lennon school ability test)和"纳格里埃利非语言能力测验"(Naglieri nonverbal ability test)的顶尖超常儿童(在测验中答对99%以上的题目)，并为他们提供从小学到高三的课程。NEST+m采用的是混合制教育形式。[2] 在课程设置上，该校采用高阶课程(advanced programs)，形式主要为讨论、实验、议题辩论等；也同时采用加速制教育中的跳级方式，允许成绩优秀且通过考试的学生跳过一个年级，进入更高一年级的班级学习。在教学方法上，提倡自由化的教学模式，除了必须完成的高阶课程外，学生可以自由选修自己擅长或者感兴趣的课程，NEST+m甚至还在学校内开设了可以转换为大学学分的课程。在师资力量上，NEST+m中多为超常儿童教育

① 王蓉、肖甦:《澳大利亚新南威尔士州英才教育政策与实践》，载《比较教育研究》，2018(1)。

② Callahan, C. M., Moon, T. R., & Oh, S., et al., "What Works in Gifted Education: Documenting the Effects of an Integrated Curricular/Instructional Model for Gifted Students," American Educational Research Journal, 2015(1), pp. 137-167.

经验比较丰富的教师，并外聘专家学者定期为教师做培训。其他国家也有类似于美国的 NEST＋m 的超常学校，如德国的萨克撒高级文理寄宿学校、加拿大的西山特许学校等。

采用混合制教育形式的超常学校也受到了不少的质疑。超常学校几乎融合了最好的教育资源，被指为精英主义的代表。同时，其教育成本投入巨大（如建设专门的学校、聘请专门的高素质教师、与大学合作等），学费高昂，对学生的家庭条件要求很高。有研究者认为，对于那些家境一般的超常儿童来说，这是不公平的。[①]

(四)个性化教育

个性化教育(personalization education/customized education)是指根据个人的教育需求而量身定制教育方案的教育形式，即对个人进行研究、分析、考核，并根据其结果制订教育目标、计划、方案，其目的是让个人的学习潜力得到最大化的发挥。[②] 个性化教育认为，教育应尊重个体差异，应与学生自身条件相符合，真正落实因材施教。简单来说，个性化教育的核心内涵体现在"个性化"上，教育安置和培养都应以满足个体需求为基础。

当前无论是在普通教育领域内，还是在超常儿童教育领域内，个性化的教育形式都被越来越多的国家接受。对于特殊需要儿童来说，个性化教育形式可以满足他们的特殊教育需求。但是，个性化教育发展相对较晚，表现形式也较少。在教学实践中较为常见的个性化教育有以下两种。

(1)实行个性化教学的学校，如英国的伊顿公学、伦敦哈罗公学，美国的道尔顿学校、三一学院等。这类学校多为私立学校，实行小班化教学，以学生为中心。这类学校招收超常儿童，为他们提供个性化教育。

(2)大学或机构开设的个性化教育项目，如美国斯坦福大学的超常儿童项目、澳大利亚麦考瑞大学的超常儿童项目等。这类项目大多设于学校和培训机构中，为有特殊教育需要的儿童设立。

我们将以英国的个性化教育学校为例，对个性化教育的实施形态进行详细介绍。英国教育素来以"精英教育"著称，其文法学校体制可谓是"精英教育"的代表。文法学校是指只招收成绩极度优异的学生或者超常儿童的私立学校。文法学校始终保留"自治"的传统，其教学管理、课程设置、教职工安排都由学校自主管理。文法学校也一直具有教学质量高、招收门槛高的特点，其 70% 左右的毕业生都能直升牛津大学、剑桥

---

① Howley, A., "Gifted Education and the Spectre of Elitism," Journal of Education, 1986(1), pp. 117-125.

② Hartley, D., "Personalisation: The Emerging 'Revised' Code of Education?" Oxford Review of Education, 2007(5), pp. 629-642.

大学等名校，其中不乏大批的政治家、数学家、经济学家和文学家等。

文法学校高质量的教学成果离不开其严苛的招收制度和教学模式。以英国最早的文法学校之一——利物浦蓝领学校（The Liverpool Blue Coat School，1708年建立）为例，该校设置了高难度的自主招生入学考试，每年通过考试的学生不足一半。对超常儿童，利物浦蓝领学校还要求其提供智力测验的结果和原学校的推荐信。即使利物浦蓝领学校实行如此严苛的招收标准，每年报名的学生还是络绎不绝，这归功于利物浦蓝领学校的教学模式。不同于普通中学，利物浦蓝领学校倡导个性化的教学方式。该校会单独测验每个招收的超常儿童，并根据测验的结果为其设置个性化培养计划，包括阶段学习目标、学习内容、教材选择等。此外，教师在个性化教学中也起到非常重要的作用。利物浦蓝领学校采取类似于大学的导师制，每个超常儿童都有一名负责其生活情况和学习进度的导师。学生可以在定期的导师会议上向导师反馈最近的学习情况。总体来说，利物浦蓝领学校的个性化教育并不设置硬性的教材和教学方法，而是根据每个学生的特点，单独设计教学计划，以最大化地满足个人学习的需求。这样的教学模式对于超常儿童来说，无疑是理想的教育支持。

一般来说，个性化的教育模式有两个明显的特点：(1)在教材选择、学习方式、学习周期上更具有自由性、灵活性、针对性，以达到因材施教的目的。(2)在学习体验上，学生会更加愉快和投入，更加独立和自主。

但是，个性化教育并非没有问题。在实际教学中，个性化的背后不仅有巨大的教育成本投入，还对教师提出了艰巨挑战。相比传统教学方法，个性化教育要求教师根据每个学生的不同需求设计单独的教学计划，并调整自己的教学方法。这就意味着教师要有更高的专业素养，并做大量的准备工作。因此，目前个性化教育只在少数国家和学校实行，其生源多来自贵族家庭。越来越多的学者认为个性化教育是未来教育发展的趋向，这是适用于超常儿童的理想教育模式。

总的来说，加速制、丰富制、混合制和个性化教育这四种教育形式各有利弊。加速制教育具有教育成本投入低、教育效率高的优点，但是它会导致年龄较小的超常儿童心理压力过大、自信心降低、学习某些学科困难等问题。丰富制教育不仅能使超常儿童受益，还能使数量更多、范围更广的学生受益。该体系弹性灵活，给予了学生充足的选择空间，但需要学生有较强的自主学习意识和能力。混合制教育和个性化教育多存在于超常学校、大学或机构的特殊项目中，能为超常儿童提供较为理想的教育，但对超常儿童的家庭经济地位和条件要求较高，大多数超常儿童无法在这样的教育模式中学习。因此，超常儿童能否接受合适的教育与安置，受到外部因素、内部因素的影响和制约。

本章小结

本章介绍了国内外超常儿童的安置方式与教育形式。在发达国家，超常儿童的教育受到了非常多的关注，不同类型的教育与安置形式均在于保障超常儿童的教育需求。虽然各国对超常儿童的教育安置采用了不同的方式，但是其核心的教育理念都是建立面向所有儿童的教育。我们不应当把对超常儿童的教育与安置看作是教育系统的附加或补充，而应将其看作教育系统的一部分。因传统的加速制教育、丰富制教育和混合制教育不能兼顾到个体差异问题，个性化教育形式被认为是未来教育发展的方向。但是，个性化教育需要巨大的教育投入，尤其对教师有更高的要求。如何解决这一问题还有待研究。在我国，大陆地区、台湾地区、香港地区采用的超常儿童教育与安置形式各具特色，但大陆地区尚未建立系统的超常儿童教育体系。我们应该结合国内目前的实际情况，进一步推动融合教育的发展，努力为超常儿童提供适合的安置方式和教育形式，提高超常儿童的教育质量。

复习思考题

一、单项选择题

1. 缩短学制年限的超常儿童培养模式是（   ）。

A. 加速制教育　　　　　　B. 丰富制教育

C. 混合制教育　　　　　　D. 个性化教育

2. 增加现有课本的课程难度，使其适合超常儿童学习的培养模式是（   ）。

A. 加速制教育　　　　　　B. 丰富制教育

C. 混合制教育　　　　　　D. 个性化教育

二、简答题

1. 简述超常儿童的安置方式及其优缺点。

2. 简述超常儿童的教育形式及其优缺点。

三、论述题

论述超常儿童的安置方式与教育形式对超常儿童教育发展的重要性和意义。

本章阅读书目

1. 刘全礼、王得义、兰继军等：《中国特殊教育发展报告（2013 年）》，北京，中国轻工业出版社，2015。

2. Indla，V. ，& Kakarla，J. ，"Why Gifted Education? A Comparative Study of Persons，Who Studied in Enriched Educational Programme and Normal School Programme，"Indian Journal of Psychiatry，2016(1)，pp. 108-109.

3. Balchin，T. ，Hymer，B. ，& Matthews，D. J. ，*The Routledge International Companion to Gifted Education*，London，Routledge，2009.

第三章　超常儿童教育的课程与教学

思维导图

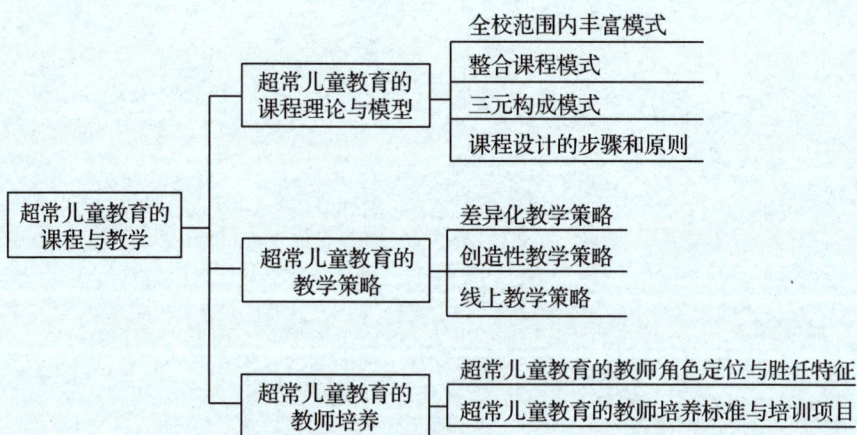

本章导读

　　有效的课程能给超常儿童带来丰富的、具有挑战性的学习体验，最大限度地促进他们的发展。超常儿童教育的课程设置要想符合超常儿童的学习方式和成长规律，就需要构建能够促进他们潜能发展的课程理论和模型。在超常儿童教育课程理论和模型的指导下，一系列针对超常儿童教育的有效教学策略得以发展和实践。除了课程设置本身，教师也是一个重要的因素。在超常儿童教育中，教师除了需要通过培训获得足够的知识和能力，还需要具备一些重要的个人特质。本章将着重探讨超常儿童教育的课程理论与模型、教学策略以及教师培养等主题内容。

第一节
超常儿童教育的课程理论与模型

　　传统课程模型大部分注重平均水平学生的学习内容、教学方式、期望和结果，而忽略了对特殊需要学生的培养。在超常儿童教育的研究和实践中，大量研究者对有效的超常儿童教育课程模型进行了长期探索。超常儿童教育课程模型可以提供一个指导特殊教学活动的理论框架，明确学习环境中对超常学生有价值的因素，从而影响和构建学生超常才能的发展。美国学者范塔索（VanTassel-Baska）[1]认为超常儿童教育课程模型的构建应基于超常儿童的三个突出特点：第一，他们可以快速学习；第二，他们有找出问题和解决问题的能力；第三，他们可以理解抽象的事物并且进行关联。整个课程开发和传授的过程要以超常儿童发展的理论为基础，并且关注他们因独特的发展特点而带来的特殊的学习需求。

　　从 20 世纪 60 年代中期至今，较为普及的超常儿童教育课程模型有：施利希特（Schlichter）的无限才能模型[2]、泰勒（Taylor）的多元能力方法[3]、斯坦利的才能鉴别和

---

　　[1]　VanTassel-Baska，J.，Olszewski-Kubilius，P.，& Kulieke，M. J.，"A Study of Self-Concept and Social Support in Advantaged and Disadvantaged Seventh and Eighth Grade Gifted Students," Roeper Review，1994（3），pp. 186-191.

　　[2]　Schlichter，C. L.，"Talents Unlimited: An Inservice Education Model for Teaching Thinking Skills," Gifted Child Quarterly，1986（3），pp. 119-123.

　　[3]　Taylor，C. W.，"Questioning and Creating: A Model for Curriculum Reform," The Journal of Creative Behavior，1967（1），pp. 22-33.

发展模式、菲尔德豪森(Feldhusen)等人的普渡三阶段丰富模式[①]、任祖利等人的全校范围内丰富模式[②]、斯滕伯格三元构成模式[③]、范塔索的整合课程模式、贝兹(Betts)的自主学习者模式等。这些课程模式都经过了大量实践和研究分析，可运用到不同环境的超常儿童教育中。随着超常儿童教育研究的发展，研究者不断对这些课程模式进行了改革和创新。下面重点介绍在西方国家中应用较为广泛的任祖利和瑞茨的全校范围内丰富模式、范塔索的整合课程模式和斯滕伯格的三元构成模式。

一、全校范围内丰富模式

任祖利和瑞茨于 20 世纪 70 年代提出了全校范围内丰富模式(school-wide enrichment model，以下简称 SEM)[④]，旨在发展学生学术才能的同时也发展其创造知识的才能，即学生不仅要注重知识应用，也要强调知识的生产。因此，SEM 致力于为学生提供课堂以外的、真实世界中的有利于知识创造的学习情景。在多年的实践和改革中，SEM 已被应用于 2000 多所美国中小学。大量实证研究证明在各种不同背景下，包括在多元文化背景和低收入社会人群中，SEM 对高能力学生的发展都有非常显著的效果。

SEM 主要由学校结构、服务内容和资源体系三个维度构成(图 3.3.1)。学校结构明确了该模式的主要课程和活动类别，包括常规课程、丰富活动系列和持续提供的特别服务。其中常规课程指依据国家和地方标准开设的一般课程；丰富活动系列是学校根据学生的兴趣和能力开设的一系列丰富多样的活动课程；持续提供的特别服务是指在学校内外为更高层次需要的超常学生提供长期支持。服务内容为学校结构中课程和活动的实施提供了方法和内容，包括总体才能文件包、课程修正技术和丰富三元模型(enrichment triad model)。资源体系为课程和活动的实施提供资源和技术支持，它包括线上和线下两种方式，提倡教师、家长和学校等多方资源优化配置。在全校范围内丰富模式的理论指导下，学校和教师能系统地开展差异化教学，以满足融合教育环境中不同学生的需求。

---

① Feldhusen，J.，& Kolloff，M.，"A Three Stage Model for Gifted Education,"Gifted Child Today Magazine，1988(1)，pp.14-20.

② Renzulli，J. S.，"The Enrichment Triad Model：A Guide for Developing Defensible Programs for the Gifted and Talented," Gifted Child Quarterly，1976(3)，pp.303-326.

③ Sternberg R. J.，et al.，"Identification，Instruction，and Assessment of Gifted Children：A Construct Validation of a Triarchic Model,"Gifted Child Quarterly，1996(3)，pp.129-137

④ 程黎、张嘉桐、陈啸宇：《新时代融合教育环境中超常儿童教学模式的探索——基于全校范围内丰富模式的分析》，载《中国特殊教育》，2020(10)。

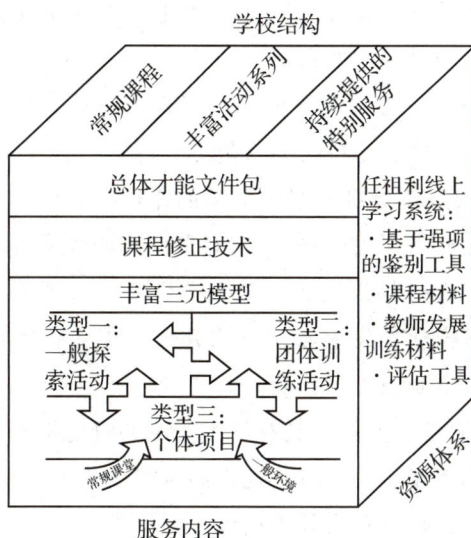

图 3.3.1　SEM 的构成

(一)学校结构

SEM 的学校结构分为三个部分，即常规课程(the regular curriculum)、丰富活动系列(the enrichment cluster)以及持续提供的特别服务(the continuum of special services)。

(1)常规课程包括了一切预定的学习目标、时间表、学习成果和学校的常规课程体系。其突出特点是具备政策制定者、学校领导等的权威性的力量支持，这就决定了常规课程在学生学习中的中心地位。

(2)丰富活动系列的最重要原则就是保证所有学生和教师都是主动参与。其目的在于通过开发真实的产品和服务，引导学生解决现实世界的问题。整个活动项目的实施分为以下几个步骤。

第一，来自机构、企业、社区的专业人士以及部分家长作为小组的发起者和促进者，分别组成多样化的专业小组，如创意写作、绘画、雕塑和考古活动组等。他们不会提前准备详细的课程计划而是通过解答三方面问题来推进活动，分别是：①对这个领域感兴趣的人们通常会做什么。②他们着手落实这件事需要具备什么知识、材料或其他资源。③最终的产品或服务可以以什么方式对预期的受众产生影响。

第二，所有的学生和家长将会收到一个活动介绍册，并根据学生兴趣分别选择三个最感兴趣的专业组。

第三，大多数学生将会进入他们最感兴趣的专业小组中，有一些也会进入第二感兴趣的小组。

第四，拥有相同兴趣的学生将在该专业小组中与有丰富相关经验的成人分享他们的兴趣，这样的分享在一个学期中的每周会有一次。

第五，所有的学生都会完成一份评估他们兴趣的清单，同时由家长和教师共同参与的团队将会收集所有的主要家庭成员的兴趣。

SEM 在此过程中主要发挥鼓励和组织活动的作用。专业小组的主要作用在于刺激兴趣并且在全校范围内发展学生的才能，它有助于促进教师参与丰富制的教学过程，并将这种教学方法和传统方法加以比较。对于学生个体发展而言，专业小组的应用会产生溢出效应，它能更多样化地发展学生的兴趣以及能力，有助于教师观察学生的才能并在总体课程中运用丰富制教育的技巧。

（3）持续提供的特别服务主要针对具有学术天赋并且能取得最高成就的学生。通常包括个人或小组咨询、加速制服务、直接促进高水平的工作、教师与社区人员的合作，还有其他各种类型的学生、家庭和校外人员资源和机构的联系。

特别服务让学生、职员和家长参与到特殊项目中，这些特殊项目包括未来问题解决讨论会，模拟联合国、州和国家论文比赛，数学、艺术和历史知识竞赛等。其他形式的直接服务有校外个人暑期项目、校内课程、特殊学校、理论小组、科学探索、在具有先进教育水平的地方当学徒等。

大多数 SEM 的教学专家每周用两天时间对教师使用资源的能力进行培训，用三天的时间为学生提供直接指导和服务。

（二）服务内容

服务内容是 SEM 的核心成分。学校和教师通过构建学生能力的总体才能文件包（the total talent portfolio）认识和了解学生的潜在能力，采用课程修正技术（curriculum modification techniques）在常规课堂中开展差异化教学，并通过丰富三元模型中的不同活动形式进一步发现和满足学生多元化能力及其发展需求，最终促进学生产出创造性成果。

（1）总体才能文件包汇编了学生的重要资料。它要求教师收集与学生学习相关的各种信息和资料，将这些资料按照能力、兴趣和学习方式进行分类，并定期更新。教师和学校管理者可以参考这些信息为学生安排相应的加速和丰富活动。这为教师和学校管理者提供了识别学生潜在才能的途径，通过对全校所有学生资料的管理和分析，学校可以更有效地开展差异化教学。

（2）课程修正技术是指对学生学习的内容进行调整使之更具有挑战性，增加学生深入学习的体验并且使用多种方法丰富课堂的方法。进行课程修正的程序主要为课堂差异化策略，包括压缩课程和提高常规课程中使用的材料难度。压缩课程是一种教学分化技术，旨在对任何课程内容和在任何年级水平上的学生进行适当的课程调整，具体操作步骤为：第一，定义特定教学单元或部分的目标和结果；第二，确定并记录学生已部分掌握或完全掌握的学习内容；第三，为已经掌握的学习内容提供替代性的教学选项，增加学习挑战性并更有效地运用时间。

（3）丰富三元模型是全校范围内丰富模式的关键构成部分，由一般探索活动（general exploratory activities）、团体训练活动（group training activities）和个体项目（individual projects）三种类型的活动组成。[①]

一般探索活动的典型特征为内容导向，受到杜威的教育观以及加德纳的多元智力理论的影响。任祖利将丰富活动与发展学生的兴趣爱好相结合，通过开展形式多样、内容丰富的活动使学生探索并发现自身的兴趣所在。这类活动的开展不局限于课堂和学校中，实施主体具有多样性。资源体系中的教师、家长和社区资源都在这类活动中发挥重要作用。学生通过参与常规课堂的学习，听特邀演说家的演讲，参加田野探索实践，以及浏览视频、社交媒体和书籍的信息等多种途径发现自身兴趣所在。

团体训练活动的典型特征为过程导向，该活动引导学生从对某领域感兴趣到积极参与该领域的活动以促进学生发展与兴趣相关的技能。它以提高学生认知和思维水平为目标，帮助学生提高解决问题的能力。当学生在一般探索活动中确定了自己的兴趣方向后，便进入相应的团体训练活动。在团体训练活动中，学生以小组的形式与志同道合的伙伴共同学习感兴趣的内容。学习的内容包括创造技巧、研究技能、自主学习技能、情感技能、沟通技能、时间管理、不同主题或学科的研究方法论等思维方式和技能。一般探索活动和团体训练活动作为超常儿童鉴别的重要过程，在这两个环节中均表现优异的学生可以进入个体项目，实现能力进一步提升。

个体项目的典型特征为环境和成果导向。在个体项目活动中，超常儿童成为实操者，调研感兴趣的真实问题并产出创造性成果。在这个过程中，学生将学习更多科学严谨的调查方法并进行实操，最后将自己的研究成果进行展示或恰当的运用。教师在这个过程中不仅需要指导学生如何进行实践操作，也需要帮助学生将其项目成果应用于实践，让他们的研究产生真正的价值。

丰富三元模型在实施的过程中需要遵循的原则有：第一，每个学习者都是独一无二的，教学实施过程必须考虑个人的能力、兴趣和学习风格。第二，学习应当是一个愉悦的过程，应将学习的愉悦度作为建构和评估学习经历的标准之一。第三，在现实情景中学习知识、增长技能，学生有机会自由地发现问题、选择问题并且为该问题的解决提出真实的对策。第四，丰富的学习和教学旨在增长知识和思维技能，所以教育

---

① 程黎、张嘉桐、陈啸宇：《新时代融合教育环境中超常儿童教学模式的探索——基于全校范围内丰富模式的分析》，载《中国特殊教育》，2020(10)。

者在实际操作过程中需要更加关注建立在学生自我意义建构[①]基础上的知识和技能的应用。从上述原则中可以知道，学习的终极目标就是摆脱被动依赖型学习，获得独立投入型学习的能力，这些原则也为 SEM 的广泛实施提供了可操作性的窍门。

（三）资源体系

资源体系为学校课程和活动的实施与发展提供了丰富的资源和有力的技术支持。在理论提出早期，模型中的资源体系主要是来自线下的支持，包括家长、社区服务人员和各个领域的专家等。他们进入学校，为丰富活动的开展和课程材料的设计以及教师的培训等提供支持。

随着时代发展，教育信息化逐渐步入新的历史时期。21 世纪初，为了满足信息化教学的时代需求，任祖利及其团队开发了线上学习系统。该学习系统运用互联网技术强大的分析及储存能力，为开展丰富课程的教师提供"基于强项的鉴别工具、课程材料、教师发展训练材料和评估工具"四方面的资源。其中，信息化的总体才能文件包承担了学生信息采集、信息分析和储存、根据学生的个人特点自动为学生及其任课教师提供相应丰富资源的任务。教师可以根据一系列分析结果，恰当运用系统推送的资源和开展教学。如果教师缺乏开展丰富课程的经验，教师发展训练材料将为教师提供一定指导。课程结束后，教师也可以利用学习系统中的课程评估工具对课程实施情况进行分析，并加以改进。

任祖利的线上学习系统打破了教育资源的时空分布界限，将优质的教育资源进行共享，这也有助于支持资源薄弱地区的教育发展，促进教育公平。

综上，全校范围内丰富模式符合教育教学规律，为学生在不同类型的课程中提供了发现兴趣、培养兴趣和发展兴趣的机会。在服务内容部分，总体才能文件包、课程修正技术和丰富三元模型构成了"鉴别、安置、丰富活动"一体化的课程体系。该模型也充分考虑到资源体系的支持作用，不仅利用社区、家长等线下资源，还利用互联网技术搭建教育资源共享平台，帮助更多学校和教师在融合教育环境下开展卓有成效的丰富课程。大量研究表明 SEM 的应用和实施，不仅能有效提升超常学生的创造力，还能积极转变学生、教师、家长和学校管理者对超常儿童教育的态度。

（四）旋转门鉴别方法

旋转门鉴别方法（the revolving door identification）[②]建立在天才三环概念的理论基

---

① 自我意义建构是指事件（经验）与自我的某些方面或对自我理解之间的关联，意义建构的发展是青少年和成年期自我与同一性发展的核心。

② Delisle, J. R., & Renzulli, J. S., "The Revolving Door Identification and Programming Model: Correlates of Creative Production," Gifted Child Quarterly, 1982(2), pp. 89-95.

础上，属于 SEM 的延伸。其主要作用在于通过对学生进行鉴别，让符合条件的学生有机会接受丰富教学活动。该鉴别方法可以被概括为以下五个步骤。

第一，确定资源教室的容量。任祖利认为影响资源教室容量的主要因素是学校中优秀学生的数量、学校的财政支持和行政管理，每个学校可根据自身情况确定资源教室可以容纳的学生数量。即使是薄弱学校，也尽量将有机会接受超常儿童教育的学生人数规模保持在总人数的 10%~15%。

第二，进行人才评估。与单纯依靠学业成绩对学生进行评估的模式不同，旋转门鉴别方法强调对学生的强项进行分析，内容主要包括学生的能力(智力)、兴趣、表达方式和学习风格。选拔标准为学生是否能够在某一特定领域进行深入学习和探索。

第三，建立人才池(talent pool)。经过选拔程序后，部分学生将会成为有机会接受丰富课程的人才池中的一员。选拔程序是多维度的，首先依据测验成绩进行选拔，该部分学生占人才池总人数的 50%；然后通过朋友举荐、家长推荐、自荐、已有成果评估和历任教师推荐的方式选拔剩下 50% 的人。在此过程中，除了教师推荐，其他的提名都应该由专门委员会进行审核。任祖利早期认为人才池的规模不宜超过学校总人数的三分之一。但是，在之后发表的文章中，他指出将全体学生纳入人才池将是 SEM 下一阶段发展的目标。

第四，实施课程程序。虽然人才池中每一个学生都有进入资源教室接受丰富教育活动的机会，但是资源教室容量有限，并不是人才池中每个学生都能接受丰富教育活动。在活动实施之前，资源教师会根据被选入资源教室的学生的状态信息(学生的强项、智力、兴趣、学习风格)和行为信息(学生对于特定领域"开窍"的行为状态)确定其具体的学习和深造方向，并与学生共同制订相关的管理计划。该计划与"合同"的功能相似，主要内容包括具体目标、聚焦的问题、整理合适的资源以及预设成果和汇报的对象。

第五，退出资源教室。一般情况下，学生完成一份管理计划后，会自动退出资源教室，让人才池中的其他学生进入并开始学习。以下两种情况例外：一是学生在完成当前计划的过程中发现了可以继续深入探究的问题，并有继续探索的兴趣；二是学生在当前计划中发生了兴趣的转移，对其他主题产生了研究兴趣。针对以上情况，教师需要对学生进行进一步的评估以确定是否保留学生对资源教室的使用权。

旋转门鉴别方法有助于教师与学生保持密切的联系，增加了教师对有能力学生的关注，扩大了接受特殊教育项目的学生范围，保证了教师的参与度，使超常儿童不会轻易被教师遗忘，克服了传统特殊课程中教师流动的一些弊端，让教师能更好地掌握学生的学习情况。

旋转门鉴别方法在实施过程中容易出现以下问题。首先，过于注重公正的原则，导致人才池中人数过量和鉴别作用不显著。其次，有变成修正模式的可能性，即教师更倾向于将这个项目变成弥补儿童不足而非发展儿童长处的措施。最后，教师参与的意愿和发现超常儿童的能力无法得到保障。针对这些问题，任祖利认为可以采取分批处理的原则，即如果人才池总容量为 60 人的话，第一批可以只选拔 15 人进入，避免人才池中人数过多导致资源供应不足、培养效率低下的问题；小心有效的管理可以避免修正模式的产生；多元化评价准入机制和加强教师培训等方法在一定程度上可以使超常儿童更容易被发现。

人才评估、人才池的设立以及资源教室"进入—退出"的运作机制，可以使有限的资源服务更多的学生，让超常儿童有与其兴趣、能力相符的补充学习机会，促进其创造力和一般能力的提升。

二、整合课程模式

范塔索的整合课程模式（the integrated curriculum model，ICM）[①]最初发表于 20 世纪八九十年代，同时包含了丰富制和加速制的教育形式，被很多研究证明是一种有效的课程设计方式和教学实施策略的集合体。该模式主要由以传统基础知识为核心的内容模式（the content model），以科学探究为核心的过程-产出模式（the process-product model）和以思辨内容为核心的认识论模式（the epistemological model）（图 3.3.2）共同组成。该模式在美国被广泛应用于语言艺术、社会学、科学和数学学科领域的超常儿童教育。

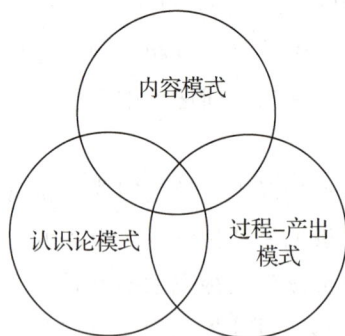

图 3.3.2　整合课程模式的三个维度

（一）内容模式

内容模式采用加速制教育方式，强调让超常儿童在预先确定的探究领域中学习相

---

①　VanTassel-Baska，J.，& Wood，S.，"The Integrated Curriculum Model（ICM），"Learning and Individual Differences，2010(4)，pp. 345-357.

关技能和概念。该模式往往采用诊断-处方教学方法（diagnostic prescriptive instructional approach）开展教学，鼓励超常儿童快速学习基础的事实性知识。

在诊断-处方教学方法中，教师和助教的主要职责是促进教学，而不是说教；课程是由有序的学科知识组织起来的；教师可以预先设定学生对学习内容掌握程度的期望，学生通常被要求提前一年掌握更高级的技能和知识。

内容模式采用的是现有的学校课程和教科书，因此实施成本并不高。它满足了学生以不同速度学习的个性化需求，允许有能力的学生更快速地学习普通课程。在具体实施过程中，教师需要对所教授的主题进行内容上的组织和调整，通常会把更高层次的概念和技能作为重新组织学习内容的依据，以便学生从整体把控知识内容的层次。

有两种适合超常儿童的数学和阅读的教学方式。第一，教师允许学生以适合其能力的速度进行自主技能学习，对学习结果进行测验，并根据测验结果进一步分配作业。第二，为了节省掌握知识和学习的时间，教师将基本能力组合进更高水平的技能集群，为超常儿童创造更有效和富有挑战的学习内容。通过这两种方式的学习，超常儿童可以在较短的时间内掌握较为复杂和有挑战性的技能。对于基础阅读、数学和语言类课程来说，这种方法是可行和有效的。

当然，内容模式也存在一些缺点。第一，该模式不适用于加速和压缩无关的任务。第二，许多教师误将"内容掌握"理解为"单纯的学习材料覆盖"，他们热衷于布置更多的家庭作业，这使得许多使用内容模式的超常儿童教学只关注学习材料的数量而不注重学习的质量。

（二）过程-产出模式

过程-产出模式具有丰富制教育的特征，学生在科学探究中注重过程技能的培养，致力于开发高质量的产品。学生在学习过程中占主导地位，通过实践和探究来解决问题，以建构自身知识为目的。其操作特点为：第一，非常强调科学和社会学的研究技能学习，旨在让学生有高质量的成果产出；第二，教师、实践工作者和学生高度协作互动，他们可以作为一个团队一起探索特定主题；第三，学习模式主要为学生独立学习和向教师咨询，其目的在于使学生理解科学研究过程，这一点反映在对关键主题的选择性探索上；第四，让学生参与到发现问题和解决问题的过程中，并让他们接触实践工作者；第五，学生要积极参与研究课题的确立，进行文献检索，选择实验设计，并在提案中提出自己的工作计划；第六，学生的导师和专家对整个计划进行评估。

但是，过程-产出模式的实施过程仍然可能出现许多问题。首先，该模式没有课程学习的范围和顺序，这会导致学习过程不具有连续性。其次，在最开始实施的时候，这种模式往往会贬低传统课程的核心内容元素并且会高估学生的自主学习策略。最后，该模式使用范围具有局限性，主要应用在科学和数学学习上。

(三)认识论模式

认识论模式又称概念课程，该模式是在超常儿童具有敏锐的观察能力和理解能力的假设基础上构建的。课程结构建立在不断相互关联的形式和内容上，形成一个智力框架，内容涵盖多个研究领域并涉及非传统课程知识的范畴。学生通过批判分析创新成果，积极参与到"头脑风暴"中，这有助于学生提高创造性思维水平和智力水平。概念课程整合了认知和情感目标，注重对引起情感共鸣的思想的讨论，重视艺术类课程中审美能力的提升，强调通过对文学人物原型的研究塑造自我认同感。

认识论模式关注的是超常儿童对系统知识的理解，而不是关注这些知识系统的各分支部分。它重视让学生接触知识领域内和跨领域的关键思想、主题和原则，以便将模式内化，并通过例子将其放大。在这个模式中，教师采用苏格拉底教学法，扮演提问者的角色，提出解释性问题供学生讨论和论辩。学生则把精力集中在阅读、反思和写作上。该教学模式使学生以各种形式展现他们卓越的想法和审美能力。

在认识论模式的实施过程中教师不仅要对某一研究领域有深入的了解，还必须有与其他学科建立适当联系的能力。在探索概念的过程中，教师始终需要保持一致的观点。教学的成功也离不开学校对此类课程进行的有效组织。

综上，范塔索的整合课程模式中三种模式的比较如下（表3.3.1）。从教育形式上看，内容模式属于加速制教育，过程-产出模式和认识论模式属于丰富制教育；从适用的学科领域上看，内容模式比较适合数学和外语等传统科目的教学，过程-产出模式较适合科学和问题导向型的学科教学，认识论模式则倾向于具有思辨性的社会科学和文科类的教学；从教学方法上看，内容模式采用诊断-处方的教学方法，过程-产出模式则主要采用资源导向模式，而认识论模式的教学方法以苏格拉底的产婆术为代表；从教学内容的构成上看，内容模式以认知内容为主，过程-产出模式以科学研究过程为主，认识论模式以各种主题和思想观点讨论为主；从教学目标上看，内容模式重视事实性知识和技术的学习，过程-产出模式主要是产出成果，认识论模式以培养美感为最终目标。三种模式各有特色，在不同内容的学习中被广泛采用，具有较大影响力。

表3.3.1　整合课程模式中三种教学模式的比较

	内容模式	过程-产出模式	认识论模式
特征	快节奏	深入和选择的主题	认识论上的
效果	课程核心的修正	课程核心的扩展	课程的综合
教学目标	学习知识和技术	产出成果	培养美感
教学方法	诊断-处方教学	资源导向模式	产婆术

续表

	内容模式	过程-产出模式	认识论模式
教学内容	由认知内容构成	由科学研究过程构成	由主题和思想观点讨论构成
教师角色	教师作为促进者	师生合作	提问者
教育形式	允许加速、压缩，普通课程的简化版本	允许在选择课程背景时发现问题和问题解决技巧	允许想法、讨论、规律的形成
适用的学科领域	数学(传统)，外语，阅读	科学，数学(问题导向)，写作	社会科学，文科
突出的学生特质	独立的学习者，高成就，动机	对于单个主题很感兴趣，任务承诺	高水平的口语表达技巧，广泛的兴趣和大量的阅读

三、三元构成模式

三元构成模式[①]最早于 20 世纪 90 年代由美国著名心理学家斯滕伯格提出，并被应用在耶鲁大学心理学暑期项目，主要用于心理学知识的教学。该模式以智力的信息加工理论为基础，将思维过程分成了执行过程、表现组成和知识获得三个部分。其中，执行过程主要指计划、决策、检测成效；表现组成是指执行过程中问题解决的策略；知识获得主要指获取、保持和转换新信息的能力。

三元构成模式由鉴别、教学与评估三个层次组成，重在培养学生分析、创造和实践三方面的智力。分析性思维(analytical thinking)包括将信息处理能力应用在抽象的学术问题上；创造性思维(creative thinking)包括将信息处理能力应用在新情景和不熟悉的问题上；实践性思维(practical thinking)包括将信息处理能力应用在具体且熟悉的日常问题上。这三种思维形式几乎在所有的问题解决中都需要。

该模式的先进之处在于将鉴别模式与教学模式相匹配，按照鉴别模式诊断出的才能进行教学，具有注重实践的特点。有研究进一步指出，三元构成模式的方法在培养批判性思维方面略强于传统的训练方法。

(一)鉴别模式

三元构成模式中的鉴别采用了斯滕伯格三元智力测验(STAT)，主要在语言、数

---

① Hartman, H., & Sternberg, R. J., "A Broad BACEIS for Improving Thinking," Instructional Science, 1992(5), pp. 401-425.

字、图形和表现四个方面对学生的分析、创造和实践能力进行鉴别。测验主要由教师在其班级中施测，测验时间被限制在1～2小时。该测验一共分为12个子测验，共36个项目。测验项目如表3.3.2所示。

表 3.3.2 测验项目的具体例子

	分析	创造	实践
语言	在自然的语境中理解新词（人造词）的意思。学生将在一个段落中看到一个新奇的词语，并且从上下文推断它的意思	新奇类比：向学生呈现一个非常规的口头类比。请学生思考：如果这一非常规的类比是真实的，那么如何解决类似问题	日常推理：向学生呈现一组日常问题（他们自己或别人的均可），并且不得不解决这个问题（例如，对于一个有浪费习惯的朋友，你会怎么做？）
数字	数字串联：让学生报告一串数字的下一个数字是什么	创新数字运算：向学生展示新的数字运算规则。让学生运用该规则去解决呈现的数学问题	日常数学：在学生面前呈现日常生活中需要运用数学的场景，让学生在这个场景中解决数学问题
图形	矩阵：向学生呈现一个右下角缺失的图形矩阵。让他们汇报最适合缺失部分的选项	向学生呈现包含一个或多个转换的一组图片。让学生将这一系列的规则运用到内容完全不同的一组新图片	路线规划：向学生展示一组地图（例如，游乐场），请他们根据地图回答关于有效游玩路线的问题
表现	让学生分析学校教学楼安全保障和政策的优缺点	让学生描述如何改善学校运行系统以达到理想状态	指定生活中的一个问题，让学生阐述三个解决问题的可操作性措施

(二)教学模式

教学课程安排在暑假中的一周，共五天时间，从早上九点到晚上五点。整个课程由三部分组成，第一部分的教学目标是学习完整的课程内容，教学内容主要是教科书上的内容，所有人必须参与。第二部分的教学是由一系列讲座构成的，讲座主要安排在上午，这一环节要求每个学生都要出席，开展讲座的教师都是相关领域的专家。第三部分主要安排在中午以后，由师生之间的讨论和对话构成，讨论内容共有8个模块，每一个模块分别涵盖记忆能力、分析性思维能力、创造性思维能力、实践性思维能力中的两种能力。

(三)学业成果的评估

学业成果的评估内容为：两次课后作业、一个中期个人项目和最终的结业考试三个部分。每部分任务都包含记忆、分析、活动和实践思维四个方面。中期个人项目有多种选择，由学生独自进行设计、调查、分析、创造和实践。最终的结业考试由多选题和论文构成。评分遵循严格的标准，采用统一的评分量表和标准，由四个评分员完成所有的评分，每一个项目的评分都由质量分析、新颖性和实用性三个部分构成，满分为 9 分。

四、课程设计的步骤和原则

上述三种超常儿童教学与课程的模式各具特色。SEM 强调通过精巧的过程设计对学校内全体学生进行能力培养；整合课程模式针对不同学科特色，设计出符合学生身心发展规律的课程模式；三元构成模式则基于三元智力理论，通过鉴别、教学、评估等一系列完整的程序达到人才培养的目的。三者的编制过程都遵循了以下步骤和原则。

(1)专注于详细、复杂、系统、有深度、有针对性的学习，注重对真实世界的研究。

(2)明确学习目标，对跨思维系统、思维系统内、跨学科的知识、观点、问题和主题进行强化学习。

(3)鼓励学生发展高效且富有创造性的思维，使学生可以重新构建已有知识和有效的新知识。在这个过程中，教育者可以使用思维导图指导和促进学生的高层次思维技能的发展。

(4)赋予学生不断探索变化的知识和信息的能力，培养学生在开放世界中追求有价值知识的良好态度，培养学生进行自主学习。在此过程中强调学生的动手能力和自主学习能力。

(5)鼓励选择和使用特殊的、合适的学习资源，包含高级别的学习资源。

(6)促进自我认知以及对自我和他人、社会机构、自然、文化的关系认知的发展，关注课程设计中元认知元素的插入。

(7)使用广义概念(如系统、冲突、变化)来评估超常学生对所学学科的理解，基于内容、概念和过程对学生进行真实评估，通过提问和其他活动强调高层次思维能力的发展。

综上所述，超常儿童教育课程应该灵活地满足所有学生不同的学习需求并适应时代的变化，提供富有挑战的学习机会，以此来消除超常儿童因为学不到新的知识和技能而产生的无趣感，增进其学习动机、兴趣和参与度。分层次、差异化的课程可以采用加速制、丰富制、能力分组、独立学习项目、课程压缩等教育形式。

这些超常儿童教育的要素并不限于超常儿童的培养，对所有学生的培养都是有启发性的。高层次思维能力、基于概念的指导、真实调研等优质的超常儿童课程元素应该运用到所有学生的课程研发和教学里。博兰德(Borland)认为超常儿童教育应该关注所有学生，这样才能更有效地开展超常儿童教育课程，不应过早贴标签而忽略有潜能的学生。博兰德的观点让超常儿童教育课程有了更广泛的实践意义。

第二节
超常儿童教育的教学策略

上一节提到的课程模型从实施内容到评估等各个方面都是基于超常儿童的特点和需求设定的，体现了差异化教学的思想。差异化教学策略是超常儿童教育中最为重要的教学策略之一，它贯穿于超常儿童教育的各个环节。除了对超常儿童学业和常规课程的关注外，一些扩展性和充实性的课程也可以作为补充内容，以发展超常儿童的综合性能力以及创造力。其中，针对超常儿童创造力培养而发展起来的创造性教学策略也被广泛地使用。此外，随着科技的进步，教育技术被广泛应用于教育领域，线上教学成了超常儿童教育中的新形式之一。本节将从差异化教学策略、创造性教学策略和线上教学策略三个方面介绍超常儿童教育中的教学策略。

一、差异化教学策略

考虑到超常儿童特殊的认知特点和学习风格，在超常儿童教学过程中，差异化教学策略是最为重要的教学策略之一。教师需要根据超常儿童特点和需求，适当加快教学进度，并为他们提供具有一定挑战性的学习内容。在超常儿童教育实践中，加速制、丰富制和混合制教育是针对超常儿童差异化教学的几种常见教育形式，具体的差异化教学策略包括导师制、学习合同等。

(一)差异化教学的模型及原则

在同一个班级中，每个学生在家庭背景、学习能力、兴趣爱好、态度、驱动力、投入度和自我管理能力等方面均存在着个体差异，因此差异化教学已成为一个重要的教学策略。差异化教学策略是一种教师主动修改课程内容、教学策略、资料、学习活动和学生产出的教学策略。这种教学策略的目的是在课堂上满足学生多样化的学习需求，最大限度地给每个学生提供学习机会，其中差异化可体现在内容、过程、产出、情感/环境等教学过程的各个要素上(图 3.3.3)。[1]

---

[1]　Tomlinson，C. A.，et al.，"Differentiating Instruction in Response to Student Readiness，Interest，and Learning Profile in Academically Diverse Classrooms：A Review of Literature,"Journal for the Education of the Gifted，2003(2-3)，pp. 119-145.

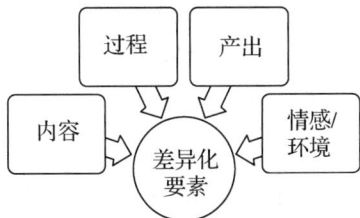

图 3.3.3　汤姆林森(Tomlinson)的有效差异化模型

在超常儿童教育中，差异化教学也是一个重要的策略和原则。如前所述，超常儿童有着特殊的认知特点和学习风格。大量研究表明，当学习风格与学习环境相匹配时，学生更有可能取得高成就。与普通学生相比，超常儿童在学习上有更持久和更强的动机。当教学内容更加符合超常儿童的学习需求时，学习效率将更高。另外，如果超常儿童没有与他们认知水平相当的同伴，那么他们更喜欢独立学习而不是与他人合作。研究表明，超常儿童偏爱独立的、内部控制的学习和灵活的、非结构化的内容，甚至希望在学习过程中构建自己的认知结构。因此，教师(尤其是普通班的教师)需要了解超常儿童的学习特点，并为他们提供差异化、个性化的教学。

对此，研究者提出了对超常儿童进行差异化教学的原则。

首先，教师需要为超常儿童提供符合他们学习速度的内容。针对这一原则，研究者提出了三点说明：第一，教师不仅要让超常儿童完成作业，更要注意他们是否理解并应用所学内容；第二，教师也需要注重因加速可能导致的学生在知识、理解和技能方面的差距，但这并不意味着要减速，教师可以通过为超常儿童缩短差距来提供支持；第三，在某些超常儿童特别感兴趣的领域中，教师需要给出更多时间让超常儿童进行深入的学习。

其次，教师需要为超常儿童提供具有挑战性的教学内容。美国国家研究委员会[①]曾提出，当学习内容具有适当的挑战性，且学生能够在指导下完成本来完成不了的任务时，他们才更愿意学习。具有挑战性的教学包括：提供挑战性的目标和材料，期待想法和创造力的产生，采用多种学习方法和任务等。甚至有研究者建议，超常儿童可以尝试像专家一样工作。这就需要超常儿童对学习内容有更深层的理解，搜集更广泛的相关资料，组织知识结构并提出更有思想的问题。总而言之，超常儿童不时地遇到有挑战性的问题有助于激发他们的学习动机。需要注意的是，教师在设置特殊的教学内容时，也需要考虑超常儿童认知特点，找到最适合他们的任务。

最后，教师需要挖掘超常儿童对某一领域的热情。超常儿童一般会在某一领域表

---

① National Research Council, *How People Learn*: *Brain*, *Mind*, *Experience*, *and School* (*expanded edition*), Washington, D. C., National Academies Press, 2000, pp. 79-113.

现出一定的天赋。对于教育者来说，他们需要为超常儿童提供学习机会，帮助他们实现想法并提高技能，从而促进他们在优势领域的发展和提升兴趣。研究者指出，让学生产生热情的课程通常是学生自主选择的、自我导向的、与个体密切相关的且能得到积极反馈的课程。

在以上原则的支持下，教师可以在材料准备、课程形式、评估方式等不同环节中采取差异化教学策略。以阅读教学为例，教师可以修改阅读材料，让阅读材料在语言的深度和主题的复杂度上满足超常儿童的阅读需求。在过程中，教师可以设计探索式阅读，让超常儿童通过整合阅读资料来探索某一主题。相对于其他学生，教师可以给超常儿童设置更高的成果产出目标，例如，做一次有深度的演讲汇报[1]。

(二)差异化教学的形式

导师制和学习合同是超常儿童教育中运用较为广泛的两种差异化教学策略。[2][3]

导师制是指在班级中为超常儿童配置导师。学校教师、更高年级的学生、某个领域的专业人士或者大学教师都可以担任导师。导师在导师与学生的关系中扮演榜样、教师、朋友、咨询师和引路者的角色。这意味着导师不仅给超常儿童提供学业和专业上的支持，也提供心理情感上的支持。和班级教师不同的是，导师可以与超常儿童建立更加亲密的一对一关系，给他们提供基于兴趣、性格、能力和学习困难的个性化的指导。当班级教师和学校教育无法满足超常儿童在某专业领域的进一步发展需求时，给超常儿童匹配一位专家以提供现实世界中专业领域的指导或者学习机会就特别重要。另外，还有研究者[4][5]认为超常儿童也可以担任同龄人的导师，在这种关系中，超常儿童可以发展自己的领导能力。

学习合同也是针对超常儿童特殊学习需求的常用教学策略之一。与导师制相似的是，学习合同能够根据超常儿童已有知识和能力制订个性化的、适合他们学习步伐的策略。不同的是，学习合同通常是一名教师指导多名学生，对教师而言负担较重。学

① Tomlinson, C. A. , et al. , "Differentiating Instruction in Response to Student Readiness, Interest, and Learning Profile in Academically Diverse Classrooms: A Review of Literature," Journal for the Education of the Gifted, 2003(2-3), pp. 119-145.

② Bisland, A. , "Mentoring: An Educational Alternative for Gifted Students,"Gifted Child Today, 2001(4), pp. 22-64.

③ Grassinger, R. , Porath, M. & Ziegler, A. , "Mentoring the Gifted: A Conceptual Analysis," High Ability Studies, 2010(1), pp. 27-46.

④ Gonsoulin, W. , Ward, R. E. , & Figg, C. , "Learning by Leading: Using Best Practices to Develop Leadership Skills in At-Risk and Gifted Populations," Education, 2006(4), pp. 690-701.

⑤ Manning, S. , "Young Leaders: Growing through Mentoring," Gifted Child Today, 2005(1), pp. 14-20.

习合同①的实施可以分为以下几个阶段。

（1）向学生介绍学习合同。教师在教授新课之前，让同学们先浏览一遍课程内容。对于那些认为自己已经掌握了 80％内容的学生，教师可以向他们介绍学习合同，并测试本节课需要掌握的知识。测试成绩达到 80 分及以上的学生具备签订合同的资格。

（2）准备学习合同。学习合同应包括两个部分：第一部分是学生必须掌握的知识点，教师列出需要掌握的内容清单，并根据学生测试的结果，在他们没有掌握的知识点前打钩；第二部分是扩展活动的内容，教师在合同的最后列出扩展学习的要求。同时，教师需要为超常儿童提供扩展资料和扩展学习区。教师还可以在特定的教室里安排专业的教师或专家指导超常儿童。

（3）实施学习合同。教师向学生示范多样的学习活动，允许学生用自己想参加的创造性活动替代学习活动，让他们记录每天的扩展活动，并保存好自己的作品。

（4）评估学习效果。为了消除学生在参加挑战性活动时拿不到高分的顾虑，在合同学生与其他学生一起听课时，教师要记录他们获得的真实作业成绩；当他们做扩展活动时，教师将他们的成绩评为 A。合同学生的分数是由上课听讲和测试成绩组成的。

学习合同通过评估学生已掌握知识的程度，为其制订个性化的学习目标和策略，一方面减少了超常儿童在课堂中的无趣感，另一方面扩展了他们的学习内容。但这一策略对教师的要求相对较高，只适合个别化或小班化的教学。

导师制和学习合同都是可用于实践的、有效的差异化教学策略，其考虑到了超常儿童的特殊性以及学生之间的个体差异，为他们制订最符合发展需求的课程方案，以最大限度地发展其潜能。但这两种制度均来源于西方国家，在我国教育背景和国情下，我们需要根据实际情况对教学策略进行调整。

二、创造性教学策略

超常儿童是国家创新人才的后备力量。近年来，创造力的培养越来越成为超常儿童教育中关注的重点，并日渐成为超常儿童培养的最高目标之一。对于超常儿童来说，相比于在课堂内以传统方式传授知识，使用综合性、创造性的教学策略是一种更适合的方式。

首先，有相当一部分创造性教学策略是针对思维训练的。例如，威廉姆斯从课程、教师和学生层面提出三维创造性教学模型。其中，针对教师行为，他提出"矛盾""归

---

① ［美］维布纳：《班有天才：普通班级中培养天才儿童的策略与技能》，杨希洁、徐美贞译，85～96 页，北京，中国轻工业出版社，2003。

类""激发"等 18 种创造性教学策略[1]，通过思辨式、变化式、探索发展式和创造式来帮助学生发现知识领域中的不足，引发学生探索事物的动机，促进学生思考具有悬念或挑战性的情景，并培养学生在阅读、倾听和写作过程中产生和表达新观念的技巧。此外，研究者(Wallace)[2]还提出了(thinking actively in a social context，TASC)创造性思维训练方法。其中，T(thinking)指所有的孩子都有思考能力，训练能提高他们的思考能力。学习者需要掌握"正式"的思维工具和策略，除了语言，舞蹈、音乐等也可以作为思维工具。A(actively)指学习者需要积极参与到如何学习和学习什么的决策中，即积极制订短期和长期目标。S(social)指学习者需要知道合作学习，并具有全球性的责任。C(context)指学习者需要在实际的、现实的背景中进行学习，以使个体将知识融入学习。在该方法中，学生通过合作、互动的学习，协商语言和意义，将概念内化，并有意识地控制自己的思想和行动，掌握进一步学习的语言和思维工具。

其次，创造性问题解决(creative problem solving，CPS)也是常用的创造性教学策略。儿童通过系统地运用发散性和聚合性思维，产生一系列新颖且实用的措施以解决复杂的、开放式的问题。基于此，研究者(Osborn)提出并发展了创造力产生六阶段模型，即发现困境—发现数据—发现问题—寻找构思—寻找解答—寻找接受。总而言之，创造性问题解决可以分为三个成分，即理解问题，产生想法，准备行动。基于这些步骤实施的创造性问题解决策略也被广泛地运用于超常儿童教育，并被证实能够有效地培养超常儿童的创造力。

最后，在已有的实践中，项目式学习(project-based learning，PBL)是常用的实施创造性问题解决策略的形式。研究者(Thomas)将项目式学习定义为"围绕着项目来组织学习的方式"。这种学习方式给学生一个真实的、富有挑战性的研究问题。学生参与到设计、调研、做决定、解决问题和团队合作等一系列活动中。项目式学习还包括明确的学习目标、教师协助和真实情景的测评，学生通过一段时间的自主学习，最后产出一个作品或者一份研究报告和一场演讲。在项目式学习中，一个十分重要的学习工具是信息技术。在信息时代，超常儿童需要充分利用信息技术和数据库进行知识探索和开拓。研究者归纳了项目式学习应该遵循的五个标准。

(1)中心性。项目式学习应该是课程标准里中心的而非次要的学习与教授方式。学生通过项目式学习发现、理解、构建学科的中心概念。

(2)主导性或者未明确的问题。项目式学习最初是为加拿大医学生所设置的。医学生基于倾听患者的病情描述，整合信息来诊断问题，提供治疗方案。随后，项目式学

---

① 唐松林：《论创造性教学模式》，载《外国教育研究》，2001(1)。

② Wallace, B., "The Early Seedbed of the Growth of TASC: Thinking Actively in a Social Context," Gifted Education International，2008(2-3)，pp. 139-155.

习被应用到其他领域，包括商业、法律、建筑等。项目式学习中的问题并不一定是明确的，可能需要学生通过探究来发现问题。

（3）构建性调研。项目式学习需要具有挑战性。只有具有一定难度的任务才能帮助学生转化和构建知识体系。非挑战性的任务或者项目不能称为项目式学习。

（4）自主性。项目式学习很大程度上是由学生主导的。这种学习过程没有一个明确的学习路径和学习产出。

（5）真实性。项目式学习关注的问题是真实世界存在的，而不是学校习题库中的问题。最后产出的作品或者结论可以被应用到真实世界，并对社会作出贡献。

项目式学习对于数学、逻辑学、医学和写作等逻辑性很强但结构性弱的学科有很大的作用。基于以上学科，项目式学习开发了许多短期的学习项目，例如，对于数学超常儿童来说，基于数学项目的学习方式能够提供很大的帮助。在这一项目中，学生能够运用已学的知识，独立地或以小组的形式来解决特定的问题（如城市规划、城市预算）。在这一过程中，学生可以学会如何搜集事实、观察多种现象、分析数据并在生活中运用和积累数学知识，从而增强对数学的兴趣和信心。

除了短期的项目式学习，研究者还提出超常儿童需要整合性的、有序的长期项目。20 世纪 80 年代，霍普金斯大学开发了针对言语超常儿童的长期项目。项目的第一年关注学生精确的、具有想象力的表达方式的发展；项目的第二年在学生逻辑修辞技巧发展的基础上，注重分析性写作的学习。例如，在这一项目中，研究者（Royer）建议教师可以从当地的议题开始（居住法允许将私人住宅转变成公寓的规定会导致街区过度拥挤）。在知识水平上（knowledge-level），教师要求学生写一篇关于这一事实的报道；在分析水平上（analysis-level），教师指导学生写论据来反对这一议题；在综合性上（synthesis），教师要求学生写一篇文章解释这一议案需要被修改的原因。对于写作能力超常的学生来说，这种项目式学习对他们综合能力、学习动机和自信心的发展更有帮助。

项目式学习可以结合特定学科，通过创造性问题解决的策略，促进超常儿童对这一学科的深入理解，同时促进其能力和兴趣的发展。这一策略也可以与学习合同相结合，还可以在对超常儿童能力和知识评估的基础上，与超常儿童感兴趣的学科相结合，开展项目式学习。

三、线上教学策略

随着社会和科技发展，各类信息和技术变得触手可及。网络的普及应用让以前只能被一部分学者搜索和使用的数据库进入大众可以触及的范围，也让数据库进入学校、课堂和学生的日常生活。在信息时代，知识和技能不再局限于书本和课堂，超常儿童教育也在寻求转型。

对于超常儿童来说，他们更倾向于独立学习，时常充满好奇心和对知识的探索欲望。网络的使用让超常儿童不再专注于学习已有的内容和知识，他们可以通过网络寻找最新的科学信息，或探索一个课题，从而更好地满足他们的求知欲。

此外，信息时代下的学习形式从以内容为导向模式转变为过程-产出模式①。信息技术的使用让超常儿童从知识接受者变为知识创造者，这满足了他们的学习需求。当然，有效的超常儿童教育教学策略对所有学生的教学有所启发。教育实践者可以通过超常儿童对网络的使用，探索信息技术在所有学生进行探究式学习中扮演的角色和影响。

基于对教育技术的运用，许多针对超常儿童的线上教育项目也被提出来。例如，天才青少年中心远程教育项目(center for talented youth，CTY)是专门为在某一领域有浓厚兴趣或天赋的儿童开设的项目。这一项目及其他的线上课程包含以下几个关键因素。

(1)指导者。在许多线上项目中，某一领域的前沿专家或教师担任指导者。学生被分到小组中，有很多与同学、导师互动的机会。导师在线上给予及时的反馈。

(2)明确的期望。教师需要对每个学生和父母提出明确的期望和要求，包括对作业、提交日期、成绩及其他学业相关的期望。

(3)学业内容和速度。对于项目中的数学和计算机科学等课程，学生可在教师指导下，按照自己的速度进行学习；写作课程的时间安排是更结构化的。

(4)科技支持。线上课程通过许多科技辅助的方法来增强师生互动，如网络、电子邮件和多媒体的使用。在数学、科学课堂中，教师还会使用实时交互白板来讲授符号或图表。

(5)交流建设。平台提供了超常儿童与其他同伴交流、互动的机会，并以网络形式为学生提供与项目的相关材料、实践、训练和讨论等。

总之，差异化教学是贯穿超常儿童教育中的一个重要原则，超常儿童的课程应符合他们的学习速率和需求，并具有一定的挑战性。为了实现这一原则，导师制和学习合同是目前较为流行的具体教学策略。基于问题解决的项目式学习是培养超常儿童的创造力和综合能力的教学策略。项目式学习需要有专业导师的指导，同时这一项目也可以成为学习合同的一部分。最后，教育技术的发展为超常儿童的线上教学提供了支持和便利。无论是差异化教学、基于问题解决的项目式学习还是线上教学系统，其目的都是满足超常儿童的特殊需求，提供能够促进他们潜能发展的课程。

---

① Sheffield，C. C.，"Technology and the Gifted Adolescent：Higher Order Thinking，21st Century Literacy，and the Digital Native，" Meridian：A Middle School Computer Technologies Journal，2007(2)，pp. 1-5.

第三节
超常儿童教育的教师培养

在超常儿童的学校教育中，教师是最为关键的因素之一。教师的个人特质、教学理念及方法等，都对超常儿童的发展有着重要的影响。那么，具有什么特点的教师才能够胜任这一角色呢？在对超常儿童教育教师的培养中，我们应该提供哪些支持呢？本节将针对超常儿童教育中的教师角色定位以及教师培训展开论述。

一、超常儿童教育的教师角色定位与胜任特征

在超常儿童课程与教学中，教师承担着极其重要的角色。超常儿童教育教师的胜任特征不仅体现在认知和教学方法上，还体现在教师的个性特征上。在认知上，合格的超常儿童教育教师应当对超常儿童的认知和社会情感需求有所了解，拥有深刻的学科知识及创造性思维。在教学方法上，教师需要有差异化教学的能力，使用促进高阶思维的教学策略，扮演一个学习协助者的角色，创造一个无威胁性的学习环境，提供以学生为主导的学习机会，鼓励学生成为自主学习者，并注重学生的情感变化。在教师的个性特征上，教师应当拥有幽默感和教学热情，愿意成为终身学习者，愿意尝试、冒险与犯错，拥有好的交流能力和组织能力，以及对文学、文化等领域有广泛的兴趣。[①] 研究者(Westberg & Archambault)总结了超常儿童教育教师应具备的特征，如表 3.3.3 所示。

表 3.3.3　超常儿童教育教师应具备的特征

序号	特征描述
1	优秀的教师接受过关于超常儿童的高等教育课程和在职培训。这些培训能帮助教师获得超常儿童教育中最新的教学策略和内容
2	教师有内在驱动力，愿意改变，愿意花时间和精力，愿意尝试对超常儿童的差异化教学
3	教师与同事、课程专家、超常儿童教育专家一起设计对超常儿童有效的教学课程

---

① Vialle，W.，& Quigley，S.，"Does the teacher of the gifted need to be gifted?"Gifted and Talented International，2002(2)，pp. 85-90.

续表

序号	特征描述
4	教师使用多种方式进行差异化教学，并且时刻关注超常儿童学习了什么、怎么学习、怎么展示他们的学习成果。教师可以修改课程内容，设立高标准，寻找合适的一对一辅助教师，鼓励独立学习项目和创设灵活学习小组
5	教师应获得来自校长和管理者的明确的支持
6	教师在一个充满支持和合作的环境中工作。这种环境会鼓励教师尝试新的教学策略和超常儿童教育课程

在对超常儿童的调查研究中发现，相比于教师的智力或认知方面的因素，学生更看重教师的个性特征。例如，研究者（Lewis）在对美国 3～7 年级超常儿童的研究中，总结出教师应具备的 22 项关键能力，其中最重要的能力包括创造力、理解、耐心和诚实。在对郊区低社会经济地位的超常儿童进行研究[1]时发现，他们最注重教师的特质为友好、热情和对学生的尊重。在对澳大利亚超常儿童的访谈[2]中发现，学生认为优秀的超常儿童教育教师应该是友好的、开放的，能够耐心倾听，理解学生想法、有幽默感、有良好的沟通技巧并对自己教授的学科有浓厚的兴趣等。

总结已有研究，一名合格的超常儿童教育教师需要有以下特质。

（1）能够察觉超常儿童在认知、社会和情感方面的需求，对学生有良好的态度。

（2）热情，具有幽默感。

（3）愿意尝试。

（4）在相关学科上有深层的知识积累和广泛的兴趣。

（5）有创造力和想象力。

（6）有优秀的沟通技巧。

当然，不同的文化背景可能会对合格的超常儿童教育教师特质有不同的理解。但是可以肯定的是，超常儿童教育教师需要做好职业性的准备，拥有一系列特殊的品质和能力，才能有效地教育超常儿童。

二、超常儿童教育的教师培养标准与培训项目

除了以上对超常儿童的调查，还有学者从超常儿童教育教师的视角进行研究。研究发现，超常儿童教育教师认为自己需要具备的最重要的特质之一就是专业素质。从

---

[1] Karnes, F. A., & McGinnis, J. C., "Persons Who Most Impress Gifted Youth: A Replication," Psychological Reports, 1994(3), pp. 851-857.

[2] Vialle, W., & Tischler, K., "Teachers of the Gifted: A Comparison of Students' Perpectives in Australia, Austria and the United States," Gifted education international, 2005(2), pp. 173-181.

超常儿童教育的现实情况中也可以发现，并非所有的教师都知道怎么有效地教育超常儿童。而无效的教育会导致更多超常儿童的潜能无法发展，甚至无法进入适合他们的超常儿童教育项目。因此，对于超常儿童教育教师的培训是整个超常儿童教育体系中不可缺失的环节。

(一)超常儿童教育教师的培养标准

许多国家都设置了超常儿童教育教师的职业培养标准，例如，在《不让一个孩子掉队法案》等文件的指导下，美国国家超常儿童协会(以下简称 NAGC)与美国特殊儿童委员会(Council for Exceptional Children，以下简称 CEC)于 2003 年颁布了《超常教育教师知识与技能标准》(*Teacher Knowledge and Skill Standards for Gifted and Talented Education*)[①]，并于 2006 年进行了修订。2013 年，NAGC 和 CEC 又联合颁布了更为详细的《超常儿童教育教师准备标准》(*NAGC-CEC Teacher Preparation Standards in Gifted and Talented Education*)和《高阶超常儿童教育教师准备标准》(*Advanced Standards in Gifted Education Teacher Preparation*，以下简称《高阶标准》)，以此作为对超常儿童教育教师的职业准入和培训的最新标准，并据此标准在 2014 年将《超常教育教师知识与技能标准》(*Knowledge and Skill Standards in Gifted Education for All Teacher*)更新为更简洁的三条，即"认识到超常儿童的学习差异、发育标志、认知与情感特点；鉴别其学术和社会情感需求；为超常儿童制订恰当的个别化学习计划和行为修正方案，运用加速制、丰富制、创造性的教育形式满足儿童的学习需求，挑选并应用基于研究证据的教学策略以促进超常儿童的学习与发展"。

美国《超常儿童教育教师准备标准》是对新手教师提出的进行超常儿童教育所必备的知识与技能的要求，是进入超常儿童教育的最低职业标准。而《高阶标准》则是为已经进入超常儿童教育行业的教师提供更专业的知识与技能，以帮助他们成为"专家型"教师。其中，《超常儿童教育教师准备标准》共分为七个维度，分别是：学习者发展与个体差异、学习环境、课程内容与知识、评估、教学计划和策略、专业学习和道德实践、合作。每个维度下的具体条目见表 3.3.4。其中既有与普通教师的职业标准相似的地方，又有超常儿童教育的独特之处。例如，评估、学习者发展与个体差异等维度比我国教师资格证考试[②]中的综合素质、教育知识与能力、学科知识与能力以及教育教学实践能力四个维度的分类更加细致，更加突出超常儿童教育教师的必备素养。

---

① 王波：《美国〈超常教育教师知识与技能标准〉及其启示》，载《中国特殊教育》，2012(3)。
② 曾金霞：《教师资格证国考背景下教育学课程内容的优化与整合》，载《课程教育研究》，2020(4)。

表 3.3.4　美国《超常儿童教育教师准备标准》

标准	具体条目
标准 1：了解超常儿童在学习和发展方面存在的认知和情感方面的差异，并有针对性地提供有意义和具有挑战性的学习经验	了解语言、文化、经济地位、家庭背景以及残疾等方面如何影响超常儿童的学习
	运用对学生发展及个体差异的理解来满足超常儿童的特殊需要
标准 2：创造安全、包容、文化多样的学习环境，使超常儿童成为有效的学习者，促进其社会情感的发展	创造安全、包容、文化多样的学习环境，使超常儿童参与有意义的学习活动和社会互动
	运用沟通、激励及结构化的教学策略，帮助超常儿童了解课程内容，教导他们适应不同环境的方法并发展其道德水平
	根据超常儿童的语言能力和文化差异调整沟通方式
	了解不同环境的优缺点及其对于超常儿童的影响，把环境作为为超常儿童提供持续性服务的一部分，教导学生适应不同的环境
标准 3：运用一般课程和专门课程的知识，促进超常儿童的学习	了解核心概念、学科结构和所教内容领域的研究工具的作用，组织知识，整合跨学科技能，在年级内部和跨年级水平上发展有意义的学习
	为超常儿童设计适当的教学内容，推动学科教学的创造性、加速性、深度性和复杂性
	选择、调整和创建课程材料，以区分一般课程和专门课程，为超常儿童提供更具挑战性的学习
	了解超常儿童具有的知识和能力水平，并以此来修改一般课程或专门课程
标准 4：使用多种评估方法和数据资源，以识别超常儿童，并提供适合的教育	在超常儿童教育项目中，存在超常儿童的天赋没有得到充分展现的问题，因此要选择和使用合理的正式评估和非正式评估，以减少学生参加超常儿童教育项目和服务时存在的偏差
	使用测量原则和实践性知识解释评估结果，以指导超常儿童的教育决策
	与同事及家庭合作，利用多种评估资料进行超常儿童的鉴别及学习进度的制订，并尽量减少评估及决策中的偏差
	根据评估结果制订长期及短期目标，考虑个人的能力和需要、学习环境及与多元化有关的其他因素
	让超常儿童评估自身的学习素质和表现，并设定未来的目标

标准	具体条目
标准5：选择、适应并使用基于实证的教学策略，以促进超常儿童天赋和才能的发展	以实证为基础进行差异化教学和加速实践，拥有一整套的教学策略，以提高超常儿童的批判性思维、创造性思维和解决问题的能力
	应用适当的技术来支持评估、计划和教学
	与家庭、同事和其他教育者合作，选择、调整和使用基于实证的策略，增强一般课程和专门课程的挑战性
	注重在整个生命周期和不同环境中的发展、实践和先进的知识、技能的传授，使超常儿童在一个多元文化的社会中从事创造性的、生产性的职业
	使用教学策略，以促进超常儿童的情感发展
标准6：运用基础知识、职业道德原则和职业标准来指导超常儿童教育的实践，终身学习，并促进该专业的发展	使用职业道德原则和专业课程标准来指导其实践
	了解基础知识、观点、历史和当前问题如何影响专业实践以及学校和社会对超常儿童的教育和看法
	尊重多元化，认识到多元化是社会制度中不可分割的一部分，并在提供超常儿童教育服务的过程中影响超常儿童的学习
	意识到自身的专业学习需求，了解终身学习的重要性，参与专业活动和学习社区
	通过参与倡导和指导等活动来促进专业的发展
标准7：与家庭、其他教育者、相关服务提供者、超常儿童以及社区机构的人员合作，以多元文化的方式满足超常儿童这一系列学习经历中的需求	综合运用有效合作的各个要素
	为同事提供支持
	通过合作来促进超常儿童的发展，超常儿童的天赋和才能发挥需要广泛的环境、经历和合作者

　　《高阶标准》同样分为七个维度，分别为：评估、课程内容与知识、项目服务与产出、调查与研究、领导力与决策、专业学习和道德实践、合作。七类标准下的具体条目见表3.3.5。其中与《超常儿童教育教师准备标准》重合的部分包括评估、课程内容与知识、专业学习和道德实践、合作，但是具体内容不相同。《高阶标准》对教师提出了更高的要求。同时，在《高阶标准》中的项目服务与产出、调查与研究以及领导力与决策的维度注重超常儿童教育教师专业成长以及领导决策能力的提升，符合当前培养"研

究型"①"复合型"教师的要求与趋势，推动超常儿童教育教师成长为超常儿童教育领域内的专家。

表 3.3.5　美国《高阶超常儿童教育教师准备标准》

标准	具体条目
标准 1：使用有效和可靠的评估方法以减少鉴别的偏差	审查、选择和解释健全的、无偏见的、定性和定量的工具，以识别超常儿童，并评估他们的能力、长处和兴趣
	监测在一般课程和专门课程中超常儿童的学习进展
标准 2：利用一般课程和专门课程的知识来改进教学项目，为课堂、学校、社区和系统提供服务	调整教育标准，提供具有挑战性的课程，以满足超常儿童的需求
	不断拓宽和深化专业知识，通过教学技术、课程标准、有效的教学策略和辅助技术来扩展专业知识，获取和学习具有挑战性的内容
	利用对多样性和个体学习差异的理解，为超常儿童的综合课程的选择、发展和实施提供信息
标准 3：促进普通和超常儿童教育计划的持续改进，在教室、学校和系统水平上为超常儿童提供支持和服务	设计并实施评估活动，改进针对超常儿童的项目、支持和服务
	利用对文化、社会、经济多样性和个体学习者差异的理解，为超常儿童的项目、支持和服务的制订和改进提供信息
	运用理论、循证实践、相关法律和政策的知识，为超常儿童提供计划、支持和连续的服务
	设计和发展系统的课程和课程模式，以促进在多种环境下的人才发展
	评估为超常儿童提供的计划、服务、支持及目标的实现进度
标准 4：组织、评估和使用调查探究来指导专业实践	评估理论、研究和调查，以确定有效的实践
	利用专业文献的知识来改进与指导超常儿童及其家庭的实践
	根据持续的评估数据，评估和修改教学实践，并参与研究、调查的设计和实施

---

① 李彦群、李丹：《"核心素养"时代研究型教师的培养》，载《课程教学研究》，2018(7)。

续表

标准	具体条目
标准5：制订目标，设定并满足较高的专业期望，提倡有效的政策和以证据为基础的实践，并创造积极和富有成效的工作环境	对超常儿童提出高期望，树立榜样，并实施道德实践
	支持并使用符合语言和文化多样化的做法
	创造并维持具有合作性的和富有成效的工作环境，尊重并保障超常儿童及其家庭的权利
	倡导改进超常儿童项目、服务和结果的政策和实践
	主张利用适当的资源，促进所有超常儿童教师的专业发展
标准6：利用领域的基础知识、职业道德原则和项目标准来指导超常儿童教育实践，从事终身学习，促进专业发展，履行领导责任，以促进教育工作者的专业发展和超常儿童的发展	全面了解超常儿童教育的历史、法律政策、道德标准和新出现的问题，加强对超常儿童教育的领导
	树立高专业期望和道德实践的典范，并创造支持性环境，增加超常儿童教育的多样性
	尊重所有人，并开展符合职业道德的专业实践
	积极参与专业发展和学习，以增加专业知识和技能
	计划、呈现和评估各组织层面的专业发展，重点关注道德实践
	积极协助和参与超常儿童教育工作者的准备和培训工作
	积极推动专业的发展
标准7：加强合作，为超常儿童及其家庭改进项目、服务和成果	采用符合文化多样性的做法，加强合作
	通过合作来改进超常儿童教育的项目、服务和成果
	合作促进理解，解决冲突，并建立为超常儿童改进项目、服务和成果的共识

(二)超常儿童教育教师的培训项目

除了超常儿童教育教师的培养标准，超常儿童教育教师的培训项目同样十分重要，这类培训项目可以提升超常儿童教育教师资质。研究表明，超常儿童教育教师培训项目首先带来的是教师对超常儿童的观念、态度和教学自信心的改变。[1][2] 在许多国家，社会对超常儿童教育的态度是复杂的：一方面，社会认为卓越与社会公平是矛盾的，

[1] Bangel, N. J., Moon, S. M., & Capobianco, B. M., "Preservice Teachers' Perceptions and Experiences in a Gifted Education Training Model," Gifted Child Quarterly, 2010(3), pp. 209-221.

[2] McCoach, D. B., & Siegle, D., "What Predicts Teachers' Attitudes toward the Gifted?," Gifted Child Quarterly, 2007(3), pp. 246-254.

另一方面，社会十分重视对儿童的教育并鼓励他们挑战自我。这些社会意识影响了课堂，让教师对超常儿童的教育和态度充满了复杂性和矛盾性。研究者（Lassig）[1]调研了澳大利亚小学教师的观念、态度和超常儿童教育教师在职培训的关系，结果表明超常儿童教育教师在职培训可以改善教师对超常儿童的态度和认知，进而改进他们对超常儿童的教育质量，使得课堂更加包容。相比没有参加培训的教师，培训后的教师能够更好地识别超常儿童，教师不再是只使用智力测验鉴别超常儿童，而是会综合考虑超常儿童的其他特质，进行更有效的评估。另外，培训后的教师会增强对个体差异的认识，给超常儿童提供更多的支持。他们会有意识地使用更多差异化的教学方法为超常儿童创造独立学习的机会以及教授高层次的思维方式。这样的教学方式改变，不仅对超常儿童的学习有益，也能促进其他学生的学习。

超常儿童教育教师培训可以分为职前培训和职后培训。值得注意的是，教师对超常儿童的教学知识和技能并不只是来源于专门的超常儿童教育课程与培训，也来源于他们对普遍的教学与学习理论的理解、对特定学科的理论学习、教育实践中与不同学生的互动经验，以及与同事交流过程中口口相传、相互学习的经验。许多西方国家已经建立了一个比较完整的体系。例如，苏格兰的高等教育提供了超常儿童教育和全纳教育的本科和硕士课程。格拉斯哥大学和苏格兰超常儿童教育网络（Scottish network for able pupils）（每年获得苏格兰政府经费和政策支持）每年组织数场超常儿童教育教师的职后培训，将最新的研究成果和实践经验分享给教育实践者，以支持当地学校对超常儿童的教学。每个行政区有负责额外教育支持的政府部门，部门里的指导教师会定期到各个学校，辅助班级教师对超常儿童或者有其他特殊需求的儿童开展教学。

我国同样也发展了一些超常儿童教育教师培训项目，如 1994 年和 2004 年由中国科学院心理研究所主办的超常儿童教育师资培训班。总体而言，我国超常儿童教育教师培训的间隔时间长、规模小，仍有很大的发展空间。

本章小结

本章着重探究了超常儿童的课程设置理论及模型、教学策略，超常儿童教育教师的特质及培训等话题。经典的课程理论和模型是设置超常儿童课程的指导原则，而差异化教学、创造性教学以及线上教学则是基于超常儿童特点和课程理论的具体策略和实践。教师是超常儿童教育的实施者，教师的个人特质以及培训支持对有效实施超常儿童教育也有着重要的影响。

---

① Lassig，C. ，"Teachers' Attitudes towards the Gifted：The Importance of Professional Development and School Culture，"Australasian Journal of Gifted Education，2009(2)，pp. 6-16.

复习思考题

一、单项选择题

1. 以下情况不符合超常儿童教育课程设计的原则的是（　　）。

A. 使用思维导图对学习内容进行总结、概括和整理

B. 注重培养学生自主学习的能力，使学生成为知识的生产者

C. 为学生大量布置家庭作业和阅读材料

D. 在教学活动中关注跨学科知识的应用

2. 以下不属于全校范围内丰富模式中学校结构的组成部分的是（　　）。

A. 常规课程　　　　　　　　B. 丰富活动系列

C. 社区服务　　　　　　　　D. 持续提供的特别服务

3. 斯滕伯格基于三元智力理论的课程设计旨在培养学生的（　　）能力。

A. 分析、创造、逻辑　　　B. 创造、数学、分析

C. 语言、逻辑、应用　　　D. 分析、创造、实践

4. 整合课程模式中的过程-产出模式不包括（　　）。

A. 诊断-处方教学　　　　　B. 资源导向型的教学

C. 强调师生合作　　　　　　D. 产出成果为教学目标

二、简答题

1. 简述差异化教学策略的两种形式。

2. 简述美国《超常儿童教育教师准备标准》中的任意三个条目。

三、论述题

结合超常儿童教育课程理论、教学策略和教师特征，谈谈如何为超常儿童设置更有效的课程。

本章阅读书目

1. 程黎、陈啸宇、张嘉桐：《美国超常儿童教育教师准备标准解析及启示》，载《中国特殊教育》，2022(11)。

2. 程黎、张嘉桐、陈啸宇：《新时代融合教育环境中超常儿童教学模式的探索——基于全校范围内丰富模式的分析》，载《中国特殊教育》，2020(10)。

3. 程黎、周丹、施建农：《不同教育方式对高智力儿童信息加工速度的影响》，载《中国临床心理学杂志》，2009(4)。

4. [美]维布纳：《班有天才：普通班级中培养天才儿童的策略与技能》，

杨希洁、徐美贞译，北京，中国轻工业出版社，2003。

5. Callahan，C. M. ，& Hertberg-Davis，H. L. ，*Fundamentals of Gifted Education*：*Considering Multiple Perspectives*，New York，Routledge，2017.

6. Eyre，D. ，*Gifted and Talented Education*（*Major Themes in Education*），London，Routledge，2009.

7. Milgram，R. ，*Teaching Gifted and Talented Learners in Regular Classrooms*，Springfield，Charles C. Thomas，1989.

第四章 特殊需要超常儿童的研究与教育

思维导图

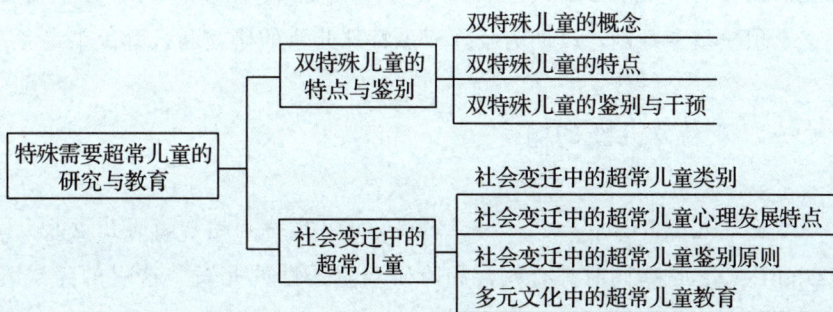

本章导读

超常儿童在教育中属于特殊需要儿童，但超常儿童中还有更为特殊的群体，其中既包括因个体因素而特殊的超常儿童，如同时具有超常和障碍双重属性的儿童(也叫"双特殊儿童")，也包括因家庭因素而特殊的超常儿童，如国际上的移民超常儿童、国内的流动超常儿童和留守超常儿童等，这两类超常儿童又被称作"社会变迁中的超常儿童"。目前，在特殊的超常儿童群体中，双特殊儿童和社会变迁中的超常儿童受到了较多的关注。本章将介绍这两类儿童的概念、特点、鉴别和教育。

第一节
双特殊儿童的特点与鉴别

在国外，双特殊儿童作为超常儿童中的弱势群体得到了较多关注，但我国对这类儿童的教育尚未给予足够的重视。本节将梳理国外有关双特殊儿童的定义、特点、鉴别、干预模型和案例，以期为我国双重特殊儿童的研究和教育提供参考。

一、双特殊儿童的概念

双特殊儿童(twice-exceptional children)[①]也称为超常障碍儿童(gifted children with disabilities)，是指同时具有超常和障碍双重属性的儿童，这里的障碍既包括生理性的障碍，如肢体残缺、视觉或听觉的缺失，也包括心理或精神的障碍，如学习障碍(如阅读障碍)、情绪障碍、行为障碍(如注意缺陷多动障碍和孤独症)等。双特殊儿童是超常和障碍两个元素以不同程度组合的连续统一体，与主流特殊群体相比显得更为特殊。大家熟悉的一些名人在儿童时代都被认为是成绩极差的"笨孩子"，如达·芬奇、爱迪生、爱因斯坦、肯尼迪等。但事实上，他们同时具有某一方面杰出的才能，最终取得了卓越的成就。

有关双特殊儿童的研究出现得比较晚。1967年，美国才将超常障碍(gifted handicapped)纳入美国教育资源中心(Education Resources Information Center，ERIC)的分

---

① Wang，C. W.，& Neihart，M.，"How Do Supports From Parents，Teachers，and Peers Influence Academic Achievement of Twice-Exceptional Students," Gifted Child Today，2015(3)，pp. 148-159.

类中。1976 年，美国首次举办关于双特殊儿童的全国性学术会议，邀请了全球超常儿童研究领域内的专家和学者。双特殊儿童逐步进入教育研究者的视野。2004 年，美国在《全体残障儿童教育法案》(*Education for All Handicapped Children Act*，EAHCA，简称"PL94-142 公法"）的修订中首次以法律条文的形式明确表示，障碍儿童可能具有特殊天赋，且超常儿童也可能存在障碍，并提出让所有儿童在"受最少限制的环境"下接受合适的教育。虽然国外研究者已经广泛认可了对双特殊儿童进行研究的必要性，但是就实际情况而言，双特殊儿童的教育研究发展还是相对滞后的。

目前，双特殊领域的研究主要集中在三类儿童上，分别是：（1）特殊学习障碍的超常儿童（gifted students with specific learning disabilities，Gifted/SLD）；（2）注意缺陷多动障碍的超常儿童（gifted students with attention deficit hyperactivity disorder，Gifted/ADHD）；（3）孤独症超常儿童（gifted students with autism spectrum disorder，Gifted/ASD）。[①] 因为这三类儿童大多会在某一个或多个学习领域中表现出学习障碍，所以研究者除了从传统的不同障碍类型对双特殊儿童进行分类，开始更多地从儿童表现出的学习障碍的严重程度进行分类，并将所有表现出学习障碍的超常儿童称为学习障碍超常儿童（gifted students with learning disability，GLD）。研究者（Baum）及其同事[②]1991 年依据学习障碍的严重程度将双特殊儿童分为有轻微学习障碍的超常儿童、既被鉴别出学习障碍又被鉴别出超常的儿童、既没被鉴别出超常又没被鉴别出障碍的儿童。相比较而言，有关肢体障碍超常儿童、智力障碍超常儿童、听力障碍超常儿童等其他类型的双特殊儿童的研究较少。

二、双特殊儿童的特点

双特殊儿童兼具超常和障碍的双重属性，他们身上体现着各种强项和弱项的可能组合。由于这种多重性，我们在对双特殊儿童进行鉴别时，很容易受到遮蔽效应的影响。遮蔽效应是指超常或者学习障碍的一方面的特质掩盖另一方面的特质，或者两个特质相互抵消使对象只能被鉴别出单一的超常或学习障碍，甚至超常或者学习障碍都无法被鉴别出来的一种效应。例如，患有注意缺陷多动障碍的超常儿童因为注意力缺陷，难以集中注意力，这掩盖了他们本该表现出的超常能力，最终可能使他们无法被

---

① 程黎、褚华丽：《国外双重特殊儿童的鉴别模式、遮蔽效应及对我国的启示》，载《中国特殊教育》，2016（2）。

② Baum，S.，Owen，S. V.，& Dixon，J.，*To Be Gifted and Learning Disabled：From Definition to Practical Intervention Strategies*，Mansfield，Creative Learning Press，2004，pp.125-128.

准确鉴别出来。[①] 总的来说，目前学者归纳出了双特殊儿童的三个基本特征：（1）具有卓越的才能；（2）障碍导致预期成就和实际成就之间有较大差异；（3）在信息加工处理方面存在缺陷。例如，研究者（Gershenson & Hayes）[②]认为具有学习障碍的超常儿童的智力是超常的，并在某一个领域或多个领域极具天赋，他们往往都具有敏锐的观察力和丰富的想象力，但是受到遮蔽效应的影响，他们在学习上应当表现出的能力受到阻碍。

能够引起遮蔽效应的特质包括以下几方面。

第一，生理特点。生理障碍是双特殊儿童中最常见的一种特质，如视觉障碍（visual handicapped）、听觉障碍（hearing handicapped）、肢体障碍（physical handicapped）等。这种生理障碍或多或少地会从听、说、读、写、人体运动系统等方面阻碍学生的学习能力，导致学习落后。例如，视觉障碍会引起阅读上和书写上的困难。试想一个天赋极高的超常儿童，如果在信息接受和输出能力上受到阻碍，那么他本该有的表现力不仅无法发挥出来，而且会落后于平均水平。

第二，心理特点。主要指心理和情绪障碍，包括焦虑症、恐惧症、孤独症、注意缺陷多动障碍等，这种心理或者情绪上的障碍可能会进一步导致行为表现力的缺失。被定义为超常的儿童可能要面对家人、教师的高期待，如果没有达到这些期待，他们就可能出现恐慌、泄气、无法应对挫折等心理状态。此外，双特殊儿童还可能承受因自身残疾而产生的消极心理变化和情绪失控问题。在长期不被理解和压抑的状态下，他们不仅会对学习失去兴趣，还可能会产生社交恐惧，逐渐与外界分离。

第三，社会特点。主要指父母、教师、同龄人对双特殊儿童的不理解。例如，学校对双特殊儿童的教育支持匮乏，双特殊概念的普及不足，这导致双特殊儿童不被理解，加剧了他们表现力的缺失。

三、双特殊儿童的鉴别与干预

双特殊儿童的鉴别难度很大。他们的障碍特质显而易见，但是，其超常特质可能因为遮蔽效应而隐藏不露；他们可能刻意用聪明才智弥补身心的缺陷，这导致超常和障碍的特质都不明显；他们可能害怕承受社会对天才的期许，故意不将才能表现出来。[③] 目前，大部分双特殊儿童的突出表现特征为学习障碍，而当才能和学习障碍这两

① Baldwin, L., Omdal, S. N., & Pereles, D., "Beyond Stereotypes: Understanding, Recognizing, and Working With Twice-Exceptional Learners," Teaching Exceptional Children, 2015(4), pp. 216-225.

② Gershenson, S., & Hayes, M. S., "The Summer Learning of Exceptional Students," American Journal of Education, 2017(3), pp. 447-473.

③ Wang, C. W., & Neihart, M., "Academic Self-Concept and Academic Self-Efficacy: Self-Beliefs Enable Academic Achievement of Twice-Exceptional Students," Roeper Review, 2015(2), pp. 63-73.

种特质综合在一起时，鉴别过程更加艰难。迄今为止，还没有可以同时鉴别儿童才能和学习障碍的方法，我们需要分别从才能和学习障碍两个方面进行鉴别。本篇的第一章已经详细介绍了各种才能(包括智力)的鉴别方法，此处不再重复。

鉴别决定干预，干预是鉴别的目的，二者紧密结合。本部分将介绍几个主要的学习障碍鉴别与干预方式。其中，前两个只能用来鉴别，第三个则将鉴别与干预结合起来。

(一)学习障碍儿童筛查量表

学习障碍儿童筛查量表(learning disabilities-pupil rating scale，以下简称 PRS)是美国麦克尔布斯特(Myklebust)编制的，是学术界关于学习障碍的权威诊断量表(表3.4.1)，主要通过对与学生接触至少三个月的教师的考核，筛选出可能有学习困难的儿童。该量表由五个部分组成，分别是(1)听觉理解和记忆，(2)语言，(3)时间和方位判断，(4)运动，(5)社会行为，其中前两个是言语功能，后三个是非言语功能，共 24个项目，通过五级评分进行评估。量表总分小于 65 分，即为学习障碍可疑者；前两个部分的功能区得分小于 20 分为言语型学习障碍；后三个部分的功能区得分小于 40 分为非言语型学习障碍。中国研究者静进(1998)[①]、李君荣(1999)[②]等人对 PRS 进行了修订，该量表中文版具有良好的信度和效度。对五个部分的表现特质进行评分可以快速鉴别出一部分儿童的学习障碍。该量表也可以鉴别超常儿童的学习障碍。

表 3.4.1　学习障碍儿童筛查量表的各项目

功能区	项目
听觉理解和记忆	词汇理解能力
	服从指示能力
	交谈能力
	记忆力
语言	词汇
	语法
	口语
	表述经验
	表达思想

---

① 静进、海燕、邓桂芬等：《学习障碍筛查量表的修订与评价》，载《中华儿童保健杂志》，1998(3)。

② 李君荣、周平、丁继良等：《学习障碍儿童筛查量表的标准化研究》，载《中国校医》，1999(4)。

续表

功能区	项目
时间和方位判断	时间判断
	场地方位感
	关系判断
	位置感
运动	一般运动
	平衡能力
	手指灵活性
社会行为	协调性
	注意力
	调整顺序的能力
	适应新情况的能力
	社会交往
	责任感
	完成任务的能力
	关心他人

学习障碍儿童筛查量表只能提供初步的学习障碍鉴别结果，并不能完全准确地鉴别出学习障碍。首先，无论是学生自测还是教育工作者的观察评分，其方式和结果都过于主观。学生可能存在对自己能力的认识偏差，观察者也很难仅通过观察学生的某些特质就认定其有某种学习障碍。其次，多种学习障碍的表现可能重合，如患有注意缺陷多动障碍和阅读障碍的儿童都可能表现出阅读能力低下，因此筛查量表无法判断出具体的障碍类型。最后，学习障碍儿童筛查量表并没有考虑超常特质的影响力。因为遮蔽效应的存在，超常的特质可能会部分遮盖或者抵消障碍特质的表现，这时候就会出现漏查或者错查的情况。因此，在教学实践中，该量表并没有得到广泛认可和运用，仅仅作为一种判断学习障碍的初步依据。

(二)能力-成绩差异鉴别模型

能力-成绩差异鉴别模型(ability-achievement discrepancy model)是美国联邦政策认可的、可被用来鉴别学习障碍的模型之一。能力-成绩差异主要指的是个体能力和实际表现是否存在较大差距。该模型的初衷是用来鉴别特殊学习障碍的，它同样可用于鉴别双特殊儿童，当被试的实际成就和内在潜能存在严重的差异时，他可能有学习障碍。[1] 研究者(Harber)[2]分析了学习障碍儿童的案例后，同样认为评估个体的成就和潜能可以有效鉴别出学习障碍。

如何测定能力和成绩之间的差异是一个备受争议的话题。目前测量这一差距的方法主要有以下几种：(1)年级水平差距法(预期的年级水平与实际的年级水平之间的差值)，(2)期望公式法[美国教育部 1976 年提出的算法：差距值＝(IQ/300＋0.17)－2.5]，(3)标准分数法(比较智力分数与学业成绩分数的标准分)，(4)回归差距法(计算 IQ 和学习成绩的回归方程)。和前三种方法相比，最后一种方法避免了较大的误差影响，得到了较多认可。该方法通过回归方程预测期望达到的成绩水平，再将其与实际成绩进行差异检验，从而确认差距。[3]

与单纯的学习障碍或智力测验相比，能力-成绩差异鉴别模型在方法上具有显著优势。其最大的特点是用了多值比较的方式，从被试的内在能力和实际成绩的差异来鉴别被试是否存在学习障碍。但对于鉴别双特殊儿童来说，能力-成绩差异鉴别模型依然存在一些问题。一方面，能力-成绩差异鉴别模型无法准确鉴别出遮蔽效应导致的能力和成绩相互抵消的双特殊儿童。另一方面，能力-成绩差异鉴别模型即使可以评估出个体的潜在能力和实际成绩之间的差距，也无法确认差距的原因。差距的原因可能是障碍的特质原因，也可能是心理原因，或是两者的综合。仅仅通过计算两者之间的差距去鉴别双特殊儿童的方法还未得到广泛认可和运用。

(三)干预反应模式

以上两种鉴别方法各有利弊，但究其本质原因，除了模式自身的缺陷，最难克服和解决的一个问题就是遮蔽效应。如果超常儿童的某一特质被掩盖了，那么我们难以对其进行鉴别。为了解决该问题，研究者提出了实时跟踪、观察鉴别与干预统一的模式，称为干预反应模式(response to intervention，以下简称 RTI)。

RTI 是一种对儿童进行动态实时评估，根据实时评估结果，及时调整或者改变干预方法和目标的教育模式(图 3.4.1)。相比于传统的鉴别方法，RTI 最大的特点是将鉴别和干预结合。RTI 包括三层可逆的鉴别结构，能够根据学生的不同情况在不同层级实施干预，使其有更大的适应性和灵活性。

---

[1] Meyer, M. S., "The Ability-Achievement Discrepancy: Does it Contribute to an Understanding of Learning Disabilities?" Educational Psychology Review, 2000(3), pp. 315-337.

[2] Harber, J. R., "Assessing the Quality of Decision Making in Special Education," The Journal of Special Education, 1981(1), pp. 77-90.

[3] 程黎、褚华丽：《国外双重特殊儿童的鉴别模式、遮蔽效应及对我国的启示》，载《中国特殊教育》，2016(2)。

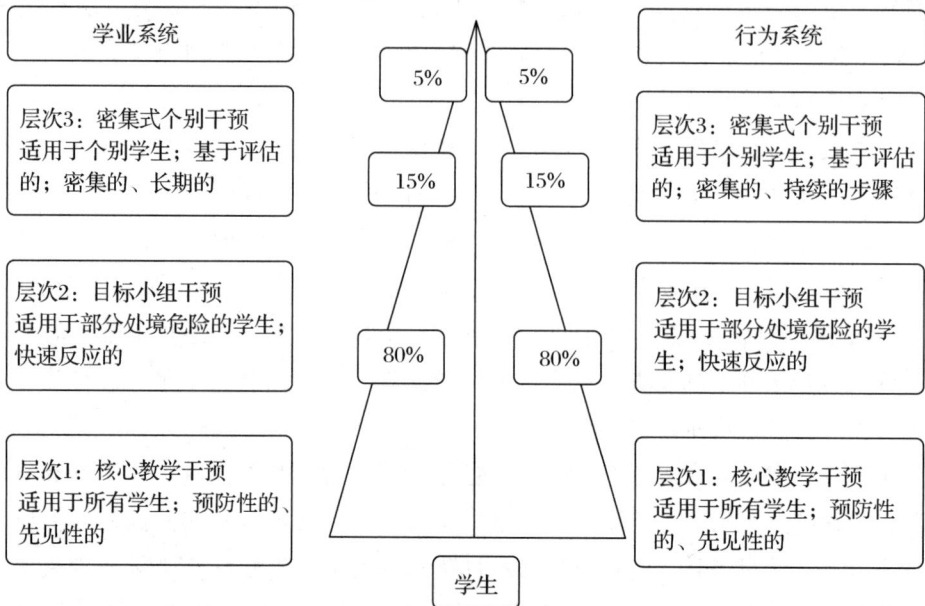

图 3.4.1　干预反应模式①

　　具体来说，干预反应模式通过三个层级（一般干预、目标干预、深度干预）和两个方面（学业和行为）对被试进行鉴别和提供教育支持。其中，第一层的一般干预是指适用于所有学生的基础教育。在这一过程中，如果教师发现学生出现了学习上的困难或障碍，就会使用第二层的目标干预，例如，对其进行进一步的鉴别，考虑将其安置在特殊的班级等。对于采取目标干预后效果不佳的学生，教师会使用第三层的深度干预，即根据个人的情况单独制订个别化教育计划（individual education program，IEP）②。干预反应模式有以下几个比较鲜明的特征。

　　（1）多元性。考虑到遮蔽效应的影响，只使用某一种鉴别方式是不够的，只有从多方面对双特殊儿童进行评估，才能更全面地了解他们的特质，以提供合适的教育支持。无论是较为传统的心理测量（如智力测验、成就测验或创造力测验等），还是新兴的评估方法（如档案评估法、对学生家长和同伴进行访谈等），它们在双特殊儿童的鉴别过程中都发挥着重要作用。

　　（2）长期性。双特殊儿童作为特殊儿童中的弱势群体，其本身的复杂性决定了其鉴别和干预过程不可能一蹴而就。教育者应该进行有准备的、长期性的观察、信息收集与评估。RTI使用筛选式的方式对学生进行层层筛选，保障尽量不错检、不漏检，这

---

　　①　杨希洁、韦小满：《为全体学生提供有效的教育服务——"干预反应"模式的发展及影响》，载《中国特殊教育》，2012(6)。

　　②　Otaiba, S. A., Wanzek, J., & Yovanoff, P., "Response to Intervention," European Scientific Journal, 2015(10), pp. 260-264.

决定了这项工作的长期性与持久性。

(3)实时动态性。干预反应模式要求定期确认学生的学习状态，并根据其状态及时改变或调整干预计划。双特殊儿童的个别化教育计划执行后，需要有周期性的反馈，明确教育干预的效果，以决定下一步的计划。

(4)系统性。干预反应模式在发现和鉴别双特殊儿童的基础上，更多地强调为他们提供学习和生活上的支持。相较于传统模式，干预反应模式提倡建立家庭、社会和学校的网络系统，实现学校、家庭和社会之间的合作，创造一个容纳和支持双特殊儿童的教育环境。

我们将通过一个具体案例的分析帮助大家更好地了解干预反应模式的特征及其在教学实践中的应用。研究者(Fisher & Frey)[①]对当地一所使用干预反应模式的高中进行了为期两年的跟踪调查，发现该模式在教学实际中取得了良好的效果。该高中作为试点干预反应模式的第一批高中，全面引入了干预反应理念和模型，包括个别化教育计划、实时反馈、三层干预和建立资源网络平台。

具体来说，该高中的教师需要定期收集和提供针对每个学生的反馈资料，通过平时的课堂教学或者课后的互动活动，记录学生的表现，将学生的表现进行汇总和比对，区别出阶段表现反差较大或者表现力不寻常的学生，并将他们标记为需要"一级干预"的学生。之后，教师给予这些学生额外的关注，继续观察其后期表现。对于已经是"一级干预"的学生，教师如果发现他们确实出现了学习上的困难或障碍，就会使用第二层的干预，为这类学生提供额外的课程、其他辅助，或者安置在特殊的班级。例如，该高中为一名色盲的学生提供了专门课本。如果干预效果不佳，学生的学习障碍仍未解决，那么教师将使用第三层干预。该高中会为学生个人建立专门的档案，安排专门的教师进行跟踪反馈，并联合第三方(如家长、医院和社区等机构)为学生提供帮助。

在为期两年的实施过程中，干预反应模式不仅得到了该高中教师的普遍认可，同时也获得了来自家长以及学生的积极反馈。因此，对于双特殊儿童来说，干预反应模式是鉴别和提供支持的一个有效模式。但是，要全面应用干预反应模式还存在以下挑战。

(1)教师需要具备更高的专业素养。干预反应模式的核心是干预，这种干预建立在教师平时对学生的观察、了解的基础上，因此，教师需要具备对学生进行基本鉴别的专业知识和能力。此外，干预反应模式还要求教师参与个性化教育方案的制订，与第三方机构的合作沟通等，这意味着教师肩负了更大的责任。

(2)干预反应模式需要庞大的教育成本投入。干预反应模式不仅关注如何鉴别双特

---

① Fisher, D., & Frey, N., "Implementing RTI in A High School: A Case Study," Journal of Learning Disabilities, 2013(2), pp. 99-114.

殊儿童，而且提倡为他们提供个性化的辅导方案来满足他们的学习需求。实施个性化的辅导方案（如教师培训、课本设计、医疗辅助等）需要耗费大量的教育、研究资源和资金投入。

（3）多机构之间的协作非常重要。干预反应模式的落实需要各机构之间的协作，例如，家长与教师之间的沟通、学校和医院之间的协商、领域内专家的合作等，如何达成这些不同机构之间的协作也是需要关注的问题。

在本节，我们介绍了双特殊儿童的定义、基本特点和鉴别干预方式。目前，关于双特殊儿童的研究集中在学习障碍超常儿童上。遮蔽效应是影响双特殊儿童有效、准确鉴别的主要挑战。学习障碍儿童筛查量表、能力-成绩差异鉴别模型和干预反应模式这几种鉴别方式各有利弊，在教育实践中都发挥着重要作用。如何解决遮蔽效应，如何为双特殊儿童提供合适的教育安置形式仍然是目前需要解决的难题。如何建立一个系统的、完善的双特殊儿童鉴别和教育体系还有待更深入的研究和实践。

第二节
社会变迁中的超常儿童

人类历史上，因社会发展和追求更好生活的需要，人口的流动从未停止。在国际上，随着全球化的发展，移民现象呈现常态化和复杂化的趋势。例如，在美国，根据2019年人口普查结果，亚裔美国人占总人口的7%，并且呈现快速增长的趋势。其中，中国裔、印度裔和菲律宾裔是三个最大的族群。在英国，近年来流入人口显著大于流出人口，英国政府从20世纪60年代就开始关注移民儿童的教育和社会融入问题。在中国，改革开放带来了剧烈的城镇化运动，大量人口从农村流入城镇，成为城镇中的流动或外来人口，他们的子女或者留在家乡成为留守儿童，或者跟随他们进入城市成为流动儿童。

一、社会变迁中的超常儿童类别

社会变迁中的儿童面临着因人际关系、学校教育、语言、文化和经济的不断变化而带来的挑战，他们在新的环境中接受有益于其身心健康发展的教育成为社会关注的问题。移民、流动儿童中有一部分儿童也被鉴别为超常儿童，这部分儿童因为具有超常、移民或流动的双重特质，其教育需求更加特殊和复杂。因此，教育者需要谨慎地考虑他们的双重身份特征，为他们提供真正适合的教育。

(一)移民超常儿童

移民超常儿童具有移民和超常儿童的二元身份。在西方国家的定义中，"移民"作为名词是指迁移到外国并永久居住的人。"移民超常儿童"综合了"移民"和"超常儿童"这两个概念，指的是具有移民经历的超常儿童。

移民的社会融入问题和他们带来的多元文化问题是移民超常儿童教育中的两个重要问题。移民人群给输入国家或地区带来了多样的文化，随迁而来的儿童也使学校和课堂变得更具文化多样性。许多研究者[1][2]认为，超常的定义和鉴别是由主流或特定的社会文化构建的。超常儿童教育会因为社会文化的单一化而忽略其他拥有少数文化背景的超常儿童。以美国为例，黑人族裔和西班牙裔学生长期在超常项目中难以得到表现的机会，也因此得不到真正适合他们潜能发展的教育机会。来自主流社会的偏见和歧视影响了对少数族裔超常儿童的教育。[3] 例如，虽然亚裔学生在超常儿童教育项目中所占的比例偏高，但是分布并不均衡，东南亚裔学生在超常项目中比例偏低，而华裔学生所占的比例较为突出。[4]

基于社会公平和融合教育的理念，2013 年范塔索指出教育者需要在鉴别和培养来自不同文化背景的超常儿童上做出努力。教育者应该认识到每种文化中都有超常儿童，并采取相应的教学对策。超常儿童教育应该与多元文化教育融合，减少不同族裔之间过大的学业表现差距。[5]

(二)流动超常儿童与留守超常儿童

在我国，由于城市化进程的急剧发展，大量农村劳动力涌入城市，大量的农村儿童也随父母进入城市，这导致流动儿童的出现，其中有一部分超常儿童被称为流动超常儿童。同时，也有相当一部分儿童被留在了农村，成为留守儿童，其中的超常儿童便是留守超常儿童。

---

[1]　Dai, D. Y. , "Envisioning a New Foundation for Gifted Education: Evolving Complexity Theory (ECT) of Talent Development," Gifted Child Quarterly, 2017(3), pp. 172-182.

[2]　Ziegler, A. , & Stoeger, H. , "Systemic Gifted Education: A Theoretical Introduction," Gifted Child Quarterly, 2017(3), pp. 183-193.

[3]　Ford, D. Y. , "Multicultural Issues: Gifted Education Discrimination in McFadden v. Board of Education for Illinois School District U-46: A Clarion Call to School Districts, State Departments of Education, and Advocacy Organizations," Gifted Child Today, 2014(3), pp. 188-193.

[4]　Yoon, S. Y. , & Gentry, M. , "Racial and Ethnic Representation in Gifted Programs: Current Status of and Implications for Gifted Asian American students," Gifted Child Quarterly, 2009(2), pp. 121-136.

[5]　Ford, D. Y. , et al. , "A Culturally Responsive Equity-Based Bill of Rights for Gifted Students of Color," Gifted Child Today, 2018(3), pp. 125-129.

根据第七次全国人口普查数据，2020 年，我国流动儿童① 7109 万人，留守儿童② 6693 万人。如果按超常儿童在人群中出现的概率为 1‰～3‰计算，那么我国有数量相当庞大的流动、留守超常儿童群体。

二、社会变迁中的超常儿童心理发展特点

移民超常儿童、流动超常儿童和留守超常儿童因成长环境的多样性和身份的双重性，其心理发展具有独特性。

(一)移民超常儿童的心理发展特点

一方面，移民超常儿童具有移民和超常这两个身份；另一方面，他们具有特殊的生活经历。基于此，他们的心理发展表现出以下特征。

首先，移民超常儿童比当地儿童面临更多的困难和挑战，如适应新的文化、语言障碍、身份认识错乱、对移民国家的学校系统缺乏认识、面临种族歧视、忍受被扰乱的社会关系、低收入、代际不同程度的文化适应而产生的家庭矛盾(儿童一般会比父母更能适应当地文化)等。

其次，移民超常儿童在输入国家的生活经历具有很大的不确定性。部分儿童可能依然在学业中表现优异，并取得较高成就，但也有儿童因无法适应新的社会环境而辍学，做出违法行为、反社会行为等。

最后，由移民带来的复杂生活经历、漫长而艰难的第二语言习得过程可能导致移民超常儿童在认知、情感、学业和特殊才能方面发展缓慢，甚至无法继续发展。这与移民家庭的原生国家、移民原因、性别、家庭文化和经济资本、在输入国居住时间的长短、移民时的儿童的年龄以及儿童的语言能力等有关。

(二)流动超常儿童与留守超常儿童的心理发展特点

我国目前对流动超常儿童与留守超常儿童心理发展特点的研究集中在流动超常儿童群体的自我概念、创造力和人格发展方面。

首先，在自我概念③④发展方面，流动超常儿童的非学业自我概念要显著低于城市

---

① 流动儿童：指流动人口中的 0～17 周岁儿童。
② 留守儿童：指父母双方或一方跨乡镇街道外出流动半年及以上，留在原籍不能与父母双方共同生活的 0～17 周岁儿童。
③ 程黎、王菲：《家庭教养方式对 10 岁城市与流动超常儿童自我概念的影响》，载《中国特殊教育》，2010 (12)。
④ 程黎、王菲、冯超：《流动超常儿童自我概念的干预研究》，载《教育研究与实验》，2012(6)。

超常儿童，而具有情感温暖、理解这一特点的家庭教养方式有利于流动超常儿童的学业自我概念和非学业自我概念的发展。

其次，在创造力①②发展方面，10～12 岁、12～13 岁的流动超常儿童的创造力随着年龄的增长呈现出稳定增长的趋势。此外，12～13 岁流动超常儿童和城市超常儿童创造力水平存在差异。③ 值得注意的是，由于不利教育环境的影响，流动超常儿童创造力及各维度的得分刚开始低于同龄城市超常儿童，但他们所拥有的独特流动经历有利于创造力发展。具体表现为，就读一年后，流动超常儿童在创造力及各维度的得分上反超同龄城市超常儿童。由此可见，良好的教育环境和多元文化经历均有助于创造力的发展，但是多元文化的优势需要较长时间才能显现。

最后，在人格④发展方面，10～12 岁流动超常儿童的宜人性、谨慎性和开放性均表现出随年龄增长而递增的趋势。在创造力和人格的关系上，人格的外向性对创造力的流畅性和变通性有正向预测作用，而宜人性对创造力的独特性有负向预测作用。

总的来说，我国关于流动超常儿童和留守超常儿童心理发展特点的研究并不丰富，流动超常儿童和留守超常儿童的心理发展特点还需要进一步探索。

三、社会变迁中的超常儿童鉴别原则

就鉴别过程而言，对社会变迁中的超常儿童的鉴别与对普通超常儿童的鉴别之间既有共性，也有差异。在借鉴普通超常儿童鉴别工具和方法的基础上，本部分将介绍鉴别移民超常儿童、流动超常儿童和留守超常儿童时应注意的一些特殊原则。

(一)移民超常儿童的鉴别原则

西方学者认为，标准化的鉴别程序会增加或者降低对某些族群和文化中的超常儿童的辨识程度。移民超常儿童的语言障碍会影响其学业表现，从而阻碍他们高潜能的发展，且降低教师对他们能力和表现的认识。因此，单一标准的鉴别程序会忽略文化多元性，违反教育的公平性。⑤

面对移民超常儿童的二元身份特征，研究者(Harris)总结了一些鉴别移民超常儿童的注意事项。

---

① 程黎、王寅枚、李泊：《10—12 岁流动超常儿童人格对创造力的影响》，载《中国特殊教育》，2012(8)。
② 王寅枚、何聪、程黎：《12—13 岁流动超常儿童与城市超常儿童创造力发展的比较》，载《上饶师范学院学报》，2017(2)。
③ 程黎、王寅枚、何聪等：《流动与城市超常儿童创造力发展的比较研究》，载《中国特殊教育》，2017(11)。
④ 程黎、王寅枚、李泊：《10—12 岁流动超常儿童人格对创造力的影响》，载《中国特殊教育》，2012(8)。
⑤ Yoon, S. Y. & Gentry, M., "Racial and Ethnic Representation in Gifted Programs: Current Status of and Implications for Gifted Asian American Students," Gifted Child Quarterly, 2009(2), pp. 121-136.

(1)增强移民儿童的表现动力。要让移民儿童认识到超常项目是一次可以学习更多知识的机会，以增强这些儿童被鉴别为超常儿童候选人的动力。

(2)应谨慎选择负责鉴别的教师及教育者。如果可能，尽量选择对移民儿童的文化、国家和地域熟悉且理解的教育工作者；确保筛选和鉴别小组委员在对移民儿童原生文化中的创新产品和表现方面有足够的知识储备和理解能力。

(3)慎重对待移民超常儿童的鉴别和安置。要帮助教育实践者有意识地理解不同国家的语言结构；在同一文化视域下对学生进行鉴别；将课外活动作为鉴别过程的一部分；将学生感兴趣的领域作为学习目标之一；从移民儿童特殊的人生经历中来理解他们的行为举止；从个人学习方式的角度评估移民儿童；根据教育背景和潜能来鉴别和安置学生；将移民儿童安置在与原生文化相似的文化环境中，观察一段时间，以减轻他们的压力；定期和教师讨论本地师生对移民儿童的态度及可能存在的偏见，可举办非正式的会议来交流想法、讨论问题；最后，要以发展为导向，而不是以问题为导向，来鉴别和培养移民超常儿童。

另外，移民家庭经常要面临贫穷、种族歧视和父母受教育程度较低等问题，这些会阻碍儿童的潜能发展。对此，研究者①提出应该使用动态测评方式来鉴别移民超常儿童。在动态测评中，教师先指导学生理解任务的基本规则，让学生学会自主学习，在依据评估进行的教学中取得进步。动态测评更加注重学生在获得指导后再参加测评的成绩，而不是刚入学的测评结果。教师可将这种方法运用到所有超常儿童的鉴别中。

(二)流动超常儿童与留守超常儿童的鉴别原则

在我国，对流动超常儿童和留守超常儿童的鉴别从两个方面开展，分别是家庭背景、生活经历和特殊才能的筛选，即儿童必须是流动儿童或者留守儿童，同时具有某种特殊才能。但需要注意的是，若儿童的家庭经济地位较低、受教育环境较差，我们在进行才能筛选时，可依实际情况适当放低要求，以保证相对公平。

总的来说，让移民超常儿童、流动超常儿童和留守超常儿童参加无文化歧视和家庭背景偏见的鉴别是保障教育公平的重要环节。

四、多元文化中的超常儿童教育

移民儿童是输入国重要的人口组成部分，而流动超常儿童和留守儿童同样是我国

---

① Lidz, C. S., & Macrine, S. L., "An Alternative Approach to the Identification of Gifted Culturally and Linguistically Diverse Learners: The Contribution of Dynamic Assessment," School Psychology International, 2001 (1), pp. 74-96.

发展和建设的不可忽视的后备军。关注和培养移民超常儿童、流动超常儿童和留守超常儿童，不仅对儿童个体有益，而且对整个国家至关重要。在为移民超常儿童、流动超常儿童和留守儿童提供高质量的教育时，教育实践者应注意将超常儿童教育和多元文化相融合。

长期以来，超常儿童教育忽略了对拥有不同文化背景的儿童的关注。文化和家庭背景不同，对某些领域才能的认识也会有所不同。例如，亚裔家庭会鼓励子女学习科学、数学、技术和工程；而非裔家庭会引导儿童选择其他专业。[①] 刻板印象和学业之间的矛盾会在某些少数民族儿童和女生中表现得十分明显。这些儿童在面对某些非传统领域的挑战和高期待的时候，会有一段心理特别脆弱的时期，这段时期尤其可能出现在青少年时期。因此，教育实践者在指导多元文化中超常儿童时，应该充分理解性别、文化背景、家庭环境、个人经历对他们的决定、选择和长期发展产生的影响。

多元文化超常儿童教育（multicultural gifted education）可以给教育者提供一个敏锐应对移民超常儿童、流动超常儿童和留守超常儿童教育需求的理论框架。多元文化教育被定义为一种理念、一次教育改革运动、一个过程。这个过程的主要目标是改变现有教育机构的结构，使男生和女生、超常儿童和常态儿童，以及来自多民族、种族、语言和文化的儿童获得取得学业成就的平等的教育机会。多元文化教育与超常儿童教育的融合意味着教育实践者不仅应该同时考虑这两种教育的理念和教学方法，而且应该对儿童在能力和文化等各方面具有多样化的认识。

移民儿童在融入当地社会文化的过程中，一个能帮助他们实现潜能发展的教育系统是非常关键的。例如，学校可以积极开展各种形式的跨文化交流活动及多元文化课程，让儿童接触和体验不同的文化元素和环境，感受文化差异带来的冲击和新奇感。此外，教师也应具备跨文化的基本素养。研究者（Ford & Trotman）[②]总结了在多元文化超常儿童教育框架下开展有效教学的教师特质，如表3.4.2所示。

表 3.4.2 多元文化超常儿童教育框架下开展有效教学的教师特质

超常儿童教育的教师特质	多元文化教育的教师特质	多元文化超常儿童教育的教师特质
理解超常儿童的内在需求	理解多元文化中儿童的内在需求	理解多元文化中超常儿童的内在需求
有能力发展超常儿童教育的教学方法和教学材料	有能力发展多元文化教育的教学方法和教学材料	有能力发展多元文化超常儿童教育的教学方法和教学材料

① Olszewski-Kubilius, P., Subotnik, R. F., & Worrell, F. C., "Conceptualizations of Giftedness and the Development of Talent: Implications for Counselors," Journal of Counseling & Development, 2015(2), pp. 143-152.

② Ford, D. Y. & Trotman, M. F., "Teachers of Gifted Students: Suggested Multicultural Characteristics and Competencies," Roeper Review, 2001(4), pp. 235-239.

续表

超常儿童教育的教师特质	多元文化教育的教师特质	多元文化超常儿童教育的教师特质
进行个性化教学	可以应对学习方式、认知方式和行为方式方面的文化差异	有能力处理个体和文化差异
拥有教授高层次思维方式和提问技巧的能力	有能力使用多元文化资源和材料来教授高层次思维方式和提问技巧	有能力使用多元文化资源和材料来教授高层次思维方式和提问技巧
拥有鉴别超常儿童的能力	有能力识别多元文化中儿童的优点和才能	有能力识别超常多元文化中儿童的优点和才能
愿意帮助儿童发展自我概念	愿意帮助儿童发展在族裔方面的自我概念	愿意帮助儿童发展作为一个超常个体和多元文化个体的自我概念
拥有给超常儿童提供咨询的能力	拥有给多元文化中的儿童提供咨询的能力	拥有给多元文化中的超常儿童提供咨询的能力
有能力创设一个让超常儿童感到有挑战和可以安全探索、表达自我独特性的环境	有能力创设一个让多元文化中的儿童感到有挑战和可以安全探索、表达自我独特性的环境	有能力创设一个让多元文化中的超常儿童感到有挑战和可以安全探索、表达自我独特性的环境

本章小结

在本章中，我们介绍了双特殊儿童、社会变迁中的超常儿童的定义、基本特点、鉴别及教育方面的内容。目前如何建立一个系统的、完善的双特殊儿童的鉴别和教育体系还需要更深入的研究和实践。人们已经慢慢认识到社会变迁中的超常儿童是超常儿童中的弱势群体，他们的教育问题也逐步受到重视。在鉴别和教育移民超常儿童、流动超常儿童和留守超常儿童时，教育者应该树立多元文化意识，在实践中将多元文化意识与多元文化相结合，为这些儿童提供更好的教育。

复习思考题

一、单项选择题

1. 干预反应模式中的第三层干预针对的对象是（　　）。

A. 全体儿童　　　　　　　　B. 特定群体

C. 特定个体　　　　　　　　D. 有障碍的儿童

2. 双特殊儿童鉴别的常用方法不包括（　　）。

A. 干预反应模式　　　　　　B. 能力-成绩差异鉴别模型

C. 学习障碍儿童筛查量表　　D. 创造力测验

3. 影响流动超常儿童创造力发展的积极因素主要是(　　)。

A. 对新环境的适应　　　　　B. 自我概念

C. 多元文化经历　　　　　　D. 家庭经济条件

二、简答题

1. 结合具体例子，分析双特殊儿童鉴别过程中的遮蔽效应。

2. 简述如何使用干预反应模式鉴别和干预双特殊儿童。

三、论述题

社会变迁中的超常儿童的鉴别与教育需要注意哪些问题？

本章阅读书目

1. 程黎、褚华丽：《国外双重特殊儿童的鉴别模式、遮蔽效应及对我国的启示》，载《中国特殊教育》，2016(2)。

2. 程黎、王菲、冯超：《流动超常儿童自我概念的干预研究》，载《教育研究与实验》，2012(6)。

3. 程黎、王菲：《家庭教养方式对 10 岁城市与流动超常儿童自我概念的影响》，载《中国特殊教育》，2010(12)。

4. 程黎、王寅枚、何聪等：《流动与城市超常儿童创造力发展的比较研究》，载《中国特殊教育》，2017(11)。

5. 程黎、王寅枚、李泊：《10—12 岁流动超常儿童人格对创造力的影响》，载《中国特殊教育》，2012(8)。

6. Coleman, M. R., & Roberts, J. L., "Defining Twice Exceptional '2e'," Gifted Child Today，2015(4).

下篇：超常儿童的案例与教育实践

在上篇和中篇中，我们系统介绍了超常儿童的身心发展特点与超常儿童教育教学的相关内容，构建了超常儿童心理发展与教育的体系框架。为了进一步加深对超常儿童心理发展与教育的理解，将教学理论与实践方式相结合，在下篇中，我们将对应上篇和中篇的章节，提供一些国内外超常儿童与超常儿童教育教学的经典案例。这些案例将有助于深入认识超常儿童的身心发展特点与教育状况。因此，在本篇中你将学习到：

第一章　超常儿童心理发展案例
　　第一节　中国的超常儿童案例
　　第二节　外国的超常儿童案例

第二章　超常儿童学校教育案例
　　第一节　中国的超常儿童学校教育实践
　　第二节　外国的超常儿童学校教育实践

第三章　双特殊儿童案例
　　第一节　中国的双特殊儿童案例
　　第二节　外国的双特殊儿童案例

思维导图

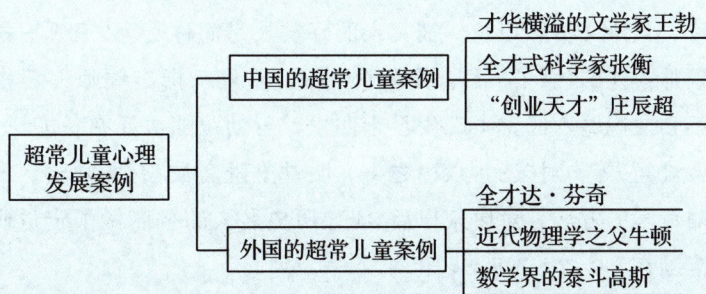

本章导读

在感知觉、语言、思维、记忆等认知因素层面，以及动机、情感、意志等非认知因素层面，超常儿童与常态儿童存在差异，拥有一定的独特性。在本章中，我们将介绍国内外不同时代的超常儿童案例，并着力突出其身心发展特征。这有助于我们对超常儿童的身心发展特征形成更直观的认识。

第一节
中国的超常儿童案例

【案例一】才华横溢的文学家王勃[①]

《旧唐书》记载：王勃幼年时就非常聪慧，早年就表现出杰出的文学才能。六岁时便能作诗，且诗文构思巧妙，被父亲的好友杜易简称赞为"王氏三株树"之一。九岁时，王勃读颜师古注的《汉书》后，撰写了《指瑕》十卷，指出颜师古著作中的错误之处。十岁时，王勃便饱览六经。十二岁至十四岁，王勃跟随曹元在长安学医，先后学习了《黄帝内经》《难经》等，对"三才六甲之事，明堂玉匮之数"有所知晓。我国学者林传鼎曾采用历史测量学的方法，对唐宋以后 34 位历史名人的智商做了定量研究，认为王勃的估计智商范围在 181.2～198.8，位列第一。

众所周知，王勃所作的《滕王阁序》是一篇千古佳作。关于王勃作《滕王阁序》时的真实年龄，尚有不同的说法。五代王定保的《唐摭言校证·卷五》记载："王勃著《滕王阁序》，时年十四。"西南民族大学历史文献学专业的杨棣森在其文章《王勃作〈滕王阁序〉时真实年龄考》中，列举了王勃作《滕王阁序》时其年龄的几种说法，同时从序文和原文的暗示、王勃在上元二年(675 年)所作诗文的逻辑性及《六榕寺》碑文撰写时间的佐证这三个角度进行考证，最终得出王勃作《滕王阁序》于上元二年，时年 26 岁的结论。这些都足以说明王勃在青年时期已获得文学创作上的巨大成就。

[①] 改编自张素芹编、李玲九改编：《中国历代神童：隋唐五代宋卷》，86～94 页，北京，中国书籍出版社，1999。

【案例二】全才式科学家张衡①

张衡是我国东汉时期伟大的天文学家、数学家、发明家、地理学家、制图学家、文学家，开创了我国天文、地理研究之先河，发明了浑天仪、地动仪，代表作品有《灵宪》《四愁诗》等。

《后汉书》记载："衡少善属文，游于三辅，因入京师，观太学，遂通五经，贯六艺。"张衡曾模仿班固的《两都赋》，写了《二京赋》，才华为世人惊叹。汉安帝常听说他擅长术数方面的学问，特地征召他，授予他郎中的官职。后来，他迁升为太史令。

张衡还善于器械制造，尤其在天文、气象和历法的推算等方面。他精心研究、考核阴阳之学（包括天文、气象、历法诸种学问），深入研究了天文仪器的制造原理，制作了浑天仪，著成了《灵宪》《算罔论》等书籍，这些书籍的论述极其详尽。张衡还指出月球本身并不发光，月光其实是日光的反射。他甚至正确地解释了月食的成因，认识到宇宙的无限性和行星运动的快慢与距离地球远近的关系。不仅如此，张衡通过观测记录了两千五百颗恒星，制造了世界上第一架能比较准确地表演天象的漏水转浑天仪、第一架测验地震的仪器——候风地动仪，还制造出了指南车、记里鼓车、独飞木雕等。

张衡在数学、地理、历法、绘画、政治和文学等方面都表现出了非凡的才能和广博的学识。20 世纪中国著名文学家、历史学家郭沫若对张衡的评价是："如此全面发展之人物，在世界史中亦所罕见，万祀千龄，令人景仰。"

【案例三】"创业天才"庄辰超

庄辰超毕业于北京大学本科电子工程系，是业界公认的"创业天才"。

庄辰超自幼便对数学计算尤为感兴趣，1988 年小学毕业时，他已经能用编程语言编写几十个小程序。他开始在数学和计算机领域崭露头角，竞赛和获奖成了他中学生涯的主旋律。作为当年代表华东师大二附中征战全国的奥数冠军，缜密的思维能力让他在后来的互联网创业中尝尽甜头。本科期间，庄辰超的第一个创业项目——搜索客诞生了，搜索客也成为中国搜索引擎领域第一批开拓者。随后，庄辰超开始了第二次创业，他和朋友创办了体育门户"鲨威体坛"。不到半年时间，鲨威体坛跃居国内最大的体育论坛。在 2000 年互联网泡沫危机隐现之时，他以 1500 万美元的价格把鲨威卖给了李嘉诚旗下的 TOM 集团。如果说搜索客和鲨威体坛是赶上了风口，多少带有运气

---

① 改编自张素芹编、李玲九改编：《中国历代神童：远古夏商周战国秦汉卷》，274～276 页，北京，中国书籍出版社，1999。

的成分，那么，去哪儿网的成功则真正显示了庄辰超的商业智慧。2005年5月，庄辰超创办去哪儿网，出任首席执行官。他把学霸文化发挥得淋漓尽致，去哪儿网一半以上的员工都是产品和研发人员，每个部门都能找到当年的高考状元。2016年1月5日，庄辰超离职。对于外界的赞誉和猜测，庄辰超没有理会太多。2017年，庄辰超开始了个人生涯中的第四次创业，成立斑马资本。

庄辰超说："我信概率，任何行动都不是确定的，而反应和结果都是有概率的。你要计算概率，肯定希望赢面是你的大概率事件。如果说概率上，你正好击中了大概率事件，这并不是你的运气好。而如果你正好击中小概率事件，事情朝着命运相反的方向去发展，这也不是运气不好。"四次创业、三进三退，都体现了庄辰超强大的数学思维。

第二节
外国的超常儿童案例

【案例一】全才达·芬奇

达·芬奇是意大利文艺复兴时期伟大的自然科学家、工程师、画家和雕刻家。其成就的领域非常广泛，包括生物学、医学、地质学、解剖学、建筑工程学等，被认为是人类历史上绝无仅有的全才。

达·芬奇从小就尽显天才气质。在达·芬奇爷爷的表述中，5岁的达·芬奇就能凭借自己的记忆画出妈妈的画像，并能够作词作曲。作家乔尔乔·瓦萨在传记中提到，年幼时期的达·芬奇在绘画方面已经小有名气，他的画作经常被父亲拿到佛罗伦萨的艺术中介进行出售。14岁时，达·芬奇向韦罗基奥拜师学艺，在他的画室和各个领域的学者交流学习，并决心做一个研究者。但是，达·芬奇并没有接受过正规的拉丁文和数学教育，基本都是靠自学，并进行更深入的研究。

达·芬奇一生的杰作数不胜数。在其最闻名的《蒙娜丽莎》《最后的晚餐》《岩间圣母》等作品中，他在构图、空间、笔触艺术方面展现出的造诣至今难以超越。而在其他领域，达·芬奇亦有着巨大的贡献。在医学方面，达·芬奇被认为是近代生理解剖学始祖。他绘制了现存最早的完整人体内部结构图，为之后解剖学的发展奠定了基础。在军事方面，他提出直升机、机枪、坦克车、机器人等概念，并绘制了一些完整的设计图纸。在水利工程学方面，达·芬奇被誉为水力学和流体力学的奠基人，他著的《莱斯特手稿》《水的运动与测量》等被视为该领域的基础理论读物。此外，达·芬奇也涉及动物学、天文学、哲学等方面的研究。更难得的是，达·芬奇将这些学科融会贯通，汇集成了 6000 多页的手稿。爱因斯坦曾高度评价达·芬奇的科研成果，认为如果这些成果在当时得到广泛应用，将会对科技发展产生深远的影响。

【案例二】近代物理学之父牛顿

牛顿是英国著名的物理学家，被誉为"近代科学的开创者"，提出了万有引力和三大运动定律，奠定了物理学的一些基本观点。

牛顿从小就十分喜欢看一些机械模型制作方法的读物，并制作了一些新奇的小玩意儿。由于家境贫寒，牛顿时不时地辍学，帮助家里干农活。一有时间，他便躲在树丛后看书，有时甚至忘了吃饭。从 12 岁到 17 岁，牛顿在金格斯皇家中学学习。学习期间，牛顿不仅成绩优异，学习兴趣也十分广泛，尤其对几何学、物理学、哥白尼的学说等表现出极强的兴趣。他一直分门别类地阅读和记录读书笔记，孜孜不倦。当时的牛顿已经订婚，因为过于专注研究，他对爱情逐渐淡漠，之后终身未娶。19 岁时，牛顿进入剑桥大学的三一学院学习。他依然保持着极大的专注力，经常一个月待在房间里，不出房门。有一个广为流传的故事，牛顿因思考过于专注，曾把怀表当鸡蛋放进了锅里。22 岁时，牛顿发现了广义二项式定理，发展了一套新的数学理论，也就是现在人们熟知的微积分。在此后的几年中，牛顿一直潜心研究微积分学、光学和万有引力定律，还涉足了热学、天文学、哲学等领域。关于牛顿的文献记载曾描写了其日常生活：牛顿除了抽出少量的时间锻炼身体，他的大部分时间都是在思考，并且他总是一副不修边幅的形象。

牛顿的一生为科学的发展作出了巨大的贡献。去世后他成为少数获得国葬待遇的自然科学家之一。

【案例三】数学界的泰斗高斯

高斯被认为是历史上最重要的数学家之一，并享有"数学界的泰斗"之称，其研究涉及了数学中几乎所有的领域，包括代数、统计、分析、微分几何等。此外，他还把数学应用于物理学、力学、静电学、天文学等。他一生公开发表了 155 篇论文，许多理论和研究成果都成为现在科学发展的基础理论。

高斯年幼时就显现出了卓越的数学天赋，三岁时便能指出他父亲账目中的借贷错误。十岁时，高斯进入了数学班学习。高斯的"1＋100＝101，2＋99＝101…50＋51＝101"这种解决数学问题的创新思维让教师对他刮目相看。之后，教师还特地为他购买了高等算术书籍。11 岁时，高斯进入了文科学校，成绩十分突出，受到了布伦兹维克公爵卡尔·威廉·斐迪南的赏识。18 岁时，高斯进入了著名的哥廷根大学，继续研修数学。19 岁的时候，高斯发现了正十七边形的尺规作图法，发表并证明了二次互反律。22 岁的时候，高斯取得了博士学位。

本章小结

本章中介绍了古今中外不同领域超常儿童的发展案例。从中可以看出，超常儿童在早期就表现出了种种过人的才能。如何教育和培养天赋异禀的儿童，是我们需要深入思考的问题。

复习思考题

一、单项选择题

1. 从王勃的案例中，我们可以发现超常儿童具有（　　）的特点。

A. 记忆力过人　　B. 运算能力突出　　C. 观察力较强　　D. 完美主义

2. 从达·芬奇的案例中，我们可以发现超常儿童（　　）。

A. 只在某一个领域具有突出优势

B. 可以在多个领域都存在天赋

C. 完全是后天环境塑造出来的

D. 完全是遗传因素决定的

二、简答题

1. 简述在超常儿童的教育和培养中，我们应注重哪些非智力因素。

2. 简述超常儿童鉴别的内容与方法。

三、论述题

1. 请结合以上案例，分析超常儿童的心理发展特点。

2. 请结合具体事例，分析超常儿童的身心发展是否同步。

本章阅读书目

1. 查子秀：《儿童超常发展之探秘：中国超常儿童心理发展和教育研究20 周年论文集》，重庆，重庆出版社，1998。

2. [美]米尔格拉姆：《天才和资质优异儿童的心理咨询：教师、咨询师及父母指南》，曲晓艳、聂晶译，北京，中国轻工业出版社，2005。

3. 黄培需：《中国神童故事和神童诗》，郑州，海燕出版社，2008。

第二章 超常儿童学校教育案例

思维导图

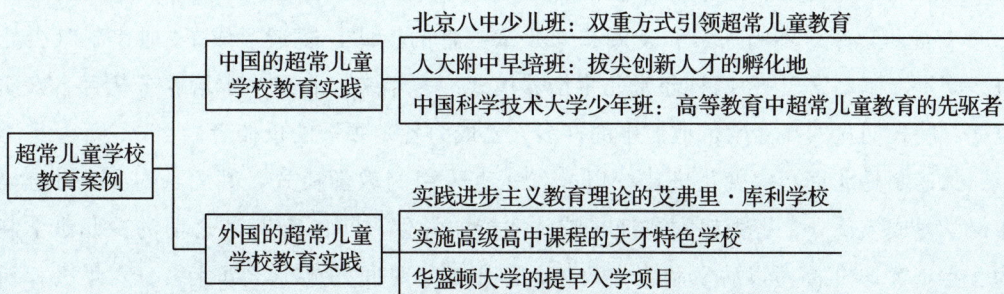

超常儿童学校教育案例

中国的超常儿童学校教育实践
- 北京八中少儿班：双重方式引领超常儿童教育
- 人大附中早培班：拔尖创新人才的孵化地
- 中国科学技术大学少年班：高等教育中超常儿童教育的先驱者

外国的超常儿童学校教育实践
- 实践进步主义教育理论的艾弗里·库利学校
- 实施高级高中课程的天才特色学校
- 华盛顿大学的提早入学项目

在上一章中，我们从超常儿童身心发展特点的角度进行了案例的分析与思考。针对超常儿童的特殊需要，学校教育也要做出相应的调整与改变。改革开放以来，我国培养人才的需求日益增加，超常儿童的培养也逐步得到重视。国外的很多学校进行着超常儿童教育的探索，开展着超常儿童教育的实践。本章将介绍一些典型案例。

第一节
中国的超常儿童学校教育实践

【案例一】北京八中少儿班：双重方式引领超常儿童教育①

北京八中是中国第一批开设超常儿童教育实验班的学校之一。北京八中少儿班自1985年建班以来，不断探索和发展超常儿童教育的模式，逐渐形成了"加速制"（少儿班）和"丰富制"（素质班）两种超常儿童培养模式。多年来，北京八中培养了几百名素质全面、特长明显的高才生，他们中的许多人已成为各个领域的佼佼者。

加速制是北京八中少儿班建校以来就一直采用的教学模式，其甄选对象为小学4年级学习成绩优异、智力超常或拥有特殊才能的学生。2016年高考之前的少儿班学制为4年，2016年高考以后学制改为5年，即用5年时间完成小学五年级、六年级和初中、高中的全部学业。学习成绩合格者安排参加全国统一高考，大部分学生可考上985知名高校。对于入学后不能适应超常儿童教育的个别学生，学校会根据其学业水平，将其安排到普通班的相应年级。

丰富制是北京八中近些年新建立的教学模式，同样招收小学4年级成绩优异、智力超常的学生。学制为7年，要求完成小学五年级、六年级和初中、高中的全部学业。相比于加速制，丰富制的时间与普通学制几乎相同，能更充分地对超常儿童进行全面、细致的教学培养。

多年来，北京八中一直坚持与中国科学院心理研究所、北京市教育科学研究院等

---

① 改编自王俊成、何静：《开发人才中的"富矿"：北京八中31年超常教育探索及启示》，载《中小学管理》，2016(9)。

单位密切合作，潜心研究超常儿童鉴别和培养的科学规律，形成了一套比较完善的超常儿童鉴别方法。在教学内容上，北京八中也探索出了一套完整的针对超常儿童的教学课程体系，不仅短时高效地完成了国家规定的课程要求，还开创性地设置了特色校本课程。

【案例二】人大附中早培班：拔尖创新人才的孵化地①②

中国人民大学附属中学（以下简称"人大附中"）早在 1978 年就开始开展超常儿童的早期鉴别与培养工作，几十年来从未间断。2010 年，人大附中被北京市教委挂牌列为国家级教育体制改革试点项目——北京市探索拔尖创新人才培养模式试验项目基地。该项目从北京市小学五年级学生中选拔一部分超常儿童，设立创新人才早期培养班级（以下简称"早培班"），选拔出的儿童在人大附中接受从六年级到十二年级共 7 年的教育。

人大附中在开展超常儿童教育的过程中，不断探索多种方式，开展超常儿童的早期鉴别与培养工作，形成了一定的参考指标框架。一是既注重考察儿童的智力因素，也注重考察好奇心等非智力因素；二是既注重考察学生的知识提取与应用能力，也注重考察其问题解决能力；三是要求学生能做、能说、能写，具备领导力与自信心；四是注重中华优秀传统文化和革命传统的教育，重视学生的家教家风。

在课程方面，人大附中基于"健康人格、高尚品德、创新能力、质疑精神"的培养理念，进行课程改革，主要包括课内基础课程和专项研修课程两大部分。在课内基础课程方面，综合考虑小学、初中、高中教学内容，在学生能接受的前提下，将教学内容适当拓宽加深，根据学生的需求，基础课程可以向大学课程延伸。教学注重基础知识的学习，但更看重能力、创造力、创新精神的培养。在专项研修课程方面，一是把专项研修课程排入正常课表，二是专门做课题研修这件事情。专项研修课程既有教师开设的，也有学生自设的。专项研修课程的内容不是课内基础课程的重复练习，虽然有些内容是课内基础课程在学科领域的延续和提高，但是更多的内容是拓展性和探究性的。专项研修课程更注重动手能力、动脑能力的培养，让学生自主发问、质疑，注重过程性评价和多元化评价。

在评价方面，早培班不参加学校组织的统一考试，对学生学习效果的评价也与传统上的考试不同。早培班的评价方式包括纸笔测验、就某一问题搜集资料并撰写小论

---

① 改编自高江涛：《探索创新人才早期培养模式》，载《中国德育》，2016(11)。
② 高江涛：《如何更科学有效地发现超常儿童——基于中国人民大学附属中学"早培班"实践的思考》，载《中小学管理》，2019(7)。

文、完成小课题研究、动手完成作品或实验、写读书笔记等，纸笔测验的内容包括很多开放性问题。为了建立健全过程性评价机制，早培班制订了一系列评价指标，各学科不相同，教师需要对每个学生定期打分、定级，或进行描述性总结。同时，教师要跟踪和记录创新能力较强学生的学习与生活行为，完善形成性评价与成长档案。

2017 年，人大附中早培班第一届学生毕业，他们在申请出国留学、国内高考及不同竞赛中都取得了优异的成绩。

【案例三】中国科学技术大学少年班：高等教育中超常儿童教育的先驱者[①]

1978 年，中国科学技术大学为响应国家号召在国内首度开创了少年班体制，招收了 15 名资质聪慧的儿童。几十年来，中国科学技术大学少年班（以下简称中科大少年班）历经风风雨雨，对中国人才培养与储备作出的巨大贡献不可忽视。目前，超过 70％的少年班校友活跃在海内外经济、信息技术、金融、制造等领域。他们当中三分之一的人获得了博士学位，一般 30 岁左右就取得了令人瞩目的成绩。

如今，中科大少年班已经发展成为独立的学院。它针对超常儿童设立，招收年龄 16 周岁以下的非应届高中生，同时还有针对高考成绩优异学生的"教学改革试点班"、先面试后高考录取的"创新试点班"等。历经几十年的不断探索发展，中科大少年班的办学理念从"早出人才、快出人才"转向"培养能引领中国发展的创新型人才"。

经过多年的探索，中科大少年班在人才选拔、鉴别与培养方案上逐步形成了独具特色的超常儿童选拔与培养模式。在生源选拔上，突出综合素质，除了学业成就，学校还对学生的心理状况、自我管理能力、人际沟通能力等进行测试，旨在全面考察超常儿童的智力与非智力因素。在培养上，强调拓宽培养目标，力求培养各领域的领军人才，充分发挥学生的特殊才能。在培养模式上，强调加速制与丰富制的有机统一，在培养过程中进行多方面的引导，确保超常儿童得到其适合的、喜爱的教学内容。

少年班按照学生的特殊需要建立了相应的课程体系，压缩必修学时，扩大选修范围，精简课内学时，增加实践环节。采用的"自学-精讲"授课法在精简教学内容的同时，引导学生进行思维训练。除此之外，少年班还通过开设相关的选修课程衔接前后期的基础和专业教育，克服教学与实践的"断线"现象，并且推行创新教育，将科研实践与教学相结合。

---

① 改编自朱芬、孔燕：《中国科大少年班 40 年教育实践的演变及其启示》，载《中国特殊教育》，2018(8)。

第二节
外国的超常儿童学校教育实践[①]

【案例一】实践进步主义教育理论的艾弗里·库利学校

艾弗里·库利学校（The Avery Coonley School）坐落于美国伊利诺伊州，是一所开设学前（pre K）到 8 年级（此处是美国 K12 教育体系，下同）课程的私立全日制超常儿童教育学校。学校成立于 1906 年，主要实验并推广约翰·杜威的进步主义教育理论。从20 世纪 60 年代起，该校就专注于超常儿童教育，筛选智商超过 120，在阅读和数学成就测验上超出常模 1.5 个标准差的超常儿童进入学校学习。20 世纪 80 年代初期，学校增设学前部以照顾学前超常儿童的需要，帮助他们更好地完成从家到学校的过渡。

学校招收在智力测验以及其他标准成就测验上表现优异的儿童，致力于为学业突出的超常儿童提供丰富的学习环境。杜威的进步主义教育思想深深影响着课程设置。学校遵循"从做中学"的教学原则以及跨学科的主题教学，强调合作完成项目，在日常活动中结合艺术与自然。学校采取加速制课程，每个学生起码超前了一个年级学习（如一年级的学生学习二年级的内容）。只要学生能力允许，也可以超前几个年级。同时学校保留了年龄分组，以保障学生的社会和情感发展需要。学校不仅重视传统学科的培养，还提供艺术、音乐喜剧方面的丰富课程，甚至 1978 年就引入了台式计算机，并将其用于数学、语言、音乐和编程等方面的教学。除了丰富的课程，学生还可以参加许多课外活动，如计算机社团、创意写作社团、法国电影社团等。该校学生在州级、全国级别的数学、科学等学科竞赛上成绩优异，多次获得金牌或者第一名的成绩。

【案例二】实施高级高中课程的天才特色学校

天才特色学校（School for the Talented and Gifted）是一所坐落于美国得克萨斯州达拉斯市的公立超常儿童教育高中，以人文科学、大学先修课程和丰富的教学资源而闻名。天才特色学校常年位居美国最佳公立高中排行榜前十名，2012 年至 2016 年位列第

---

① 本节所介绍的学校案例依据美国国家超常儿童协会（NAGC）的超常儿童教育学校列表索引而得，其相关资料来源于所介绍学校的官网、美国的超常儿童教育资源网站等。

一名。该校开设了 9～12 年级的课程，对 9 年级和 10 年级的课程开放申请，7～9 年级的学生均有资格申请。申请时，学生在核心科目（英语、数学、科学和社会科学）的平均绩点必须超过 82 分，得克萨斯州学术准备评估测验（STAAR）的数学和阅读成绩必须在百分位 70 或以上。如果没有得克萨斯州学术准备评估测验成绩，也可以用其他标准化测验成绩申请（如 SAT 等）。学校优先接收学区内满足条件的申请者，在学位仍有空余的情况下，考虑学区外的优秀申请者。录取委员会对申请者进行全面的审查，包括成绩单、标准化成就测验、行为评估、学生档案等多方面。

在课程方面，该课程实施高级高中课程（advanced high school program）。该课程被得州教育部门认定为难度最高的高中课程。此外，学校还有大学先修课程，使学习更具有挑战性。

【案例三】华盛顿大学的提早入学项目

提早入学项目（university of Washington early entrance program）是由华盛顿大学开设的面向超常儿童的大学教育项目，由罗宾逊年轻学者中心（Robinson Center For Young Scholars）管理。学生可以通过两种途径参加该项目。一是通过转衔学校，转衔学校罗宾逊年轻学者中心开设了一年期的大学预科项目，学生在 8 年级时可以申请，以早期项目学生的身份成为华盛顿大学的全日制注册学生。二是通过华盛顿大学，学生在 10 年级的时候申请，录取后离开主流高中，作为华盛顿大学的大一新生正式入学。

转衔学校每年 11 月开放申请，学生须提供美国高考成绩、7 年级至 8 年级的成绩单、一份来自 STEM 课程教师的推荐信、一份来自语言艺术教师的推荐信。一旦录取，学生将参与到英语、历史、生物和数学的丰富制与加速制并存的课程体系中。到了春季，学生可以选修一门大学课程，同时还要修读大学预备课程，为大学生活做好准备。转衔结束后，学生将升入大学一年级。转衔学校的课程目标是为学生打好成为优秀学者的基础，而不是简单地代替普通高中课程或者大学先修课程。培养内容包括科学研究模式、优秀的研究技能、学术写作技能和规范、学术道德伦理、大学心理健康课等。学生的课业负担很重，教师在每堂课后都会布置每天一小时以上的家庭作业，以期在这一年的时间里帮助超常儿童打下坚实的学术基础，让超常儿童在能力和身心上都做好进入大学的准备。

与转衔学校相同的是，华盛顿大学的录取也需要提交美国高考成绩和推荐信等材料，不同的是州外学生和国际学生也可以申请，学生直接以大一新生的身份入学。罗宾逊年轻学者中心为这两个项目的学生和家庭提供咨询和支持服务。学生们可以一直使用罗宾逊年轻学者中心的资源并参与各项活动。

本章小结

经过几十年的探索，我国在超常儿童学校教育方面逐步形成了较为系统的鉴别体系和较为完善的课程安排，并取得了令人瞩目的成绩。国外的超常儿童学校教育也开展得各具特色。通过本章的介绍，希望大家能够了解国内、国外超常儿童学校教育的开展形态，并能对前文所讲解的课程与教育理念有更直观的认识。

复习思考题

一、单项选择题

1. 北京八中少儿班的超常儿童教学实践采用的教学模式为(　　)。

A. 加速制　　　　B. 丰富制　　　　C. 个性化　　　　D. 混合制

2. 美国艾弗里·库利学校是通过(　　)鉴别超常儿童的。

A. 学业成就　　　B. 特殊才能　　　C. 智力测验　　　D. 创造力测验

二、简答题

对比分析"加速制"和"丰富制"两种超常儿童教学模式的优点和不足。

三、论述题

1. 目前，我国超常儿童教育形成了较为完整的教育系统。请结合案例思考，我们应如何做好各学段超常儿童教育的衔接工作。

2. 请结合具体事例，说明是否有必要对超常儿童开展心理健康教育、职业生涯规划教育，以及原因和做法。

本章阅读书目

1. 何静：《超常教育研究与实践集萃：北京八中超常教育 30 年文集之专题篇》，北京，学苑出版社，2015。

2. [美]维布纳：《班有天才：普通班级中培养天才儿童的策略与技能》，杨希洁、徐美贞译，北京，中国轻工业出版社，2003。

3. 施建农：《超常儿童成长之路：中国超常教育 30 年历程》，北京，科学出版社，2008。

4. 王竹颖：《我喜欢展望无尽的未来：北京八中超常教育 30 年文集之学生篇》，北京，学苑出版社，2015。

5. 辛厚文：《少年班三十年》，合肥，中国科学技术大学出版社，2008。

第三章　双特殊儿童案例

思维导图

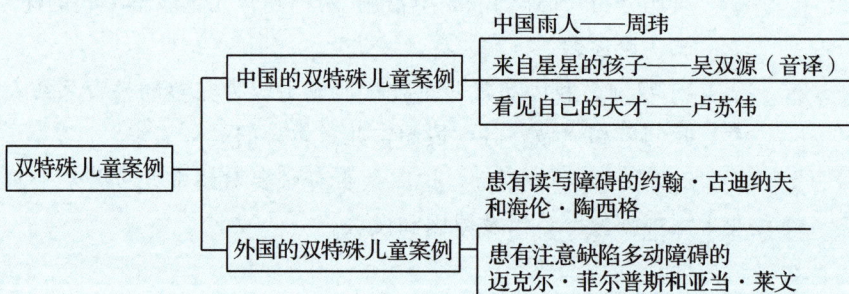

本章导读

在前两章，我们分析了超常儿童身心发展特点，以及遵循其特征所开展的学校教育。在本章，我们将聚焦超常儿童中一个更特殊的群体——双特殊儿童。这类儿童不仅拥有超常才能，也存在一定程度的身心障碍，如肢体障碍、感官障碍、智力障碍、自闭谱系障碍、学习障碍等。我们将介绍这些双特殊儿童的成长案例，以期引发大家对这一群体的关注和教育思考。

第一节
中国的双特殊儿童案例

【案例一】中国雨人——周玮[①]

周玮，出生于 1991 年，山西省五台县人，被称为"中国雨人"。出生 6 个月时，周玮因抽搐被县医院诊断为"佝偻病"；2 岁时，被省儿童医院诊断为脑瘫；3 岁时，被北京协和医院确诊为"顽固性低血糖及智力发育低下"。父母多方寻医问药后，病情无法得到有效控制，父母不得不放弃治疗，将儿子带回了家。在这样的情况下，周玮无法与同龄的孩子一起在普通学校接受教育。

本以为只能这样艰难地度过一生，但是在偶然间，家人发现周玮拥有惊人的数学天赋。在周玮 9 岁时，有一天他的父母像往常一样带着他来到田间干活。他的大伯随口问了他一句："一头驴有 4 条腿，那两头驴有几条腿？"这本是在干活时的一句消遣，却没想到周玮不经思索就答出了"8 条腿"。面对儿子展露的数学天赋，他的父母喜出望外，经过一家人的深思熟虑之后，他们决定将周玮送到学校去学习。

他们遭遇了重重困难，学校都不愿意接受像周玮这样特殊情况的学生。虽然吃了多次闭门羹，但是他的父母不愿意儿子的数学天分就这样被埋没。在不懈的努力下，终于有一所学校愿意接收周玮，同意周玮以旁听生的身份来学习。

就这样，已经 10 岁的周玮走进了学校，因为智力障碍，他只能就读一年级。虽然是一年级，但是周玮能快速运算三年级的数学题，计算器成了他最好的朋友。面对儿

---

① 本案例根据人民日报、新华网等大众媒体 2015 年、2016 年的报道内容汇总而成。

子的变化，他的父母喜极而泣，全心全意地照顾他的生活。后来，周玮还可以自己推导等差数列，对自然数的高次幂运算，两位数、三位数以及四位数之间的相乘，高位数的开平方、开立方、循环小数化分数，周玮都能迅速给出准确的答案。

有人对周玮的数学能力表示质疑。2014 年 1 月 23 日，周玮经过上海交通大学、华东师范大学专家的测试，结果证实他的速算能力确实并非靠死记硬背。

【案例二】来自星星的孩子——吴双源（音译）[①]

吴双源（小名源源）出生于 2005 年，在 2 岁时被鉴定为孤独症。她虽然能听懂人们的对话，但是只能用简单的词组表达，像个牙牙学语的三四岁孩子，不善言辞。源源目前就读于余杭区汀洲学校（一所特殊教育学校）。

源源在汀洲学校读一年级时，爸爸妈妈尝试让她转去普通幼儿园学习。但一个学期下来，源源无法适应那里的氛围，于是爸爸妈妈又把源源送回特殊学校。

源源在四年级的时候被发现具有极高的艺术天赋。美术老师徐欢发现这个留着蘑菇头、胖嘟嘟的小女孩有着异于常人的观察力和色彩识别力。为了增强源源的构图能力，徐欢对最基础的风景、植物、动物画进行了系统性教学，空余时间还挖掘源源的其他兴趣爱好。一年后，源源不仅学会了剪纸、泥塑，还代表学校参加了全国的比赛并获奖。

在徐欢的指导下，源源的画艺突飞猛进。加上与生俱来的独特视角和绘画感觉，她的画笔渐渐散发出了魔力。在 2018 年 8 月举行的中小学生绘画作品创意大赛上，源源用斑斓的色彩创作了《舞蹈》和《猫头鹰》两幅作品，荣获二等奖。

2018 年 9 月，源源所模仿的《蒙娜丽莎》在意大利佛罗伦萨参评时，深深打动了意大利赫赫有名的收藏世家贝利尼家族，其第 21 代继承人路易吉·贝利尼先生亲手将它收藏进了贝利尼家族博物馆，这进一步证明了她远超常人的绘画天赋。

【案例三】看见自己的天才——卢苏伟[②]

国内知名的青少年辅导专家卢苏伟于 1960 年出生在中国台湾。小时候，脑膜炎导致他的部分大脑受损，他的记忆及数学计算能力也受损严重，他在韦克斯勒智力测验

---

① 本案例根据人民日报官方微信公众号 2018 年 10 月推送文章《13 岁中国女孩画蒙娜丽莎，征服意大利收藏世家！》等内容汇总而成。

② 本案例根据新华网等媒体报道以及卢苏伟所著书目《看见自己的天才》等内容汇总而成。

中只能得到 70 左右的分数。

由于学习障碍，卢苏伟的小学一年级读了 3 年才过关。高职毕业后，他在家人的支持下考了 7 年大学，通过服兵役加分进入了中央警察大学。大二时，校长不相信他的智商只有 70，便改用其他智力测验方式对他进行测试，结果发现他背诵、理解能力完全不行，但在归纳、整理、分析上有极高的智商。

在校长对他单独教导读书方法后，卢苏伟豁然开朗。他通过"用问题找答案"的方式来系统化读书，成绩突飞猛进，毕业时他是全校第 3 名，而且他曾以第 1 名的成绩成为法院观护员，从此踏上梦想的辅导员之路。

现在，卢苏伟是一位辅导家，负责观护百位问题青少年；他也是一位知名的潜能整合专家，曾受邀前往美国、加拿大、澳大利亚、马来西亚、新加坡、菲律宾等国家，演讲已逾三千场。目前，他已经跻身作家行列。

第二节
外国的双特殊儿童案例

【案例一】患有读写障碍的约翰·古迪纳夫和海伦·陶西格①

约翰·古迪纳夫(John B. Goodenough)是美国固体物理学家、美国国家工程学院院士、美国国家科学院院士、法国科学院院士和西班牙皇家学会院士、2019 年诺贝尔化学奖获得者，他为锂电池的开发和应用作出了巨大贡献。同时，他也是一名患有读写障碍(dyslexia)的特殊需要人士。在古迪纳夫儿时，读写障碍还不为人所知，他被认为是一名世俗意义上的"后进生"。"我在儿时患有读写障碍，因此不能很好地阅读，所以我没有选择修读英语或者历史，而是选择了数学。"对古迪纳夫来说，阅读和写字都是不小的困难，但这一困难不仅没有打倒他，反而给他带来新的认知："这意味着我学会了热爱大自然。这也意味着我永远不会是一个很好的读者。我必须努力做到最好。但不必担心，我必须走出去享受生活，享受能做好的事情，尽自己所能做好它。"最终古迪纳夫找到了自学的办法，克服了困难，获得了耶鲁大学的奖学金。

海伦·陶西格(Helen B. Taussig)是美国心脏病学家、小儿心脏病学创始人之一、

---

① 本案例根据读写障碍官方网站中的内容汇总而成。

美国心脏医学会首位女性会长、"布莱罗克-陶西格"分流术的提出者，她曾拯救无数法洛四联症(先天性心血管畸形)婴儿的生命。1954年，她被授予拉斯克临床医学奖(临床医学界最高奖)；1964年，她被授予总统自由勋章。陶西格儿时患有严重的读写障碍，这给她的学业带来了很大的挑战。她的阅读障碍激发了她克服困难的决心。1930年，陶西格开始着迷于先天性心脏病的问题。

她的父亲富兰克·陶西格(哈佛大学经济学教授)，在陶西格不被人看好、未来不甚明朗之时，觉察到她逻辑思维能力的潜力，以极大的耐心辅导她的学业，帮助她解决阅读困难，直到她的读写障碍有所改善。不仅如此，她的父亲习惯在上午写作，她成年后遵循了这一习惯，并用了十年的时间完成了关于先天性心脏畸形的著作。

值得一提的是，由于患病，陶西格在儿时损失了部分听力，到了少年时期已完全丧失听力。她自学唇语，在助听器的帮助下，她与病人交流。虽然她面对着医学界对女性的歧视，但是她以坚韧和顽强，排除了种种困难，在医学领域取得了瞩目的成就。

【案例二】患有注意缺陷多动障碍的迈克尔·菲尔普斯和亚当·莱文 [1]

迈克尔·菲尔普斯(Michael Phelps)是美国著名游泳运动员。因在北京奥运会一举夺得八枚游泳金牌而为中国人民熟知。菲尔普斯是世界上累计获得奥运金牌数最多的运动员之一，在运动上表现出了无与伦比的卓越天赋。

在9岁时，菲尔普斯被确诊为注意缺陷多动障碍(ADHD)。患有注意缺陷多动障碍的他在学业上困难重重，曾有人断言他不能获得成功。但在泳池里，菲尔普斯的天赋得到了真正的释放。

鲍勃·鲍曼毕业于佛罗里达州立大学儿童心理学系，是该校游泳队的队长。在一次偶然的机会中，他发现了菲尔普斯的游泳天赋。鲍曼亲自找到菲尔普斯夫妇，计划让菲尔普斯专攻游泳。在妈妈的说服下，菲尔普斯终于决定忍痛放弃其他体育爱好，专攻游泳。之后，鲍曼要求11岁的菲尔普斯立即开始大量训练，每周练7天，每天至少游5小时。几年下来，菲尔普斯的心肺功能有了明显改善。他的肺活量达到了15000毫升，这让他在比赛时可以减少换气的次数，增加在水中游动的距离。鲍曼还修改了菲尔普斯的自由泳动作，把原来的每划一次水打腿2次提高为6次。这其实是成年游泳选手的标准动作，对于11岁的菲尔普斯来说，这有点早。技术细节的改变让菲尔普斯的游泳成绩迅速提高。1999年美国少年运动会上，14岁的菲尔普斯打破了20岁年龄组200米蝶泳的纪录。

亚当·莱文(Adam Levine)是美国流行乐男歌手、词曲作家和制作人、魔力红乐队

---

[1] 本案例根据相关新闻报道中的内容汇总而成。

主唱、"美国好声音"节目导师。他曾获格莱美奖最佳新人、格莱美奖最佳流行乐队、格莱美奖最佳演唱专辑、奥斯卡最佳原创歌曲奖提名等。他创作的歌曲在世界范围内受到广泛欢迎，其中 2002 年发布的首张唱片就突破了 1100 万张，而《像贾格尔一样舞动》(Moves Like Jagger)更是 18 国冠军单曲。在儿时，莱文被确诊患有注意缺陷多动障碍。他很难坐下来并集中注意力地完成学校的作业。他在十几岁的时候就和同学组成了一个名为卡拉的花(Kara's Flowers)的乐队。制作人雷普莱斯·雷可德无意中听到了这支乐队在家庭聚会上的表演，与他们签署了合约。1997 年，莱文高中毕业的那一年，发行了另类摇滚专辑《第四世界》。然而，该专辑还未出售，唱片公司就放弃了乐队，然后乐队解散了。莱文东迁到纽约长岛。在那里，他开始熟悉节奏蓝调、灵魂乐和嘻哈音乐，这改变了他对流行音乐的看法，他开始尝试新的音乐方向。2000 年，莱文返回洛杉矶并重新召集了乐队。该乐队开始在当地俱乐部演奏，并很快与唱片公司签约，更名为魔力红乐队(Maroon 5)。2002 年发行的专辑《关于简的歌》(Songs About Jane)展示了其新的声音。

直到今天，注意缺陷多动障碍仍然困扰着莱文，在写歌或者在工作室录歌时，他有时不能保持注意力以完成他必须做的事情。

本章小结

本章介绍了国内、国外双特殊儿童的案例，以帮助大家进一步了解这一特殊群体的发展和成长过程，分析家庭、学校和社会教育对他们的影响。

复习思考题

一、单项选择题

1. 在"来自星星的孩子"这一案例中，吴双源(音译)是绘画能力超常且伴随(　　)的双特殊儿童。

A. 阅读障碍　　B. 智力障碍　　C. 孤独症　　D. 注意力缺陷

2. 基于上述双特殊儿童案例，我们可以发现(　　)。

A. 双特殊儿童都能在早期表现出极高的天赋

B. 双特殊儿童的障碍程度都较轻，不会影响其能力表现

C. 双特殊儿童不会出现智力障碍

D. 双特殊儿童可以获得充分的教育支持服务

二、简答题

1. 结合具体事例，简单介绍何为"双特殊儿童"。

2. 结合具体事例，简述双特殊儿童的分类。

三、论述题

1. 由于双特殊儿童的特殊性，我们很难发现其超常才能。结合案例，思考我们如何做好双特殊儿童的早期发现工作。

2. 结合案例，思考我们应从哪些方面完善双特殊儿童的教育及支持体系。

本章阅读书目

1. 卢苏伟：《看见自己的天才》，北京，电子工业出版社，2012。

2. ［美］索厄尔：《语迟的孩子也聪明：帮你了解晚开口说话的资优儿童》，王玉、郭明珠译，北京，中国轻工业出版社，2011。